亚非研究

ASIAN AND AFRICAN STUDIES

（第五辑）

北京外国语大学亚非学院　编

时事出版社

目　录

国际问题研究

语言文学研究

历史和社会研究

国际问题研究

合理的利己主义：中印关系主体间性的活的灵魂*

苏永旭

【内容提要】 本文认为，合理的利己主义是中印关系主体间性的活的灵魂，是解决一切国家和民族利益争端的一个重要价值准则。不合理的利己主义历来都是国家关系发展的天敌、人类进步事业发展的天敌。中印关系主体间性的全面确立，将会为这两个伟大的国家找到在政治、经济、军事、文化、外交等方面合作的巨大的"场"，造福于两国人民。中印边界问题迟迟不能解决，主要是因为还没有找到通过双方智慧的妥协形成的合作的应有空间。实际上，如果双方能够进行换位思考，打破就事论事的狭隘思维模式，从两国人民的整体战略利益出发，通过合理的利己主义的自我调节，既能尊重历史、尊重现实，又能超越历史、超越现实，就不难找到解决中印边界问题的合理的主体间性，从而使这一问题得到最终的圆满解决。

【关 键 词】 合理的利己主义；中印关系；主体间性；中印边界争端；得失互补

* 本文系2010年5月15—16日在中国人民对外友好协会举行的"第二届中国——印度国际论坛"暨"庆祝中印建交60周年高端学术交流会"上的主旨讲演之一。

Reasonable Egoism: The Living Soul of the Intersubjectivity in the China-India Relations

Su Yongxu

【Abstract】 This paper holds that reasonable egoism is the living soul of the intersubjectivity in the China-India relations. It is one important principle of value in the solution to disbute concerning the interests of all countries and nations. Unreasonable egoism is always the natural enemy both to the development of international relations and to the development of human progress. The overall establishment of the intersubjectivity in the China-India relations will enable the two great nations to seek out massive "fields" of political, economic, militaty, cultural and diplomatic cooperation to bring benefit for the people of the two countries. The main reason for a tardy solution in vain to the boundary problem is that the deserved space of cooperation through compromise of bilateral wisdom has not been found. In fact, if both sides could think transpositionally, break the narrow thinking style of consider something as it stands, start from the overall srategic benefit of the people in the two countries, adjust ourselves through reasonable egoism, not only respect history as well as reality, but also transcend history as well as reality, it would not be so difficult to seek out the reasonable intersubjectivity to solve the China-India boundary problem.

【Key Words】 reasonable egoism, China-India relations, intersubjectivity, China-India boundary problem, complementation of gains and losses

我们一向认为，合理的利己主义是中印关系主体间性的活的灵魂，是解决一切国家和民族利益争端的一个重要价值准则。20世纪50年代中印政治家周恩来和尼赫鲁两位总理共同创立的和平共处五项原则之所以至今还依然具有强大的生命力，并日益为更多的国家所遵循，就在于其合理的利己主义的核心实质，对双赢、共赢、大家都赢这样一种公平、合理的国际政治新格局的极富前瞻性的热诚向往。中印关系主体间性的全面确立就是要找到一个使这两个伟大的国家和民族能够友好合作的理想的“场”和巨大空间，充分消除双方在诸多合作领域的相互猜疑和互不信任，放下沉重的精神包袱，轻装前进，互不为敌，互不构成威胁，有力地推进各自的和平崛起，造福于两国人民，维护亚洲和世界的和平与稳定。中印作为世界上两个最大的发展中国家谁都不想打仗。为了更好地消除贫穷，日益提高人民的物质文化生活水平，发展生产力，集中精力推进经济建设，我们都需要长期的周边和平环境和国际和平环境。20世纪德国著名哲学家哈贝马斯提出的“主体间性”这个概念，对人际交往和公众社会交往合作缝隙的执着寻找，对极端利己主义的无畏抛弃，为我们解决中印之间的分歧和利益争端提供了一个重要的智慧平台和无限的思维空间。一个极端自私的人是不会有朋友的，一个极端利己主义的国家和民族也很难赢得真正的朋友，更不要说要赢得更多的朋友！当我们讲“我们的朋友遍天下”时，很多的时候都是以合理的利己主义为前提的。不合理的利己主义从来都是国家关系发展的天敌，从来就是人类进步事业发展的天敌！

中印建交已经60年了。这60年的风风雨雨，既给我们带来了沉痛的教训，也给我们带来了珍贵的启示。这正如温家宝总理所总结的那样：和则两利，斗则两伤。中印这两个国家已经友好了2000多年。这2000多年的文化交流已经使中印这两个伟大的民族血脉相连，水乳交融。公元前2年佛教从印度的传入，部分改变了中国的文化传统，它在同中国的儒家思想和道家思想融合以后，早已成为中国智慧的有机组成部分。而且这种文化交融的结果还使中国产生了一部天地人神鬼五界充分打通伟大作品《西游记》，它令全世界都叹为观止，爱不释手。当然中国古代的四大发明传入印度后也有力地推进了那里的物质文明的发展和进步。而且在有力推进中印文化交流的历史进程中，在中国古代的黄河流域还产生了法显和唐玄奘、在现代的长江流域产生了谭云山、在印度近现代则产生了泰戈尔和师觉月等杰出人物。他们作为中印文化交流的伟大使者已经为我们树立了光辉的典范。20世纪上半叶中印两国在争取各自民族独立和自由的斗争中相互支持，相濡以沫，更是结下了深厚的友谊。仔细审视中印两国2000多年来文明交往的历史，除了20世纪50年代末到60年代初由于边界争端引发的那场军事冲突之外，其他时间大都是和睦相处的。两国之间从来没有出现过类似于“八国联军进北京”、“甲午海战”、“中俄战争”、“九·一八事变”、尤其是“卢沟桥事变”引发的八年抗战那样的血海深仇。既然我们已经同欧盟、俄罗斯和日本等这些与我们充满恩恩怨怨的国家关系都成功实现了对历史的超越，并做到了“以史为鉴，面向未来”，我们同印度的国家关系就更应该超越历史，超越现实，登高望远，面向未来！当然相比较而言，中国政府和人民较为坦然。而不少印度人对1962年的中印边境战争至今还耿耿于怀。实际上，中印两国同属于发展中国家，在发展经济、消除贫困、反对恐怖主义、维护地区安全和世界和平、维护人权和国家主权、共同应对气候变化、推进世界的可持续发展、捍卫第三世界国家的合法权益等方面都有很多共同利益，而且在面对许多重大国际问题时也往往能够不谋而合，做出共同的抉择。这一切都足以让中印两国人民牢牢地站在一起！

然而又是什么原因不能使中印这两个伟大的国家时刻坚定不移地站在一起呢？我们认为主要是因为中印边界问题久拖不决。这不仅是中印关系发展的一个巨大隐患，也是中印两个巨人不能亲密拥抱的一个根本原因。正是这个因素的存在，导致了中印之间诸多层面问题上的互不信任及其一系列简单问题的复杂化。由于边界问题不能在短时期内有效解决，有学者主张先推进两国在经济外贸、文化、学术等方面的交流，营造良好的氛围，创造条件，让其水到渠成，这一建议固然可取。但是这种曲线解决问题的方式过于缓慢，不知道要等到何年何月！我们要等100年吗？要等30—50年吗？实际上我们连10—20年都等不了！因为我们根本没有时间做这些无谓的等待！更何况这种等待又是一种迫于无奈，不得不进行的使亲者痛、仇者快的等待，它将充满了煎熬和磨难！因为每多等一年，我们两国的年经济贸易额增长的速度就会多放缓一年，中印两国人民的生活水平提高就会受到制约一年！为此中印双方都很着急，印方甚至比中方还急。印方早已同其周边的11个国家解决了边界问题，就剩中国和巴基斯坦了。中方也早已顺利解决了同其周边的15个国家的陆地边界问题，就剩下印度还没有解决。双方都已充分认识到边界问题解决的迫切性，也都急于找到解决问题的突破口。更何况目前国际社会在分化组合、风起云涌的大背景下充满了变数，很难预料它会把中印关系引向何方。美国、欧盟和日本等国试图通过打“印度牌”遏制中国的发展，中印关系随时都会处于风雨飘摇之中。边境地区摩擦的偶发，很容易导致事端升级，甚至演变为战争。我个人认为，既然中印边界问题是一个不容回避的、必须要解决的问题，晚解决就不如早解决，而且解决得愈早愈好！有一个词汇我非常不喜欢，那就是动不动就要“搁置争端”。一些争端过于复杂，暂时搁置是可以的。譬如南沙群岛问题的解决，涉及到东盟10国，的确特别棘手，要搁置可以理解。然而中印边界问题的解决只涉及两个国家，相比较而言，就显得较为单纯。这样的边界争端也要搁置，似乎就没有多少道理！相信在不远的将来，两国政治家一定能够找到解决问题的稳妥的双赢方案。因为中印政治家在这一问题的解决上从来就不缺乏智慧，只是在有些人的心灵深处多了几分狭隘的民族主义，过多迁就了公众社会的狭隘的民族主义情绪，正是这种狭隘的民族主义遮蔽了他们智慧的眼睛！

20世纪五六十年代以来，印度政治家包括尼赫鲁在内一直向公众隐瞒着中印边界战争发生前后的事实真相，这本身就不是一种实事求是的态度。结果导致了双方多年的零点外交。但我们也注意到印方在 20 世纪 70 年代对中国政府在恢复联合国合法席位的斗争中所给予的宝贵支持。后来才有了 1976 年中印关系的解冻和重大转折。这说明中印在骨子里仍然是兄弟。即使兄弟两个为了某种利益一时不慎大打出手，但也总有着一种“打断骨头连着筋”的亲密！如果不是尼赫鲁总理迫于国内压力一味推行粗暴的单边主义，拒绝谈判，在当时就能够充分接受周恩来总理代表中国政府提出的善意方案，中印边界争端问题也许早就解决了！如果真是那样，半个世纪以来的中印关系风调雨顺，不知道会给两国人民带来多大的福祉！我们今天讲中印关系的主体间性，是说中印两国无论在政治、经济、军事、文化、外交等诸多方面都具有合作的巨大的空间、潜力和愿景。但要使两国合作的潜力得到充分释放，要使两国合作的巨大空间得以充盈，就必须对中印边界问题的主体间性这样一个相互妥协的空间进行合理界定，拿出双方都能够接受的切实方案来！如果制约两国关系发展的这个瓶颈不被打破，其他方面合作局面的突飞猛进就很难得到充分实现！俗话说：有所得必有所失。不可能整个都是“得”。世界上没有那么完美的事情！权衡利弊，如果我们得到是“西瓜”，丢掉的是“芝麻”的话，有什么不可以呢？如果印方也能够这样考虑问题，一切就都好办了。更何况一旦印方打破了传统的常规思维，能以平常心看待和最终解决中印边界问题的时候，他未必就一定会吃亏。因为中印边界在历史上从来都没有真正划定过，双方都难以找到有说服力的法律依据，因此根本不存在谁吃亏，谁占便宜的问题。更何况印方在其他领域获得的“西瓜”和实际利益要比中国大得多，也划算得多。因此我们认为，一个只知道“得”，不懂得“失”，也不愿意“失”的民族，是一个不成熟的民族。一个只知道“前进”，不知道“后退”和“迂回”的民族，同样是一个不成熟的民族。一个只知道“锱铢必较”，得寸进尺，不懂得战略“妥协”的民族，更不是一个成熟的民族、有足够睿智的民族!

我时常想，如果我们坚持克坚攻难，使中印边界问题能够有一个圆满的解决，把横在中印两个巨人之间的隐患彻底消除，达赖喇嘛在印度的活动空间将会荡然无存。他失去了对方作为一张牌来利用的价值，就只能把他弃之如敝屣了。我国西藏地区乃至西南地区的长治久安就有了充分保证。同时我们同巴基斯坦的睦邻友好也会给印度一个充分的信任感和安全感。中印两个国家的问题不存在了，印巴有关克什米尔问题解决的步伐也会大大加快。随着中巴印之间信任度的不断增强，印巴的边界问题也会迎刃而解。对印度本身而言，其由一个区域性大国晋升为全球性大国的诉求和努力，也会得到中国的支持和帮助，包括印度的核国家地位也会得到我们相应的认可。既然我们已经互不为害，我们已经亲密无间，印度政府希望成为联合国常任理事国的愿望也一定会在中国政府的支持和帮助下成为现实。当超级大国和某些国家试图继续打“印度牌”遏制中国发展的时候，就会遭到印度这个伟大国家的自觉抵制。这也充分符合我们的国家利益和国际战略。因为印度从来就是一个奉行独立自主外交政策的国家，从骨子里根本就不想受到任何一个强势或强权国家的摆布。当然中印边界问题彻底解决了，这两个伟大的国家的合作和交流更充分了、更深入了、更密切了，不等于说就没有竞争了，只不过这种竞争再也不会是互相遏制对方、互相制衡的恶性竞争，而成了一种充分互惠互利、共同繁荣、全面共赢的良性竞争，是一种充满着灿烂的和平阳光的良性竞争。因为竞争是人的天性、是人类社会的伟大天性。如果没有了竞争，人类社会的发展和进步就会止步不前。胡锦涛主席说得好：“中印未必非要成为一个对手。因为我们这个世界具有足够的空间让我们共同发展，共同繁荣，共同实现和平崛起。”为什么中印这两个拥有25亿人口的伟大国家的年经济贸易额目前才只有区区500亿美元多一点呢？不要说我们同美国的年贸易额早就超过了5000亿美元，我们同欧盟的年贸易额2010年已超过4000亿美元，我们同韩国的年贸易额很早就接近于 2000 亿美元。恐怕主要还是因为中印边界问题没有彻底解决，双方的互信程度不够造成的。实际上中印在现实的诸多交往中坐失商机的情况的确时有发生，十分令人可惜。我们相信，随着边界问题的彻底解决、两国经济实力的不断增强，我们和印度经过 10—20 年的努力，双边年贸易额怎么也会突破 3000 亿美元大关。届时一定会为两国人民带来更大的福祉。反之，如果我们相互提防，相互猜忌，总是针尖对麦芒式地较劲，把我们通过改革开放多年来形成的经济积累的相当比例都拿去搞军备竞赛，那我们这两个伟大的国家早晚都会跌入灾难的深渊！

好在我们欣喜地看到，1976 年中印关系解冻以来，尤其是 1988 年中印关系在经过了 15—16 年的极度困难时期重新走向正常化以来，中印两国领导人都深深地意识到了这个问题的重要性，并保持了较多的高层互访和沟通。仅因为边界问题的不同层次谈判就进行了数十次之多。尽管还没有出现大的实质性突破，但是 1993 年印度总理拉奥访华时双方签订的《维持边境实际控制线地区和平与安宁协定》，1996 年江泽民主席访印时双方签订的《关于在中印边境实际控制线地区军事领域建立信任措施的协定》，2003 年印度总理瓦杰帕伊访华时双方签订的《中华人民共和国和印度共和国关系原则和全面合作的宣言》等，在很大程度上为中印边界问题的解决奠定了重要基础。尤其是 2005 年 4 月温家宝总理访印前达成的《关于解决中印边界问题政治指导原则的协定》，2006 年 11 月胡锦涛主席访印时提出的“促进中印战略合作伙伴关系的十点主张”，2008 年辛格总理访华时同中国领导人所达成的重要共识，更是为中印边界问题的解决指明了努力的方向。目前解决边界问题的三个机制：中印联合工作小组、边界问题专家委员会和特别代表三个层面的谈判日趋活跃，也给问题的解决带来了不少新的希冀。印度方面一些有识之士对 1962 年中印战争的反思及其随着尼赫鲁决策时期有关内幕材料的充分披露，也使很多印度人了解到了事情的真相。印度方面也不再坚持“麦克马洪线”的不可动摇性。当然我们也注意到，对方坚持以实际控制线为基础解决边境争端的根本意图，较之“麦克马洪线”有过之而无不及。英帝国主义在印度进行殖民统治时期通过对中国领土的蚕食形成的“麦克马洪线”，晚清政府和国民党政府都没有承认过，当然中华人民共和国也肯定不会予以认可。中华人民共和国的任何一届政府都决不会予以认可！有专家认为“麦克马洪线”的打破是解决中印边界争端的一个重要突破口和基本前提，是非常富于建设性的。[①] 我们知道，中印对中段边界双方意见比较一致，而对西段和东段边界分歧较大，而且对东段边界分歧最大。问题就集中在“麦克马洪线”要不要突破的问题。那么如何才能更好地使这一问题得到妥善解决呢？我们认为，充分引入合理的利己主义思想，尽快捕捉和确定中印边界问题的主体间性，充分尊重对方核心利益和重大关切，是解决问题的一条行之有效的根本途径。而狭隘的民族主义和一厢情愿而又蛮不讲理的单边主义则是这一途径顺利实现的最大障碍。同时我们还要放眼世界，从两国关系的整体利益和大局出发，摆脱就事论事的狭隘思维模式，寻找双方合作的主体间性，拿出双方都能够看好的并乐于接受的方案。如果印度方面一味死抱着现有的实际控制线不放，寸土不让，绝对无助于该问题的解决。但不知印方想过没有，如果中国方面也一味在印度期望成为联合国常任理事国问题上行使否决权，那么印度由一个区域性大国成为全球性大国的强烈诉求和愿望也就不可能成为现实。这就需要印方在确立中印边界关系的主体间性时仔细斟酌，大胆抉择，能够做出某种程度上的智慧的妥协。更何况随着两国的快速崛起，中印双方的合作也愈来愈具有全球意义和性质。这就使我们什么时候对这件事情都不能小觑。这就更需要双方统揽全局，放眼世界，放眼历史和现实，尽快找出两国边界的利益切合点。实际上，如果我们能进行换位思考，多为对方着想，解决中印边界问题的合理的主体间性就不难找到，并一定能够真正确立起来！

---

① 中国前驻印度大使程瑞声、周刚等的看法就很有代表性。

然而要使这样一条路真正走得通，有几个原则是必须要坚持的。

第一，互谅互让，取舍自如，互利共赢，得失互补。双方都要敢于对那些貌似不能妥协的事情进行果敢的妥协，灵活机动，进退有致。当进则进，当退则退。进中有退，退中有进。对部分边界做出双方都能够接受的相应调整。有时候“进攻”是美，“妥协”是丑。可有时候适度的“妥协”还是一种智慧，一种美，一种伟大的耀眼的历史光芒！这需要双方的政治家具备一种巨大的政治勇气。尤其是印方政治家，要敢于丢掉英殖民主义者留给他们的沉重的精神包袱，轻装上阵。

第二，对合理的利己主义予以充分尊重，对不合理的利己主义、狭隘的民族主义、极端利己主义和简单粗暴的单边主义必须予以坚决抵制和反对。尤其要充分尊重对方合理的重大关切。譬如达旺问题，中国方面有足够的证据证明它是中国领土不可分割的有机组成部分，印度方面应该无条件将其归还中国。中国方面可以给予搬迁的印度居民充分的经济补偿。[①] 决不能以那里有印度居民的房屋、财产、行政区划为由，阻挠这一历史进程。作为回应，中国方面可以在中印西部边界上做出一些让步，把部分领土划归印度。印度方面也应该对该区域生活多年的中国居民的搬迁给予充分的经济补偿。另外中国在支持印度成为联合国安理会常任理事国的问题上给予充分的关照，并在印度签署了《国际核不扩散条约》等重要文件之后，对印度的核国家地位予以充分认可。

第三，要敢于超越本国媒体和民间舆论诸多杂音中的狭隘民族主义情绪，进一步开阔政治视野，把它们引导到中印友好的正确轨道上来。我 2010 年 12 月应邀赴印度新德里参加中国—印度国际论坛第二次会议的时候，听到了“现代唐玄奘”谭云山之子谭中先生讲的一句话：“远古的时候世界很大，人心也很大。现在随着交通

① 国内学者王宏纬等人也持类似看法。

工具的发达，世界变小了，人心也变小了。”这使我深受启发。我一直在想，也许在我们这个“世界”不断变小的时候，中印两国政治家的“心”能够变得稍微“大”一点，事情就比较好办了。全国政协常委、中国佛教协会副会长、北京龙泉寺学诚大法师也讲有一句话，说是：“心小了，事就变大了。心大了，事也就变小了。”也让我若有所悟。以前中印边界问题之所以不能得到妥善解决，主要是因为两国政治家的“心”太小了。随着中印友好关系的进一步发展，两国政治家的“心”日益变“大”，这个问题日益变“小”，中印边界争端问题的最终解决就应该是必然的了！

第四，高瞻远瞩，着眼未来。既要尊重历史，尊重现实，还要能够超越历史，超越现实。争取完满解决，不留后遗症地解决问题。印度和中国的国情无论是历史还是现实都具有质的差异。中国在解决同周边15个国家的边界争端时，都是以不承认历史上签订的不平等条约为前提的。而印度在解决同周边的11个国家的边界争端时，则是在继承英帝国主义在那里统治了近200年的遗产的基础之上的。这对他们在1947年印度独立后做一个“有声有色的大国”提供了十分便利的条件。但有一个不容忽视的事实是，印度在解决中印边界争端的时候，它所面对的是一个强大的中国，而不是斯里兰卡、尼泊尔、马尔代夫等弱小国家。因此印度方面必须调整相应的思路，克服狭隘的民族主义情绪，回到务实高效的现实轨道上来，一切从实际出发，才能有助于问题的最终解决。

总之，一句话，如果我们抓住了中印边界问题这样一个主要矛盾，强力推进，能够来一个一劳永逸的彻底解决，中印关系的一切不利局面都会得到根本性的扭转。倘能如此，便正应了中国的一句古话：“一把钥匙可以打开无数把锁！”

最后，我们真诚地期望这个伟大时刻尽快到来！

（作者为河南教育学院文艺学美学研究所所长、教授）

苦难与反抗

——浅析殖民经济体系对东南亚的冲击

许瀚艺

【内容提要】 本文通过回顾15—20世纪东南亚的贸易时代以及被殖民过程中新经济体系对本土经济体系的冲击，分析这一过程中东南亚诸国所经历的种种变革，解读新经济体系下劳动人民所承受的苦难，以及对这种苦难所作出的反应。

【关 键 词】 殖民经济；东南亚；农业经济

Suffering and Revolt: A Brief Analysis of Impact of the Colonial Economy to Southeast Asia

Xu Hanyi

【Abstract】 During the 15th to 20th century, Southeast Asia has gone through the Age of Trade and Age of Colonial which brought a huge transformation for them. In this paper I focus on the analysis of reforms of Southeast Asian countries in the context of Trade and Colony, especially the economic reform which brought a lot of suffering for local people and how they reacted to the suffering.

【Key Words】 colonial economy, Southeast Asia, agricultural economy

15—17 世纪的东南亚被称作贸易时代的东南亚，东南亚的香料等特产作为商品借助一条条航路远销世界各个角落，正因如此，东南亚成为了早期西方国家海外扩张的众矢之的。一直以自然经济为传统的东南亚诸国在发展海外贸易的过程中经济体系逐渐发生变化，直到西方国家海外殖民的展开，东南亚地区的经济体系开始发生某些根本性的变化。然而，仅仅从经济体系上研究，而忽略了这种变化对个体的人的影响，并不能体现出新经济体系取代本土经济体系之初到底在生活层面产生了什么影响，也无法体现出作为个体的人对这种新经济体系是如何表现出不适而最终做出反应的。在殖民过程中西方经济体系严重冲击了东南亚诸国的本土经济体系，从唯物史观的角度上来说，这是一种生产关系适应生产力发展的表现，而马克思本人则在《德意志的意识形态》一书中指出："这种考察方法（唯物史观）不是没有前提的，它从现实的前提出发，它一刻也不离开这种前提。它的前提是人，但不是处在某种虚幻的离群索居的和固定不变状态中的人，而是处在现实的、可以通过经验观察到的、在一定条件下进行的发展过程中的人。"①

因此本文将研究重点放在了殖民经济体系下东南亚地区人民所历经的苦难与反抗方面，意图说明任何历史的进步都是要付出重大代价的，而人则是这一过程中主要的受难者。

一、东南亚的传统经济体系

东南亚地区的地理特征明显，其主要的自然单元为水和森林，而这两者则决定了无论是东南亚诸地区之间抑或是东南亚与其以外

① 马克思、恩格斯著：《德意志的意识形态》（节选本），中央编译局编译，人民出版社，2005 年 6 月第 2 版，第 17 页。

地区之间的沟通与交流存在一定程度的困难。在东南亚的海岛地区很晚才出现统一政权，而中南半岛的平原地区情况相对要好，在印度和中国文化的影响下建立起了以婆罗门教文化、佛教文化或者汉文化为主导的与本土文化充分结合的诸多统一政权。虽然受到地理上的阻隔，但东南亚诸地区却没有成为一个个独立的文化单元，如果我们考察一下东南亚诸地区在文化与生活习惯上的共同性便可以发现，东南亚地区是作为一个整体的文化圈存在的。比如，东南亚地区的人都信奉万物有灵；饮食结构都以鱼、米、棕榈酒为主，肉和奶制品为辅；东南亚人都喜爱咀嚼槟榔；住房都是杆栏式的建筑；广泛以斗鸡和藤球作为娱乐消遣……有人指出这是由于东南亚地区相似的自然环境造成的，然而仅凭自然环境这一单一要素并不能解释这种文化的相似性。例如，人们普遍嚼食的槟榔就不可能是对该地区槟榔树相同的自发反应，因为槟榔果、蒌叶和石灰这三种原料必须经过复杂的调配才能达到理想的口味。[①]

为了了解东南亚地区传统的经济体系，我们首先来看一下生活在东南亚诸地区的人是如何获取生存资源的。早期的东南亚地区地广人稀，生存资源相对丰富（当然也是绝对丰富的）。这里所谓的生存资源主要包括三种：人、土地（包括河、湖、海洋等）、产物（包括作物和猎物）。人，作为东南亚最重要的资源是统一政权和聚落社会都迫切渴望的。无论是对于统一政权抑或聚落来说，更多的人意味着生产力和分工可能性的提高，更多的人也在遇到自然灾害与战事时保证了政权与聚落的安全。土地，如果按照三种资源的重要性进行排序的话，土地其实应该排在末位，因为东南亚地区最不缺少的就是土地资源。而东南亚缺少的是利用这些资源的人，在大多数地区土地几乎是可以随意占有的，但是东南亚人对私人与公共的概念却区分得很好，任何人都可以在任意土地上从事生产或者渔猎，只要之前这里并未被别人

① ［澳］安东尼·瑞德著，吴小安、孙来臣译：《东南亚的贸易时代：1450—1860 第一卷 季风吹拂下的土地》，商务印书馆，2010 年版，第 11 页。

声称占有。产物，东南亚最主要的农业产物是稻米、西米和天南星科类作物（其具体种植情况将会在后文解释），同时森林与水域中的动物资源也是取之不尽的。比如，古代菲律宾群岛的居民在捕鱼时，只需要将捕鱼器放入水中便可离开从事其他工作或者在旁边休息，不久后便会有所收获。

生存在这样的自然环境中，东南亚人的农业模式也具有其特点。稻米是东南亚最主要的粮食作物，在少数土地贫瘠的赤道地区则种植西米棕榈，也有部分地区种植天南星科植物。东南亚的稻米种植方式分为干、湿两种，前者也就是我们常说的刀耕火种。当地居民先焚烧一片树木，在焚烧过的土地上挖出一个个小坑将稻种放进去并埋好，这样一来稻米借助焚烧树木所产生的肥力以及当年的雨水生长，一般来说这种种植方式通常出现在聚落社会中。在统一政权管辖区域下，由于有统一的管理和稳定的灌溉系统，稻米种植往往采用精耕细作，可达到一年两到三熟。为什么水稻种植模式会与社会模式产生某种程度上的契合呢？聚落社会中的人与统一政权管理下的人相比具有迁徙上的便利，在面对广大未开垦的土地以及较少的稻米需求时，游耕与刀耕火种的结合可以在很大程度上充分节省人力资源。同时，游耕也是避免被统一政权划归于其管辖之下的一个有效办法。而在统一政权管理下的人则不可避免地采用定居农业，因为税费的征收要求他们每年必须保证一定的产量，同时定居农业也使得人与人之间的互助与合作成为可能，从而降低生产风险并可以生产出更多的作物甚至剩余作物。至于种植天南星科植物的族群则是出于某种政治上的考虑，美国学者斯科特曾经提到过一种叫做“逃避农业”（escape agriculture）[①] 的种植模式，这些族群并非在技术层面上不能种植稻米，他们之所以选择种植天南星科植物作为淀粉摄取的来源，是因为天南星科植物埋在地下不易被统一政权进行征收，同时他

---

① 王晓毅、渠敬东编：《斯科特与中国乡村：研究与对话》，民族出版社，2009 年版，第 296 页。

们选择游耕的方式是为了躲避人头税。斯科特指出，一种文明在进行水平方向的扩张时难度并不大，但是若想在垂直方向上进行扩张则需要付出数倍的努力，因此选择“逃避农业”的族群通常分散居住在海拔较高的地方并且尽量保持较小的规模，一方面不引人注意，另一方面便于在必要时进行迅速的迁徙。[①]

通过以上描述可以看出，东南亚是一个具有自然经济传统的地区，其特征是产品主要用于自我消费或者交换其他必要的生存资源。然而这种状态的变化却并非始于殖民者的到来，早在东南亚的贸易时代，这种状态已经受到某种程度上的冲击。

二、海上贸易对于自然经济的冲击

印度、波斯、阿拉伯以及马来人将东南亚地区称为“季风吹拂下的土地”[②]，这种称呼大抵是因为季风在航行过程中起到了重要的作用，而在该地区航行的目的则是为了从事商业贸易。在欧洲人到来之前，东南亚地区的航海贸易已经相当繁荣，阿拉伯、波斯以及中国的商人勇于探索，开辟了一条条航路，在诸地之间进行商品转运并从中获取利润。据记载，张骞在出使西域时已经在西域的市场上发现了汉朝的布匹，这些布匹是阿拉伯商人从海上带回来的。及至宋明两朝，随着中国的造船技术与航海技术进一步提高，大量的中国商人航行至东南亚地区从事商业贸易。

东南亚在贸易时代的角色从某种程度上来说是相对被动的，航海贸易最初的发起者是西亚、南亚的商人，东南亚地区往往是坐享其成，等待商人来到其地进行商品贸易。东南亚提供最多的并非出

① 王晓毅、渠敬东编：《斯科特与中国乡村：研究与对话》，民族出版社，2009年版，第294—295页。

② ［澳］安东尼·瑞德著，吴小安、孙来臣译：《东南亚的贸易时代：1450—1860（第一卷）季风吹拂下的土地》，第1页。

海航行的商船，而是接待商船的港口，如亚齐、马六甲、占婆、交趾支那、马打兰（日惹）、巴达维亚、马尼拉等。几乎每个国家与地区都有一个集中的商品集散港口，同时也是海外商人竞相前往进行贸易的地方。除了港口以外，另外一种体现出东南亚被动角色的东西便是商品，东南亚地区充满了东西方商人贸易的焦点——稻米与香料。如前文所述，东南亚有种植稻米的传统，交趾支那、爪哇、菲律宾群岛等地都是东南亚地区主要的稻米产地，大量的稻米为阿拉伯和中国商人所中意。香料作为另外一种重要商品，其诱惑力在于利润巨大，而且对于西方贵族来说香料是其日常生活中的必需品。东南亚人民手握香料坐等海外商人来到其地以生活用品抑或是奇珍异宝与之交换，而满载香料的商船则再以昂贵的价格将香料出售或者供本国使用。虽然东南亚从事这种商品贸易的人不占多数，但东南亚与世界其他地区的联系皆始于此，这种区域间的贸易体系从某种程度上来说是东南亚人参与构建出来的。

贸易时代早期东南亚地区是被动参与海上贸易，然而随着海上贸易的发展这种被动的参与转而刺激了国内生产的主动性，这必然使得整个东南亚地区发生某些全新的变化。首先海上贸易所导致的最直接结果便是物质文化的交流，许多之前闻所未闻的商品出现在东南亚诸国，一部分本来从事农业的人口也逐渐开始从事商品贩卖以期获得更多收入。而商业的兴起与聚合则使得某些城市的性质和规模发生了变化，在贸易时代，农业城市中开始出现商业区，商业的繁荣使得城市规模开始不断扩大，这种自我激励的发展模式进一步带来的便是城市生活方式的变化。商业的兴起并不代表着农业的没落，相反商业在一定程度上刺激了农业的商品化进程。在商业的刺激下，土地不再是任意使用的资源，为了迎合市场，部分地区已经开始有目的地从事农业，以期可以将农产品与其他国家的商人进行交换。在此，我们可以看到早期东南亚地区自由自主的农业已经不再是唯一的模式，市场指向型的农业生产已经初具规模。这不仅是对东南亚自然经济体系的冲击，这对于从事农业的东南亚人民来说也是一种打击，他们必须遵循市场需求生产商品，一方面满足自己对生活必需品的需求，另外一方面作为佃农的人还要满足雇主或者国家交换其他商品的需求。所幸，在贸易时代中农业生产者与地主之间的关系相对还是融洽的，人与人之间存在着互助互惠的情谊。作为商品交换中的获利者，地主通常会善待劳动生产者，不时的恩惠与充满人性的租赁、雇佣制度充分受到了传统农业模式下重视“人”这种资源的影响。

在贸易时代中，东南亚的经济体系发生了一系列的变化，受到商业的影响，农业生产不再仅仅是维持生存的活动，而是适应社会发展与填补专制王权欲壑的必要手段。然而，这并没有从根本上改变大多数人的生活状况，苦难在西方殖民者到来后才真正开始。

三、苦难的到来

在前后近300年的东南亚贸易时代中，香料是为数不多价格变化不大的商品之一。然而，也正是这种珍贵的商品，为东南亚地区引来了无尽的灾难。16世纪前后，欧洲进入了大航海时代，西方诸国为了寻找香料派出舰队与航海家开始探索东南亚地区。然而，西方诸国发现东南亚地区并非仅仅盛产香料，未开垦的土地、未发掘的矿产、充足的劳动力、都是他们梦寐以求的。因此，东南亚地区不可避免地成为他们瓜分的对象。短短的三个世纪中，荷兰与英国先后殖民印度尼西亚，西班牙殖民菲律宾绝大部分地区（棉兰老岛除外），葡萄牙、荷兰与英国先后殖民马来亚，英国殖民缅甸，法国独占南亚次大陆东侧越、老、柬三国。

殖民并非仅仅是地域上的占领，殖民宗主国为了维持殖民统治必须控制殖民地的经济与资源，并且按照宗主国以及国际市场的需求安排殖民地的生产。换句话说即重新建构殖民地的经济体系。“国际市场”这一概念的出现意味着此时的世界已经逐渐成为了紧密联系的整体，封闭自守的体系固然还可以发挥作用，但迟早会——无论是主动的还是被动的——被打破摧毁然后参与到这个世界体系中来。

接下来我们要考察一下这一时期几个殖民地的具体状况，与贸易时代那种具有资本主义萌芽性质的农业生产相比，此时的农业生产具有了政府垄断的特点，劳动生产者抑或是地主几乎已经不作为海外商品交换的直接参与者，而是通过种植政府规定的作物并按照规定的价格将产品卖给政府赚取生存资费。由于商品在贸易中的竞争力则取决于其收购价格的高低，因此殖民政府为了获得暴利通常会竭尽所能地压低收购价格。这不仅导致了劳动生产者生活上的困苦，地主受到压榨之后也只能更加刻薄地对待劳动生产者，本民族人民之间的互助互惠在一定程度上受到了削弱，同时也加深了劳动生产者与地主之间的仇恨。同时，由于市场导向型的生产策略使得东南亚国家国内经济结构呈现了不均衡的发展趋势，在经济作物供过于求无人消费的情况下，粮食作物生产却不能满足国内消耗。

西班牙对菲律宾进行了长达 333 年的殖民，在这个过程中西班牙王室在菲律宾的直接获利很少，而是将菲律宾作为联接东西方贸易的转运港口。同时，菲律宾本地产品依靠出口所获得的利润完全用于殖民地自身的消耗。这期间，菲律宾的经济结构发生了诸多变化，其中最突出的是大种植园的广泛兴起。西班牙人在菲律宾开辟了大量的种植园并征用菲律宾人与当地的中国移民进行生产，种植园中的主要作物为稻米、烟草、甘蔗与橡胶。如前文所述，种植园中产出的商品被西班牙殖民政府以定价收购，仅仅支付较少的佣金或者产品分成。为了进一步增加政府收入，西班牙殖民政府在征收人头税的基础上规定菲律宾的成年人必须每年都要服固定天数的劳役，如果不想服役则需要缴纳代役金，而代役金金额则一再提高。

1830 年，荷兰殖民者在爪哇和苏门答腊施行强迫种植制度，这一制度规定划出占地面积 1/5 的稻田种植适宜在欧洲出售的产品；划出的土地免缴土地税，收获的产品须出售给政府。然而，在这种制度真正实施起来时情况却大为不同。在商品出售过程中价格由政府规定；由于监督生产的官员可以在产品中提取一定比例作为薪金，因此他们总是力图提高产量，其结果是强迫种植制度所占用的土地最终达到稻田面积的 1/3 至 2/3 左右。除此之外，农民还要从事基础设施的建设，据统计，在一年中有 200 多天农民是在为政府服役，从而导致了粮食产量下降，1843—1848 年间，中爪哇连续发生饥荒。①

英国殖民缅甸期间充分利用缅甸的自然优势广泛种植稻米，同时为了保证政府每年的收入，在缅甸征收人头税与土地税。人头税的征收忽略了人与人、村与村之间的收入差异而进行统一征收，这就给收入较少的人带来了巨大压力。土地税的征收则由政府对于土地产量进行评估后确定征收数额，一旦征收数额确定下来便在 15—20 年间不会再发生变化。这种按照土地产量而不是人头征收的税种看似合理，但却具有极大的可操作性。由于土地产量的评估取决于政府，所以他们可以按照自己的需求对土地的产量进行评估。据统计，缅甸的土地税大约占农民净收入的 25％—40％左右，然而由于农民所获得的总收入的限制，这个比例实际作用于农民身上时要比其数值体现出更大的不合理性。在普遍歉收之后土地税的减少与豁免似乎可以矫正这种不合理性，然而土地税的减少程度与歉收程度往往不成正比，其实际情况是产量减少了，土地税却增加了。虽然在土地歉收的情况下农民可以申请土地税的豁免权，但是对于一般的农民来说，申请土地税的豁免几乎是不可能的，因为他们对于官方程序缺乏相应的了解，并且在申请豁免土地税的过程中需要缴纳一定的申请金，因此申请成功后所耗费的时间与金钱换算出来要比直接缴纳土地税还多。最后，土地税对农民造成的负担还会随着商品在市场上的价格波动而波动，而这种波动往往加剧了农民的负担。这种税制的不合理性虽然已经得到缅甸人民的广泛认知，但是

① 梁英明、梁志明等著：《东南亚近现代史：上册》，昆仑出版社，2005 年版，第 176 页。

由于其利于政府的收入，因此得以长期存在。①

越南的情况与缅甸相似，其中人头税值得一提。法国在越南征收人头税，其征收数额与征收范围不断增加，从最初的 0.5 皮阿斯特涨到最终的 2.5 皮阿斯特，以前不在征收范围内的人也至少征收 0.4 皮阿斯特。如前文所述，人头税在早期东南亚的统一政权统治下已经开始征收，对于人头税，传统的应对方法是瞒而不报。然而法国殖民者到来之后进行了彻底人口普查，将这些隐藏着的人口（约占 2/3）全部挖掘出来并进行统一征税。法国殖民政府的另一项政策便是规定米酒与食盐的专卖权（米酒与食盐一样在越南国内几乎是日常的消费品）。法国政府规定了米酒和食盐必须由政府从拥有许可证的供应商那里以定价收购后进行统一销售，由于政府握有唯一的销售权，米酒和食盐的价格在几年之内暴增数倍。由于食盐和米酒都是日常消费品，特别是食盐的消费量更缺乏弹性，这种通过专卖权提高价格的手段相当于变相对越南人民征收了食盐与米酒税。②

时至 19 世纪末 20 世纪初，东南亚地区传统的自然经济体系已经全然土崩瓦解，取而代之的是西方宗主国统治下的带有殖民地特点的市场经济。与此同时，西方殖民者在东南亚地区实行的种种经济政策对于东南亚人民的生存状况提出了严峻的考验。如何能在苦难中妥善维持生存，是东南亚地区人民当时亟待考虑的问题。

四、弱者的武器

面对苦难的时候，人根本存在的基础——生命都可能很轻易地被剥夺。这个时候人的主体性仿佛成了一个无比虚无的概念。而正

① ［美］詹姆斯·C. 斯科特著，呈立显、刘建等译：《农民的道义经济学：东南亚的反叛与生存》，译林出版社，2001 年版，第 128—137 页。

② 同上书，第 137—147 页。

是在这种苦难状态下，人往往会以自己的方式做出反抗。对于东南亚人民来说，面对殖民者给他们带来的苦难，最终的反抗方式便是诉诸暴力革命。然而，公开的暴力革命具有很大的风险，因此在公开的反抗方式之外还存在着沉默的反抗方式，本节的主要目的就是考察面对苦难的东南亚人民是如何以自己的方式作出反抗的。

首先要提及的还是“逃避农业”。东南亚人民为我们展示了两种“逃避农业”的反抗模式。第一种是迁徙，虽然东南亚地区多高地（high land），但是自古以来大多数人还是选择居住在低地（low land）地区。直到有更强大的族群占领低地抑或出于逃避政治的考虑，他们才会被迫迁往高地居住，这种情况同样发生在殖民时代的东南亚。作为一种反抗殖民政府统治的方式，部分东南亚人选择迁往殖民政权不易覆盖的高地地区，而且通常以较小的规模进行聚居。16 世纪时玉米便已传入东南亚，这种作物可以在海拔 1000—1500 米的地方种植，使得高地居民可以在更大程度上远离殖民政权的统治。在现代东南亚我们还能看到许多与世隔绝的山地民族（high lander），他们采取刀耕火种的方式进行农业生产，只有在缺乏生活必需品时才来到山下城镇购买。第二种“逃避农业”模式是作物的选择，水稻、咖啡、烟草等作物之所以难以逃避政府的征收，某种程度上取决于其生长在地面上。因此，东南亚的许多农民选择偷偷种植许多天南星科的作物作为稻米的替代品。这些根茎类作物生长在地下，不容易被发现，如果妥善分开种植，即使一部分被发现了也不会造成很大的损失。另一方面，这些根茎类作物也不宜长期保存，所以殖民政府对这些作物的征收几乎没有兴趣。在现代菲律宾的许多高地民族还是以天南星科作物为主食，稻米则留在节庆或者举行仪式时食用。

第二种沉默的反抗我们或可称之为日常的反抗，因为这种反抗模式几乎每天都在发生，多的难以统计，不仅仅是在东南亚地区，在世界范围内我们都可以看到这样类似的情景。如在工作过程中偷懒、旷工、故意延误工期，在水稻收获过程中私自窃取一部分留给自己，偷偷毁坏农具、耕地、甚至工厂的机器等。这是一些劳动工作者“回报”不义政府的一贯方式。在越南，由于食盐与米酒的价格高得难以承受，许多黑市与私下交易开始层出不穷，这也就导致了在价格飙升情况下，政府收入并没有形成同比增长的状况。①

东南亚人民之所以采取沉默的反抗方式，一方面取决于大多数人民的生存尚可保证，另一方面取决于人民尚不具备与殖民政府一较高下的实力。但当这两个条件的阈值达到时，暴力革命便爆发了。

19 世纪 30 年代，全世界范围内爆发了经济危机，受到经济危机波及的资本主义各国为了转嫁自身的危机，开始变本加厉地剥削殖民地。安南地区在 19 世纪二三十年代经历了非常严重的饥荒，人民生活水平急剧下降，因而引发了广泛的不满。1830 年 6—8 月，这种不满通过示威游行的方式表现出来，其目的在于要求取消赋税并更改财产分配制度。到了 9 月，由于游行请愿未能达到目的，愤怒的人民开始冲入政府大楼、仓库、学校、火车站等地，游行彻底发展成了暴动。在暴动过程中政府大楼、学校等地被焚烧，大量的赋税资料被销毁，仓库被洗劫，许多军队受到攻击，大量家庭富足的大地主的家产被掠夺分发。直到 1831 年夏季，这场农民暴动才得到彻底的镇压。

与安南起义同一年发生的还有缅甸的沙耶山起义，缅甸在这段时间与越南面对的境况非常相似，稻米价格暴跌导致生活难以保证，各种征税额直线上升至原先的 3 倍，信贷机构瘫痪等。因此，沙耶山以佛教的名义号召缅甸地区的农民起义。沙耶山起义的最终目的在于消灭殖民者，建立自己的政权。这就使这次起义与越南相比应视为政治性的而不是经济性的。在沙耶山的带领下，起义一直持续到 1832 年中，最终被殖民政府所镇压。

以上我们看到的都是生存状况超过农民所能承受的阈值后所爆

① ［美］詹姆斯·C. 斯科特著，呈立显、刘建等译：《农民的道义经济学：东南亚的反叛与生存》，译林出版社，2001 年版，第 144 页。

发的革命，在革命中税赋作为殖民者的象征被要求首先消灭，从这里可以看出，作为一个普通人主要还是着眼于对于日常生活的要求，而起义的领导阶层则将最终目标定为消灭殖民者。从这里也可以看出在历经相同苦难的情况下，不同的人对于正义的诉求是不同的，而更多人是倾向于过上好日子而并不在意政权的归属问题。

19 世纪末的菲律宾爆发了独立革命，生活上的困苦当然是一个重要条件，但我们还是要结合菲律宾的历史与当时的社会背景来分析一下其他条件。资本主义的扩张带给近代世界的一个重大结果便是民族国家意识的形成。菲律宾群岛本来互不相干的岛民在被西班牙殖民这一共同语境下形成的统一民族（Filipino），为菲律宾群岛的独立革命提供了政治上的可能性。19 世纪中期，菲律宾精英阶层的崛起、宣传运动的发展则在领导阶层与思想层面上为菲律宾的独立革命提供了支持。在这样一种背景下，1872 年三位神父被处死事件[①]以及 1896 年何塞·黎萨就义激起了菲律宾人民的怒火，最终爆发了反抗西班牙殖民者的独立革命。

18 世纪末 19 世纪初的东南亚公开的起义与革命此起彼伏，而在我们难以进行详尽考察的日常领域里许多沉默的反抗也一直在继续着。面对殖民者给他们带来的苦难，东南亚人民用自己的方式作出反应，以求建立某种新的经济体系与生存秩序。

五、无情的现代化进程

西方诸国在东南亚的殖民冲击了其经济体系，使东南亚诸国实现了向资本主义社会的转变，这种说法似乎为殖民主义提供了某种合理的辩护。诚然现代化进程是一种必然，那么实现这种转变的手段是否也是必然呢？如果结果是否定的，那么西方诸国

① 1872 年，西班牙殖民政府处死了三名菲律宾爱国神父。

——按照马克思所说——只是充当了“历史不自觉的工具”，那么其殖民的合理性就再次受到质疑。

然而并非只有通过殖民方式走上现代化进程才会给人民带来沉重的苦难，社会中的种种变化，总是会给长期生活在旧体系中的人带来不适。斯科特在谈及东南亚地区的农民收入问题时提到，收入情况并不好的农民如果有通过迁居或改变种植结构来提高收入的机会时，大多数人并不选择改变。经济学上将为了得到某种东西而所要放弃另一些东西的最大价值称为“机会成本”，一般情况下，如果机会成本越小那么整个事件最终所获得的利益就越大，也就越值得做。如果从这种经济学的考量上来说，在 19 世纪末这段时间里，无论是农民抑或一个国家，接受改变的机会成本都是很小的，因为新的环境总是可以提供比旧有环境更大的生产力。然而一如文章一再强调的，这种定量的思维模式所导致的结果便是对于人的忽视。人，作为承受这种量化与变化的客体，稳定的生存状态对于他们来说更为重要。即使这种变化不是一种投机行为，但某种既成习惯的改变还是会让人产生一定程度的不适。斯科特的《弱者的武器》[①]集中考察了马来西亚吉打州塞达卡村的农业改革，“绿色革命”为村子带来了更先进的生产技术与器械，但是同时也给村子带来了巨大的变化。塞达卡村的村民发现地主开始变得不如以前慷慨，维持生计变得不如以前容易，甚至整个村子的穷人与富人关系都开始呈现某种紧张。因此他们拿起了自己的“武器”开始反抗这种变化带来的不适。似乎我们在追求进步的时候忽略了一个很重要的前提——追求进步的往往是具有冒险精神的精英阶层，换句话说，并非大多数人可以分享这种进步带来的利益。恰恰相反，大多数人只是在为少数人享受这种进步来分担风险、承受苦难。虽然在决定接受某项变化之前可能已经对风险与苦难悉数作了评估，然而数据往往意味着大多数人只是承担了平摊风险与苦难的责任，这样一来

① ［美］詹姆斯·C. 斯科特著，郑广怀译：《弱者的武器》，译林出版社，2007 年版。

对于风险与苦难平均值的评估就会大为下降。贝克在《风险社会》一书中说："一个询问平均量的人，已经忽略了社会上不平等的风险地位。"[①] 与此类似的，科学技术在评估风险时常常会用到平均伤害之类的概念，最终以期得到一项工程平均无害的结论。

现代化就是这样一种无情却又难以避免的过程，尽管时代变迁，但这种过程总是发生在当下。在对进步与发展不断追求的过程中，我们还应当反思这些进步与发展对于我们自身、对于他人是否会造成伤害。关照冷冰冰的科学技术难以顾及的人文情感层面，给予作为个体的生命更多的考量，是人文学科研究者所应该勇于承担的责任。

结 语

中国学术界对于东南亚经济领域的研究众多，对于人的关注却尚显不足，然而这样的研究立场在20世纪六七十年代的西方国家已经蔚然成风。因此，本文从这个角度入手试图解读作为历史前提的"人"的生存状况。东南亚的贸易史与殖民史浩浩荡荡500多年，资料繁多，然限于文章篇幅与所能获得的有限资料，难以一一将细节陈列，对于诸多问题的解读尚只能建立在对现有资料进行分析的基础上。通过目前有限的解读，可以了解到东南亚人民在历史发展过程中的苦难与反抗，而了解他人的目的是为了更好地反思自己，为自身的发展提供更好的蓝本，从而使我们处理好现代化与美好生活之间的张力。

（作者为北京大学外国语学院2010级硕士生）

① ［德］乌尔里希·贝克著，何博闻译：《风险社会》，译林出版社，2004年版，第24页。

当代国际风云变幻下的中巴关系：挑战与机遇*

——“中巴友谊终结论”辨析

尚劝余

【内容提要】 中国—巴基斯坦关系素以“久经考验”和“全天候”友谊为特征，享有“现代国际关系典范”之美誉。随着冷战的结束，世界形势发生了巨大的变化，国际关系进入了一个新的时代。与之相应，中巴关系也发生了变化和调整，步入了新的时期。针对中巴关系的变化和调整，巴基斯坦学界出现了“中巴友谊终结论”的消极悲观论点。当代国际风云变幻局势下中巴关系面临的挑战与机遇表明，当代中巴关系的机遇远大于挑战，中巴传统友谊并未终结，而是提升到了一个新的高度，进入了一个新的时期。

【关 键 词】 中巴关系；挑战；机遇

Sino-Pak Relations in the Changing Regionaland Global Scenario：Challenges and Opportunities

Shang Quanyu

* 本文为教育部人文社会科学重点研究基地重大项目《战后亚洲主要国家间领土纠纷与国际关系研究》（项目号：07JJD770106）成果。

【Abstract】 Over almost half century, China and Pakistan have enjoyed a unique relationship marked by "time tested" and "all-weather" friendship, which hardly finds parallel in modern international relations. With the end of the global Cold War, the regional and global context in which traditional China-Pakistan relations were shaped has been changing dramatically. Under the new regional and global scenario in the post-Cold War era, China-Pakistan traditional relations have accordingly been undergoing changes and turning into a new phase. Against these undergoing changes, question about China-Pakistan relations arises: Is China-Pakistan friendship coming to an end? This paper tries to answer this question by looking at the challenges and opportunities that China and Pakistan are facing in their bilateral relations in the changing regional and global scenario.

【Key Words】 Sino-Pak relations, challenges, opportunities

一、中巴关系：挑战

以"久经考验"和"全天候"友谊为特征的中巴关系，形成于风云变幻的全球冷战国际格局背景之下。这一关系的形成经历了从最初"冷淡"到最终"联盟"的演变。

巴基斯坦和新中国相继诞生于第二次世界大战之后的全球冷战格局之下，面对的是分别以美国和苏联为首的两大政治军事阵营的对立，面临严峻的战略挑战和政治抉择。[①] 中国共产党在打败美国支持的国民党并建立社会主义新中国之后，选择了"一边倒"的外交政策，即与以

① Xuecheng Liu, *The Sino-Indian Border Dispute and Sino-Indian Relations*, Maryland: University Press of America, 1994, p. 79.

苏联为首的社会主义阵营结盟。而巴基斯坦出于自身的战略利益，选择了与以美国为首的西方阵营结盟的外交政策，不仅与美国签署了军事协定，而且加入了美国领导的“东南亚条约组织”和“中央条约组织”。印度与巴基斯坦自独立之日起，便由于分治问题和克什米尔争端结下了世仇，互相视为主要敌人和直接威胁。巴基斯坦与美国及其西方阵营结盟威胁到奉行“不结盟”外交政策的印度的安全利益，促使印度寻求与中国发展友好关系，以确保其北部边境安全。中国为了确保西线边境安全，集中精力于东线反击美国在朝鲜和台湾对中国的反攻倒算，打破美国对中国的军事包围、外交孤立和经济封锁，也积极与印度发展友好关系。这样，在美—苏对立、巴—美结盟、中—苏结盟、美—中敌对、印—巴仇视、印—中友好的冷战格局下，中—巴冷淡关系形成了。这构成了20世纪50年代大部分时间里地区与国际关系的基本格局。[①]

20世纪50年代末60年代初，地区和国际局势发生了变化。随着中印关系和中苏关系的逆转，中巴关系的性质由“冷淡”转入“联盟”。[②] 1959年的西藏叛乱、20世纪50年代后期开始的中印边界争端和1962年的中印边界战争，使处于“中印人民是兄弟”的“蜜月”时期的中印关系急剧恶化，最终导致中印友好关系彻底破裂，中印关系陷入敌对和冷战的泥潭。中印交恶促使印度接近中国的夙敌美国和后来的敌人苏联，同时也促使中国接近印度的夙敌巴基斯坦。面对印度这个共同的敌人，中国和巴基斯坦自然地走到了一起，以加强合作应对印度。中印关系恶化的同时，中苏关系也日益紧张。中苏之间关于国际共产主义运动理论和战略的争论，使两国关系急转直下，最终导致中苏关系由兄弟转为敌人。美国和苏联竞相在政治和军事上支持印度，其目标主要是针对中国，但同时也威胁到巴基斯坦的利益。中国担心美苏勾结和印苏结盟对抗中国，而巴基斯坦对美苏军事上支持印度不满，对西方阵营感到失望。在这一形势下，中国将巴基斯

① Shang Quanyu, “China-India-Pakistan in the New Global Context”, *World Focus*, No 1, 2005, p. 13.

② Sangit Sarita Dwivedi, “Sino-Pak Entente: A Study in Nuclear Collaboration”, http://www.mainstreamweekly.com/issue july 10/content/generalq.asp.

坦看成是对抗印度以及美苏勾结、印苏结盟的唯一可靠的南亚盟友，而巴基斯坦则将中国看成是对抗印度的可靠伙伴。以“久经考验”和“全天候”友谊为特征的中巴关系就这样诞生了。在冷战时期的大部分时间里（20世纪60年代初到80年代末），中—巴联合（美国于20世纪70年代加入）对抗印—苏结盟构成地区和国际关系的基本结构。

“久经考验”和“全天候”的中巴传统友谊以各个领域的密切支持与合作为表征。（1）边界问题。中巴于1962年12月就敏感的边界问题达成了原则协议，1963年3月签署了正式边界协议，消除了中巴关系中唯一的障碍。[①]（2）克什米尔问题。中国放弃最初的中立立场，站在巴基斯坦一边，主张尊重克什米尔人民的自决权，坚持克什米尔争端应该在联合国相关协议基础上通过全民公决予以解决。[②]（3）政治事务。中巴在国际政治事务中长期互相支持。巴基斯坦在恢复联合国席位、中美建交、台湾问题、西藏问题上给中国以巨大支持，中国在1965年和1971年印巴战争，以及1979年阿富汗战争中对巴基斯坦给予全力支持。[③]（4）经济军事技术等合作。中巴之间建立了全面的合作关系，签署了许多协议，涉及经济、商业、贸易、文化、技术、军事等各个领域。[④]（5）高层互访。中巴高层领导人保持经常性的联系和互访，几乎所有中巴政府和国家首脑都访问过对方，有些访问过多次，如周恩来总理四次访巴，阿里·布托总理和齐亚·哈克总统分别3次访华。[⑤] 总之，中巴传统友好关系深入到政治、经济、商业、贸易、文化、技术、军事以及国际和地区事务等各个方

---

① Swaran Singh, *China-South Asia*: *Issues*, Equations, *Policies*, New Delhi: Lancer′s Books, 2003, p. 172.

② Ravni Thakur, “China′s Changing Policy on Kashmir”, *World Focus*, No. 1, 2005, p. 11.

③ 朱明忠，“中巴关系的特点与发展前景”，http: //www. casas-pkucis. org. cn/gerenzy/showcontent. asp? iD=6.

④ Musa Khan Jalalzai, *Pakista' Foreign Policy*, Lahore: Khan Book Company, 2002, pp. 170—172.

⑤ 朱明忠，“中巴关系的特点与发展前景”，http: //www. casas-pkucis. org. cn/gerenzy/showcontent. asp? iD=6.

面，并且经受了国内政府更迭和国际政治变迁的考验，成为现代国际关系史上久经考验和全天候友谊的榜样。①

20 世纪 80 年代末 90 年代初，地区与国际局势发生了巨大变化，标志着一个全球新时代——后冷战时代的到来。中巴关系不仅面临空前的挑战，而且发生了相应变化，进入了一个新的时期。中巴关系面临的挑战主要来自如下几个方面。

(1) 中国的新外交政策。中国的新外交政策开始于后毛泽东时代，即邓小平时代，它受中国内部改革的驱动，同时与地区和国际关系的变化相伴生。② 为了给改革开放和现代化建设创造一个和平稳定的国际环境，中国当代历史上第一次奉行一种全新的外交政策，即与两个超级大国发展务实关系，与包括中国和巴基斯坦的共同敌人印度在内的所有周边国家改善关系。中美关系的缓和使印度担心出现中—美—巴轴心对付印度，于是，印度采取步骤改善印—美关系，并缓解中—印紧张。中印改善关系的共同愿望促成了中印敌对关系的解冻，并迎来了 1988 年中印关系的正常化。与此同时，苏联领导人戈尔巴乔夫的新亚洲政策，即维持与印度的友好关系并改善与中国的关系，为中印关系和中苏关系改善创造了良好的氛围，迎来了中苏关系的解冻和 1989 年中苏关系的正常化。这样，到 1989 年，中国与冷战时期的所有大国都恢复或建立了正常关系。③ 在这种背景下，中巴关系逐渐失去了其最初的战略意义。

(2) 苏联解体。苏联解体和东欧剧变，标志着美苏之间全球冷战的结束以及两极世界格局的终结。苏联解体、冷战结束之后，

---

① Musa Khan Jalalzai, *Pakista' Foreign Policy*, Lahore: Khan Book Company, 2002, p. 169.

② Susan L. Shirk, "One-Sided Rivalry: China' s Perspectives and Policies toward India", in Francine R. Frankel Harry Harding ed., *The India-China Relationship: Rivalry and Engagement*, New Delhi: Oxford University Press, 2004, p. 79.

③ Xuecheng Liu, *The Sino-Indian Border Dispute and Sino-Indian Relations*, Maryland: University Press of America, 1994, p. 150.

一个新的国际格局正在形成。虽然美国成为后冷战时代唯一的超级大国，并且试图主宰世界，然而，种种迹象表明，它单独支配国际事务独霸世界的能力受到局限。俄罗斯在苏联的废墟中重生，依然保持着超级核大国的地位；欧盟不断扩大势力，一体化进程从来没有停止；东亚的中国和日本，南亚的印度和巴基斯坦，在地区和世界事务中发挥着更加重要的作用；德国、日本、印度、巴西联手向联合国安理会常任理事国发起冲击。所有这些生动地表明，世界正在向多极化格局迈进。在这些变化之下，冷战时代两极世界格局体系下的地区和国际关系失去了原有的意义。正如印俄关系已经失去了对抗中国的意味一样，中巴关系也已经失去了对抗印—苏联盟的意义。①

（3）恐怖主义威胁。以“9·11”事件和“12·13”事件（2001年12月13日印度议会大厦遭袭）为标志的恐怖主义威胁，对国际关系产生了巨大而深远的冲击。中巴关系同样也受到恐怖主义威胁的侵扰。近年来，在巴基斯坦的中国公民多次遭到恐怖主义者的袭击和绑架，包括工程师在内的许多人失去了生命，引起了中国政府和公众的普遍关注。此外，多年来，中国的“东突”分子不断制造恐怖爆炸事件，从事分离主义活动。有些“东突”分子就是在巴基斯坦境内的宗教学校接受的训练。中国最大的关切是，巴基斯坦能否控制威胁中国公民和中国安全的恐怖主义组织。苏珊·舍尔克写道，中国官员和印度外交官讨论了其对巴基斯坦控制恐怖主义能力的怀疑，这是中国对巴基斯坦某种程度上政治疏远的一个原因。②

面对这些挑战，中巴关系发生了相应的变化和调整。（1）克

① Susan L. Shirk, “One-Sided Rivalry: China’s Perspectives and Policies toward India”, in Francine R. Frankel Harry Harding ed., *The India-China Relationship: Rivalry and Engagement*, New Delhi: Oxford University Press, 2004, p. 80.

② Susan L. Shirk, “One-Sided Rivalry: China’s Perspectives and Policies toward India”, in Francine R. Frankel Harry Harding ed., *The India-China Relationship: Rivalry and Engagement*, New Delhi: Oxford University Press, 2004, p. 92.

什米尔问题。从20世纪80年代开始，中国在克什米尔问题上的立场逐渐从亲巴基斯坦转向中立，不再坚持在联合国决议基础上的全民公决，而是主张克什米尔问题应由印巴两国通过和平谈判解决。1991年，李鹏总理在访问印度时明确表示，印巴应该在"西姆拉协定"基础上通过谈判解决克什米尔争端。1996年，江泽民主席在访问巴基斯坦时再次表示，巴基斯坦应该搁置与印度在克什米尔问题上的争执，在其他共同领域建立和发展关系。[①]中国政府的这一立场，一直没有改变。（2）南亚事务。在南亚事务中，中国放弃了偏袒巴基斯坦的立场，在印巴之间逐渐采取平衡立场。这一新立场在1999年印巴"卡吉尔冲突"和2002年印巴军事对峙中表现得最为明显。在卡吉尔冲突的高峰期，巴基斯坦总理谢里夫访问了中国，与中国领导人进行了磋商，中国敦促印巴双方协商解决冲突。在印巴处于核战争边缘的关键时刻，穆沙拉夫总统访问中国，与朱镕基总理进行了深入讨论。中国不仅建议印巴直接对话解决危机，而且采取多渠道外交消除南亚紧张局势，敦促国际社会对印巴冲突采取平衡的、没有偏见的立场。[②]

总之，中巴关系在风云变换的国际局势下发生着变化。这一变化在冷战时期表现为"从冷淡到联盟"，后冷战时期表现为"从联盟到有条件支持"。[③]这一变化的特征表现为"从无私的传统朋友"到"有用的战略伙伴"。[④]与冷战时期的"从冷淡到联盟"的"无私的传统朋友"相比，后冷战时期的"从联盟到有条件支持"的"有用的战略伙伴"则面临着更大的挑战。

---

① 孙士海："21世纪的中印关系"，http：//www . iapscass. cn/xueshuw zJshowconten t. asp? id=205.

② Ghularn Ali, "Sino-Pakistan Relations：The Indian Factor"，http：//ipripak. orgljouma l/summer2003/sino-pakistanshtml.

③ Samina Yasmeen, "China and Pakistan in a Changing World"，in K Santhanam Srikanth Kondapalli ed. , *Asian Security and China 2000—2010*, Delhi：Shipra Publications，2004，p. 309.

④ "Wen's Visit Opens New Chapter in Sino-Pak Relations"，http：//www. china. org. cn/english/international/125033. htm.

二、中巴关系：机遇

中巴关系经历的这些挑战和变化，引起了巴基斯坦对中巴关系的反思，一种消极悲观的观点因此而生。一些战略家认为，中国在南亚事务中的平衡立场和中印关系的升温，不可避免地对全天候中巴友谊产生负面影响，甚至可能破坏中巴友谊。① 一些学者认为，后毛泽东时代的中国对巴政策发生了巨大变化，20 世纪六七十年代的热情开始减退。一些外交家认为，现在的中国是一个不同的中国，中国会继续支持巴基斯坦，但是很大程度上取决于巴基斯坦如何自己摆脱目前的问题，作为中巴友谊标志的过去的那种亲密与热烈关系已经成为历史。②

所有这一切意味着中巴友谊果真已经或者将要终结？笔者以为，答案应该是否定的。下面的分析将表明，中巴关系的变化与调整表面看来似乎给中巴关系带来了负面影响，其实则不然，中巴关系面临的挑战不仅仅是挑战，而是与机遇相伴随。

中巴关系发生的显著变化主要表现在中国对待印巴争端特别是克什米尔问题的新立场。这一新立场引起巴基斯坦某些阶层对中巴友谊存续的质疑是不足为奇的，也是可以理解的。但是，如果我们注意如下事实，可能会有一个不同的视野和结论。（1）后毛泽东时代的中国不只是改变了对克什米尔自由斗争的支持，而是改变了对世界范围的革命运动的支持。（2）中国的新政策旨在使中巴关系与中印关系脱钩，分别而同时地发展中巴关系与中印关系，同时也促进印巴关系。（3）中国的新政策带来了积极的和平效果。印巴卡吉尔冲突和军事对峙的消解在一定程度上归功于

---

① Zhang Li, “China’s New Role in South Asia”, *World Focus*, No. 1, 2005, p. 6.

② Ghulam Ali, “Sino-Pakistan Relations: The Indian Factor”, http: //www. ipripak. orgljournal/summer2003/sino-pakistanshtml.

中国的这一新政策。在当代国际局势下，中国直接卷入印巴两个核大国之间的任何冲突都是危险的不明智之举。（4）印巴关系的近期发展佐证和肯定了中国的新政策。2005 年 4 月的印巴首脑峰会“迎来了印巴友谊的新时代”。[①] 因此，从表面上看，中国的新政策似乎对中巴关系产生了消极影响，实质上从长远看它有利于维护和促进新时期的中巴关系和印巴关系。

除了中国对印巴争端特别是克什米尔问题的立场改变之外，中巴两国在其他领域的富有成果的相互支持与合作没有改变，一如既往。（1）虽然巴基斯坦政府更迭频繁，中国政府也经历了换届，但是两国高层互访和密切联系从来没有中断，不但一直在持续，而且更加紧密。[②]（2）中巴在地区和国际问题上保持着密切接触和协调，相互支持。巴基斯坦在台湾问题、西藏问题、中国入世问题、人权问题等，给予中国宝贵的支持。[③]（3）经济、技术、军事等联系仍然在保持。中巴贸易稳步增长，经济合作从纯商业贸易发展到互相投资、承包工程、开发技术等更广阔的领域。在美国的压力下，在西方中断给巴基斯坦提供技术军事援助的情况下，中国继续对巴基斯坦提供技术和军事支持，包括国防生产与和平利用核能等。[④]

苏联解体和国际新格局的出现虽然使中巴关系失去了对抗印苏联盟的最初战略意义，然而，并没有结束中巴之间的友谊与合作。相反，在苏联废墟上兴起的新的中亚共和国给中巴合作提供了一个新的途径和机遇。1996 年，巴基斯坦、中国、哈萨克斯坦、吉尔吉斯斯坦四国签订了运输贸易协议（2003 年 10 月实施），根据该协

---

① Y. C. Halan, “Sport and Politics: A new era of Indo-Pak friendship”, *South Asia Politics*, May 2005, pp. 13—18.

② “China ' s Relations with Pakistan”, http: //www. friendshipmuseum. com/gb/wjfy/yz/bgst. htm.

③ 陆树林，“道义之交可以终身”，http: //www. fmprc. gov. cn/chn/ziliao/wz zt/wcflysg/wzlcflshg/t188927. htm.

④ Musa Khan Jalalzai, *Pakistan 's Foreign Policy*, Lahore: Khan Book Company, 2002, pp. 172—175.

议，阿尔马地和比什凯克的公路延伸，与连接巴基斯坦和中国的卡拉昆仑高速公路会合，不仅可提高四国之间的贸易，而且可为当地贸易发展创造良好的条件。[①]此外，上海合作组织为中巴与中亚国家的合作提供了又一个平台。中国希望将来巴基斯坦和印度一起成为上海合作组织的会员，作为第一步，2005 年 7 月的阿斯塔纳上海合作组织峰会给予巴基斯坦、印度、蒙古、伊朗观察员地位。[②] 中亚共和国都是伊斯兰教国家，有着丰富的石油天然气资源，在上海合作组织的框架下与中亚国家合作，会给中巴以及所有相关国家带来巨大收益。这些收益不仅仅局限于经济领域，而且扩展到其他更广阔的领域，如克服不同文化间的猜忌，打击极端主义、分离主义和恐怖主义。[③]

恐怖主义威胁虽然给中巴关系带来了某种程度的负面影响，但它也成为中国与巴基斯坦加强合作的一个动因。[④] “9·11” 事件之后，巴基斯坦与美国通力合作，支持美国的“倒塔利班”和反恐运动。尽管中国认识到巴基斯坦对塔利班的失控导致了美国势力在这个地区的存在，但是，中国仍旧继续支持巴基斯坦。有学者认为，中国支持巴基斯坦与其说是出于抗衡印度的考虑，不如说是出于对巴基斯坦瓦解的担心。中国需要一个温和的巴基斯坦政府维持稳定，对抗日益兴起的伊斯兰原教旨主义，抑制伊斯兰原教旨主义者对新疆分离主义运动的支持。中国敦促美国和印度采取更加平衡的南亚政策，不要使巴基斯坦出现政治动乱的情况。[⑤] 因此，虽然中

① Samina Yasmeen, “Sino-Pakistan Relations and the Middle East”, in P. R. Kumaraswamy ed., *China and the Middle East*, Delhi: Sage Publications, 1999, p. 98.

② Alexander Yakovenko, “Seeking multilateral regional cooperation: The Shanghai Cooperation Organization is a new model of geopolitical integration”, *The Hindu*, August, 2005.

③ “分析：巴伊印成上海合作组织观察员有利各自发展”，http://www.cn.news.yahoo.com/050706/72/2dem3.html.

④ Susan L. Shirk, “One-Sided Rivahy: China's Perspectives and Policies toward India”, in Francine R. Frankel Harry Harding ed, *The India-China Relations: Rivalry and Engagement*, New Delhi: Oxford University Press, 2004, p. 92.

⑤ Waheguru Pal Singh Sidhu and Jing-dong Yuan, *China and India: Cooperation or Conflict?*, New Delhi: India Research Press, 2003, p. 66.

国不满巴基斯坦某些伊斯兰原教旨主义者对新疆穆斯林分离主义者的支持，但是一直避免使其影响到中巴友好关系。巴基斯坦政府也作出积极回应，采取步骤控制维吾尔分离主义者在巴基斯坦的活动。[①] 两国在反恐方面进行了有效的合作，包括联合反恐军事演习等。

此外，虽然中巴关系经历了变化，巴基斯坦政府仍将中国视为可靠的盟友。这一看法并不局限于巴基斯坦政府中的某一派别，而是成为所有派别的共识。“中巴全天候友谊”观念依然是超越所有观点的巴基斯坦官方词语。“就连伊斯兰主义者都信守中国是可靠朋友的观念。虽然民间的伊斯兰主义者试图向中国新疆输出伊斯兰主义，但是政府中的伊斯兰主义者仍然相信需要赞赏并与北京结盟。”[②] 这一永恒友谊观基于如下原因。（1）半个多世纪来相互支持与合作的中巴友谊经受住了国内政府更替和国际形势变幻的考验，20 世纪 60 年代和 70 年代中国对巴基斯坦的政治和军事支持成为巴基斯坦将中国视为可靠盟友的“历史记忆”的一部分。（2）没有任何政治和领土争端，严格遵守和平共处五项原则，对地区和国际局势持相同看法等，所有这些构成了黏结中巴两国的重要的凝聚力量。[③]（3）历史遗留问题仍然困扰着中印关系，如西藏问题、边界问题，这些问题很难在短期内得到解决。此外，印美海军在 2004 年 12 月海啸救援中的联合行动、美国帮助印度成为世界大国的公开表态、印美分别在 2005 年 6 月和 7 月签订的防务协议和核协议等，提升了印美战略伙伴关系。[④] 美国与印度发展良好关系的根本利益在

① Samina Yasme, “China and Pakistan in a Changing World” in K Santhanam Srikanth Kondapalli ed., *Asian Security and China 2000—2010*, Delhi: Shipra Publications, 2004, p. 139.

② Samina Yasme, “China and Pakistan in a Changing World” in K Santhanam Srikanth Kondapalli ed., *Asian Security and China 2000—2010*, Delhi: Shipra Publications, 2004, p. 312.

③ Ghulam Ali, “Sino-Pakistan Relations: The Indian Factor”, http: //www. ipripak. orgljoumal/summer2003/sino-pakistanshtml.

④ Prakash Karat, “India is not a Banana Republic”, *Tehelka*, July, 30, 2005.

于遏制中国。[①] 鉴于此，巴基斯坦政府认为，中国制衡来自印度挑战的恒久利益，促使中国会维持其在巴基斯坦的利益。因此，在意识到中国支持巴基斯坦的力度下降的同时，巴基斯坦坚信这一下降的限度，所以依旧将中国视为可靠的朋友。[②]

虽然中国采取了平衡政策，但是这并不意味着中国完全降低了与巴基斯坦的关系。中国多次重申，中国与印度改进关系不以中巴关系为代价，它丝毫不会影响传统中巴友谊，巴基斯坦仍然是中国的重要盟友。中国多次做出富有象征意义的姿态，显示巴基斯坦仍然是一位特殊朋友受到特殊对待。例如，2002 年 8 月，穆沙拉夫总统从孟加拉和斯里兰卡返回途中访问北京，江泽民主席推迟了他的行程，专门接待巴基斯坦贵客。又如，在 2005 年 4 月的南亚四国之行中，温家宝总理将巴基斯坦作为他出访的第一站，虽然许多人预测印度可能是第一站。[③] 对中国来说，保持与巴基斯坦的友好关系关乎到国家利益大计。（1）它有助于遏制新疆的穆斯林分离主义者和宗教极端主义者的威胁，确保国内稳定。（2）它有助于与其他穆斯林国家发展友好关系，确保周边稳定。（3）它有助于进入富含石油的中东和海湾，确保能源安全。（4）它有助于遏制美国在中亚和南亚的影响以及印美的联手挑战，确保军事安全。[④]

总之，虽然中巴关系经历了挑战和变化，然而作为亲密盟友的中巴关系的性质并没有发生实质性改变，而是提升到了一个新的高

---

① Adam Wolfe，Yevgeny Bendersky，and Federico Bordonaro，“The Indian Ocean’ s shifting balance of power”（26/07/05），http//www. isn. ch/news/sw/details. cfm? ID=12292.

② Samina Yasme，“China and Pakistan in a Changing World”，in K Santhanam Srikanth Kondapalli ed.，*Asian Security and China 2000—2010*，Delhi：Shipra Publications，2004，p. 313.

③ 荣守俊，张雨虹：Samina Yasme，“China and Pakistan in a Changing World” in K Santhanam Srikanth Kondapalli ed.，*Asian Security and China 2000—2010*，Delhi：Shipra Publications，2004，p. 311. “中巴总理分别接受采访 畅谈两国友好关系”，http：//www. news. xinhuanet. com/world/2005—04/04/content_2784995. htm.

④ Adam Wolfe，Yevgeny Bendersky，and Federico Bordonaro，“The Indian Ocean’ s shifting balance of power”（26/07/05），http//www. isn. ch/news/sw/details. cfm? ID=12292.

度。相较而言，在新的地区和国际关系背景下，中巴关系面临的机遇大于挑战。中巴传统友谊并没有终结，而是在新的时期以战略合作伙伴的新姿态在全球领域继续发展。

（作者为华南师范大学外国语言文化学院教授、历史学博士）

从缅泰军政府比较研究看缅甸的发展之路

赵 瑾

【内容提要】 缅泰两国是邻国，两国在历史上曾经是宿敌，但两国在地理位置、自然条件、文化、宗教等方面都有很多相似性；在近现代历史发展过程中，两国都经历了长时间的军人统治，因此两国具有较强的可比性。本文通过对缅甸及泰国军人统治的分析比较，揭示了缅甸军人政府形成的原因、在军人统治下缅甸贫穷落后的原因以及缅甸未来的发展方向。

【关 键 词】 缅甸；泰国；军政府；发展；改革；大选

View of the development of Myanmar based on the comparative studies of the militarygovernments of Myanmar and Thailand

Zhao jin

【Abstract】 Myanmar and Thailand are neighbors. They had been enemies in history, however there are many similarities between the two countries in the geographical location, natural conditions, culture, religion and so on. In the course of modern history, they have experienced a long period of military rule, so there have strong comparability between the two countries. Based on the analysis and comparison of military rule between Myanmar and Thailand, this paper will profoundly reveals the reasons for the formation of the military government of Myanmar, the reasons for poverty and backwardness under military rule in Myanmar, and the future development of Myanmar.

【Key Words】 Myanmar, Thailand, military government, development, reform, general election

缅甸位于中南半岛的西部，面积为67万多平方公里，是中南半岛上面积最大的国家。公元1044年缅甸形成统一的国家，之后经历了蒲甘、东吁和贡榜三个封建王朝。在此期间，缅甸一直是东南亚的强国，除了拥有强大的军事力量外，缅甸在文化、艺术、宗教等方面也取得了很大成就。英国于1824年至1885年间先后3次发动了侵缅战争并占领了缅甸。1948年1月4日，缅甸脱离英联邦宣布独立，建立缅甸联邦。1962年，奈温将军发动军事政变，夺取了政权，缅甸从此进入军政府统治时期，直至今天。

泰国位于亚洲中南半岛中南部，面积为51.3万多平方公里，是中南半岛上第二大国家。泰国原名暹罗，于公元1238年建立了素可泰王朝，开始形成较为统一的国家。先后经历了素可泰王朝、大城王朝、吞武里王朝和曼谷王朝。1896年，英、法签订条约，规定暹罗为英属缅甸和法属印度支那之间的缓冲国，从而使暹罗成为东南亚唯一没有沦为殖民地的国家。1932年6月，泰国人民党发动政变，建立君主立宪政体。1938年，銮披汶执政，泰国从此进入军政府统治时期，直到20世纪90年代才结束军人统治，但军队在政治生活中一直起着重要的作用。2006年9月19日，泰国再次发动军事政变，震惊世界。军人执政的问题再次成为人们关注的焦点。

缅泰两国具有较强的可比性。首先，两国在地理位置、自然条件、宗教和文化方面有很多相似性。古代的缅甸和暹罗（今泰国）是东南亚的两个强国，两国都是小乘佛教国家，两国在文化方面有很多相似性。其次，在近现代历史发展过程中，缅泰两国都经历了长时间的军人统治，两国军人统治的形成也有共同的历史原因和必然性。

一、缅泰两国军政府的形成及其原因

1948年获得独立后，缅甸反法西斯人民自由同盟掌握了政权，确立了议会民主制度，吴努担任首任总理。但是独立后的缅甸很快就陷入了危机之中。由于执政的反法西斯人民自由同盟并不是一个政党，而是一个由不同政党、团体和个人组成的联盟，同盟内部各党派和团体之间意识形态不同，政见不一。独立后他们没有了共同的敌人和目标，很快就陷入了分裂。分裂后的反法西斯人民自由同盟各派之间忙于争夺政权，无力处理国内的各种矛盾和问题，国家很快就陷入了内战和混乱中。1962年3月2日，奈温领导的缅甸国防军发动政变，推翻了吴努政府，成立了由17名高级军官组成的缅甸联邦革命委员会。该委员会为缅甸的最高行政机构和立法机构，奈温本人任革命委员会主席，履行国家元首和政府首脑的职权，从此开始了军人统治缅甸的历史。奈温军政府执政26年，直至1988年奈温辞职。1990年，迫于国内外的压力，缅甸举行了一次大选，昂山素季领导的缅甸全国民主同盟在大选中获胜，但军政府拒绝交出政权，继续执掌政权至今。

泰国的军人统治始于1938年。1938年，陆军部长披汶·颂堪取代披耶帕凤出任泰国总理，开始了军人统治泰国的历史。在此后50多年中，泰国频繁发生政变，多次废除宪法并制定新宪法，文人政府也曾短期掌握过政权，但大部分的时间都是军政府执政。1992年9月，泰国举行大选，获胜的几个党派组成了联合政府，川·立派出任政府总理，军人才退出泰国的政治舞台，泰国政治走上了议会民主制的道路。

缅甸和泰国在英法势力退出后，都出现了军人掌权的局面，这是有深刻的历史原因与必然性的，其中最主要的原因是泰缅两国都没有适合议会民主制存在的经济和社会基础。无论是英法势力存在期间，还是退出之后，两国都没有形成适合资本主义民主制度存在的完善的资本主义经济体系，没有强大的民族资产阶级和知识分子阶层来保证民主制度的正常运转。

英国对缅甸进行殖民统治期间，没有对缅甸进行完整的现代化改造。在经济方面英国把缅甸当作英联邦的原料产地和商品倾销地，只发展那些对英国有利可图的产业，主要是农业、林业、矿业等，这使得缅甸的经济片面、畸形发展，整个国家的经济没有自我运转能力，只能依赖于宗主国，因此，独立后缅甸的经济立刻出现了一系列难以克服的困难。此外，在殖民统治时期，由于外国资本对经济的垄断和全面控制，缅甸民族资产阶级力量极其弱小，在经济上无法独挡一面，在政治上缺乏经验，因此在独立初期实行议会民主制时期，他们没有能够在经济和政治方面发挥积极作用。在教育方面，1824 年之前，缅甸没有独立的学校，教育从属于宗教，寺院承担教育的功能。英国统治缅甸时期，在缅甸建立起了一些世俗学校，但数量很少，且发展缓慢。当时缅甸的初等教育仍然以传统的寺院教育为主；中等教育没有统一的教育制度，各类学校主要根据进行教育的语言划分，在校学生数量较小，第二次世界大战前，仅占缅甸人口的 1%左右。高等教育的发展则更加缓慢，整个殖民统治时期，缅甸只有一所大学，即仰光大学。在校学生不到当时缅甸总人口的万分之二。[①] 而且英国人建立这些世俗学校的目的并不是培养治理国家的人才，只是为了培养为殖民政府服务的下层官员和办事员，因此开设的专业比较单一，培养的人才中缺乏政治、经

① 贺圣达、李晨阳：《列国志·缅甸》，社会科学出版社，2005 年版，第 361 页。

济管理方面的人才，这导致缅甸一直缺少懂经济、懂政治、了解外部世界、有国际眼光的知识分子阶层。而在少数接受过近代高等教育的知识分子中，有相当一部分来自地主或小工业主家庭，他们与底层民众接触少，缺乏群众基础，在群众中没有威信；此外，这些知识分子组织性不强，没有共同的目标，他们各自的信仰和立场不同，在关键时刻互不妥协，因此，独立后，这些没有统一的纲领和意识形态、没有任何执政经验、没有群众基础、无法控制军队、只会在口头上高呼民主的知识分子根本无法应对国内的复杂形势。在这种混乱的局势下，军队的优势凸显出来了，军队组织性强、办事效率高，由于多数军人来自社会底层的农民家庭，因此他们有群众基础，更主要的是，他们手里有武器。在这种情况下，没有根基的、脆弱的民主政府被军人政府代替成了必然的结果。

泰国的情况与缅甸类似，但不完全相同。泰国表面上没有完全沦为英国或法国的殖民地，这为泰国进行改革留下了一定的空间，泰国的国王们也较早地进行了改革，这些改革为后来泰国的社会和经济发展奠定了基础，但这些改革措施不敢触动西方列强的既得利益，因此没有从根本上改变泰国半殖民地半封建社会的处境。英国、法国及其他一些西方列强通过一系列不平等条约，把泰国变成它们的廉价原料产地和商品倾销地，对泰国进行经济掠夺。到了20世纪30年代，泰国的民族经济有了一定发展，但没有形成发达的资本主义经济体系，因此，西方式的民主制度无法在泰国长期稳定地存在。

缅甸和泰国的军人政府能长期掌握政权的另一个原因，是历史上以及近现代两国军队在国家中的特殊地位。古代的缅甸和泰国是东南亚的强国，军队和僧侣集团是两个国家最主要的、人数最多的组织，而军队的最高统帅是国王；缅泰两国都有长期征战的历史，这使军队在社会中有了一种独特的地位。古代的缅甸是一个军事强国，对内通过战争统一国家，压制境内的其他民族的反叛，对外经常性地发动侵略战争。从16世纪中叶到19世纪初，缅甸东吁王朝和贡榜王朝为了掠夺人口和财富，多次入侵暹罗，曾一度把暹罗置于自己统治之下。从东吁王朝到贡榜王朝，缅甸都实行兵农合一的制度，男子从15、16岁到60岁，都有服兵役的义务，在没有战争时他们从事农业和手工业，一旦有战争必须从军。长年累月的艰苦战争使缅甸军队具有非常强的战斗力和破坏力，在第一次英缅战争前缅甸军队几乎没有遇到过强大的对手，在第一次英缅战争中，缅甸军队强大的战斗力和吃苦耐劳能力也让英军大为震惊。此外，在缅甸人民反抗英国殖民统治的过程中，军队也起到了非常重要的作用。正是这样的历史，使得缅甸军人理所当然地认为，在任何时候军队都有拯救国家的责任，而且也只有军队有这个能力，同时，缅甸民众也在一定程度上认可了军队的这种特殊地位。古代泰国的军事力量虽然无法与缅甸抗衡，但它是东南亚仅次于缅甸的军事强国，因此整个历史发展过程中，泰国军队也拥有特殊的地位。

缅甸军政府能够长期牢固地掌握政权的另一个原因是国内复杂的民族问题。缅甸民族众多，缅族是人口最多的民族，主要聚居在平原地区，大多数信仰小乘佛教。少数民族则聚居在山区。少数民族虽然人口少，但他们的聚居地的面积超过国土面积的一半，而且缅甸丰富的自然资源几乎都集中在少数民族聚居地。古代的少数民族主要信仰各种原始宗教，缅甸的历代国王都努力推动佛教向少数民族地区传播，以此来达成少数民族和缅族在文化和信仰上的统一，但是英国的入侵打断了佛教文化传播的进程，使少数民族和缅族在文化和信仰上形成了隔阂。英国殖民政府为了分化缅甸的抗英力量，对缅族和少数民族实行“分而治之”的政策，采取不同的政策拉拢和扶持山区少数民族，并在少数民族地区传播基督教。英国殖民者的这一做法加深了少数民族和缅族的隔阂，为缅甸的民族矛盾留下了祸根。从独立后到现在，缅甸的民族问题一直没有得到解决，极大地威胁到了缅甸的统一和稳定，这使得军队在维护国家统一和稳定方面的作用尤其突出，也成了军政府长期掌握政权的最有力的借口。

二、军政府统治下缅泰两国的发展历程

从1938年到1992年，泰国军政府统治泰国50多年。从1962年至今，缅甸军政府统治缅甸近50年。在军政府统治期间，缅泰两国的社会经济发展出现了巨大的差距。

奈温军政府统治缅甸时期，不考虑经济发展规律、不顾国内实际情况，在极短的时间内从政治、经济、思想等方面对缅甸进行了社会主义改造。在政治上实行一党专制、个人独裁，对反对派和民主人士进行残酷镇压；在经济方面取消了私营经济，迅速实现了国有化；在外交方面严守中立、闭关锁国。由于缅甸式社会主义制度严重背离了社会经济发展规律，因此奈温军政府统治缅甸的26年中，缅甸的年均经济增长率只有2.5%，基本被人口增长抵消。1986年12月，联合国应缅甸政府的要求，把缅甸列入世界上最不发达国家之列。1990年，缅甸现军政府上台后，进行了一系列旨在发展经济的改革，然而，由于国内外的各种原因，缅甸并没有取得预期的发展，加上以美国为首的西方国家对缅甸的制裁和封锁，缅甸的情况甚至比奈温时期还糟糕。1991—1992年缅甸的人均可支配收入比1987—1988年下降了21.5%，1995—1996年，缅甸人均可支配收入比1988—1989年低6.3%。1994年，缅甸的人均国内产值仅有250美元，甚至低于老挝的290美元。[①]

据学者们估计，缅甸目前的人均GDP水平可能在300—350美元之间。作者1998—1999年在缅甸生活了一年，当时缅甸大学教师的工资为3000—4000缅币，折合美元只有15美元左右。2009年我再次到缅甸时，缅甸大学讲师的工资为6万缅币左右，约合60美

① 数据来源于 http：//www. wordbank. org。

元。工资虽然提高了，但物价水平的涨幅超过了工资涨幅，所以百姓普遍反映现在生活比过去困难。2009年我到缅甸时，通过平日的观察和与当地百姓的交流，我认为2009年缅甸的情况还不如1999年。缅甸军政府用了10年的时间竟然无法解决电力供应的问题，现在像仰光这样的大城市还无法保证电力供应，此外，仰光的市政建设破烂不堪，街头常常可以看到骨瘦如柴的妇女和孩子在乞讨。经过了2007年的僧侣游行事件[①]和2008年5月的“纳尔吉斯风暴”[②]后，百姓对军政府更加不满。

在军政府统治的近50年中，缅甸除经济发展非常缓慢之外，在外交方面也极其孤立。从20世纪60年代到现在，缅甸的国际地位一路下滑。1962—1988年，为了避免成为东西方两大阵营较量的牺牲品，奈温政府奉行闭关锁国的外交政策，主动孤立自己。1990年后，军政府一度曾想采取比较积极的外交政策，改善外交环境，但实际上成果并不理想。由于现军政府对国内反对派和民主人士的镇压引来了西方国家的制裁，缅甸实际上比奈温时期更孤立了。由于缺乏对外交流，缅甸在文化、教育和科技等方面与其它国家的差距越来越大。

尽管都是军政府掌权，泰国的发展历程却与缅甸完全不同。在军政府统治下，泰国政局动荡，政变频发，是世界上政变频率最高的国家之一。从1932年到1992年的60年中，泰国发生了16次军事政变，颁布了14部宪法，举行过19次大选，先后有18人担任过总理，组阁近50次，这60年中，4/5的时间里军政府掌权。但是政变并没有对泰国社会发展产生太多负面影响，尤其是泰国的经济，在政变不断的情况下，仍然保持了持续高速的增长。1980年泰国的人均国内产值为707美元，1990年为1410美元，2009年这一

---

① 2007年9月23日开始，缅甸仰光等地连续多天出现大规模僧侣示威游行，要求缅甸军政府改善民生、释放政治犯、实现民族和解。此次游行的起因是缅甸政府2007年8月份大幅提高能源产品价格，导致物价普遍上涨，引发了民众和僧侣的不满。

② 2008年5月2日早晨，热带风暴“纳尔吉斯风暴”登陆缅甸，导致缅甸多个省邦受灾，7万多人遇难，5万多人失踪。

数字达到了 3973 美元。[①] 20 世纪 80 年代中期，泰国就被世界银行确定为中等收入的发展中国家。在军政府统治期间，除了经济保持持续高速增长外，泰国在外交方面采取开放、积极、灵活的政策，积极参与国际事务、融入国际社会，国际地位不断提高。文化方面积极开展对外交流，使泰国传统文化与西方文化和谐共存成为泰国的一大特色。经济发展和对外开放彻底改变了军人政权存在的基础，推动了泰国政治从军事独裁向民主政治的转变。

三、军政府统治下缅甸贫穷落后的原因

每当提到缅甸的贫穷落后，缅甸军政府总会把原因归为英国的殖民统治和西方国家的孤立和制裁，这确实是造成缅甸贫穷落后的原因之一，但不是主要原因，真正造成缅甸贫穷落后的主要原因在缅甸军政府自身，其中首要的原因是军政府缺乏改革和对外学习的意识，长期闭关锁国。

古代缅甸是一个强国，在第一次英缅战争前，它几乎没有遇到过太大的失败，因此，缅甸的统治阶级历来有一种盲目自大的情绪，这种情绪使它忽视了对外部世界的学习和了解。1853 年，在重重危机面前，缅甸国王敏同王意识到了改革的必要性，于是在他弟弟加囊王的协助下开始了一系列改革。敏同王改革的目的之一就是学习西方先进的管理知识和科学技术，发展本国的民族经济。但是敏同王的改革最终以失败告终，失败的直接原因虽然是宫廷斗争，但敏同王本身没有坚定的改革决心以及当时缅甸已经失去了半壁江山的客观形势才是改革失败的主要原因。从敏同王改革到今天的 150 多年里，缅甸没有再进行过外向型的改革，也没有认真学习和研究过外部世界。在英国殖民统治时期，有少数缅甸人接受过西方

① 资料来源于 http：//www. wordbank. org。

教育，但人数非常少，远远低于亚洲其他国家。1962 年军政府上台后，实行了闭关锁国的政策，与西方国家的交流几乎完全中断，更谈不上向西方学习。1990 年新的军政府上台后，曾试图通过对外开放和经济改革来谋求发展，但由于西方国家的制裁和孤立，缅甸再次陷入封闭状态。由于长期缺乏与外界的交流和学习，缅甸从统治阶层到普通百姓都极度缺乏对外部世界的了解。

与敏同王的改革相比，同时期暹罗的改革是成功的。暹罗的改革开始于孟固王（拉玛四世）时期，与敏同王的改革一样，暹罗的改革目的也是学习西方先进的管理知识和科学技术。孟固王年轻时曾在西方国家留过学，眼界开阔、思想开放。他意识到只有积极向西方国家学习，暹罗才可能走向富强。于是，他模仿西方的模式、结合暹罗的国情，推动暹罗的现代化的改革。孟固王的继任者朱拉隆功国王不仅小时候在西方国家学习过，继承王位后又再度到西方国家学习，因此，朱拉隆功国王更具有改革意识。他在位的 42 年里，在行政、财政、教育、军事、法制等方面进行了多项改革。朱拉隆功的改革为泰国的现代化奠定了基础，对泰国的历史发展产生了重要影响。从孟固王时期到今天，包括军人统治期间，泰国一直保持着与外部世界、特别是西方国家的密切接触，这是泰国一直保持发展活力的重要原因。

由于长期的封闭导致缅甸管理人才稀缺，这是缅甸贫穷落后的另一个原因；而泰国在人才方面远远优于缅甸。泰国政府领导人和高级官员中，大部分人都曾在西方国家学习过并获得了硕士或博士学位，因此他们的眼界都比较开阔，文化素质比较高。除了高级官员外，泰国的部分公务人员和技术人员也接受过西方的培训。据统计，从 20 世纪 50 年代到 70 年代中期，25%的泰国公务员都曾在美国学习过。此外，泰国军队往往只是掌控政权，他们并不用军人对国家进行直接管理，而是利用专家来治理国家。缅甸的情况与泰国完全不同。缅甸的人才缺乏首先表现在统治集团中，缅甸统治集团都是军人，文化程度普遍较低，几乎没有人到西方国家接受过教育。1997年的资料表明，缅甸政府当时的13位主要领导人全部都是军人，13人中没有一个人到国外接受过教育，有7人只有高中学历，其中包括丹瑞大将，其他6人毕业于军事院校，这6人中，没有一个人学习过管理、经济、法律、技术等专业。此外，以丹瑞大将为代表的老一代领导人大多都能讲一口流利的英语，而目前60岁以下的领导人英语水平都较差，这更加不利于他们对外界的学习和了解。这些没有接触过现代管理理念的军人们观念守旧，畏惧改革，不懂经济，缺乏国际眼光，刚愎自用。他们制定政策时缺乏科学性，导致国家越来越穷。此外，缅甸军政府在治理国家时采取了与泰国完全不同的模式，缅甸军人不但掌控政权，还用军人管理国家各行各业。缅甸的各级行政机关里都是军人担任领导，经济、文化、卫生等所有行业也都由军人来领导，因此缅甸所有的行业和领域都是军人领导专业人员，外行领导内行，专业人才得不到重用和尊重。

此外，尖锐的民族矛盾既是军人长期掌控政权的有力借口，也是社会经济发展的障碍。缅甸民族众多，各民族之间社会经济发展水平和文化宗教差异较大，一些少数民族只有族群的概念，没有国家的概念，加上外来势力的干扰，民族矛盾十分尖锐，少数民族武装和政府的长期对抗和战争消耗了国家大量人力财力，对缅甸的经济发展造成了很大影响。20世纪90年代以来，军政府在武力围剿的同时，大力推动“武器换和平”计划，并加大了对少数民族地区的经济投入，民族矛盾有了一定缓解，但并没有彻底解决。

四、缅甸未来的发展方向

军政府统治缅甸已将近半个世纪，2010年11月7日，缅甸举行了20年来的首次大选。根据缅甸联邦选举委员会公布的结果，现任总理登盛领导的联邦巩固与发展党（简称“巩发党”）获得了约

77%的联邦议会和省邦议会议席。大选产生的联邦议会将在大选后90天内召开首次会议，并选举产生总统、副总统，组建新政府。这次大选中，一些军政府高级官员脱下军装参加了大选，国家和平与发展委员会成员吴瑞曼，现任总理登盛，国家和平与发展委员会第一秘书长吴丁昂敏乌等军政府的领导人也作为巩发党的候选人参加了大选，并极有可能在未来的新政府中担任领导人，从选举结果看，大选后产生的政府仍然是一个军人主导的政府。不仅如此，缅甸军队可能在未来相当长的时期内仍将牢牢掌控国家的政权。

实际上，缅甸军政府为了能合法地、长期地掌握政权，用了十几年的时间精心培植自己的组织力量巩发党、制定了一部使军人统治合法化的宪法、并策划了一场毫无悬念的大选。

缅甸军政府组织建立的缅甸联邦巩固与发展党成立于2010年5月8日，其前身是缅甸联邦巩固与发展协会（简称“巩协”），成立于1993年，是目前缅甸最大的政治组织，这个组织下属的社区及乡镇一级的分支机构达到15421个，人数据说有2000多万。[①] 这个组织明确规定，协会会员不许参加其他任何政党。巩发党的建立使军人政府有了执政的载体和群众基础，而且在一定程度上限制了其他政党发展的空间。

此外，缅甸新宪法实际上是一部使军人统治合法化的宪法，它从各个方面确保了军队对政权的长期掌控，有些缅甸学者称之为一部“赋予军队特权”的宪法。这部宪法是由军政府组织制定的，宪法的基本原则是在缅甸建立一种“有秩序的民主”。宪法规定，军队在国家政治活动中承担领导角色，军队在各级议会中必须拥有25%的席位，如果要修改该宪法或出台新的法律，必须有超过75%的议员同意方可进行。宪法还规定，军队可以自由处理和军事相关的一切事务，军方制定的国防和安全方面的法律不需要得到议会的通过即可生效。该宪法还规定，总统候选人由议会的人民院、民族

① 资料来源于 http：//www.myanmar.com。

院、以及这两院中的军人议员单独组成的第三方各推选一名候选人，总统候选人必须熟悉军队事务；此外，即使没有总统的许可，军队总参谋长也可以独立任命国防部长、内政部部长、边境事务部部长等。在这部宪法中确定，缅甸的最高权力机构为“国防与安全委员会”，该委员会由11名成员组成，其中6名是军人。“国防与安全委员会”的主要职能如下：第一，选择和任命总统；第二，在国家宣布进入紧急状态时，把总统的立法权、行政权和审判权移交给军队总参谋长；第三，当国家处于紧急状态时，军队总参谋长最多可以统治国家两年，两年后国防与安全委员会代表总统行使权力；第四，在国家取消紧急状态令后半年内，国防与安全委员会组织大选。

除了有宪法的保障外，为了赢得这次大选，军政府还为大选做了精心准备。2010年3月9日，缅甸推出了选举法，其中的《政党注册法》规定，政党在发展党员时，不许将公务员、宗教人士和正在服刑人员接纳为党员，否则政党将被宣布为非法；正在服刑人员不得组建或加入任何政党；《政党注册法》还规定，不参加2010年大选的政党将不能继续合法存在。《政党注册法》一推出就遭到了缅甸国内及国际社会的强烈批评，很多人都认为，这部法律是专门针对昂山素季和她领导的全国民主联盟（简称民盟）的。2010年3月10，美国政府发言人表示，缅甸政府颁布的新选举法是对民主的愚弄，也注定了今年缅甸的大选将是一场闹剧。

五、结语

2010年11月的大选不会改变缅甸军人统治的现实，它只是军人统治从非法走向合法的一个程序。未来相当长的时间内，缅甸仍将维持军人统治的局面。由于西方国家一直对缅甸的这次大选备加质疑，因此大选后上台的新军政府仍然可能面临西方国家的敌视和制裁。如果国际社会的制裁一直持续，孤立的外交境遇和复杂的民族矛盾可能会继续阻碍缅甸经济的发展。但是通过泰国的发展经历我们可以看出，贫穷落后与军人统治并没有必然的联系，统治集团的观念和政策才是决定一个国家走向的关键因素，未来的缅甸政府和西方集团都应意识到这一点。同时，以美国为首的西方国家应该意识到，制裁丝毫动摇不了军政府的统治，但是普通民众却饱受了制裁带来的苦难。应该寻找一个更为合理有效的方法与缅甸沟通，引导军人对外开放，这也许是解决缅甸问题的一个途径。

（作者为北京外国语大学亚非学院副教授）

中国与非洲地区安全关系

赵昌会

【内容提要】 2011 年的世界重心非阿拉伯世界莫属，而利比亚局势尤其耀眼。非洲再也不是以前的非洲了。国际安全形势发生了板块移动。关注非洲外交政策和安全形势，必须通晓非洲各种各样的地理区域。最近中东一系列事件的历史性和变革性，使得截至 2010 年底以前的人类众多文献都过时了。世界在加快转动，政治决策却跟不上迅速变化的全球秩序。非洲老问题没有解决，新问题层出不穷，现有的安全机制，如非洲和平与安全设计，难以对自身安全危机作出有力的回应。利比亚为中国转变非洲政策并加强中非安全合作提供了生动案例。安全关系是国家关系的最高体现。中国应将非洲作为战略重点，在经济上和安全上与非洲结成联盟。为此，须乘胜前进，并采取 7 个步骤，将中国非洲战略的核心调整到经济合作为纲、安全合作到位，实现经济与安全并重。

【关 键 词】 中国与非洲；地理区域；战略现实；七项举措；安全合作

Security Relations between China and Africa

Zhao Changhui

【Abstract】 The focus of the world in 2011 is Arab

world, especially the situation in Libya. Concerned about the foreign policy and security situation in Africa, it must be proficient in a variety of geographic regions of Africa. Recent historical events in the Middle East and a series of changes, making a number of previous human literature which wrote at the end of 2010 out of date. Africa does not solve the old problems and new issues are emerging. Existing security mechanisms, such as the African peace and security design, are difficult to response to their own safety crisis. Libya provides a vivid case for China to change the African policy and strengthen security cooperation with Africa. Security relationship is the highest expression of national relations. China should focus on Africa and form the strategic, economic and security alliance with Africa. Therefore, China should take seven steps to adjust to the core of China-Africa strategic partnership as the key link to economic and security cooperation.

【Key Words】 China and Africa; geographical area; strategic realities; seven measures; security cooperation

2011年的世界重心，当之无愧属于阿拉伯世界。

这是一段格外重要并且事件集中的时期。群众示威游行在阿拉伯世界风起云涌，中东—北非乱局此起彼伏，国际安全形势伴随着阿拉伯国家街头的怒潮水涨船高，其政治变革漫无终点。在中东—北非地区，安全平衡本来就是非常变化无常的，而今数十载的强权统治风雨飘摇，全球政治版图显著改变，骤然发生了板块移动。这是一种长期趋势发展到顶点的结果。

由于中东和北非事件，非洲再也不是以前人们所熟悉的非洲了。在这个重要转变中，非洲造成了世界范围全新的竞争格局，开辟了全球地缘战略、地缘政治和地缘经济的全新景观，也为中国与非洲关系升级到安全合作准备了转折点。

一、研究地理 认识非洲

长期以来，西方地理学家和国际关系学家作为“发现”非洲的先行者，对非洲大陆规定了种种划分模式。这些模式，不管我们喜欢与否，已然约定俗成，影响至深。任何研究和从事非洲事务的人，尤其是关注非洲外交政策与安全形势的人，都无法绕开这些基本地理常识而试走捷径。①

（一）非洲初识

谈到非洲，这是一个在经济、政治、历史、种族、文化、宗教、地貌、植被方面都大相径庭的大洲。但是，首先和最重要的，必须要明确区分地理上和人种上的两大地区：撒哈拉以南非洲（Sub-Saharan Africa）和阿拉伯非洲（Arabian Africa）。

撒哈拉以南非洲，通称黑非洲，是世人心理和意识中“真正的非洲”。阿拉伯非洲，即北非全部和部分东非国家。

鉴于北非国家的身份十分模糊，它们主要是在疆土上与传统意义上“真正的非洲”连成一体，但在人种、语言、文化、宗教、历史和政治等社会形态方面，与亚洲的多数西亚国家具有更多共性，因此，西方总是将北非与西亚划为一个地区，叫做中东。有时，当确实有必要将“中东”进一步细分时，就如同进入2011年以来“阿拉伯之春”大行其道，但北非的“革命”与阿拉伯半岛的“起义”表现不同，或曰外部势力的应对策略不同，这时，就可恰如其分地

① Anna Murison, “Navigating Uncertainty” and “Natural Resources on the Frontier”, “Africa”, “Middle East and North Africa”, *Foresight 2011*, London: Exclusive Analysis Ltd, pp. 22—30, 44—54, 55—74, 183—212.

概括为“中东—北非”（MENA，即 Middle East and North Africa）。

在中东—北非或中东之外，还有马格里布（Maghrib）、非洲之角（Horn of Africa）、萨赫勒地区（the Sahel）和大湖地区（The Great Lakes Region）等不可不知的重要地理区域。

马格里布，是北非一地区，即濒临地中海，包括阿特拉斯山地（Atlas Mts.）和摩洛哥、阿尔及利亚、突尼斯、利比亚 4 国的沿海平原。也可以说，所谓马格里布，就是埃及以西的北非地中海沿岸地区。

非洲之角，是指包括索马里和埃塞俄比亚东南部的非洲最东凸出部，即索马里半岛。它扼守印度洋的西大门，是进入红海、地中海并连通大西洋的必经之地，亚丁湾近在咫尺，从而成为印度洋西岸的非洲战略要地。

萨赫勒地区，阿拉伯语意为“沙漠之边”，指撒哈拉沙漠南沿的一条宽广的半沙漠地带，跨乍得、尼日尔、布基纳法索、马里、毛里塔尼亚、塞内加尔和冈比亚国境。相应地，萨赫勒地区国家（the Sahel states），即指上述 7 国。

大湖地区，是非洲中东部东非大裂谷周围的一些国家，包括乌干达、卢旺达、布隆迪、刚果民主共和国、肯尼亚、坦桑尼亚 6 国，但赞比亚、马拉维、莫桑比克 3 国通常不包括在内，尽管它们都与六大湖接壤。大湖，即东非大裂谷中和裂谷周围一系列湖泊的总称。这些湖泊中，包括世界水面面积第二大的淡水湖——维多利亚湖，还有世界容积第二大和第二深的淡水湖——坦噶尼喀湖。

（二）何谓中东—北非？

一个地理区域怎样命名并非无足轻重。总是将北非和西亚看作一个整体，这种地理划分法虽然遵循了“国际惯例”，但久而久之，它产生了强大的心理暗示，也就是说，阿拉伯世界是独特的，可以将其归于“西亚”，但“西亚”不属于“亚洲”。这种地理划分法看似无足轻重，它所蕴涵的政治和战略意义却不容低估。[①]

一般来说，中国人所理解的西亚，也叫西南亚，在地理上绝不等同于中东。西亚的概念，与北非完全无关，包括以下 20 个国家：阿富汗、伊朗、阿塞拜疆、亚美尼亚、格鲁吉亚、土耳其、塞浦路斯、叙利亚、黎巴嫩、以色列、巴勒斯坦、约旦、伊拉克、科威特、巴林、卡塔尔、阿拉伯联合酋长国、阿曼、也门、沙特阿拉伯。可见，西亚的地理范围，是指里海和黑海以南、地中海和红海以东、阿拉伯海以北、巴基斯坦和中亚以西的地区。

按照西方习惯，遵循中东—北非的地理划分法，则共有 68 个国家。其中，撒哈拉以南非洲国家共计 43 个；[②] 西亚（中东）—北非地区共计 25 个国家，分别是：阿尔及利亚、巴林、吉布提、埃及、厄立特里亚、埃塞俄比亚、伊朗、伊拉克、以色列、约旦、科威特、黎巴嫩、利比亚、摩洛哥、阿曼、巴勒斯坦、卡塔尔、沙特阿拉伯、索马里、苏丹、叙利亚、突尼斯、土耳其、阿拉伯联合酋长国、也门。这 25 个国家，不含里海和黑海之间的南高加索 3 国，地跨亚、非两大洲，它们组成的广大区域，习惯上叫做中东。

---

① 比如，塞浦路斯（Republic of Cyprus，ROC），到底是亚洲国家，还是欧洲国家？

在中国出版的地图、年鉴、词典和地理教科书等典籍中，塞浦路斯一向被列为亚洲国家，一个地中海东部的西亚岛国。例如，李绍明主编：《世界地图集》，北京：中国地图出版社，1998 年版，第 18 页（西亚北部诸国），第 3 页（文字说明：世界各国家〈地区〉面积、人口和首都〈首府〉表·亚洲）及第 5 页（文字说明：亚洲［概况·西亚］）。再如，王成家主编：《世界知识年鉴》（2004/2005，No. 32），北京：世界知识出版社，2005 年版，第 3 页（目录·亚洲）。还如，《新华资料》2000－2011 版首页《各国概况·亚洲》，详见：新华网 http://www.news3.xinhuanet.com/ziliao/2003－01/29/content_712506.htm。

但是，塞浦路斯的历史、文化和经济根系欧洲。1971 年，塞浦路斯与欧共体（欧盟前身）开始谈判，1990 年 7 月正式申请加入欧共体，1998 年 11 月与欧盟开始入盟谈判，2004 年 5 月正式加入欧盟。2008 年 1 月 1 日成为欧元区国家，7 月议会通过《里斯本条约》。经过 30 年与欧洲的经济和法律整合，塞浦路斯现在既是欧盟成员国，又是欧元区成员国，从而成为欧洲经济、货币、外交与安全机制中的集体会员之一。

在现实生活中，塞浦路斯鲜有兴趣参与亚洲事务。它已经被视为事实上的欧洲国家。欧洲的各种文献，例如英国经济学家情报社（Economist Intelligence Unit，通称 EIU），理所当然将其归入了欧洲版图。

或许，正是由于塞浦路斯的洲际身份越来越具有明显的倾向性，与此同时，却又不乏争议性，所以，中国外交部网站上，不论亚洲或欧洲，干脆都不予列载。

② 实际上，从“纯粹非洲”的角度看，撒哈拉沙漠以南非洲共有 47 国。

这25个国家，除去伊朗[①]、土耳其[②]和以色列，其余的22国，通常叫做阿拉伯国家，或阿拉伯世界。

需要牢记，在中东—北非的概念中，非洲国家有10个：阿尔及利亚、埃及、利比亚、摩洛哥、苏丹、突尼斯北非6国和吉布提、厄立特里亚、埃塞俄比亚、索马里东非4国。

（三）19个中东北非国家

中东事务纷繁复杂，同样体现在该地区可以根据不同定义，再进一步划分为多种地区。比如，真正的中东—北非国家，究竟如何界定呢？这个问题，社会大众可能茫然不知，圈内人虽有一定程度的共识，也困惑不已。

在西方人心目中，尤其是在英语世界，上述25国中，首先减去东非4国吉布提、厄立特里亚、埃塞俄比亚和索马里，再减去土耳其，还减去巴勒斯坦——他们认为，土耳其只在宗教上与中东保持共性，而巴勒斯坦法律地位是巴勒斯坦自治领（Palestinian Territories），不是巴勒斯坦国（State of Palestine）。[③] 这就是中东—北非

---

① 伊朗是一个多民族伊斯兰国家，人口7510万（截至2010年底），98.8%的居民信奉伊斯兰教，其中91%为什叶派。波斯人占人口总数的66%，波斯语为官方语言。以市场汇率衡量，2010年12月31日，国内生产总值为4136亿美元，人均收入5508美元。

伊朗历法，每年起始于3月21日，前6个月每月31天，后5个月每月30天，第12个月29天。

伊朗这套制度，与遵从太阳历的伊斯兰历法不同，是为了纪念先知穆罕默德公元622年逃离麦加。格里高利历的对应日期为伊朗日期+621年；例如，伊朗1390年始于2011年3月21日。

② 土耳其人口与伊朗相当，截至2010年底，为7330万，99%的居民信奉伊斯兰教，土耳其族占80%以上，土耳其语为国语。但是，国内生产总值远高于伊朗，为9660亿美元，人均收入10029美元。

土耳其为二十国集团成员国。其财政年度为日历年度。

③ 事实上，巴勒斯坦问题几乎无解。巴勒斯坦“独立建国”的任务远未完成，与以色列之间的矛盾难以化解，各种谈判要么无果而终，要么陷入僵局。

1988年11月15日巴勒斯坦国宣告成立，包括中国在内，现已得到137个国家的正式承认。美国支持巴以和谈和“两国方案”，即巴以“两个国家”和平共处，后因以色列拒绝延长犹太人定居点建设冻结令，设想胎死腹中。欧盟认为巴未确定边界，且无政府，故在法律上未承认巴国，但不少国家一直与巴解保持着各种形式的联系，并不断向被占区巴人提供物资援助。

约旦是阿拉伯世界唯一给予巴勒斯坦人国籍的国家，巴、约之间在历史、地理、血缘等方面有着特殊关系，约曾是巴解组织总部所在地，现巴人占约旦总人口的60%。

19 国（the 19 Middle Eastern and North African states）。

换言之，中东北非 19 国具体包括：北非 6 国（摩洛哥、阿尔及利亚、突尼斯、利比亚、埃及、苏丹）＋海湾 6 国（科威特、巴林、卡塔尔、阿联酋、阿曼、沙特）＋阿拉伯半岛南北两端 7 国，即也门、约旦、以色列、黎巴嫩、叙利亚、伊拉克、伊朗。

以色列不仅在文化和宗教上独树一帜，在安全、战略、外交和经济上也独来独往，作为美国在中东的战略支柱，西方国家不分青红皂白，一律给予无条件的支持。北约甚至在谈论吸收以色列入约的前景。

（四）非洲地理小结

非洲距离中国并不遥远，二者几乎分处印度洋的东西两岸。

非洲位于东半球的西南部，地跨赤道南北，东濒印度洋，西临大西洋，北隔地中海和直布罗陀海峡与欧洲相望，东北隅以狭长的红海与苏伊士运河紧邻亚洲。面积约 3020 万平方公里（包括附近岛屿），约占世界陆地总面积的 20.2%，次于亚洲，为世界第二大洲。

截止 2010 年 12 月 31 日，非洲粗略的家底如下：

第一，非洲人口＝撒哈拉以南 78720 万＋北非 21290 万＝100010 万，即 10 亿多。仅次于亚洲，也为世界第二大洲。

第二，非洲国内生产总值＝撒哈拉以南 10723＋北非 6432＝16955（亿美元），即全非洲不到 1.7 万亿美元。

非洲即将拥有 54 个国家。[①] 习惯上，非洲分为北非、东非、西非、中非和南非 5 个地理部分。通常，北非包括摩洛哥、阿尔及利亚、突尼斯、利比亚、埃及、苏丹、南苏丹 7 国，东非包括埃塞俄比亚、厄立特里亚、吉布提、索马里、肯尼亚、乌干达、卢旺达、布隆迪、坦桑尼亚、塞舌尔 10 国，西非包括毛里塔尼亚、马里、尼

① 2011 年 1 月 9—15 日，苏丹南部经过全民公决，98.8% 的投票同意独立。这样，按照 2005 年 1 月 9 日达成的《全面和平协议》，“苏丹南部共和国”将于 2011 年 7 月 9 日与苏丹正式分离，成为独立国家。

日尔、尼日利亚、贝宁、多哥、布基纳法索、加纳、科特迪瓦、利比里亚、塞拉利昂、几内亚、几内亚比绍、冈比亚、塞内加尔、佛得角16国，中非包括乍得、中非、喀麦隆、赤道几内亚、加蓬、刚果、刚果民主共和国[①]、圣多美和普林西比8国，南非包括安哥拉、赞比亚、马拉维、莫桑比克、纳米比亚、博茨瓦纳、津巴布韦、南非、莱索托、斯威士兰、马达加斯加、科摩罗、毛里求斯13国。

---

① 关于中部非洲的两个刚果，有必要对其国名、历史、国情做一些特别说明。

两个刚果，即“刚果共和国”Republic of Congo（Congo-Brazzaville）和“刚果民主共和国”，Democratic Republic of Congo（Congo-Kinshasa）。

第一，刚果共和国，有时以“刚果（布）”即Congo（Brazzaville）相称，但更简便的民间称谓是“刚布”。在任何情况下，都可以径直称为“刚果”。换言之，若无需说明或刻意区别，“刚果”就是刚果民主共和国，国家代号COG，首都布拉柴维尔。

第二，刚果民主共和国，简称“民主刚果”，即DR Congo或DRC（法语为RDC）等，有时以“刚果（金）”即Congo（Kinshasa）相称。更简便的民间称谓是“刚金”或“刚民”。任何情况下，都应突出“民主”二字。国家代号DRC，首都金沙萨。

第三，“刚果”，或刚果（布）、刚布。13世纪末14世纪初班图人在刚果河下游建立刚果王国。1482年葡萄牙水手作为首批欧洲人发现刚果河河口。1880年法国探险家皮埃尔·布拉柴（Pierre Savorgnan de Brazza）与刚果河北岸的中部刚果（Middle Congo）签订协议，将其并入法国赤道非洲（French Equatorial Africa；另有加蓬、乍得、中非）。1960年8月15日完全独立，定国名“刚果共和国”。1968年6月30日改为刚果人民共和国。1991年2月25日至6月10日刚果举行全国会议，决定将国名改回刚果共和国。可以说，刚果在历史上基本做到了“行不改名、坐不改姓”，一直保持了“刚果”的核心称谓。

第四，刚果民主共和国，通称刚果（金），或称民主刚果、刚金、刚民。15世纪末至19世纪后期，先后被葡、荷、英、法殖民者相继入侵，1878年成为比利时国王利奥波德二世的“私人采地”（滑稽的是，它的正式名称是“刚果自由国”——Congo Free State），1884年帝国主义瓜分非洲的柏林会议将刚果河以东地区划为比属刚果（Belgian Congo）；以西地区划为法属刚果，即现在的刚果共和国。

1960年6月30日宣告独立，定国名“刚果共和国”，简称刚果（利）（Congo-Léopoldville）。1961年1月17日，首任总理卢蒙巴被比利时秘密部队和美国中央情报局暗杀。1964年8月改国名为刚果民主共和国（Democratic Republic of Congo）。1966年5月首都利奥波德维尔改为金沙萨，6月30日国名简称改为“刚果（金）”（Congo-Kinshasa）。1971年10月27日国名改为“扎伊尔共和国”（Republic of Zaire）。蒙博托总统将近22年的统治被推翻后，1997年5月16日，国名复归为“刚果民主共和国”。

第五，刚果（金）面积235万平方公里，是世界第12领土大国，与西欧相当，是撒哈拉以南最大的国家，誉称“地质奇迹”和“世界原料仓库”。作为415种哺乳动物、736种鸟类和11000多种植物的家园，拥有位居世界和非洲前列的森林、淡水、石油、自然资源和不计其数的矿产，雄居世界前列的5大矿种是铜、钴（cobalt）、锌、钻石、钶钽铁矿（columbo-tantalite，即coltan，含有铌和钽），其他6大主要矿种有镉（Cadmium）、锡石（cassiterite，复合矿物，分别含钽tantalum和锡tin ore，主要是锡）、金、银、钨锰（wolframite，即tungsten ore）、铀。

如前所述，通晓非洲各种各样的地理区域，实属迫不得已，绝非雕虫小技。因为熟知地理，实在是研究国际关系的基本起点，更

不同资料来源有不同说法，众口一词的是，刚果（金）拥有极其丰富的有色金属、稀有金属和非金属矿藏，而且品位很高。刚果（金）是世界第一"钴国"，拥有世界钴储量的75%，东南部的加丹加省鲁苏西露天钴矿的产量为世界之最，年产4000吨金属钴。它贮藏着世界钽的70%、铜的40%和钻石的30%以上，以及非洲品位最高但未经开发的金矿。另外，森林覆盖率为3/4，约1.25亿公顷，占非洲热带森林面积的一半，其中8000万公顷可供开采，木材年均可伐量600万立方米，但目前仅开采62万公顷；水力资源蕴藏量为1.06亿千瓦，占非洲总储量的40%，世界的13%，水电潜能可满足整个非洲之用。

第六，刚果和刚果民，或刚果（布）和刚果（金），虽然仅一字（词）之差，但国情迥异。刚果（布）面积34.2万平方公里，人口相当于刚果（金）的1/18，但经济规模却大得多。截至2010年底，刚果（布）国内生产总值174亿美元，人口380万，人均国内生产总值3200美元；刚果（金）国内生产总值113.4亿美元，人口6790万，是世界第19人口大国，人均国内生产总值197美元，全球倒数第二，是世界最贫穷国家之一。但是，若以自然资源衡量，刚果（金）是世界上最富的国家：据初步评估，其未经开发的原料价值在24万亿以上，超过美国和欧洲的国内生产总值之和。

第七，刚果（金）1960年独立时，曾是除南非之外非洲第二个工业化程度最高的国家。

第八，刚果（金）也是非洲大陆骚乱、内战、国际冲突、区域战争和安全风险长期肆虐之地。

比如，第一次刚果战争（First Congo War，1996年11月至1997年5月）仅为期半年，虽然起初是一场旨在推翻蒙博托总统的革命，但很快演化为国家东部的动荡，导致卢旺达大屠杀，为国内外各种势力齐心反击腐败无能的金沙萨政府大开方便之门。

第二次刚果战争（Second Congo War），又称钶钽战争（Coltan War）或非洲大战（Great War of Africa），始于1998年8月2日，迅速蔓延并直接卷入周边7国（乌干达、卢旺达、布隆迪为一方，安哥拉、纳米比亚、津巴布韦、乍得为另一方，苏丹和利比亚支持刚金政府），另有25个武装集团参战，其状之惨烈，甚至被称为"非洲世界大战"（African World War）。这场战争于2003年7月正式结束，长达5年之久，是第二次世界大战以来世界最致命的冲突，期间540万人惨遭杀害或死于疾病和饥荒，国内340万人、邻国200万人流离失所，生活在赤道丛林中的俾格米人（Pygmies；一种矮小人种，身高不满5英尺，即低于1.5米）甚至被当作猎物一样被吃掉。女人尤其付出了高昂的代价。联合国多个报告说，在刚果（金）东部，强奸和其他性暴力盛行，"强奸作为武器"（Rape as a weapon）被参与冲突的所有武装人员使用。直到今天，对妇女来说，这里仍是世界上最危险的地方。

百度百科：《刚果民主共和国》，http：//baike. baidu. com/view/22024. htm 和 Wikipedia，the free encyclopedia："*Democratic Republic of the Congo*"，http：//en. wikipedia. org/wiki/Democratic _ Republic _ of _ the _ Congo，登录时间2011年5月31日星期二。

关于两次刚果战争情况，第一次刚果战争，请见 http：//en. wikipedia. org/wiki/First _ Congo _ War；第二次刚果战争，请见 http：//en. wikipedia. org/wiki/Second _ Congo _ War。

是研究国际安全的第一要务。

二、非洲战略风险的外交政策影响

有史以来，全球化进程和经济大融合第一次真正把人类融为一体。北非剧变，则使即使是截至2010年底的人类众多文献都迅速过时了。阿拉伯世界人口变化、腐败猖獗、政治压迫和经济机会窒息的巧合，转瞬之间，由原本等待点燃的导火索，变为一场烈焰和公众爆炸。

（一）快速变化的战略现实

2011年以来，“中东—北非”这一地理和政治概念大行其道，而今越发名副其实，焕发出了历史罕见的活力。利比亚战事几乎天天成为媒体头条，也门和叙利亚的准战争状态扣人心弦，所有这些，不论事态规模或暴烈程度，还是难以预测的长期影响，居然远远盖过了长年累月、久拖不决的中东和平进程。

非洲地区发生动乱的风险，以及国际争端，乃至实际冲突，统统已经见怪不怪了。只要稍加留意就会发现，老问题苦无良策，新问题层出不穷。苏丹西部由来已久的达尔富尔问题，南北苏丹就阿布耶伊（Abyei）石油产区的剑拔弩张，科特迪瓦两位总统兵戎相见，刚果（金）与卢旺达和布隆迪交界地带的东部混乱，布基纳法索第二大城市博博迪乌拉索（Bobo Dioulasso）爆发士兵上街哄抢事件，索马里法纪无力，几内亚和尼日尔政变，尼日尔三角洲绑架横行，更不用说中西非地区疾病流行，以及2011年以来突尼斯总统星夜出逃、埃及总统面临死刑、利比亚政府军与反对派大打出手。

但与此同时，非洲展现了另一副面孔：中国与非洲来之不易的共同利益，以及印度总理曼莫汉·辛格声称，“非洲就像一个新的世界经济增长中心在崛起”。

世界在加快转动，政治决策跟上这种迅速变化的全球秩序，真是谈何容易。英国《金融时报》专栏作家菲利普·斯蒂芬斯深刻体会到并且准确而传神地抓住了这一点。斯蒂芬斯写到：“要寻找当今世界的一个组织特点，速度首屈一指。无论是技术、金融市场、群众不满，还是全球地缘政治动荡，一切都在以快进方式运转。”但是，怎样适应新的全球现实呢？“在无法控制的趋势和事件需要紧急关注的时刻，各国政府却丧失了行动能力。战略洞察力的需求越来越经常与国内政治的日常压力迎头相撞。”[①]

（二）非洲和平与安全设计[②]

改善用于维和行动和其他大陆不测事件的非洲军队的能力，曾经成为2010年多个防务和外交政策机构的当务之急。值得提及的是，非洲和非洲以外的很多政府密切关注了“非洲和平与安全设计”（African Peace and Security Architecture，APSA）和“非洲备用部队”（African Standby Force，ASF）。

非洲备用部队是非盟（African Union，AU）指定的工具，有5个旅，计划每个旅配置大约6500人，以便最终满足非洲大陆的军事需求。这些旅通常驻扎在非洲的地区经济体，比如“南部非洲发展共同体”（Southern African Development Community，SADC）。不过，有些经济组织的成员国并非总是由其地理位置所决定，同时有些成员国不局限于某个单一组织，因此，非盟设立了“冲突预防、管理和解决地区机制”（Regional Mechanisms for Conflict Preven-

---

① Philip Stephens，“Struggling to lead our hectic world”，*Financial Times*，May 27，2011，p. 11.

② 本节内容，参见英国国际战略研究所：《军事平衡》，2011年版，第9章和第7章。IISS，“Chapter Nine：Sub-Saharan Africa”，*The Military Balance 2011：The annual assessment of global military capabilities and defence economics*，London：Routledge，2011，pp. 395—396；“Chapter Seven：Middle East and North Africa”，pp. 301—302.

tion, Management and Resolution)。[①]

尽管非盟大大提高了自己的外交和军事能力，但非洲国家依然缺乏处理该大陆面临的多个巨大挑战的能力。其中一个重大挑战是，非洲和平与安全设计需要对复杂的紧急状态进行干预，这一点没有争议，而问题在于，如何装备、出资和维持这种干预。

实际上，一旦真正的重大危机出现，非洲自身难以做出切实有力的回应。2011 年科特迪瓦由总统宝座之争引发的内战，特别是“阿拉伯之春”点燃的北非局势，无疑为这一沉痛的现实做了黑色注脚。

最具说服力、当然也最令人担忧的例子是利比亚。人们看到，自 2011 年 2 月 16 日利比亚多个城市开始出现抗议活动至今，形势轮番恶化，阿盟和非盟的调解均告无效，包括美欧制裁和联合国制裁也无效，直至北约从 3 月 18 日开始“动用包括军事手段在内的一切方式”。直到今天，利比亚局势还是每天的国际新闻焦点之一。

对中国来说，利比亚提供了一个安全政策的生动案例。一方面，中国在经济上蒙受了巨大的损失，仅商务部统计在册的合同金额就达 188 亿美元。同时，中国在利比亚的投资几乎没有任何防控国家风险的措施，两国也没有签署用以约束未来政策变更的《双边

① 其中，北非地区备用旅（North African Regional Standby Brigade, NASBRIG）：总部设于利比亚首都的黎波里，辖区为阿尔及利亚、埃及、利比亚、毛里塔尼亚、突尼斯和西撒哈拉 6 个国家和地区。

东非备用旅（Eastern Africa Standby Brigade, EASBRIG）：总部设于埃塞俄比亚首都亚的斯亚贝巴，辖区为布隆迪、科摩罗、吉布提、厄立特里亚、埃塞俄比亚、肯尼亚、马达加斯加、毛里求斯、卢旺达、塞舌尔、索马里、苏丹、坦桑尼亚和乌干达 14 个国家。

中非多国部队（Central African Multinational Force, FOMAC）：总部设于加蓬首都利伯维尔，辖区为安哥拉、布隆迪、喀麦隆、中非共和国、乍得、刚果民主共和国、赤道几内亚、加蓬、卢旺达、圣多美和普林西比 11 个国家。

南非备用旅（Southern Africa Standby Brigade, SADCBRIG）：总部设于博茨瓦纳首都加博罗内，辖区为安哥拉、博茨瓦纳、刚果民主共和国、莱索托、马达加斯加、马拉维、莫桑. 比克、毛里求斯、纳米比亚、塞舌尔、南非、斯威士兰、坦桑尼亚、赞比亚和津巴布韦 16 个国家。

西非国家经济共同体（ECOWAS-The Economic Community of West African States）备用旅（ECOWAS Standby Brigade, ECOBRIG）：总部设于尼日利亚首都阿布贾，辖区为贝宁、布基纳法索、佛得角、科特迪瓦、冈比亚、加纳、几内亚、几内亚比绍、利比里亚、马里、尼日尔、尼日利亚、塞内加尔、塞拉利昂和多哥 15 个国家。

投资条约》(Bilateral Investment Treaties, BITs)，这就使得中国在利比亚的经济存在非常被动。另一方面，安理会关于禁飞区的1973号决议，从一个侧面痛苦地凸显出中国远程投送能力的欠缺。留给中国的惟一选择，似乎只有史无前例的撤侨。

(三) 化冲突为合作

面对挑战，成功因应就会获得发展，而发展又会引起别的挑战，如此周而复始(英国历史学家阿诺德·汤因比语)。①

中国要想走向继续繁荣，经济就必须保持与目前相当、或更低但更健康的增长速度，并实现成功转型——向更多依靠技术进步和管理系统现代化所推动的经济转型，向更多依靠国内消费和不断扩展的国内市场转型，向合理投资和大幅度提升工资的阶段转型。

中国的长期竞争力将在很大程度上取决于水、食物、原料等资源利用强度，以及维护自然环境质量并解决不断变化的人口问题，即控制碳足迹的能力。如果以历史为鉴，就要排除万难，尽可能不失时机和代价较小地告别资源推动、依靠廉价劳动力和资本的经济增长，步入依靠提高劳动生产力和创新的经济增长。简言之，重点关注包容性增长，避免陷入中等收入陷阱。

北京—非洲“轴心”眼下尤其应当从美欧在中东—北非乱局中出现的问题中获益。欧洲人本身疏忽大意和美国精力分散使中国过去10年在非洲取得了决定性进展，如今中国面临着在非洲取得决定性甚至压倒性优势的难得机遇。

全球对非洲的新一轮争夺正在上升到新的高度，不过是在中国领先的情况下。美国的债务无底洞和战争疲劳症，欧洲的清偿能力危机和濒临失败的欧元区，实现未来的繁荣、保证可持续发展、增

① 这句话完整的原文是：“Growth takes place whenever a challenge evokes a successful response that, in turn, evokes a further and different challenge. We have not found any intrinsic reason why this process should not repeat itself indefinitely, even though a majority of civilizations have failed, as a matter of historical fact.” ——a quote from Arnold J Toynbee's magnum opus, *Study of History* (*1934－1961*).

进全球共识、学会相互信任，这些行动，作为未来的重要基石，有助于战胜严峻的挑战和风险，降低紧张关系，防范新的冲突，从而抓住中国参与非洲发展的机会。

因此，中国领导人必须采取重大举措，制定大胆、创新的非洲政策，与此同时，寻求中国与非洲更大规模、更高质量、更宽领域、更快步伐的合作。中非合作，要以经济合作为纲，全面提升政治和外交合作，着力突破防务和安全合作。

三、认真的战略选择

中国在经济上和安全上与非洲结成联盟就是一个会影响 21 世纪的重要战略问题。中国在非洲崛起为超级大国，将是寻求自己真正位置的正确智慧，意味着中华文明和文化传统将贯穿全球决策和世界历史的主线。

将非洲作为战略重点，这样的国家政策建立在对中国历史全面的解读基础上。加快中国—非洲在经济与安全领域的合作步伐，有利于保障中国与非洲的各自核心国家利益。在某种程度上，从全球势力均衡的角度看待中非之间的大融合与大合作，能起到倍增器的作用，其积极的地缘政治意义，可能会令美国和西方权力黯然失色。

（一）乘胜前进

以国际主义心境与非洲交往，首先是经济问题，也是政治和外交问题，归根结底还是安全问题。

安全事务的一个敏感问题是，非洲的稳定与和平面临考验，中国愿意改变战略姿态，为非洲提供力所能及的安全保障作用吗？

更进一步，中国愿意向非洲提供其他国家不愿提供的伙伴关系，但由于中东—北非的乱局，非洲会成为一个更加危险的地方吗？或者，中国会不会被眼前困境所蒙蔽，动摇和改变对于非洲的战略决心呢？

可以肯定的是，非洲暴力活动增多，在今后相当长时期内，都可能呈现出一个难以干预又无法逃避的局面。这既是中东—北非和撒哈拉以南非洲剧烈动荡的直接体现，也是正在变化的全球秩序的自然结果。我们评估认为，与以往以国家为单位不同，今后，非洲的暴力活动更可能表现为非国家行为体。这个判断，与阿德里亚·劳伦斯在《引发民族主义暴力》长篇论文中阐述的结论不谋而合。①

同样不出所料，非洲无论出现怎样的骚乱和动荡，都将一如既往欢迎和接纳所有外来合作者。② 非洲传统的第一外部力量是欧洲列强。但是，今天的欧洲早已不是19世纪和20世纪的欧洲，这个日益内向的欧洲已经没有能力再次投入所谓的“非洲争夺战”，也没有雄心收复它在国际和非洲安全事务核心舞台的失地。与多数美国人对中东—北非正在发生的剧变充满兴趣迥异，虽然法、英等国以北约名义对利比亚展开了持续的军事行动，但多数欧洲人对中东—北非剧变的后果忧惧不安。与10年前相比，日本在非洲已经江河日下；印度作为崛起大国，正在努力赶上。巴西和澳大利亚作为世界矿业大国，参与非洲事务已经不再低调。海湾国家资金充裕，也成了非洲的开拓者。③

非洲以外各主要力量如何应对挑战丛生的非洲安全现实，将决定每个主要力量的世界地位，并且5—10年内就能决出胜负。

中国在非洲被视做是一个领跑者。中国古谚“凡事预则立，不

---

① Adria S. Lawrence, “Triggering Nationalist Violence: Competition and Conflict in Uprisings against Colonial Rule”, *International Security*, Vol. 35, No. 2, Fall 2010, pp. 88-122.

② Andreea Mihalache-O' keef and Tatiana Vashchilko, “Foreign Direct Investors in Conflict Zones”, in Mats Berdal and Achim Wennmann, eds. *Ending Wars, Consolidating Peace: Economic Perspectives*, London: Routledge, 2010, pp. 137-156.

③ Paivi Lujala, Siri Aas Rustad and Philippe Le Billon, “Valuable Natural Resources in Conflict-Affected States”, in Mats Berdal and Achim Wennmann, eds. *Ending Wars, Consolidating Peace: Economic Perspectives*, London: Routledge, 2010, pp. 121-136.

预则废”，在非洲政策上同样闪现出智慧的光芒。在20世纪整个90年代，初期，中国开始摸索制定新的非洲政策；中期，从外交和政治方面坚定了中非合作的信心；后期，已经形成了先进的非洲战略和完备的政策体系。到2006年11月初，中非合作论坛北京峰会暨第三届部长级会议引起举世瞩目时，中国已经决定性地走在了非洲事务的最前列。

2011年春天之前中非关系已达到一个新水平：中非贸易往来始于1950年，当年完成1200万美元，1960年增至1.1亿美元，用10年时间实现了第一个亿美元的跨越；从1亿美元到10亿美元用了20年时间，从10亿美元到100亿美元也用了20年时间，而从2000年中非合作论坛成立时的108亿美元上升到2010年的1070亿美元，则仅用10年时间。到2020年，中非贸易完全有可能达到3000亿美元。

不得不强调，在下一个10年内，没有任何国家像中国一样，心中澎湃着对外投资的汪洋热情。首要的重点，是带动中国起飞的两翼：非洲和拉美，基础则是周边的亚洲各地。

（二）为中非关系提出新日程

对于中国而言，非洲比其他任何地区都更具战略重要性。为了确保目前的势头得以保持和加强，中国需要加速自身改造，采取7个步骤，坚定、连贯、充分地与非洲进行各个领域的经济合作，更加紧密地将经济需求、政治善意和外交影响力结合到一起。但是这一次，中国非洲战略的核心将是经济合作为纲、安全合作到位，即经济与安全并重，两手都要硬。

首先，放手提供国际公共产品。我们预计，中东—北非剧变的结果之一就是，索马里海域会出现更多海盗，马格里布地区的持枪抢劫案将居高不下，萨赫勒地区的安全风险会明显抬升，而相比之下，撒哈拉以南非洲将成为商业沃土。

其次，给中非合作论坛增添新内容。现阶段，补充和扩大对话，与展现共同善意和现有对话机制的稳定一样重要。有必要引进类似于中美战略与经济对话的内容，在航空航天和中国的七大战略性新兴产业方面探索与非洲的合作模式。

再者，提供政治保护。中国是亚洲惟一、也是非西方世界惟一的安理会常任理事国，对于中国有重大利益的非洲国家，需要更有想像力的外交作为，必要时，必须更加愿意毫不犹豫地使用否决权。

第四，海外基地首选非洲港口。中国已经并将拥有越来越大的全球利益，合理分布的海外基地是一道绕不开的门槛，而中国的非洲基地与非洲利益天然重合。在履行全球化信息时代赋予中国的世界历史责任方面，千万不可起大早赶大晚，再次步农业合作的后尘。

第五，防务合作。中国人民解放军应当扩大与非洲军队的接触，通过非盟或非洲和平与安全设计两个框架，加强区域和国家层面双方军队的了解与合作，适当举行一些联合训练和军事演习。还可以根据审慎原则，有限度地提供安全便利，在装备、人员、信息、防暴、反恐等方面与非洲国家开展合作。

第六，维和。积极参与联合国在非洲各地的蓝盔部队，争取在维和行动上独树一帜，发挥与中国地位相适应的稳定与和平缔造者作用。

第七，蛙跳战术。中国海军必须在亚丁湾保持更加强大的常备存在，并有必要在此基础上兵分两路，一路沿非洲东海岸顺印度洋南下，一路穿越苏伊士运河，挺进地中海，再沿非洲西海岸的大西洋南下。关键在于，从中国母港到亚丁湾，要途经中国南海和印度洋，这两个海域相关国家的麻烦和戒心，最终将因海军在亚丁湾扩展了的常态化存在得到有效遏制和事实上的化解。

非洲是中国的福地。历史将证明，中国把经济为核心的中非合作提高到经济与安全并重的中非合作，并非为了中国的战略私利，实为中国的国际责任和大国义务使然。

四、结论

安全关系是国家关系的最高体现。安全关系的有无和疏密，标志着国家之间关系的根本状态，通常也表明了它们在世界秩序中的真实位置，以及在国际体系中的力量组合。

安全关系依赖于两个复合条件：第一个，国家关系只有上升到互为重要和密切伙伴的程度，并且具备战略互信，才有可能产生安全合作关系；第二个，安全合作关系的现状，由国家之间的政治意愿和实际能力所决定，而现实的意愿和能力则由其地缘政治地位所决定。

总的来说，中国与非洲的安全关系不太乐观。中国与非洲现行的安全结构不仅无效，而且还有负面效果。在美国及其盟友与中国进行地缘政治和地缘经济竞争的背景下，非洲已经沦为美国和北约的“人道主义战争”牺牲品。军事干预将打击在非洲的主要玩家的利益，也就是美国和中国的利益。美国还有西半球，而中国没有。问题变得十分尖锐，但中国无法承受失去非洲之重。

在北非国家影响下的非洲，出现了一种将会愈演愈烈的新趋势，不仅积极影响非洲正在形成的新的政治现实，而且会影响欧洲、亚洲和美国的长远未来。伊斯兰世界发生了重大变化。中国在世界上的作用大大改变了。中国充分意识到了自己的国家利益，但是，世界迅速陷入了远古时期的混乱。国际法和相关机制在消亡。新的世界体系，明确而有效的新游戏规则尚未出现。只有一种权力最终说了算，即动武的权力。一小撮国家集团的寡头们利用了这种权力，首先是美国，还有躲在其羽翼下的英国、法国等欧洲国家。

中国非洲政策的最迫切趋势，就是改变经济关系与安全关系严重失衡的现状。中国十分清楚自己在非洲地区逐渐显现的商业领袖地位，它承认，非洲的局势是多层次的，非常复杂，变化无常，即便谈哪些主要因素会对形势有影响都很难。然而确定无疑的是，只有强大的安全关系可以保障经济优势的存在，实现稳定的经济、政治、安全和外交利益平衡。

正是由于中东和北非事件，非洲之争很难再成为欧洲和美国的赌注。中国要成为世界政治大玩家，必须迎接挑战，果断加强中国与非洲地区的安全关系。

（作者为中国进出口银行首席国家分析师）

试析冷战结束以后的土以关系*

丁大力

【内容提要】 冷战结束以来，在两极格局解体的大背景下，土耳其与以色列的关系逐渐恢复，并最终建立了大使级外交关系。两国的合作领域也不断深入，1996 年两国缔结军事联盟，对于两国和中东地区都造成了很大的影响。在面对阿拉伯国家和以色列时，土耳其利用自身的战略优势，积极充当双方和谈的“中间人”，参与到了中东和平进程中去，这对土以关系来说也是一个促进。总之，冷战后的土以关系日趋务实，呈现出了良好的发展势头。未来，土以关系在保持友好的同时，也会更加务实，但一些不确定因素可能会影响到土以关系的发展。

【关 键 词】 冷战后；土耳其；以色列；中东

On the Analysis of the Relation between Turkey and Israel after the Cold War

Ding Dali

【Abstract】 Since the end of the Cold War, in the background of the disintegration of the bipolar structure, the relationship between Turkey and Israel gradually recov-

* 本文所指的土以关系截止日期为 2008 年。

ered, and eventually established diplomatic relations at ambassadorial level. Areas of cooperation between the two countries are also deepening, the two countries established a military alliance in 1996, which caused a great impact on the two countries and the Middle East. In the face of the Arab countries and Israel, By the strategic advantages, Turkey actively served as "middleman" to peace talks of the two sides and participated to the Middle East peace process, which was also a promotion to relationship between them. In short, relationship between Turkey and Israel became increasingly realistic and was showing a good momentum of development after the end of the Cold War. In the future, relationship between Turkey and Israel would maintain friendly, which would also be more practical. But some uncertainties may affect it.

【Key Words】 After the cold war, Turkey, Israel, Middle East

土耳其和以色列都是中东大国，在国际上有独特的影响力，两国都把对方当做是本地区重要的合作伙伴，所以双边关系对土以两国和中东地区来说十分重要。但土以关系的发展也受到世界格局和地区格局变化的影响，其中美国和阿拉伯国家是土以关系中不可回避的外在因素。

战后初期，土耳其外交经过短暂的摇摆后，选择了倒向西方，其中美国是其外交的重中之重，土耳其完全把自己的外交置于美国全球外交战略之下，外交政策的制定和具体行动都紧随在美国之后，这时土耳其的中东外交战略就是“联美反苏”，遏制共产主义在中东的渗透。20 世纪 50 年代，土耳其奉行亲西方政策，尤其是亲美政策，严重依赖美国的援助。在美国的极力怂恿下，土耳其同西方一起投票支持1948年12月11日联合国分治方案，反对阿拉伯阵营。这个分治方案要求成立一个巴勒斯坦调解委员会，土耳其与美国、法国一道是这个委员会的成员。土耳其政府于1949年3月28日承认了以色列，并于1950年3月9日与以色列建立了外交关系。与此同时，以色列也对发展与土耳其的关系给予很大关注，认为这个穆斯林国家很可能充当其通向阿拉伯世界的桥梁。不过土耳其毕竟是穆斯林世界的一员，离不开广大阿拉伯国家，所以在处理阿以冲突时，在保持中立的同时，也适当为阿拉伯国家说话，特别是塞浦路斯危机爆发后，土耳其调整了外交战略，在第三次和第四次中东战争中土耳其明显加大了对以色列的谴责，赢得了阿拉伯国家的好评。20世纪80年代以后，土以关系开始全面转暖，两国高层的互访明显增多，贸易和军事方面的合作也在继续发展。

冷战的结束对于国际关系的冲击很大，原本紧张的东西方对峙格局随之瓦解，美国主导下的缓和成为国际格局主旋律。这种背景下的土以关系发展也不可避免地受到了影响。没有了超级大国的压力和中东本身格局的变化让土以之间的合作在继续向前的同时也更加务实。冷战结束至今，最能反映土以关系发展的就是两国军事同盟的建立和土耳其积极介入中东和平进程。

一、土以军事联盟的建立与发展

1996年2月，以色列与土耳其签订了《土以军事合作协议》，协议规定，土耳其将允许以色列飞机进入其领空，允许以色列利用其机场作紧急着陆，两国海军船只可以进入对方港口，举行军事演习等；以色列将助土耳其空军实现现代化，提高土耳其现有美式战斗机的作战能力。

通过与土耳其建立军事合作关系这条重要的地缘纽带，以色列打破了自身的地缘安全劣势，对保障北部边境尤其是以—叙边界的安全有着重要的稳定作用，同时也有利于土以两国的双边贸易关系发展。这一联盟对土耳其的重要性更加明显。土耳其是一个有着悠久伊斯兰文化传统的世俗政权国家，但是它没有出于宗教文化的共鸣而与其他伊斯兰国家建立联盟关系，却与以色列这样一个与其文化格格不入的国家建立了军事合作关系，以色列成为土耳其在中东地区的唯一盟友。土以建立军事联盟在中东引起轩然大波，遭到周边阿拉伯国家的强烈反对，它们认为，土以军事联盟将使阿以之间的力量对比更加向以色列倾斜，同时加剧了地区的紧张，很可能会引起军备竞赛。

那么土耳其和以色列结成军事同盟的原因何在呢?

首先，土耳其和以色列都面临着维护周边稳定的任务，同时土耳其还有国内问题需要解决。以色列自建国以来与阿拉伯国家之间发生了5次大规模战争和其他大大小小的无数冲突，在阿拉伯国家的包围圈中，无论以色列的国力多么强大，它仍然有强烈的不安全感。土耳其自1923年建立共和国以来，由于历史的原因，和周边国家几乎都有争端和纠纷。其中每个争端都可能爆发为一场激烈的冲突，土耳其不一定都能应付。土耳其在国内还面临库尔德工人党武装的威胁，库尔德工人党得到来自伊朗、伊拉克和叙利亚的支持后，已经成为土耳其政府最为头痛的问题，对经济和社会的发展、国家的稳定造成了巨大的影响。土以相似的处境成为两国建立军事联盟的重要原因。

其次，土以两国面临来自周边国家的威胁首先就是军事方面，所以军事合作就成了确保自身安全的必要手段。冷战以后，中东的地区矛盾开始凸显，土耳其与邻国的关系紧张，尤其是与叙利亚的关系，叙利亚一方面支持库尔德工人党武装，另一方面还与希腊有防务关系。这些都对土耳其的国家安全和其国家利益构成了威胁。为此，土耳其需要寻找军事上的盟友，来缓解这些压力，以色列无疑是理想的选择。对于以色列来说，阿以冲突长期得不到解决，没有阿以和平就没有真正的国家安全可言。虽然有美国的撑腰，但在中东以色列仍然感到孤独，这就促使以色列得寻找本地区军事上的合作伙伴，土耳其同样也是以色列的理想选择。

再次，美国因素不容忽视。土耳其和以色列与美国都存在特殊关系，美国是两国外交的重中之重，两国都无法承受失去美国支持所带来的损失。虽然在中东美国还有如埃及、沙特等友好国家，但是在美国看来，这些国家要么是君主专制，要么是集权国家，这与美国的价值观严重不符。一旦这些国家在中东坐大，它们与美国的关系就可能变得很不确定。至于土耳其和以色列，一方面它们与美国的亲密关系是其他中东国家无法相提并论的，另一方面土耳其和以色列都是西方式的世俗民主国家，所以美国要实现自己的中东战略，土耳其和以色列是其最佳选择，土以关系的进一步发展，更加符合美国的国家利益。所以美国一直积极为两国做中间人，撮合两国的关系。据西方通讯社报道，美国总统克林顿在 1995 年 11 月 5 日参加了以色列前总理拉宾的葬礼之后，在西耶路撒冷的一家旅馆里与当时的以色列代总理佩雷斯和土耳其总理齐莱尔举行了一次秘密会晤。这次会晤被认为是土、以、美三方加强军事合作的重要铺垫。美国军方负责人还参加了在以色列进行的土以战略对话，三方计划在地中海举行一次海空联合军事演习，并在土耳其建立永久性的武器库和秘密联络网，以加强相互的情报交换。[①] 尽管美国官方否认美国参与了土以建立军事合作关系的过程，但是土耳其和以色列都是美国的盟国，这两个与美国有着密切关系的国家之间建立军事关系不可能与美国无关。[②]

最后，冷战结束以后中东地区局势的改变对土以军事联盟有一定的催生作用。冷战的结束对中东地区冲击很大，中东地区的均势

---

① 冯基华："论以色列与土耳其关系的发展"，载中国社会科学院西亚非洲研究所网站，1998 年。

② 1997 年 12 月土耳其、以色列和美国国防部长在五角大楼举行会议之后，以色列国防部长 YiZhtkaMordehcai 表示，"我将把我们和土耳其人的关系描述为战略关系的发展，这一切都离不开美国的支持和协调"。

被打破，原先被两极格局压制的地区各种矛盾开始迸发出来。作为地区矛盾激化的一大后果就是，伊斯兰激进势力坐大，伊斯兰原教旨主义不断兴起。海湾战争后，伊拉克被打败，中东地区势力开始重新分化组合，而在中东战争中由于阿拉伯国家各支持一方，造成了伊斯兰世界的分裂，这种局面给以伊斯兰原教旨主义为代表的极端思想的传播提供了有利的国际环境。土耳其是一个实行政教分离的共和制国家，它以法律条文明确规定不允许任何政党利用宗教进行政治宣传。然而，在当今的土耳其政治中，不仅各政党争先恐后地利用宗教吸引选民的支持，而且更有亲伊斯兰政党直接参加选举。例如在1994年3月的土耳其地方选举中，亲伊斯兰的繁荣党赢得了全国选票的19%，并且夺取了伊斯坦布尔和首都安卡拉市长的宝座。这次选举的结果产生了巨大的反响，土耳其已经实行世俗制度70余年，但是宗教组织却能产生如此大的影响，令土耳其政坛和西方国家震惊。伊斯兰原教旨主义作为一种思想武器直接催生了冷战后伊斯兰运动的发展，伊斯兰运动一方面对广大的中东世俗政权构成了巨大威胁，认为那些与西方合作的国家是伊斯兰世界的叛徒，必须对它们进行打击，另一方面更把犹太人看做是苦难的责任人，消灭以色列一直是伊斯兰原教旨主义巨大感召力的源泉之一。在这种形势下，土耳其和以色列在防止伊斯兰原教旨主义的渗透方面就有了共同的利益。而打击原教旨主义以及民族分离主义，土耳其都离不开美国的帮助和地区盟友的支持。土耳其与以色列建立军事同盟一方面有益于自身的军事现代化，另一方面可以更有效地打击激进势力，维护自身的安全。

二、中东和平进程中的土以关系

阿以冲突是中东地区的核心问题，身为中东大国的土耳其不可能完全置身事外。在冷战期间，受两极格局的影响，土耳其一直维持着与以色列的良好关系，在阿以冲突问题上，实际上是偏向以色列的。冷战结束，两极对抗的格局被打破，在中东地区，美苏争夺结束，各种力量重新分化组合。由于苏联解体，土耳其来自北方的巨大压力消失，失去苏联支持的阿拉伯国家也开始调整自己的外交政策，在阿以冲突问题上也有所软化，与以色列对话的呼声渐高，在美国的推动下，中东和平进程也出现了转机。土耳其外交在新的形势下，也开始显得更加灵活自主。在中东问题上，土耳其开始加大了介入的力度，其总的思路就是：支持并积极促进阿以和谈，全面发展与阿以的关系。1991 年 10 月 30 日，在美国的斡旋下，阿以双方第一次就中东问题坐在一起进行谈判。其实，阿以两方可以坐在一起共同探讨中东的和平与发展，土耳其也做了不少工作。土耳其一直强调如果巴勒斯坦问题不解决，中东就永远不可能拥有和平与稳定，并一再敦促以色列政府接受“以土地换和平”的原则。同年 12 月 19 日，土耳其还同时将其与巴以两国的外交关系升至大使级。阿以双方实现和谈是符合土耳其的利益的，和平的周边环境是每个国家发展所不可或缺的。

土耳其在阿以问题上的积极态度，使它与阿拉伯国家和以色列的关系都得到了改善和加强。土耳其尝到了甜头，所以更加不遗余力地促进阿以和平。1994 年，土耳其总理奇莱尔同时访问了以色列以及巴勒斯坦，以示对中东和谈的支持，在当时引起了极大的政治轰动。同年，德米雷尔总统签署了一项声明称：“土耳其将继续以积极的姿态支持中东和平进程的发展。”① 1998 年 9 月 6—8 日，土耳其总理耶尔马兹对约旦、以色列和巴勒斯坦进行了为期三天的正式访问。耶尔马兹此行的主要目的是扩大土耳其与上述三国的合作，利用自己地区大国的地位，努力在巴以之间发挥调解作用，从

① George E. Gruen. “Turkey and the Middle East After Oslo” in Robert O. Freedman. et al., *The Middle East and thePeaceProcess*: *The Impact of the Oslo Accords*. Gainesville: University Press of Florida, 1998, pp. 175, 183, 174, 198.

而为受阻的中东和平进程做出贡献。[①]

巴以冲突的不对称性让巴勒斯坦平民成了双方冲突的最大受害者，出于共同的宗教信仰和对弱者的同情，土耳其民众对以色列的行为相当反感，土国内对以色列进行谴责的呼声很高，这对土以关系产生了不利的影响。2004 年 3 月，以军在加沙发射导弹炸死哈马斯领袖亚辛后，土耳其总理取消了之前计划好的访以行程，以示不满。他还把以色列的行动与 15 世纪末期西班牙宗教法庭[②]的做法相提并论，"不幸的是，以色列人对待巴勒斯坦人的方式，就像 500 年前他们自己遭受的那样"[③]。土以两国的关系直到 2005 年 1 月土耳其外长访以才开始逐渐解冻。土耳其总理也于同年 5 月访问以色列，寻求修复两国因巴勒斯坦问题而紧张的关系。之后又访问了约旦河西岸，会见巴勒斯坦领导人，加入了新一轮促进中东和平的浪潮中。

2006 年巴以两国的政局都发生了变化，奥尔默特代替沙龙成为以色列新总理，哈马斯在巴勒斯坦大选中获胜上台，这对中东和西方国家造成了极大的震撼，他们眼中的恐怖分子，竟然可以得到如此多的巴勒斯坦百姓的支持。美国在中东地区推行民主，巴勒斯坦人民却选择了被美国宣布为"恐怖主义组织"的哈马斯，这让美国恼羞成怒。于是美以两国联合起来对哈马斯实行打、压、卡的政策，要求哈马斯承认以色列，解除武装，企图迫使哈马斯改变政策；从经济上卡住哈马斯的财路，包括冻结向巴勒斯坦自治政府移交 5000 万美元的税收，冻结哈马斯在海外的资产，威胁不再向自治政府提供经济援助等。[④] 土耳其一直密切关注着中东局势，在美以对巴实施禁运期间向巴勒斯坦民众提供经济援助。巴以冲突因人质

① 李玉东："土耳其谋求参与中东和平进程"，《光明日报》，1998 年 9 月 12 日，第 3 版。

② 西班牙宗教法庭成立于 1485 年（裴迪南和伊莎贝拉统治时期），主要是针对宗教上有离经叛道行为的嫌疑分子，特别是一些犹太教徒和伊斯兰教徒。资料来源于 http：//www. pep. com. cn/200406/ca425736. htm，2006 年 10 月引用。

③ "土耳其总理访以'破冰'"，《新闻晨报》，2005 年 5 月 3 日。http：//old. jfdaily. Com / gb/node2/node17/node33/node58332/index. html。

④ 王京烈："哈马斯执政面临的严峻挑战"，《当代世界》，2006 年第 5 期，第 16 页。

事件升级后，土耳其主张释放人质，认为绑架人质的做法不仅无益于问题的解决，而且违背了国际法以及巴以之间签订的协议，土耳其总统、总理相继表达了对巴以问题的严重关注。

土耳其对运用自己的特殊优势，充当阿以之间的桥梁，促进阿以和谈是不遗余力的，这有利于同时促进与阿拉伯国家和以色列的关系，在增加自己在中东问题上的发言权的同时也增强了自己在中东的地位，树立一个良好的国际形象，这是土耳其维护国家利益所需要的。中东和平是各方的共同心愿，土耳其积极为此出力，对土以关系无疑是一种推动力。冷战以后土耳其改变了以往在阿以之间实际上的不介入态度，积极推动阿以之间的对话，为它们牵线搭桥，赢得了阿以双方的好评，为自己谋取了最大的利益。土耳其总理耶尔马兹在1998年9月6—8日访问约旦、以色列和巴勒斯坦之前，阿拉法特和内塔尼亚胡都通过新闻媒介表示愿意接受土耳其的调解。耶尔马兹表示，和平进程来之不易，不应错过机会，土耳其将尽自己所能。耶尔马兹在此行中对巴以双方采取的公正、明确和平衡的态度使双方都感到满意。此间政治观察家们指出，此次访问表明土耳其在中东奉行的平衡政策有助于和平进程的实现。[①] 2005年5月1日土耳其总理雷杰普·塔伊普·埃尔多安访问以色列，寻求修复两国因巴勒斯坦问题而拉紧的关系。以色列总理沙龙当天宣布，以土正准备建立一条热线电话线路以便实时沟通。2日，埃尔多安访问约旦河西岸，会见巴勒斯坦领导人，加入新一轮促进中东和平的浪潮中。以色列对埃尔多安的到访表示欢迎，以色列外长沙洛姆说："土耳其可以是我们与阿拉伯国家之间的一座桥梁。"[②] 2008年7月28日叙军方电台报道说，叙利亚驻美国大使穆斯塔法在美国支持以色列"现在就和平运动"一个协会上就中东和平进程问题发表了讲话，向以色列伸出了新的橄榄枝。之所以会出现这种局面，土耳其功不可没，据报道，在土耳其的调解下，从2008年5月开

---

① 李玉东：《土耳其谋求参与中东和平进程》，《光明日报》，1998年9月12日。

② 新华网，2005年5月3日。

始，叙以两国开始进行秘密谈判。[①]

三、土以关系展望

冷战结束以来，在两极格局解体的大背景下，土耳其与以色列的关系逐渐恢复，并最终建立了大使级外交关系。两国的合作领域也不断深入，1996年两国缔结军事联盟，对于两国和中东地区都造成了很大的影响。在面对阿拉伯国家和以色列时，土耳其利用自身的战略优势，积极充当双方和谈的“中间人”，积极参与到了中东和平进程中去，这对土以关系来说也是一个促进。总之，冷战后的土以关系日趋务实，呈现出了良好的发展势头。土耳其和以色列的关系历经考验，逐渐发展成熟。土以都是对方在中东地区的重要盟友，对双边关系都很看重，土以关系的发展不仅对双方，而且对中东地区都会产生很大的影响。未来土以关系的走势如何对于中东局势发展十分重要，对此，作以下展望：

第一，土以关系未来在保持友好的同时，也会更加务实。土以之间在政治、经济、军事、安全上都存在广泛的共同利益，只要这些利益不发生重大改变，土以之间就会一直存在合作的基础和必要。从现在的情况看，这些共同利益会长期存在，土以之间互相需要的局面短期内不会改变。如果任何一方失去对方，只会让自己在中东国家孤立，并且更为重要的是会影响到与美国的关系。早在1997年12月8日，土耳其国防部长伊梅特·塞兹接待到访的以国防部长时说，“我们对两国关系的发展感到满意，我们将尽可能加强两国在政治、军事和工业领域的合作”[②]，并且说伊斯兰外长会议通过的谴责土以联盟的协议微不足道。一位土耳其外交官表示：“我们不会被吓倒。”[③]

---

① 《环球时报》，2008年7月29日。

② 法新社安卡拉1997年12月8日电，《参考资料》，1997年12月10日。

③ 英国《金融时报》，1998年1月2日。

在德黑兰首脑会议上，当批评土耳其同以色列的关系时，土耳其官员离开了会议。由此可见土以关系的发展是有坚实基础的，特别是土以军事联盟的建立，足以看出两国关系的亲密和重要。

第二，一些不确定因素可能会影响到土以关系的发展。首先，土以两国国内都存在影响两国关系发展的因素。土耳其作为一个穆斯林国家，虽然从建国至今一直实行世俗化政策，但伊斯兰教的影响力仍然无处不在，大多数人口仍然是虔诚的穆斯林。当阿以发生冲突时，大多数普通民众都会同情拥有共同宗教信仰的阿拉伯人，认为以色列是侵略者。冷战后，伊斯兰极端主义抬头，使包括土耳其在内的世俗政权面临不小的压力，这些势力反犹、反以，时常以恐怖主义手段袭击以色列，这对土以关系造成了不利影响。加上土耳其民众对以色列谴责的加剧，不排除对土耳其政府外交产生影响的可能。当然，以色列国内同样也存在极端势力，对穆斯林国家都抱着敌视态度，这对以色列的土耳其政策也是一种隐患。其次，土美、以美关系的变化对土以关系的影响也是不确定的。在塞浦路斯问题和库尔德工人党武装问题上，土美之间存在分歧，如果再次发生关系到土耳其核心利益的事件，土耳其外交可能会再次调整，这对土美关系造成的影响是不容忽视的，土美关系的变化势必影响到土以关系。再次，中东和平进程的发展同样会影响土以关系。土耳其在冷战后，积极促进阿以和谈，做双方的中间人，利用双方的和平愿望，一方面在阿以之间寻求一种平衡，另一方面又可以同时获得阿以的好感，对土阿关系、土以关系和土耳其在中东的影响力都是有利的。但如果阿以和谈长期没有进展，双方冲突在土耳其的努力下还继续加剧，这势必打击到土耳其促和的积极性，而以色列在阿以和谈中的僵化政策可能会成为土耳其攻击的目标，这对土以关系无疑是不利的。

（作者为北京外国语大学国际关系学院博士生）

语言文学研究

中印泰戈尔研究之比较

尹锡南

【内容提要】 迄今为止，印度学界的泰戈尔研究大致可以分为三个时段进行分析。与印度学界的泰戈尔研究一样，中国的泰戈尔研究也大致可以分为三个阶段。从世界范围来说，中国的泰戈尔研究是除了印度学界以外最为丰富的一派。中印两国的泰戈尔研究存在一些相似之处，但存在的差异更加明显。中印两国的泰戈尔研究在研究语言、研究内容、研究方法和成果形式等方面均存在很多差异。本文尝试对此异同现象作一简略探讨，并就如何提高中国的泰戈尔研究水平提出一些建议。

【关 键 词】 泰戈尔；泰戈尔研究；印度文学；比较文学

The Researches on Ranbindranath Tagore in China and India

Yin Xinan

【Abstract】 For the researches on Ranbindranath Tagore both in China and India，they can be divided into three stages. It can be said that，to some extent，Tagore studies in China is most fruitful in addition to those in India. There are more differences other than similarities for

Tagore studies in the two countries. Especially, the differences might be from the different contents, conceptual frameworks, language media and the forms of research works for Tagore studies. In order to improve and further Tagore studies in China, our scholars, especially young scholars should focus on language training, translation of Tagore' s correspondences unpublished in China, and more communications with Indian scholars who specialize in Tgore studies, etc.

【Key Words】 Tagore, Researches on Tagore, Indian literature, comparative literature

作为印度现代文学史上最伟大的作家，泰戈尔除了享有世界声誉并得到世界各地学者的研究外，还在印度国内得到了更为全面而深入的研究。早在20世纪初，即泰戈尔获得诺贝尔文学奖以后，印度学者即开始对其进行研究。迄今为止，印度学者关于泰戈尔的研究著作不计其数。有的研究著作以英文出版，有的以孟加拉语、马拉提语或印地语等出版，还有的先以马拉提语或孟加拉语出版，然后再译为英语在印度出版。有的印度学者干脆将自己的英文版泰戈尔研究著作在国外出版，直接与西方学术界进行对话交流，推广自己的研究成果。这和一些著名的印度梵语诗学研究者在西方出版英文研究著作颇为相似。由于本土语言、宗教文化和资料来源等各方面优势，印度学者的泰戈尔研究整体上来说居于世界领先水平。客观地看，在泰戈尔与中国、日本、韩国、越南、缅甸和泰国等亚洲国家以及泰戈尔与西方国家的文学关系研究，以及泰戈尔文学理论比较研究方面，中国等亚洲国家的学者和西方学者由于本土语言文化和资料优势，也出现了很多高质量的研究成果。本文以笔者在印度期间收集的英文资料为基础，尝试对20世纪以来中印两国泰戈尔研究之异同进行抛砖引玉似的简介，以使中国学界得以管中窥豹。

一、印度的泰戈尔研究简况

迄今为止印度学界的泰戈尔研究大致可以分为三个时段进行分析。20 世纪初期即泰戈尔获得诺贝尔文学奖后到 1947 年印度独立的 30 多年，为泰戈尔研究的初级阶段，也是第一个时期；独立后到 20 世纪 70 年代末的 30 年左右为泰戈尔研究迅速繁荣和发展的阶段，20 世纪 80 年代初到 21 世纪初的 30 年左右，为泰戈尔研究不断深化和取得突破的第三阶段。目前，印度的泰戈尔研究仍然处在非常活跃的时期。下边以三个时段为序进行简介。

印度独立以前，印度学者关于泰戈尔研究的英文著作相对说来没有独立以后的著作丰富，但有的学者对泰戈尔的研究却已达到很高的水平。例如，笔者已知最早出版的关于泰戈尔研究的书是沙斯特里（K. S. R. Sastri）于 1916 年出版的《泰戈尔》（*Rabindranath Tagore*）。独立后成为印度总统的著名宗教哲学家 S. 拉达克里希南曾与泰戈尔谋面多次，并受益于后者的教诲。他于 1918 年在英国出版了著作《泰戈尔的哲学》（The Philosophy of Rabindranath Tagore），1961 年此书在印度本土再版。他在书中对泰戈尔充满时代气息的哲学观进行解释："他赠与我们的是充满人性气息的神（human God）。他不屑于谈论世界虚幻的概念，而是高度赞扬行动，给宗教灵魂带来勃勃生机。"① 他还论及泰戈尔的哲学理念之于印度和世界的时代价值。在他看来，泰戈尔的人道主义思想超越了狭隘的民族主义范畴，上升到更高的人类关怀的精神境界。他的思想是给人类世界的一种福音。"他表达的印度声音不仅是说给印度人、也是让全人类倾听的。"② S. 森出版于 1929 年的著作对泰戈尔的东

① S. Radhakrishnan, *The Philosophy of Rabindranath Tagore*, Baroda: Good Companions Publishers, 1st edition, 1918, 2nd edition, 1961, p. 3.

② Ibid., p. 107.

西文化观念、社会政治思想和教育理念进行了认真的分析。他说："泰戈尔企盼东方与西方的合作，因为他信奉国际主义。他的国际主义意味着互相依赖。这是解决目前时代难题的办法。"[①] S. 森看到了泰戈尔温和性格之外怒目金刚的一面，他认为："泰戈尔是对英国统治印度的最激烈的批评者。他甚至比很多激进派领袖更为极端，比那些缺乏想象力的批评家还要敏锐，比很多受过教育的印度人更要严厉。"[②] 尼赫鲁在独立前夕的 1944 年写下了代表作《印度的发现》（The Discovery of India）。他在书中对于泰戈尔有过一些评价。在他看来，泰戈尔是一位不折不扣的国际主义者。他还认为，尽管泰戈尔具有国际主义意识，他却一直扎根于印度文化土壤，灵魂里浸透了古代奥义书的哲学智慧。尼赫鲁还把甘地与泰戈尔两位印度现代伟人进行比较。他认为，泰戈尔本质上代表着印度的一种文化传统。相形之下，甘地却更是一位来自民间的人物，几乎是"印度农民的化身"，代表着印度另一种古老传统即"自制和禁欲主义的传统"。两人的相同点在于："都具有世界眼光，而同时又都是十足的印度人。他们似乎是代表着印度的迥然不同而又彼此和谐的两方面，并且是彼此互补其不足的。"[③] 尼赫鲁的观察和论述是有价值的。他以政治家和思想家的眼光读出了泰戈尔思想的时代价值。克里巴拉尼在 1947 年出版了一部回忆录性质的书，1949 年该书再版。他在印度独立运动的大背景下考察和评价了泰戈尔、甘地与尼赫鲁三位伟人。如第一章便是论述甘地与泰戈尔的思想异同。[④] 这本视野宽广的书为克里巴拉尼日后出版泰戈尔传记打下了很好的基础。著名英语作家 M. R. 安纳

① Sochin Sen, *Political Philosophy of Rabindranath*, Calcutta: Asher and Co., 1929, pp. 30-31.

② Ibid., p. 62.

③ ［印］贾瓦哈拉尔·尼赫鲁著：《印度的发现》，齐文译，世界知识出版社，1956 年版，第 447 页。

④ K. R. Kripalani, *Gandhi*, *Tagore*, *and Nehru*, Bombay: Hind Kitabs Ltd. Publishers, 1949, pp. 7-32.

德也出版了纪念泰戈尔的书。

从第一阶段的泰戈尔研究来看，学者们主要关注泰戈尔的社会政治思想和东西文化理念，对于其文学作品的探讨尚处萌芽状态。

当然，20世纪初期，印度国内对泰戈尔的研究并非一味赞扬。相反，有的学者对泰戈尔的文学作品和文学理论进行质疑。当时对泰戈尔有很多反对声音，例如，S.C. 萨马基巴迪（Suresh Chandra Samajpati，1870—1921）等指责泰戈尔缺乏道德意识，马克思主义者对泰戈尔也颇有微词，S.K. 代（Sushil Kumar De）和 N.C. 乔杜里（Nirad C. Chaudhuri，1897—1999）等人宣称，泰戈尔时代已经结束。泰戈尔的坚定支持者包括 M.C. 森（Mohit Chandra Sen，1870—1906）、P. 森（Priyanath Sen，1854—1916）等人。关于泰戈尔文论的争鸣构成了泰戈尔时期孟加拉文学批评的重要组成部分。反对也好，支持也好，人们都无法摆脱泰戈尔文论思想的巨大影响。“很大程度上，现代孟加拉文学批评为泰戈尔创造的文论传统所左右。”①

值得一提的是，这一阶段，A.C. 波斯出版了比较文学性质的著作（A.C. Bose，*Three Mystic Poets*：*Yeats*，*A.E. and Tagore*，1945），对泰戈尔进行比较研究，这是泰戈尔研究的新模式。这一新模式将在独立以后的泰戈尔研究中发挥更大的作用。另外，某些在印度与泰戈尔相处甚久的西方学者也以著作形式加入到泰戈尔研究行列中来。E. 汤普森（Edward Thompson）在这方面是一个典型。他于1921年和1926年先后在印度出版关于泰戈尔的两部著作。汤普森的研究也成为当代西方学者研究泰戈尔的学术前奏。

印度独立以后，也许是印巴分治带给人们太多的心灵创伤，以及百废待兴的现实局面一定程度上牵制了学者们的精力，整个20世纪50年代的泰戈尔研究成果不多。但是，也有少数学者凭借独立前的学术积累，出版了厚重的泰戈尔研究著作。例如，S.C.S. 古普

① Nagendra，*Literary Criticism in India*，Nauchandi and Meerut：Sarita Prakashan，1976，p. 25.

塔的著作以甘地对泰戈尔的称呼“伟大的哨兵”（The Great Sentinel）为题，对泰戈尔的思想观念以及歌曲、戏剧和小说等艺术体裁进行分析，表现出良好的学术品格。例如，他在论述泰戈尔的思想特征时，不无道理地认为：“如果泰戈尔支持和鼓吹的观点可以一个词来总结的话，那就是团结，因为，他本质上是一位追求韵律、和谐与完美的诗人和先知。”[①] B.G. 雷（Benoy Gopal Ray）于 1949 年出版的著作探讨泰戈尔的哲学思想。他先考察泰戈尔的哲学思想来源，再就他的哲学思想进行分析，最后再试图确定泰戈尔哲学在当代印度哲学发展中的地位和价值。他的结论是：“历史将永远记住泰戈尔，因为他是一位充满人性的、也为人类服务的哲学家……没有哪位哲学家达到过他的辉煌高度。他教导我们的是一种人的宗教、人道主义的宗教。其次，他教导人类怎样通过爱获得解脱。”[②] 雷的著作显示，独立后的印度学者仍然坚持 S. 拉达克里希南的探索路线，对泰戈尔进行哲学观察。雷在论述时引用了拉达克里希南和汤普森关于泰戈尔的研究著作，显示了学术继承和超越。

20 世纪 50 年代对泰戈尔研究的平淡局面在 60 年代被打破。1961 年是泰戈尔一百周年诞辰。为了纪念这位印度文化巨人和民族英雄，印度学界相继出版了多种纪念文集。例如，1961 年，印度文学院出版的泰戈尔百年诞辰纪念文集便是典型例子。[③] 这部厚达 500 多页的文集收录了东西方世界各国学者回忆或研究泰戈尔的文章，撰稿者包括安纳德、S.K. 查特吉、U. 乔西和 B. 波斯等很多著名学者，也包括冰心、赛珍珠（Pearl Buck）和罗伯特·弗罗斯特（Robert Frost）等东西方知名作家或学者。安纳德等印度学者对泰戈尔的美学观、艺术观、文学艺术创作及泰戈尔与东西方文化关系

---

① S.C. Sen Gupta, *The Great Sentinel*: *A Study of Rabindranath Tagore*, Calcutta: A. Mukherjee and Co., Ltd., 1948, p. 41.

② Benoy Gopal Ray, *The Philosophy of Rabindranath Tagore*, Bombay: Hind Kitabs Ltd., 1949, p. 147.

③ S. Radhakrishnan and Humayun Kabir, eds., *Rabindranath Tagore*: *A Centenary Volume* (*1861—1941*), Delhi: Sahitya Akademi, 1961.

进行了阐述。由泰戈尔创办的国际大学出版的泰戈尔纪念文集中的论文全部由印度学者撰稿，论述的内容也包括了泰戈尔研究的很多方面。[①] 此外，印度各地还有不少学者纷纷编辑泰戈尔研究文集，在 1961 年前后出版。这些论文集对于印度学者继续研究泰戈尔起到了巨大的促进作用，同时也集中展示了印度学者的研究成果和水平。它们也向世界学术界说明了泰戈尔研究的重要价值。

以上述学术举措为契机，印度学者的泰戈尔研究进入第一个繁荣发展期。这一时期即 20 世纪 60—70 年代，印度学者的泰戈尔研究著作空前增加。这些著作大致可以分为这样几类：

第一类著作延续此前的综合研究模式，对泰戈尔的人格、社会思想、艺术成就、文学创作和教育理念等等进行全面观察和评价，这以泰戈尔的孙女婿 K. 克里巴拉尼的《泰戈尔传》[②] 和纳拉万的《泰戈尔评论》最为典型。[③] 由于两书的论述很有深度，先后被译为中文在中国出版。[④] 泰戈尔的儿子 R. 泰戈尔的《在时间的边缘》[⑤]、M. M. 巴塔切吉的《诗人和思想家泰戈尔》[⑥] 和以马拉提语写成、再被译为英语的《诗琴和北斗七星：泰戈尔生平》也属于这一类著作。[⑦] P. K. 穆克吉以孟加拉语写成、后被译为英语的《泰戈尔生

---

① Santosh Chandra Sen Gupta, ed., *Rabindranath Tagore: Homage from Visva- Bharati.* Santiniketan: Visva Bharati, 1962. 纪念泰戈尔的类似论文集还有很多，如 Mahendra Kulasrestha, ed., *Tagore Centenary Volume*, Hoshiarpur: Vishveshvaranand V. R. Institute, 1961. K. K. Mehrotra, ed., *Tagore Centenary Souvenir*, Allahabad : University of Allahabad, 1961—1962。

② *Rabindranath Tagore: A Biography*, 1st Edition, London: Oxford University Press, 1962, 2nd Edition, Calcutta: Visva Bharati, 1980.

③ Vishwanath S. Naravane, *An Introduction to Rabindranath Tagore*, Delhi: The Macmillan Company, 1977.

④ ［印］K·克里巴拉尼：《泰戈尔传》，倪培耕译，漓江出版社，1984 年版。［印］维希瓦纳特·S. 纳拉万：《泰戈尔评传》，刘文哲、何文安译，重庆出版社，1985 年版。

⑤ Rathindranath Tagore, *On the Edges of Time*, Santiniketan: Visva Bharati, 1st Edition , 1958, 2nd Edition, 1981.

⑥ M. M. Bhattacherje, *Rabindranath Tagore: Poet and Thinker*, Allahabad: Kitab Mahal, 1961.

⑦ G. D. Khanolkar, *The Lute and the Plough: A Life of Rabindranath Tagore*, Trans. by Thomas Gay, Bombay: The Book Centre, 1965.

平》也是这类著作。[①]

第二类著作是以泰戈尔的诗歌创作为论述对象，这在一定程度上还原了泰戈尔的诗人本色，抓住了泰戈尔研究的核心所在，纠正了此前泰戈尔研究的某些弊端和盲区。这类著作包括 S. B. 穆克吉的《泰戈尔诗歌论》[②]、S. 高士的《泰戈尔的后期诗歌》[③]、B. 波斯的《诗人泰戈尔素描》[④] 等等。因加尔的《泰戈尔评论》除了论述泰戈尔的诗歌外，还涉及到小说和戏剧范畴，该书 1985 年再版。[⑤]

第三类是论述泰戈尔的文学理论与美学思想。这包括安纳德的《火山：论泰戈尔美学理论与艺术实践》[⑥] 和 P. J. 乔杜里的《泰戈尔论文学和美学》[⑦] 等等。关于泰戈尔文学和美学理论的研究，在此之前只有学者们零散的论文涉及，以著作形式出现标志着泰戈尔研究的深入。

第四类著作延续以前学者们的研究兴趣，继续关注泰戈尔与世界文学的关系，把比较文学研究模式继续引入泰戈尔研究中，在世界文学框架内考察泰戈尔的文学贡献。这类著作包括 S. 巴塔查利雅的《泰戈尔与世界》[⑧]、S. K. 查特吉的《世界文学与泰戈尔》[⑨]、《哥德与泰戈尔：东西方对话的回顾》[⑩] 和《泰戈尔与浪漫主义思

---

① Prabhat Kumar Mukherji, *Life of Tagore*, Trans. by Sisirkumar Ghose, Delhi: India Book Co., 1975.

② S. B. Mukherji, *The Poetry of Tagore*, Delhi: Vikas Publishing House, 1977.

③ Sisirkumar Ghose, *Later Poems of Tagore*, Bombay: Asia Publishing House, 1961.

④ Buddhadeva Bose, *Tagore: Portrait of A Poet*, Bombay: University of Bombay, 1962.

⑤ K. R. Srinivasa Iyengar, *Rabindranath Tagore: A Critical Introduction*, Delhi: Sterling Publishers, 1965.

⑥ Mulk Raj Anand, *The Volcano: Some Comments on the Development of Rabindranath Tagore's Aesthetic Theories and Art Practice*, Baroda: Maharaja Sayaji Rao University, 1967.

⑦ Prabas Jiban Chaudhary, *Tagore on Literature and Aesthetics*, Calcutta: Ranbidra Bharati, 1965.

⑧ S. Bhattacharya, *Tagore and the World*, Calcutta: Das Gupta and Co., 1961.

⑨ S. K. Chatterji, *World Literature and Tagore*, Santiniketan: Visva Bharati, 1971.

⑩ Alokeranjan Dasgupta, *Goethe and Tagore: A Retrospect of East-West Colloquy*, Delhi Branch: University of Heidelberg, 1973.

想》[①] 等等。另外，值得一提的是，S. 森与1960年出版的文学史性质的《孟加拉文学》以40多页的篇幅专门介绍泰戈尔的文学实绩。[②] 这显示泰戈尔在孟加拉语文学史的特殊重要性。该书1971年再版。

还有一类著作延续了独立以前的泰戈尔研究传统，对泰戈尔的社会政治思想进行检视，这包括R. N. 拉克提亚的《幽默者泰戈尔》[③]、R. 维尔玛的《反对集权主义的先知泰戈尔》[④] 和K. 戈帕尔的《泰戈尔的社会思想》[⑤] 等等。

第二阶段，西方学者的泰戈尔研究出现了一些有价值的著作，如S. N. 黑尔的《东西方的亚洲观：泰戈尔及其日本、中国与印度评论家》[⑥] 颇具学术含金量，出版后常常为人引用。M. M. 拉戈编辑的泰戈尔与西方友人罗森斯坦通信集具有很高的文史研究价值。[⑦]

由上所述，20世纪60—70年代的泰戈尔研究在扬弃此前研究成果的基础上，不断深化开拓，出现了很多新的研究内容和观察视角，这对下一阶段泰戈尔研究继续走向深入、迎来新的繁荣阶段打下了基础。

20世纪80年代起，印度的泰戈尔研究既承袭此前的研究底蕴，又受到西方文学研究的文化转向思潮的影响，因此出现了一些新的动向。这一阶段的研究是印度泰戈尔研究的第二个高峰期。它主要包括下列研究内容：

---

① Baldev Singh, *Tagoe and the Romantic Ideology*, Calcutta: Oriental Longmans, 1963.

② Sukumar Sen, *Bengali Literature*, Delhi: Sahitya Akademi, 1971, pp. 248—289.

③ Ram Niwas Lakhotia, *Tagore as a Humorist*, Ahmedabad: Asha Publishing House, 1961.

④ Rajendra Verma, *Rabindranath Tagore: Prophet against Totalitarianism*, Bombay: Asia Publishing House, 1964.

⑤ K. Gopal, *Social Thought of Rabindranath Tagore*, Meerut: Anu Prakashan, 1974.

⑥ Stephen N. Hay, *Asian Ideas of East and West: Tagore and His Critics in Japan, China, and India*, Massachusetts.: Harvard University Press, 1970.

⑦ Mary M. Lago, ed., *Imperfect Encounter: Letters of William Rothenstein and Rabindranath Tagore: 1911-1941*, Massachusetts: Harvard University Press, 1972.

首先，在对泰戈尔的著作、书信等进行综合整理并予以出版的基础上，对于泰戈尔生平及文学创作、哲学思想等的综合研究取得了新的进展。例如，S. K. 达斯编辑出版了三大卷的《泰戈尔英文作品选》。[①] 这几乎涵括了泰戈尔所有重要的英文诗歌、戏剧、散文等。克里希那·杜特和安德鲁斯·罗宾逊合作主编并出版了内容丰富的《泰戈尔书信选》。[②] 此书收录了很多尚未发表的泰戈尔与世界各地学者之间的通信。B. 恰克拉沃迪选编并出版了泰戈尔于1912—1940年间与叶芝和庞德等5位西方作家或学者的书信选。[③] 对于世界各地学者而言，这几种书籍对其系统研究泰戈尔及其与东西方的文化关系将发挥重要作用。克里希那·杜特和安德鲁斯·罗宾逊还各自撰写了其他有关泰戈尔的研究著作，并合作出版了系统研究泰戈尔的《杰出智者泰戈尔》。[④] M. 查克拉巴蒂的《探寻泰戈尔》[⑤]、V. R. 巴塔查利雅的《泰戈尔的世界家庭观》[⑥] 和 B. 乔杜里等主编的论文集《泰戈尔与今日世界》也是对泰戈尔思想及创作的全面研究。[⑦] K. K. 黛松出版了《在你奇葩盛开的花园：泰戈尔与维多利亚·奥坎波》，首次纵向梳理了泰戈尔与自己的阿根廷女崇拜者之间的交往史，向学界展示了他鲜为人知的情感世界。[⑧] 孟加拉国学者哈克出版了基于博士论文修改而成的著作《泰戈尔作

① Sisir Kumar Das, ed., *The English Writings of Rabindranath Tagore, Vol. 1—3*, Delhi: Sahitya Akademi, 1996.

② Krishna Dutta and Andrew Robinson, eds., *Selected Letters of Rabindranath Tagore*, Cambridge: Cambridge Unibersity Press, 1997.

③ Bikash Chakravarty, ed., *Poets to a Poet: Letters to Rabindranath Tagore*, Calcutta: Visva Bharati, 1998.

④ Krishna Dutta and Andrew Robinson, *Rabindranath Tagore: The Myriad-Minded Man*, New York: St. Martin's Press, 1996.

⑤ Mohit Chakrabarti, *Rabindranath Tagore: A Quest*, Delhi: Gyan Publishing House, 1995.

⑥ Vivek Ranjan Bhattacharya, *Tagore's Vision of a Global Family*, Delhi: Enkay Publishers, 1987.

⑦ Bhudeb Chaudhuri and K. G. Subramanyan, eds., *Rabindranath Tagore and the Challenges of Today*, Shimla: Indian Institute of Advanced Study, 1988.

⑧ Ketaki Kushari Dyson, *In Your Blossoming Flower Garden: Rabindranath Tagore and Victoria Ocampo*, Delhi: Sahitya Akademi, 1988.

品中的民间传统和民族主义》，讨论了泰戈尔的文学创作与孟加拉民间文化传统及民族主义思想的关联。①

其次，这一阶段对泰戈尔文学创作的研究出现了一些很有价值的著作，如B. 查克拉沃迪集35年研究之功力，出版了四大卷著作《戏剧家泰戈尔研究》。② 该书对泰戈尔所有戏剧著作进行系统的分类研究，这在泰戈尔戏剧研究中尚属首次。M. 萨拉达的《泰戈尔小说中的女性人物研究》开启了新的研究维度。③ 孟加拉国学者C. 霍拉德在印度普拉大学以关于泰戈尔研究的论文获得博士学位，他在印度出版了基于博士论文修改而成的著作《迦梨陀娑对泰戈尔的影响》，这是泰戈尔研究领域的又一突破。④ 霍拉德精通梵语和孟加拉语，他从语言和思想两个层面分析了迦梨陀娑对泰戈尔的全面影响。

在对泰戈尔哲学和美学思想的研究方面，印度学者继续开掘，取得了一些不俗的成果。例如，B.K. 穆克吉出版了《吠檀多与泰戈尔》，从宗教哲学角度深化了泰戈尔研究。⑤ K.K. 沙尔玛的《泰戈尔的美学思想》⑥ 和R.S. 阿格瓦拉的《泰戈尔的美学意识》⑦ 则集中探讨泰戈尔的美学思想。

第三阶段的泰戈尔研究更有特色之处在于比较文学研究模式的广泛应用，使得泰戈尔思想及其作品的研究出现了很多新意。这使泰戈尔研究在世界文学的框架内得以进一步深化。例如，A. 毛利亚主编的《印度与世界文学》第十一章标题为“泰戈尔与世界文

---

① Abu Saeed Zahurul Haque, *Folklore and Nationalism in Rabindranath Tagore*, Dacca: Bangla Academy, 1981.

② Bishweshwar Chakraverty, *Tagore the Dramatist: A Critical Study*, Vol. 1—4, Delhi: B.R. Publishing Corporation, 2000.

③ M. Sarada, *Rabindranath Tagore: A Study of Women Characters in His Novels*, Delhi: Sterling Publishers, 1988.

④ Chinmoy Howlader, *Influence of Kalidasa on Rabindranath Tagore*, Delhi: Bharatiya Kala Prakashan, 2003.

⑤ B.C. Mukherji, *Vedanta and Tagore*, Delhi: M.D. Publications, 1994.

⑥ K.K. Sharma, *Rabindranath Tagore's Aesthetics*, Delhi: Abhinav Publications, 1988.

⑦ R.S. Agarwala, *Aesthetic Consciousness of Tagore*, Calcutta, 1996.

学”，对泰戈尔与克罗齐、T. S. 艾略特等西方作家或文论家进行比较研究。[①] S. K. 达斯在个人论文集中，对泰戈尔与西班牙诗人杰姆列兹（Juan Ramon Jimenez）的文学关系进行了深入探讨。[②] T. R. 沙尔玛主编出版了两部泰戈尔研究论文集《泰戈尔面面观》[③] 和《泰戈尔论文集》，其中有很多文章是对泰戈尔与雪莱、庞德等西方诗人的比较研究。[④] 有的论文还以梵语诗学味论评价泰戈尔的短篇小说。[⑤] 有的学者如 R. D. 斯勒主编出版了很有新意的著作《世界文学中的泰戈尔形象》，这是迄今为止泰戈尔研究领域最为特色的比较文学著作。[⑥] 它把泰戈尔在苏联、法国及阿根廷、墨西哥等西班牙语世界的文学反响和泰戈尔在中国、日本等东亚国家和伊朗等阿拉伯国家的文学反应进行了系统梳理。作者主要以尼赫鲁大学各个语种的研究者为主。另外几部著作也值得一提，如 S. 巴苏的《契诃夫和泰戈尔短篇小说比较研究》[⑦]、B. N. 高士的《俄罗斯与印度：泰戈尔回忆录》[⑧] 和 R. 威尔玛的《泰戈尔与艾略特作品中的人与社会》[⑨] 等等。另外，《贾达瓦普尔比较文学学报》（Jadavpur Journal of Comparative Literature）也不定期刊登比较研究泰戈尔与世界文学的论文。值得一提的是，关于泰戈尔与中国的文学关系研究，印

---

① Abhai Maurya，ed.，*India and World Literature*，Delhi：Indian Council for Cultural Relations，1990，pp. 543—591.

② Sisir Kumar Das，*Indian Ode to the West Wind*：*Studies in Literary Encounters*，Delhi：Pencraft International，2001，pp. 143—159.

③ T. R. Sharma，ed.，*Perspectives on Rabindranath Tagore*，Ghaziabad：Vimal Prakashan，1986.

④ T. R. Sharma，ed.，*Essays on Rabindranath Tagore*，Ghaziabad：Vimal Prakashan，1987.

⑤ P. P. Sharma，“Application of the Rasa Theory to Tagore’ s Short Stories”，T. R. Sharma，ed.，*Perspectives on Rabindranath Tagore*，Ghaziabad：Vimal Prakashan，1986，pp. 80—86.

⑥ Rita D. Sil，ed.，*Profile of Rabindranath Tagore in World Literature*，Delhi：Khama Pblishers，2002.

⑦ Sankar Basu，*Chekhov and Tagore*：*A Comparative Study of Their Short Stories*，Delhi：Sterling Publishers，1985.

⑧ B. N. Ghosh，*Russia and India*：*Reminiscences from Tagore*，Delhi：Ess Ess Publications，1985.

⑨ Rajendra Verma，*Man and Society in Tagore and Eliot*，1982.

度学者非常重视，他们虽未出版专著，但论文不少，如谭中和S. K. 达斯等人的论文便是如此。[①]

第三阶段的泰戈尔研究更富特色的地方还在于，一些学者将泰戈尔放在全球化的后现代语境中进行打量，得出了很多前所未有的结论，这使他们的泰戈尔研究更富新意。例如，哈利西·特里维迪出版了《文学与民族：英国与印度（1800—1990）》，他在书中把泰戈尔放在后殖民语境中进行思考。[②] 阿西斯·南迪在他的著作中，也把泰戈尔的爱国主义和民族主义思想放在后殖民框架内进行观察和定位思考。[③] 拉纳吉特·古哈在他的著作《位于世界史边缘的历史》中，也把泰戈尔放在后殖民语境中进行考量，以达解构黑格尔世界历史观的目的。[④] B. 查特吉的《泰戈尔与现代意识》涉及到泰戈尔作品中的现代主义意识。[⑤] A. S. 阿尤布先后出版了两部孟加拉语版泰戈尔研究著作即《探寻泰戈尔》和《现代主义和泰戈尔》，后一部还获得了印度文学院奖，两书被译为英语出版。[⑥] 阿尤布探讨了泰戈尔作品中的现代主义意识。值得一提的是，1998年诺贝尔经济学奖获得者阿马蒂亚·森也曾在2005年出版的著作中对泰戈尔富含现代主义意识的社会文化思想进行论述。[⑦]

---

① Sisir Kumar Das, "The Controversial Guest: Tagore in China"; Tan Chung, "Tagore's Inspiration in Chinese New Poetry", Tan Chung, ed., *Across the Himalayan Gap: An Indian Quest for Understanding China*, Delhi: Gyan Publishing House, 1998.

② Richard Allen and Harish Trivedi, ed. *Literature & Nation, Britain and India 1800—1990*, London: The Open University, 2000.

③ Ashis Nandy, *The Illegitimacy of Nationalism: Rabindranath Tagore and the Politics of Self*, Delhi: Oxford University Press, 1994, pp. 51—90.

④ Ranajit Guha, *History at the Limit of World History*, New York: Columbia University Press, 2002, pp. 5—6.

⑤ Bhabatosh Chatterjee, *Rabindranath Tagore and Modern Sensibility*, Bombay: Oxford University Press, 1996.

⑥ Abu Sayeed Ayyub, *Tagore's Quest*, Calcutta: Papyrus, 1980. Abu Sayeed Ayyub, *Modernism and Tagore*, Trans, by Amitava Ray, Delhi: Sahitya Akademi, 1995.

⑦ ［印］阿玛蒂亚·森著：《惯于争鸣的印度人》，刘建译，上海：三联书店，2007年版，第69—93页。

二、中国的泰戈尔研究简述

与印度学界的泰戈尔研究一样，中国的泰戈尔研究也大致可以分为三个阶段。1913 年泰戈尔获得诺贝尔文学奖以来至 1949 年新中国成立为第一阶段，20 世纪 50—80 年代为第二阶段，80 年代至 21 世纪初为第三阶段。下边对此作以简述。

在泰戈尔研究的第一阶段，特别是 1924 年泰戈尔访华前后，中国学者对于泰戈尔的译介和研究出现了第一次高潮。早在 1913 年即泰戈尔获得诺贝尔文学奖的当年，钱智修就在《东方杂志》十卷四号上发表《台峨儿之人生观》一文，对泰戈尔的思想进行介绍。但对泰戈尔研究没有什么起色，主要是翻译过来的作品很少，人们难以对其作出评价。泰戈尔在中国的译介高潮的到来是五四时期，从 1920—1925 年。翻译泰戈尔作品数量最多、影响最大的当数郑振铎（西谛）。在翻译的同时，郑振铎还身体力行地促进泰戈尔研究。他在文学研究会成立时，在会内发起组织了一个“太戈尔研究会”。这应该是中国研究单个外国作家的第一个学会。文学研究会遂成为当时中国研究泰戈尔译介的重镇。文学研究会的核心刊物《小说月报》成为译介泰戈尔的阵地。1922—1924 年，为了迎接泰戈尔访华，《小说月报》等杂志和《晨报副镌》等报纸集中发表了关于泰戈尔的评论文章，这就成为泰戈尔研究的第一次高潮。这也是当时“泰戈尔热”的一种结果。这一期的研究代表作有郑振铎的《太戈尔传》和《太戈尔的艺术观》，张闻天的《太戈尔之诗与哲学观》、《太戈尔的妇女观》和《太戈尔对于印度和世界的使命》，王统照的《太戈尔的思想与诗歌的表象》和《太戈尔的人格观》，徐志摩的《泰戈尔来华》等等。王统照和徐志摩等人主要从正面来评价泰戈尔的文学创作和社会思想。他们对泰戈尔的评价还带有很多的感性色彩，算不上严格意义上的研究。例如，徐志摩以诗人的语气说：

“东方人能以人格与作为，取得普通崇拜与荣名者，不出在‘国富兵强’的日本，不出在政权独立的中国，而出于亡国民族之印度——这不是应发人猛省的事实吗？”[①] 同为文学青年的郑振铎则说：“世界上使我们值得去欢迎的恐怕还不到几十人。泰戈尔便是这值得欢迎的最少数的人中最应该使我们带着热烈的心情去欢迎的一个人！他是给我们以爱与光与安慰与幸福的，是提了灯指导我们在黑暗的旅路中向前走的。”[②]

围绕泰戈尔1924年访华及其系列讲演，中国学界对他的评价开始出现严重的分歧。围绕泰戈尔访华，中国知识界有人对他提倡发扬东方精神文明，反对西方物质主义不赞同，并提出公开批评和质疑。一些政治上倾向进步、受马克思主义影响的知识分子如陈独秀、瞿秋白、雁冰（茅盾）、恽代英、沈泽民等人始终持警戒批判态度。例如，泰戈尔来华后，陈独秀频繁地在政治刊物《向导》、《中国青年》上发文抨击泰戈尔。他认为，泰戈尔不是梁启超之流的中西文化调和论者，而是一个极端排斥西方文化、极端崇拜东方文化的人。泰戈尔第一个错误是“误解科学及物质文明本身的价值”。泰戈尔的第二个错误是“引导东方民族解放运动向错误的道路”。[③] 曾经阅读过泰戈尔长篇小说《家庭与世界》并有所论述的瞿秋白说：“印度已经成了现代的印度，而太戈尔似乎还想返于梵天，难怪分道扬镳——太戈尔已经向后退走了几百年。”因此，瞿秋白称他为“后时的圣人”。[④] 雁冰认为，中国只能“相对地欢迎太戈尔”。他直言不讳地说：“我们更要普告全国的青年，我们所望于太戈尔带来的礼物不是神幻的‘生之实现’，不是那空灵的《吉檀迦利》，却是那悲壮的《跟随光明》！”[⑤] 沈泽民认为：“太戈尔实是一个思想落后的人了。”泰戈尔的思想“实在是中国青年前途的一大

① 徐志摩：“泰戈尔来华”，《徐志摩文集》，商务印书馆香港分馆，1983年版，第167页。
② 郑振铎：《郑振铎文集》（第3卷），人民文学出版社，1983年版，第189页。
③ 陈独秀：《评太戈尔在杭州、上海的演说》，载《国民日报·觉悟》，1924年4月。
④ 瞿秋白：“过去的人——太戈尔”，载《中国青年》第27期，1924年4月18日。
⑤ 雁冰：“对于太戈尔的希望”，载《民国日报》副刊《觉悟》，1924年4月14日。

障碍”。[1] 泰戈尔受到批评，是由于他在错误的时节带着一种不适合中国国情的“救世福音”，又面对限于当时的现实条件及主观因素而对他缺乏足够了解的陈独秀等人而造成的。某种程度上这是一种时代的误会。陈独秀等政治意识强烈的知识分子是五四新文化运动成果的捍卫者，他们对泰戈尔访华在更大程度上是从中国的现实政治需要出发理解之批判之。

由上所述可以发现，第一次泰戈尔研究热潮实际上是一次“冷潮”。就王统照、徐志摩等人而言，其评价多流于情感抒发，缺乏学术研究品位；就陈独秀和瞿秋白等人而言，其评价多受政治气候左右而显得非常偏颇。他们大多数人都没有条件全面了解泰戈尔的思想及其文学创作，因此，对于泰戈尔的评价是各取所需、有的放矢而已，大多偏离了学术研究的轨道。当然，也有极少数人如闻一多对泰戈尔的文学作品加以评论。闻一多认为，泰戈尔诗歌最大的缺陷是没有把握现实，《吉檀迦利》等诗集是祈祷词，没有感情，其艺术水平很平庸。闻一多对泰戈尔的评价大体上反映了部分中国知识分子对印度宗教文化的隔膜。总之，20 世纪 20 年代中国学界的泰戈尔研究只是一种各取所需的感性评价，大多还没有上升到理性客观的判断水准。随着泰戈尔访华结束，“泰戈尔热”迅速散去，对于泰戈尔的译介和研究迅速回落至低谷。

20 世纪 50 年代，随着中印友好关系迅速发展，中国学界对于泰戈尔作品的翻译和评价开始进入新的时期。1961 年，为纪念泰戈尔诞辰 100 周年，经过多年的策划和准备，人民文学出版社出版了 143 万字的 10 卷本《泰戈尔作品集》，包括泰戈尔的诗歌、戏剧和小说代表作若干，占泰戈尔全部作品的七分之一。

20 世纪 50 年代至 60 年代初，中国学界关于泰戈尔的评论和研究文章只有数十篇。这包括季羡林的《泰戈尔短篇小说的艺术风格》（《光明日报》1961 年 5 月 15 日）、石真为泰戈尔长篇小说《戈

---

① 沈泽民：“太戈尔与中国青年”，载《中国青年》第 27 期，1924 年 4 月。

拉》写的前言和为其戏剧《摩克多塔拉》写的译后记等等。50 年代，中国文学评论界盛行苏联的“社会主义现实主义”批评标准和模式，这在泰戈尔评价和研究中也有所反应。用有的学者的话来说就是：“对于泰戈尔宗教神秘主义的、有神论的倾向不无避讳，而对他的批判社会现实、揭露社会矛盾的作品则予以特别的重视。”①

客观来看，这一时期对于泰戈尔作品的译介仍然没有达到理想的地步，很多文学作品、特别是很多宗教哲学论文和演讲集均未译为中文，这使研究者面临无米之炊的尴尬。更主要的是，第二阶段里，中印关系在 20 世纪 50 年代末的急转直下和 1966 年开始的“文化大革命”，使得刚刚步入正轨的泰戈尔译介与研究热情遭遇了前所未有的打击。整个 60—70 年代，中国的泰戈尔研究乏善可陈。这与同一时期印度学界丰富多彩的泰戈尔研究形成鲜明反差。1979 年第 2 期的《社会科学战线》发表了季羡林的论文《泰戈尔与中国》，对泰戈尔与中国的文化关系进行历史溯源和理性分析，这标志泰戈尔研究的新时期即将到来。

20 世纪 80 年代初，随着中国的改革开放，外国文学译介研究进入全面复苏阶段。1981 年，全国性的“泰戈尔学术研讨会”在北京召开。泰戈尔译介和研究随之进入第三阶段。

20 世纪 80—90 年代，泰戈尔作品的翻译介绍仍在持续，但规模最大的译介当属 2000 年出版的、刘安武等三人合作主编、多人翻译的 24 卷《泰戈尔全集》。这使中国的泰戈尔研究进入一个全新的发展阶段。

1980—1999 年的 20 年间，中国学者发表的泰戈尔评论与研究文章大约在 140 篇左右。若加上 21 世纪初的 10 年，这类文章的总数肯定要超过 200 篇左右。这些文章可以大致分为以下几个方面的研究内容：

第一类是对泰戈尔生平、思想与文学作品的综合研究，代表性

① 王向远：《东方各国文学在中国：译介与研究史述论》，江西教育出版社，2001 年版，第 64 页。此处介绍多参考该书相关内容。

成果如季羡林的《泰戈尔的生平、思想与创作》（载《社会科学战线》1981年第2期）等。

第二类文章是对泰戈尔具体的文学作品进行研究。这包括金克木的《泰戈尔的〈什么是艺术〉和〈吉檀迦利〉试解》（载《南亚研究》1981年第3期）、如珍的《浅论泰戈尔的戏剧创作》（载《南亚研究》1984年第2期）、蒋承勇的《谈〈沉船〉中的泛爱思想》（载《台州师专学报》1984年第1期）、刘建的《论〈吉檀迦利〉》（载《南亚研究》1987年第3期）、张朝柯的《泰戈尔短篇小说的艺术成就》（载《辽宁大学学报》1989年第1期）、岳生的《说〈戈拉〉》（载《四川师范大学学报》1991年第5期）、徐坤的《泰戈尔诗歌中的原型》（载《南亚研究》1992年第4期）、何乃英的《论泰戈尔的散文诗》（载《南亚研究》1993年第1期）、侯传文的《泰戈尔的儿童文学创作》（载《外国文学评论》1993年第1期）、刘建的《泰戈尔短篇小说中的抒情风格》，载《南亚研究》1994年第4期》、蒋登科的《论泰戈尔的散文诗》（载《东方丛刊》1994年第1期）、梁潮的《泰戈尔〈吉檀迦利〉国内评论要端蠡测》（载《广西社会科学》1996年第4期）等等。

第三类是对泰戈尔的文学理论与美学思想进行评价。这包括倪培耕的《泰戈尔美学思想管见》（载《外国文学评论》1987年第3期）、孟昭毅的《泰戈尔与比较文学》（载《南亚研究》1994年第1期）、宫静的《泰戈尔和谐的美学观》（载《文艺研究》1998年第3期）、侯传文的《泰戈尔诗学与西方文论》（载《外国文学研究》2003年第6期）、侯传文的《论泰戈尔的韵律诗学》（载《外国文学研究》2004年第1期）、侯传文的《泰戈尔与中国现代诗学》（载《文学评论》2007年第1期）等等。

第四类是对泰戈尔的宗教哲学思想进行评论。这包括宫静的《泰戈尔的哲学思想：认识论和方法论》（载《南亚研究》1986年第3期）、宫静的《泰戈尔哲学思想的渊源及其特点》（载《南亚研究》1989年第3期）、刘建的《泰戈尔的宗教思想》（载《南亚研究》

2001年第1期）和朱明忠的《泰戈尔的哲学思想》（载《南亚研究》2001年第2期）等等。

第五类是研究泰戈尔的社会思想、教育思想等。这包括林承节的《1905—1908年的泰戈尔》（载《南亚研究》1988年第2期）、宫静的《论泰戈尔的教育思想》（载《南亚研究》1991年第2期）、尹锡南的《泰戈尔论印度的社会问题》（载《南亚研究》2004年第2期）等等。

第六类属于泰戈尔与西方文学关系的比较研究范畴，这方面的研究论文包括邓阿宁的《泰戈尔与雪莱》（载《重庆师范学院学报》1987年第1期）、石海军的《泰戈尔眼中的东方和西方》（载《南亚研究》2002年第2期）、尹锡南的《解读泰戈尔获诺贝尔文学奖》（载《东方丛刊》2002年第2期）、《泰戈尔与奈保尔：诺贝尔文学奖光晕与印度书写》（载《东方丛刊》2005年第1期）、《泰戈尔诗歌在西班牙语世界的传播和接受》（载《南亚研究》2011年第1期）和《泰戈尔与维多利亚·奥坎波的跨文化情愫》（载《东方论坛》2011年第2期）、刘建的《泰戈尔与苏联》（载《南亚研究》2011年第1期）等等。

最后一类是中国学者的研究兴趣所在，也是中国学术界成果最为丰富、学术质量很高的领域，即研究泰戈尔与中国的文学和文化关系，这也属于比较文学和比较文化研究范畴。这包括倪培耕的《泰戈尔对中国作家的影响》（载《南亚研究》1986年第1期）、徐坤的《泰戈尔与中国文人》（载《南亚研究》1993年第3期）、孙宜学、郭洪涛合著的《中印文化交流史上的一次误会：泰戈尔来华引起的风波》（载《同济大学学报》1999年第3期）、尹锡南、张力的《泰戈尔1924年访华在中国知识界的反响》（载《南亚研究季刊》2001年第4期）和尹锡南的《天竺诗圣、华夏知音：1924年泰戈尔访华》（载《今日印度》2010年第7期，该文英文版载《印度展望》2010年第2期）、秦弓的《泰戈尔热》（载《中国社会科学院研究生院学报》2002年第4期）和王汝良的《泰戈尔笔下的中国形象》

(载《东方论坛》2009年第4期)、王燕的《泰戈尔访华：回顾与辨误》(载《南亚研究》2011年第1期)、郁龙余的《1924年泰戈尔访华引起争议的根本原因》(载《深圳大学学报》2011年第1期)等等。可以看出，泰戈尔1924年访华及其复杂反响这一重要事件成为当代学者们争相评述的议题。

从上述挂一漏万的介绍看，《南亚研究》在20世纪80—90年代发表了大量的泰戈尔研究论文，且发表的论文质量大多属于上乘之作。第三阶段的泰戈尔研究论文大致以研究泰戈尔的文学作品、文学理论及泰戈尔与中国的文化关系为重点。

第三阶段的泰戈尔研究还出版了很多文学导读性质的著作或学术研究著作，其中，导读性质的有吴文辉的《泰戈尔》(四川人民出版社，1999年)、郝岚的《解读泰戈尔诗选》(京华出版社，2001年)、何乃英的《泰戈尔诗选导读》(辽宁大学出版社，2001年)、北城的《圣地灵音：泰戈尔其人其作》(安徽文艺出版社，1999年)、侯传文的《寂园飞鸟：泰戈尔传》(河北人民出版社，1999年)、尹锡南的《发现泰戈尔：影响世界的东方诗哲》(台湾原神出版事业机构，2005年)等等；学术研究性质或集研究与资料汇编于一体的有孙宜学编著《泰戈尔与中国》(河北人民出版社，2001年)、唐仁虎等著《泰戈尔文学作品研究》(昆仑出版社，2003年)、尹锡南的《世界文明视野中的泰戈尔》(巴蜀书社，2003年)、张羽的《泰戈尔与中国现代文学》(云南人民出版社，2004年)、侯传文的《话语转型与诗学对话：泰戈尔诗学比较研究》(中国社会科学出版社，2010年)等等。从这些著作来看，关于泰戈尔研究的深化还在2000年24卷《泰戈尔全集》中文版出版以后。

这一时期，还有很多著作以一定的篇幅论及泰戈尔的各个方面，如林承节的《印度民族独立运动的兴起》(北京大学出版社，1984年)涉及泰戈尔在印度独立运动中的事迹考证，林承节的《中印人民友好关系史》(北京大学出版社，1993年)则考察了泰戈尔与中国的友好往来。王锦厚的《五四新文学与外国文学》(四川大学出版社，1989 年）也涉及到泰戈尔与中国新文学发生发展的关系。黄心川的《印度近现代哲学》（商务印书馆，1989 年）的第九章为“泰戈尔的哲学和社会思想”，大约有 30 页的篇幅。石海峻的《20 世纪印度文学史》（青岛出版社，1998 年）以近 20 页的篇幅专章论述泰戈尔的思想和创作。唐仁虎、刘署雄和姜景奎合编的《印度文学文化论》（北京大学出版社，2000 年）登载了两篇论述泰戈尔的文章，即唐仁虎的《论〈戈拉〉中的宗教思想》和陈明的《简论〈吉檀迦利〉中的神秘主义》。王向远的《东方各国文学在中国：译介与研究史述论》（江西教育出版社，2001 年）涉及到泰戈尔在中国一个世纪以来的译介与研究述评。这些书对于泰戈尔的论述均有一定的深度，各具特色，进一步丰富了中国语境中的泰戈尔研究。郁龙余等著的《中国印度诗学比较》（昆仑出版社，2006 年）的第十一章“中印诗学现代转型”近 50 页篇幅专论泰戈尔与王国维的文论比较。其他如北京大学东方文学研究中心等机构主办的《东方文学研究集刊》、《东方研究》和《东方文学研究通讯》等也常常刊登泰戈尔研究的论文。另外，国内编写的很多《外国文学史》或《东方文学史》教材也毫无例外地把泰戈尔作为重点作家进行介绍，如郑克鲁和黄宝生等主编的《外国文学史》以及郁龙余和孟昭毅合编的《东方文学史》就是如此。可以说，泰戈尔是中国学者最关注的东方作家之一。

另外，20 世纪 80 年代以来，特别是 21 世纪初，很多中国学者选择以泰戈尔作为学位论文的研究对象。这方面的例子有张羽的《泰戈尔与中国现代文学》（东北师范大学博士学位论文，2002 年）、尹锡南的《泰戈尔的文明观及其在东西方的反响》（四川大学硕士学位论文，2002 年）、周骅的《论泰戈尔的象征剧》（湘潭大学硕士学位论文，2004 年）、曾琼的《试论泰戈尔中篇小说中的女性形象及其思想内涵》（湘潭大学硕士学位论文，2004 年）、侯传文的《话语转型与诗学对话：泰戈尔诗学比较研究》（四川大学博士学位论文，2005 年）、李金云的《泰戈尔文学作品中的宗教体验》（英文，福建师范大学硕士学位论文，2005年）、任文惠的《中国知识分子对泰戈尔来华事件的误读：以东西文化观为中心》（首都师范大学硕士学位论文，2005年）、张娟的《泰戈尔与“五四”新诗》（曲阜师范大学硕士学位论文，2005年）、李丽的《社会符号学观照下的〈吉檀迦利〉中译本比较》（中南大学硕士学位论文，2006年）、李文斌的《泰戈尔美学思想研究》（华中师范大学博士学位论文，2007年）、王坤宇的《国内〈吉檀迦利〉研究的困境及新的研究范式的垦殖》（北京语言大学硕士学位论文，2007年）、杨鑫斌的《泰戈尔生态伦理思想研究》（蒙古文、内蒙古大学硕士学位论文，2007年）、郝玉芳的《泰戈尔的自然诗、自然观、自然美学研究：兼与华兹华斯比较》（青岛大学硕士学位论文，2007年）、董燕静的《泰戈尔来华对中国思想界的影响》（复旦大学硕士学位论文，2008年）、王秋君的《泰戈尔诗歌中的生命美学建构》（陕西师范大学硕士学位论文，2008年）、张晓梅的《从多元系统论看泰戈尔英诗汉译》（英文，华中师范大学硕士学位论文，2008年）、周静的《泰戈尔与现代性》（青岛大学硕士学位论文，2008年）、宋小娟的《泰戈尔女性思想嬗变》（陕西师范大学硕士学位论文，2009年）、曾琼的《重读经典：〈吉檀迦利〉翻译与接受研究》（北京大学博士论文，2009年）、李金云的《论泰戈尔思想和文学创作中的宗教元素》（复旦大学博士学位论文，2009年）。刘朝华于2002年在深圳大学完成的硕士论文进行了泰戈尔与王国维的诗学比较。另有一些学者如刘建、陈明、雷武铃等人早年的硕士论文也与泰戈尔研究有关。总之，这些论文为丰富中国的泰戈尔研究增添了活力。

值得一提的是，第三阶段，还出版了一些从印地语或英语翻译为中文的印度学者的泰戈尔研究著作，这为泰戈尔研究提供了良好的研究资料。这些译著有K. 克里巴拉尼：《泰戈尔传》（倪培耕译，漓江出版社，1984年）；S.C. 圣笈多：《泰戈尔评传》（董红钧译，湖南人民出版社，1984年）；梅特丽娜·黛维夫人：《家庭中的泰戈尔》（季羡林译，漓江出版社，1985年）；维希瓦纳特·S. 纳拉万：

《泰戈尔评传》（刘文哲、何文安译，重庆出版社，1985年）等等。

这样来看，新时期30年来中国学界的泰戈尔译介和研究渐入佳境。学者们在泰戈尔研究的各个层面有所开掘和探索，并积累了很多的研究经验，发表或出版了很多研究成果，为世界泰戈尔研究作出了贡献。可以说，从世界范围来说，中国的泰戈尔研究是除了印度学界以外最为丰富的一派。目前中国学界的泰戈尔研究还在持续发展之中，我们期待出现更多更好的研究成果和泰戈尔作品的翻译。接下来对中印两国的泰戈尔研究进行简略比较。

三、中印泰戈尔研究的比较

中印两国的泰戈尔研究存在一些相似之处。例如，两国的泰戈尔评论和研究均从1913年泰戈尔获得诺贝尔文学奖后才真正开始。这是因为，诺贝尔文学奖的光环对于当时睁眼看西方的学者们是一种话语激励。西方的政治和经济优势，使其文化话语占据强势地位。而1914年第一次世界大战的爆发，又使欧美人士在反思西方文明的危机根源时把目光投向了当时在西方游学讲演的泰戈尔身上。在这种情况下，泰戈尔开始在东方和西方同时建构起一种文化英雄或救世主形象。西方对泰戈尔一段时间的认同和崇拜也间接地促进了中国、日本和印度等亚洲各国学者对泰戈尔的赞赏和重视，对其出现或短或长的关注是很自然的事情。

中国和印度的泰戈尔研究均可分为三个阶段，时间划分上基本重合，即20世纪初到40年代末、50年代初到70年代末以及80年代至今，每一个时段大致在30年左右。在第一个时期，印度学者和中国学者的关注重点均是泰戈尔的东西文化观念和社会政治思想。这应该与当时两国人民争取民族独立运动的政治和历史背景密切相关。在第二个时期里，印度学者的研究成果非常丰富，特别是1961年纪念泰戈尔百年诞辰引发的泰戈尔研究热潮给印度持续至今的泰戈尔研究奠定了良好的基础。而中国学者因为各种复杂因素，与印度相比，除了出版泰戈尔文集外，关于泰戈尔研究的成果非常不成比例。当然，这也与建国以来中国文学研究领域出现的西方中心主义思潮密切相关。学者们的眼光更多地投向欧美文学领域。印度文学成为相对冷清许多的研究领域。这与同一时期印度学界丰富多彩的泰戈尔研究形成鲜明反差。在第三个时期即20世纪80年代至今，中印两国学者的泰戈尔研究都取得了非常丰富的研究成果。在中国，是改革开放的基本国策和中印关系的逐步改善营造了健康的研究环境；在印度，是长达半个多世纪的前期研究基础和印度人民对泰戈尔一如既往的热爱，使其泰戈尔研究一直处于活跃状态。从目前的发展趋势来看，中印两国学者的泰戈尔研究必将继续向前发展，并不断取得新的成果。

中印泰戈尔研究除了在研究时段上存在一些相似之处外，还存在一些明显的差异。考察这些差异对于中国的泰戈尔研究不无启迪。

首先，中国的泰戈尔研究与印度不同，虽然它也可以划分为三个时段，但中国学界的泰戈尔研究存在一些明显的断层。如1924年泰戈尔访华归国后，中国学界因为很多复杂因素，对其译介研究出现了持续的低潮。直到1949年后，部分中国学者因为中印关系友好的背景，才重新开启泰戈尔研究的大门。1961年的泰戈尔文集出版，是泰戈尔译介和研究领域的一件大事。它使得中国学界的泰戈尔研究增添了更丰富的资料。但由于中印交恶和中国“文化大革命”的影响，第二阶段的泰戈尔研究还未及形成规模，就再次陷入低谷。这两次低潮或低谷，势必使中国的泰戈尔研究基础显得非常薄弱。20世纪80年代以来的泰戈尔研究由于改革开放的国策，非但没有出现断层或停顿现象，反而由于2000年24卷《泰戈尔全集》的出版，迅速步入研究的繁荣发展期。

其次，中印两国的泰戈尔研究在研究语言、研究内容、研究方法和成果形式等方面均存在很多差异。就语言而言，中国学者大多利用中文翻译资料进行研究，部分学者利用英文资料研究，极少数学者如刘安武、董友忱、白开元和刘建等人利用泰戈尔的母语孟加拉语或印地语资料进行译介或研究，这与印度学者大多能娴熟利用孟加拉语、印地语和英语等语种资料进行泰戈尔研究形成强烈对比。印度学者的英文著述往往能为西方学者及时了解，这增加了印度学者与西方学者进行学术对话的机会。当然，曾琼等少数学者通过孟加拉语研究泰戈尔诗歌与中国的文化关系是一个可喜的迹象。由于很多中文版泰戈尔作品存在译介中的“文化误读”和“文化失落”现象，对于泰戈尔思想和创作的研究必定会遇到程度不一的障碍。这当然会影响研究的质量。泰戈尔作品、特别是泰戈尔的哲学著作、文学理论著述等，需要对印度文化如印度宗教和梵语诗学理论等有非常专门的研究才能译好，这给翻译泰戈尔带来了不小的挑战。

就研究内容来看，总体而言，中国学者以研究泰戈尔的文学作品、尤其是泰戈尔的诗歌和小说居多。这一方面是因为泰戈尔在中国主要是以诗歌等文学作品而闻名。不过，中国学者对于泰戈尔的宗教哲学思想、文学理论、美学思想、社会政治思想和教育理念等也有很多研究成果，只是总体上不及对泰戈尔文学作品研究的成果丰富罢了。但有的内容如泰戈尔与西方的文学关系、泰戈尔的个人情感世界、泰戈尔与甘地、尼赫鲁的关系、泰戈尔思想在全球化时代的意义及泰戈尔的音乐绘画艺术等，还存在研究空白或不理想的研究状态。当然也应该看到，由于语言文化差异，中国学者在研究泰戈尔与中国的文化关系及泰戈尔文学理论与中国文学理论比较方面，占有先天的优势。在这方面，季羡林、刘建、侯传文和刘朝华等学者的泰戈尔研究成果便是明显的例子。鉴于此，中国学者应该加强对泰戈尔与西方文学关系、泰戈尔在印度国内的传播影响和泰戈尔思想的当代价值等方面的研究，同时在泰戈尔与中国的文化关系上发掘新的材料，促进和深化新世纪的泰戈尔研究。

就研究方法而言，印度学者常常取跨学科的研究范式和比较文学研究方法，对泰戈尔生平、思想和创作进行深入研究。中国学者也常常有人利用这些方法研究泰戈尔。如侯传文的新著《泰戈尔诗学比较研究》对泰戈尔文学理论的比较研究和对泰戈尔生态文学理念的阐释、曾琼对泰戈尔诗歌在中国语境的影响研究、刘朝华对泰戈尔和王国维文学理论的比较研究等等。拙著《世界文明视野中的泰戈尔》从文化人类学视角考察泰戈尔的东西文明观及其实践，是采取跨学科路径对泰戈尔进行研究的一种尝试。

就研究成果而言，印度学者以著作形式研究泰戈尔者很多，但中国学者研究泰戈尔的著作相对而言很少。如果把分析阐释泰戈尔文学作品的导读著作以及关于泰戈尔生平、思想和创作进行综合介绍的著作排除在外，严格意义上的学术著作就显得更少了。但中国学者以单篇论文的形式研究泰戈尔者不在少数，很多高质量的论文一定程度上弥补了专著的不足。不过，与印度学者以著作形式研究泰戈尔的文学理论、美学思想、哲学思想、社会思想和教育理念等内容相比，中国学者还有很长的路要走。毕竟研究著作更能显示泰戈尔研究的深入。

另外，还有一个人们所忽略的问题或差异，在印度，孟加拉语、印地语和马拉提语等各个印度语种的学者都有质量不一、数量不等的泰戈尔研究论文或著作发表或出版，有的著述还被译为英语在印度国内外出版。但在中国学术界，一般而言，关于泰戈尔研究的成果著述基本以中文形式面世，藏文、蒙古文、维吾尔文等少数民族语言的泰戈尔研究成果罕见。这不利于在中国文化语境中更好地研究泰戈尔其人其作。希望这一局面能有所改观。

客观地看，中国的泰戈尔研究由于语言文化差异，显得相对滞后一些。如何在新世纪的文化语境中深化泰戈尔研究，笔者尝试提出一些不太成熟的建议，以求抛砖引玉之效。

首先，中国部分学者要彻底抛弃头脑中固有的“西方中心主义”思想，重视泰戈尔为代表的印度文学研究，为泰戈尔研究创造良好的学术氛围。印度文学研究者也要主动学习西方文学研究者们的研究方法，加强自己的理论修养，为泰戈尔研究创造更好的条件。最主要的是，要掌握印度文化的基础知识。

其次，中国学者应该在语言文化上下功夫。前述研究泰戈尔与阿根廷女崇拜者之间感情纠葛的印度学者 K. K. 黛松为了阅读西班牙语文献，便下决心学习维克多利亚·沃坎坡的母语西班牙语，这使她的研究著述具有一手资料的坚实基础。泰戈尔研究对中国学者和很多印度学者而言，都是一门跨语言的研究。有志于此者如想做出经得起时间考验的成果，必须进入孟加拉语的门径探幽览胜。如实在不具备条件者，可以利用学习梵语或印地语等相关语言，取得研究泰戈尔的间接语言优势。因为，梵语是孟加拉语的“母亲”，而印地语和孟加拉语很有“亲和力”。如不具备这些语言学习条件，也可通过阅读英文资料进行研究，再辅以阅读质量上佳的中文版印度文化著述以为不时之需。当然，如中国的孟加拉语教学和研究能有更多起色和文学转向的话，泰戈尔研究者必将受益匪浅。

再次，中国目前的泰戈尔作品翻译虽然已颇具规模，但仍有很多泰戈尔英文书信和已被译为英语的孟加拉语书信未被译为中文或其他少数民族文字，这需要翻译界和泰戈尔研究者的努力。前述的克里希那·杜特和安德鲁斯·罗宾逊合编的《泰戈尔书信选》(Krishna Dutta and Andrews Robinson, eds., *Selected Letters of Rabindranath Tagore*, Cambridge: Cambridge Unibersity Press, 1997）收录了很多尚未发表的泰戈尔与世界各地学者之间的通信。B. 恰克拉沃迪选编并出版了泰戈尔于 1912—1940 年间与叶芝和庞德等 5 位西方作家或学者的书信选（Bikash Chakravarty, ed., *Poets to a Poet: Letters to Rabindranath Tagore*, Calcutta: Visva Bharati, 1998)。这些都是泰戈尔研究的宝贵资料。书信往来往往能够揭示泰戈尔的思想精华和情感世界，缺少对泰戈尔书信的研究，总是一种无形的缺陷。掌握英文的泰戈尔研究者应当首先重视这一点。

再次，和梵语诗学研究相似，中国学者应该采取走出国门的策略，以提高自己的研究水平。泰戈尔研究和梵语诗学研究一样，其重镇均在印度。当然，孟加拉国的泰戈尔研究也具有相当水平和实力。如果能与印度或孟加拉国学者直面对话，或虚心学习他们的研究经验，借鉴他们的研究成果，中国的泰戈尔研究必将更上层楼。近年来，以世界范围内纪念泰戈尔 150 周年诞辰为契机，部分中印学者互相在对方的刊物上发表论文，显示了文明对话和学术交流的良好趋势。如《深圳大学学报》2011 年第 1 期便刊载了谭中的《泰戈尔是中印之间的桥梁》和阿玛蒂亚·森的《泰戈尔与中国》等两篇论文，而印度外交部主办的英文杂志《印度展望》（Indian Perspective）也刊登了尹锡南的论文 Tagore’s Visit and its impact on China’s literary world。

另外，中国学者要主动参与国际学术对话，以了解世界学术动态。2009—2010 年的 4 次泰戈尔系列学术研讨会分别在美国、新加坡、中国和印度举行，部分中国学者已经参加了美国和新加坡研讨会。这对我们了解泰戈尔研究的最新发展很有帮助。以后的中国印度文学研讨会，也可以邀请印度学者参加，就泰戈尔研究等相关议题展开学术对话，这将促进两国的泰戈尔研究走向深入。泰戈尔这个名字是现代中印文化交流和中印世代友好的象征，相信对于他的深入研究会进一步拉近中印人民的心灵距离。

还有，如果能在适当时机成立中国的泰戈尔研究会，使世界范围内早已实际存在的“泰学”（泰戈尔翻译和研究）在中国语境中“师出有名”，必将对未来的泰戈尔研究带来良好的学术效应。中国学界可以考虑创办定期的《泰戈尔研究》杂志，以促进研究的深入开展。西方传来的“莎学”和中国的“红学”能在中国的学术舞台上翩翩共舞，印度首创的“泰学”为何不能和“红学”在华夏大地“龙象共舞”呢？

（作者为四川大学南亚研究所副教授）

从斯里兰卡戏剧《玛纳梅》中洞悉人性的复杂性真实性和局限性

马仲武

【内容提要】 《玛纳梅》是一部在斯里兰卡家喻户晓的文学作品，它源于《佛本生故事》，在斯里兰卡文化社会中有着重要的地位，并在1953年由斯里兰卡著名戏剧家萨拉江特勒改编为戏剧形式，故事情节跌宕起伏，扣人心弦；而女主角的不幸遭遇和举棋不定、犹豫不决的性格弱点导致了悲剧无法挽回的结局。《玛纳梅》戏剧中不同的人性特点和思想观念错综复杂、碰撞冲突令人深思，与人类生活实际情况相符的种种矛盾引起了社会群体的共鸣。《玛纳梅》戏剧透彻地揭示了人性的真正特点，让每个人敢于去发现自己身上的“玛纳梅”是这部戏剧在斯里兰卡社会具有巨大影响力的重要原因。

【关 键 词】 斯里兰卡戏剧；《玛纳梅》戏剧；人性弱点；人性复杂性

The Complexity, Authenticity and Limitations of the Characteristics of Human Nature that We Can See from the Sri Lankan Drama Manamei

Ma Zhongwu

【Abstract】 Manamei is a very famous literary work in Sri Lanka, the original version of Manamei was from the very important book of Buddhism——Tales Of The Buddha's Former Lives, it was told by natives from a generation to another. In 1953, the story of Manamei was revised into a drama play by one of the most famous dramatists in Sri Lanka—Sarachchandar, the play was full of attractive stories, the ups and downs made the audience holding their breath all the time, the main actress Manamei is a indecisive woman, she has a lot of weaknesses in her nature, that took her into a very pathetic situation, loss of her husband, jettison from the tribal leader. The play has showed out all the weaknesses and shortages and limitations that we have in our human nature, the unfortunate ending made us to think and to improve ourselves, this is the mainly reason why the play Manmeri got a huge success in Sri Lankan society.

【Key Words】 Sri Lankan drama, the drama play of Manamei, weaknesses of human nature, the complexity of human nature

《玛纳梅》是由斯里兰卡著名的戏剧家、文学家、文学评论家艾迪里维勒·萨拉江特勒创作的一部经典僧伽罗语戏剧。

自20世纪40年代起，萨拉江特勒开始在当时的兰卡大学从事话剧创作，先后参与了近十部话剧的创作过程。1951年萨拉江特勒完成其第一部独立创作的话剧——《衰亡的艺术》，并受到好评；[①]

① ［斯里兰卡］H. M. 莫勒图瓦贾玛：《萨拉江特勒与玛纳梅戏剧》，普乐巴出版社，2002年版，第19页。

20世纪50年代中期萨拉江特勒开始潜心研究斯里兰卡民间戏剧，力求创作出既能够体现僧伽罗文化传统又容易被观众所接受的僧伽罗戏剧，他通过考察日本能剧、中国京剧以及泰国、马来西亚、菲律宾等东方国家的传统戏剧，系统地研究它们在戏剧取材、剧本创作、表演方式、舞台设计及演员培训等方面的优缺点，最终提出了一套凝聚东方戏剧创作精华的崭新的戏剧理论，该新理论旨在引导创作一些更能体现僧伽罗民族文化特色的程式化戏剧形式，指导僧伽罗戏剧未来的发展方向。

在新戏剧理论确定之后，1953年12月3日萨拉江特勒的首部僧伽罗戏剧《玛纳梅》在兰卡大学戏剧委员会的协助下成功地在斯里兰卡首都科伦坡的舞台上演，该剧演出后不久便轰动全岛，得到斯里兰卡戏剧界、文艺界和观众的一致认可，它为斯里兰卡戏剧界就如何通过创作优秀的僧伽罗戏剧以打破西方话剧独占戏剧舞台的局面所进行的尝试和探索画上了一个圆满的句号。①

《玛纳梅》是斯里兰卡家喻户晓的民间故事，它源于《佛本生故事》中的珠尔勒达努格故事。在斯里兰卡南部地区，《玛纳梅》故事还以索卡丽传统戏剧等形式在民间广为流传，具有相当广泛的观众群体；在长期广泛的流传过程中，《玛纳梅》故事逐渐形成了诸多版本，但是都主要讲述了玛纳梅王子、又名珠尔勒达努格王子与其妻子玛纳梅公主在回国途中遭遇原始部落袭击的故事。

《玛纳梅》故事的大意如下：年轻的玛纳梅王子为了学艺而背井离乡，数年之后他顺利地结束了自己的学艺生涯，并迎娶其师父之女，即玛纳梅公主。为了继承王位，学艺有成的玛纳梅王子决定携妻子返回自己的国度，在返回途中，夫妻两人在一片森林中遭遇了原始部落的袭击，部落首领对美貌的玛纳梅公主垂涎三尺，顿起邪念，为了争夺公主，玛纳梅王子与部落首领之间展开了残酷的生死对决；在两人殊死搏斗时，在作是否向玛纳梅王子递宝剑以便杀

---

① ［斯里兰卡］H. M. 莫勒图瓦贾玛：《萨拉江特勒与玛纳梅戏剧》，普乐巴出版社，2002年版，第19页。

死部落首领的决定时，玛纳梅公主表现得犹豫不决，最终导致王子不幸丧命；面对窘境而无助的公主只得委身于部落首领。最后，玛纳梅公主因为其摇摆不定的人性弱点被部落首领抛弃。①

《玛纳梅》原本是一则篇幅较长的故事，萨拉江特勒选取其中矛盾和冲突最为尖锐的部分，并根据戏剧的特点经过精心加工之后呈现在观众的眼前，僧伽罗戏剧《玛纳梅》之所以能够在短时间内风靡斯里兰卡与该故事本身的知名度、作者的精心选材和巧妙加工是分不开的。

值得一提的是萨拉江特勒不仅具有深厚的文学和戏剧学功底，而且还在哲学和心理学等方面也有较深的造诣。在萨拉江特勒的心理学博士论文中曾这样详细地谈到人类思想活动的活跃性和人性的复杂性：他认为“人类的每个思想活动都要经历产生、持续和消亡三个阶段。思想活动所占用的时间是行动的1/16。人类思想的活跃性是人性复杂性的重要原因之一”。②

《玛纳梅》之所以能够在剧情安排、矛盾冲突描写以及人物内心刻画等方面入木三分，并能够在观众心中产生强烈的共鸣，发人深省，令人深思，还得益于作者深厚的哲学和心理学功底。

斯里兰卡戏剧界许多学者都认为僧伽罗戏剧《玛纳梅》是一部展现人性复杂性、真实性和局限性的经典之作，在此笔者将结合剧情来剖析《玛纳梅》戏剧在处理矛盾冲突、刻画人物内心世界及揭示人性本质等方面的匠心独运的构思和它在观众心目中所留下刻骨铭心的印象的原因所在。

《玛纳梅》戏剧开场时展现的是玛纳梅夫妇穿行在森林中的场景，原始部落人马在其首领的带领下冲出密林，并打破了原本平静的气氛，贪婪好色的部落首领一见美貌的玛纳梅公主便顿生歹念，

---

① ［斯里兰卡］苏尼耳·阿利耶拉特纳：《古代僧伽罗戏剧剧本》，高德盖和兄弟出版社，1996年版，第47页。

② ［斯里兰卡］R. D. 谷那拉特纳：《萨拉江特勒——哲学家和艺术家》，康提欧福塞特出版社，2003年版，第16页。

他不仅威胁玛纳梅王子，而且公然提出了想要强占公主的要求，这一要求不仅大大超出了玛纳梅王子的心理承受范围而且与传统婚姻观念和道德观念背道而驰；东方的传统观念认为夫妻双方应该互相爱护、互相忠诚、相亲相爱，已婚之人对他人的丈夫或妻子不应有所企图。面对部落首领的无礼要求，深受上述传统观念影响的玛纳梅王子丝毫没有屈服，他断然拒绝部落首领的狂妄要求，并重申玛纳梅公主是自己明媒正娶的妻子，自己对于公主具有唯一和绝对的拥有权；同时，他还指出部落首领企图强占人妻是违反社会道德的恶行，但是部落首领却根本不理会玛纳梅王子的观点，他认为自己是这片森林的主人，对于这片森林中的任何生灵自己拥有绝对的生杀大权，而玛纳梅夫妇正身处自己的领地之中，所以自己完全拥有决定他们生死和命运的权力。因此，部落首领认为留下玛纳梅公主是合情合理的要求，由此可见，文明社会的传统婚姻观念和道德规范并不能束缚原始部落首领的思想和手脚，面对部落首领的这番强词夺理，进退两难的玛纳梅王子决心用文明和正义的力量来挑战部落首领的威严及其对森林至高无上的权力。

占山为王、强抢人妻在部落首领眼里本是天经地义的事，但是这样的行为对玛纳梅王子而言却是极其野蛮落后的举动，是不能容忍更无法接受的恶行。在这一幕中玛纳梅王子和部落首领之间对于道德观念和公主的拥有权的理解有着天壤之别，足见不同的文化背景和传统观念对于人类的思想、言行以及认识世界的方式具有巨大的影响力；持不同观念的人面对同一问题的态度可能是千差万别的，这种思想和观念差异是人性复杂性的具体表现，也是人与人之间各种矛盾产生的主要根源之一。

面对玛纳梅王子的坚持，部落首领丝毫没有退缩，他果断地接受了玛纳梅王子的挑战；部落首领遵循一对一公平决斗的绿林好汉原则，遣散了手下人马，表现了他并不愿趁人之危、以多欺少的想法。

在决战开始时，玛纳梅公主对王子的一席话引起了观众的思考：

“夫君，这位部落首领不是可以与其手下一举将我们击败吗？可是他却选择了与你单独决斗的方式，他虽然是一个残暴粗鲁之人，但是也不乏勇气和高尚的品质啊！”①

这寥寥几句，犹如平静的湖面中落下的几粒石子，令观众心目中产生粼粼波纹，原本野蛮、残忍、好色的部落首领在那一瞬间被打上了人性的美丽光环。

公主的上述话语令观众顿时对部落首领这一人物刮目相看，不由自主地开始用更客观、更全面的视角审视这一反面角色，同时，观众也隐约地感觉到了在那一刻公主心中对部落首领所产生的几分敬意；人性的复杂性和多面性在部落首领决定与玛纳梅王子一对一决斗的事件中再次得到了印证。

根据传统的婚姻观念，当丈夫为了捍卫婚姻而身陷困境时妻子应该全身心地支持和帮助丈夫战胜困难，共同维护婚姻和家庭幸福。但是在《玛纳梅》戏剧中，作为妻子的玛纳梅公主在面对自己的丈夫和部落首领的决战时却陷入了彷徨之中，表现得不知所措，在王子和部落首领长时间激烈的打斗过程中，公主的内心也进行着激烈的斗争，她似乎不知道自己应该帮助丈夫战胜部落首领，还是应该阻止这场残酷的决斗以避免无辜的杀戮。

这种在危机时刻中所表现出的人性摇摆不定性和复杂性在该剧的高潮部分表现得尤为淋漓尽致，当王子将部落首领按倒在地上，要求玛纳梅公主取剑并帮助自己杀掉部落首领时，玛纳梅公主却表现出犹豫不决的神情；此时，观众心中不禁产生疑问：难道公主不想帮助丈夫杀掉野蛮的部落首领而逃离虎口？该剧中身陷绝境的公主起初对一望无际的森林和部落首领十分畏惧，并坚决反对部落首领企图抢占自己的狂妄要求，但是当丈夫要求自己取剑杀死部落首领的那一刹那她犹豫了，在那一瞬间部落首领一对一决斗的英雄气

① ［斯里兰卡］苏尼耳·阿利耶拉特纳：《古代僧伽罗戏剧剧本集》，高德盖和兄弟出版社，1996年版，第55页。

概和反对杀戮的观念在玛纳梅公主的内心世界占据上风。

“他没有向他手下的人寻求帮助，没有以多欺少，而选择与你单独决斗；你为什么要杀这样的一位勇士呢?”[①]

当玛纳梅王子伸手向公主要剑的那一刻，她的上述话语让王子陷入了无尽的迷惘之中，公主非但没有全力帮助自己杀死企图致自己于死地的部落首领，而且还站在敌人的立场上说话，这对玛纳梅王子的身心是一个极其沉重的打击；在那一刻，玛纳梅王子不禁开始怀疑妻子对于自己和婚姻的忠诚，他觉得自己的妻子是一个动摇不定、立场不坚定的女子。

正当玛纳梅王子陷入沉思而放松警惕那一刻，部落首领趁机纵身跃起从公主手中夺过宝剑杀死了玛纳梅王子。对于这一幕，《佛本生故事》和民间故事中有着和戏剧中截然不同的描述：《佛本生故事》和民间故事认为玛纳梅王子的死完全是玛纳梅公主一手造成的，在王子向公主索要宝剑时，公主因为着迷于部落首领的英雄气概和性感健壮的体魄而故意将剑柄给了部落首领，而将剑锋对着王子，玛纳梅公主之所以用这种方式递剑是希望部落首领杀死自己的丈夫。

由此可见，《佛本生故事》和民间故事有意刻画一位在生死攸关时无情地背叛自己丈夫和婚姻、品质低劣的女性形象，这种观点不仅与僧伽罗文化中所崇尚的传统婚姻观念大相径庭，而且也不符合常理和心理学上的观点。

玛纳梅夫妇是根据僧伽罗传统婚姻习俗而结合的，两人之间存在着较好的感情基础，夫妻两人在共同面对危机时，不太容易出现突然倒戈并弃明投暗的现象，而妻子在危难时刻借仇人之手故意杀死丈夫这一人间悲剧发生的几率更是微乎其微，所以经过萨拉江特勒改编后的《玛纳梅》戏剧更有利于深入剖析矛盾中人物的真实内心世界，深刻揭示人性的复杂性和多面性，塑造更为全面、客观、

---

① ［斯里兰卡］拉特纳·寇迪卡尔：《玛纳梅戏剧研究》，撒勒塞维出版社，1998年版，第26页。

立体的人物形象；这一改编也在一定程度上避免故事情节安排和人物性格刻画的简单化和极端化。

从丈夫被害那一刻开始，失去丈夫的悲痛和对部落首领的仇恨占据了玛纳梅公主的内心世界，她痛斥部落首领为何要杀害自己无辜的丈夫便是其内心世界的真实反映；这一举动也使观众开始改变对玛纳梅公主的态度，由原来的怀疑、否定转而变成可怜、同情；孤身一人身陷虎穴的她如何面对残忍野蛮的部落首领，她将何去何从等现存问题着实让观众捏了一把汗。

在痛斥部落首领的同时，玛纳梅公主与部落首领就杀害玛纳梅王子的是非问题展开了激烈的争论，文明社会的道德规范与部落首领占山为王的思想之间再次发生了剧烈的碰撞，在争论过程中，部落首领表示自己是因为对玛纳梅公主一见钟情才与玛纳梅王子展开决斗，杀害王子也是不得已而为之。听到部落首领的这番辩解，玛纳梅公主再次陷入进退两难的境地，失去丈夫孤苦伶仃的她不知道是应该选择独自面对险象环生的大森林还是接受杀夫仇人的表白和庇护；在生存本能的驱使下玛纳梅公主最终决定接受部落首领，毕竟在那样极端严酷的处境里部落首领是她唯一的依靠和生存希望。

为了博取同情和信任，玛纳梅公主向部落首领解释了自己递宝剑时的所谓的真实想法：

“尊敬的首领，在王子向我索要宝剑杀你的时候，我的内心其实是想将宝剑直接递给您的。”①

玛纳梅公主的这一解释让观众心中对她燃起的怜爱、同情之情顿时消失殆尽，对于她向杀夫仇人献媚的这番解释观众心中只有藐视和唾弃，而部落首领听到玛纳梅公主的这一说法，也表示了自己的无法理解和不认可，他这样反驳道：

“美丽的公主，你这样说，我就不懂你的意思了！我是凭借我的聪明才智战胜王子的，并不是凭借你的帮助。当王子向你索剑

---

① ［斯里兰卡］苏尼耳·阿利耶拉特纳：《古代僧伽罗戏剧剧本集》，高德盖和兄弟出版社，1996年版，第60页。

时，我可是看见你准备将剑递给王子而不是递给我的。”①

部落首领的辩解揭示了事情的真相，可见，玛纳梅公主的上述递剑解释并不是其内心真实想法的流露而是出于自我保护为目的的违心表白。

在《玛纳梅》戏剧剧终时，部落首领经过再三思量之后，最终决定抛弃玛纳梅公主，在他离开公主的那一刻，部落首领扔下了这样一句话：

“谁能期待从一个帮助仇人杀害自己丈夫的愚蠢女人那里得到什么爱情?”②

部落首领对于美貌的玛纳梅公主可谓是一见钟情、垂涎三尺，为了得到公主他曾花费九牛二虎之力，而且还差点丢了自己的性命，但抛弃玛纳梅公主这一决定是部落首领内心世界激烈挣扎和斗争的结果，他也感觉到将这样一位女子留在自己身边可能会是一个巨大的隐患。

《玛纳梅》全剧的主要矛盾是以玛纳梅王子和玛纳梅公主为代表的僧伽罗传统道德观念与大森林中部落首领原始野蛮的丛林法则之间在诸多方面的碰撞和摩擦。

在本剧的许多场景中，代表这两种观念的人群在面对同一问题时往往有着截然不同的理解方式和解决方法，例如：在玛纳梅公主的所有权问题上，玛纳梅王子和部落首领两人的观点之间有着天壤之别；但是，在部落首领抛弃玛纳梅公主一幕中，这两种有着天壤之别的观念却表现出了惊人的相似性，部落首领虽然野蛮、落后，但是他并不愚蠢；在他的世界里也有着丛林特有的道德观念和人际关系准则，玛纳梅公主为了求生而向杀夫仇人献媚的举动不仅被僧伽罗传统道德观念和婚姻观念所唾弃，而且也被部落首领所遵循的丛林法则所摒弃；从另一个角度来说，《玛纳梅》戏剧中部落首领

① ［斯里兰卡］苏尼耳·阿利耶拉特纳：《古代僧伽罗戏剧剧本集》，高德盖和兄弟出版社，1996年，第62页。

② 同上书，第65页。

抛弃玛纳梅公主的举动也有助于塑造一个真实、客观、完整的丛林部落首领形象。

面对这样的结局，观众对玛纳梅公主的评价越发显得复杂不定，她原本是一位有着美好生活和美满婚姻的美丽公主，但突如其来的不幸遭遇无情地将她逼到可怕的绝境，因为厌倦杀戮和欣赏部落首领单独决斗的勇气，玛纳梅公主在王子索剑时希望王子不要杀死部落首领；当王子不幸遇难后公主又因为杀夫之恨而与部落首领展开了针锋相对的争论，这一点表现了她的悔恨与心痛；但是在恐惧和求生欲的驱使下，她又不得不委身于仇人的庇护之下，甚至违心为自己辩驳；而讽刺的是，最终她却因为向仇人献媚而被仇人所抛弃。

在《玛纳梅》戏剧中萨拉江特勒将有关玛纳梅公主的言行是非、品质高低、人性美丑的评价权完全交给观众，剧中玛纳梅公主命运之坎坷让观众对这一角色爱恨交加；她的不幸遭遇值得同情，她向仇人献媚之举让人唾弃，她最终被部落首领抛弃则让人又顿生怜悯之心和恻隐之心。

准确而巧妙地把握人性复杂性和多变性，通过将不同境遇中人物的言行举止细腻地展现在舞台上，让观众内心产生强烈的共鸣，这正是萨拉江特勒及其《玛纳梅》戏剧的魅力所在。

《玛纳梅》戏剧除了在情节和视觉上给人以巨大的冲击之外，更重要的是它所要传递的深刻的人性哲理，萨拉江特勒曾在《玛纳梅》剧本的序中这样表述：

“由于受到《佛本生故事》和民间故事的影响，许多人已经很难改变自己心目中对玛纳梅公主的固有观念，但是，在《玛纳梅》戏剧中我想要塑造的是一个不幸的女性的形象，在突发事件面前她的胆怯和迷茫，面对无比险恶的生存环境时，她痛苦地选择了部落首领，并且在求生本能的驱使下她努力接近部落首领。

整个《玛纳梅》戏剧中讲述的是面对突发事件时，主人公所不得不面临的悲惨遭遇，正是主人公的悲惨命运强烈地震撼着人们的心灵。

我认为在人世间有很多类似的不幸事件的存在，我将用它来唤醒人们对于生活和命运的变幻无常和难以预料的记忆。”①

在《玛纳梅》戏剧中，玛纳梅王子不幸被害，玛纳梅公主也因其人性弱点被部落首领所抛弃而丧失了唯一的生存希望，所以《玛纳梅》戏剧是一部不折不扣的悲剧，它的成功不仅取决于萨拉江特勒的精心选材和巧妙改编，更取决于他深厚的哲学和心理学积淀以及其对于人性复杂性、多变性和局限性的准确把握。

该戏剧强调对于那些身陷险境而不能自我的女性，我们除了应该抱有一颗同情心之外，更需要有一颗理解和宽容的心，这在一定程度上引导人们开始反思《佛本生故事》和民间故事中刻意贬低女性的观点和对于女性的不公平看法。

《玛纳梅》戏剧是斯里兰卡僧伽罗戏剧史上首部程式化的新剧，它的诞生不仅是萨拉江特勒戏剧创作生涯的转折点，而且还标志着僧伽罗戏剧界“玛纳梅”时代的到来。

继《玛纳梅》之后的许多著名僧伽罗戏剧，如1959年的《死而复生》和1961年的《辛哈巴呼国王》等都在结构和风格上与《玛纳梅》戏剧一脉相承。②

以《玛纳梅》为代表的一大批优秀僧伽罗戏剧的出现标志着现当代僧伽罗戏剧的繁荣，因此，我们有理由相信《玛纳梅》戏剧将会以其巨大的感染力和震撼力影响一代又一代的斯里兰卡人。

（作者为北京外国语大学亚非学院讲师）

① ［斯里兰卡］H. M. 莫勒图瓦贾玛：《萨拉江特勒与玛纳梅戏剧》，普乐巴出版社，2002年版，第108页。

② 同上书，第24页。

中印诗画互渗律比较

蔡　枫

【内容提要】 诗画互渗律是艺术的重要命题，在中国和印度两大不同文化语境中有不同的表现。中国诗画互渗律表现为绘画对诗歌的深刻渗透，以“诗”绘“画”。中国诗歌汲取绘画色彩、空间诸造型要素，融会“神”“韵”“骨”“气”等美学理念，以丹青入诗，善于经营意象组合，表现出明显的绘画性特征。印度诗画互渗律更多地表现为绘画对诗歌美学诸要素的融合和借鉴，以“画”写“诗”，绘画具有鲜明的文学性特征。印度绘画的文学性在形式上表现为绘画对传统叙事诗题材和主题的吸纳，对“味”“韵”“相宜”等诗学理论的运用和整合，在叙事过程中实现不同艺术形式的互渗互补。

【关 键 词】 中国；印度；诗；画；互渗律

The Interpermeability between Painting and Poetry: Comparing China with India

Cai Feng

【Abstract】 To some extent, China and India both are ancient poetics and painting countries, and think that poetry and painting can interact. They have long history of studying and practicing in the interpermeability between painting and poetry. As an important subject in the history of arts, for China and India, the cultural context of poetry and painting is discriminative, so the frame of the interpermeability is different in China, Chinese poetry benefited a lot from Chinese painting. Color, space and line, the painting aesthetic features had great influence on the creation of poetry. Additionally, the painting' s aesthetic view points like *shen*, *yun* , *gu and qi*, were also widely absorbed by poetry. In India, as the interpermeability between painting and poetry was concerned, Indian painting learnt a lot from Indian poetry. The themes and motifs of ancient Indian painting originated in Indian narrative poems and folklore. Indian paintings were visible representation of Indian literature. Old India called literature as "0rauta-k6vya", painting as "d2śya-kāvya" . *Rasa*, *dhvani*, *anucitya*, the core essences of Indian literature theory, were also adopted when artists created a picture.

【Key Words】 China, India, poetry, painting, interpermeability

诗画关系是美学史上一个重要理论问题。诗和画既然同是艺术，就存在互渗的可能，诗与画并非同门类，应该具有各自的特性，如何取长补短，实现媒介互通互渗，是中外文艺理论家所孜孜以求的美学实践和理论探索。古代印度称诗歌为“可听的诗”(0rautak6vya)，而绘画为“可看的诗”(d2śyakāvya)，着眼于诗画之间的可融合性。中国将诗画称为姊妹艺术，同样着眼于诗画的互通性。然而，中国和印度诗画的互融互通关系在不同的文化语境中，无论是互渗程度，还是内容、方式等，都各有特色。

一、“诗”画：中国诗歌的绘画性

中国是古老的诗歌大国，同时也是古老的绘画大国，中国诗画几乎是同步发展，诗论和画论深度渗合，齐头并进。中国诗学家多从“书画异名而同体”的角度出发论述诗画关系，着眼于求同，注重论述二者之间的互渗互补关系。在漫长的诗画并肩发展过程中，中国诗歌吸收、借鉴绘画诸要素，融会贯通绘画的美学思想，呈现出明显的绘画性特征。

绘画为色彩之学，中国古代称之为“丹青”，在色彩的运用上积累了丰富的经验。诗人们深受绘画美学浸染，善于捕抓各种色彩入诗，在诗歌中通过色彩相互映衬、调和、对比等手法“绘诗”，浓妆淡抹总相宜。据统计，唐诗中出现的单色词有 30 多种，复色、同类色、类似色的词也有 10 多种。[①] 不少诗人对色彩相当感兴趣，如李白嗜好白色，白色在李白的诗中使用频率最高。与李白万物皆可为白色的浪漫诗歌色彩表现不同，杜甫更偏向在诗歌中用写实的手法“绘诗”，他借用不同色彩的互相对比和映衬，如同六朝注重设色的古画，层层敷色、渲染，创造出层次分明、古雅浑然的诗歌图像，其中最脍炙人口的莫过于：“两个黄鹂鸣翠柳，一行白鹭上青天。”（《绝句四首》其三）诗中黄鹂与翠柳青黄互相映衬，白鹭以青天为底色，蓝白交错。语言文字引发图像想象，诗歌所描写的四种色彩黄、绿、蓝、白，油然令读者在脑中浮想出一幅层次分明的动人画面，使诗歌传递出浓浓的画意。从绘画用色的效果而言，如果说杜甫的诗歌是水彩画，那么，李贺的诗歌是中国青绿山水画。李贺诗歌因“色浓藻密”而著称于世，如唐代的青绿山水画一样，金碧辉映。他善于在诗歌中敷设浓重富艳之色，创造

① 陈华昌：《唐代诗与画的相关性研究》，西安：陕西人民美术出版社，1993 年版，第 54 页。

繁多密集的色彩意象，层层叠现，瑰丽离奇。如《雁门太守行》一诗，共八句，几乎句句都有鲜明的色彩。“黑云压城城欲摧，甲光向日金鳞开。角声满天秋色里，塞上燕脂凝夜紫。半卷红旗临易水，霜重鼓寒声不起。报君黄金台上意，提携玉龙为君死。”李贺调动对色彩的奇思异想，以色示物，以色感人，使用色彩浓艳的词汇将战场描绘得惨烈悲壮。各种色彩意象前后辉映，金色、胭脂色、紫红色同黑色、秋色、玉白色交织在一起，大红大紫大黑，金光闪闪，耀人眼目。

中国诗歌借用绘画散点透视的空间审美，通过诗歌意象组合，在时间的蔓延中创造空间感觉，令读者由“诗情”读出“画意”，这与中国诗歌自身的审美特征不无关系。中国诗歌注重创造意象，营造境界。意象是诗人主观情感与外在特定物象的契合，如图画浮现于诗人的脑海里。诗人借助语言表达出来，往往省略连词、介词等虚词，直接拼合各种意象，而意象之间似乎没有明确的逻辑关系。诗中一个又一个的意象描述，引发读者想象一个又一个的画面，有点像当今电影的蒙太奇艺术效果。如温庭筠《商山早行》：“鸡声茅店月，人迹板桥霜。”短短的两句诗，“鸡声”、“茅店”、“月”、“人迹”、“板桥”、“霜”，六个意象并置出现，六次视点转移。意象之间虽没有一个动词或连词，但它表达的意蕴是相对完整而且隐含着内在的逻辑联系：鸡鸣时分，一钩残月还挂在天边，茅店中那个匆匆过客已经出发，在铺满晓霜的板桥上留下一行足迹。这六个意象组合起来的画面清晰而富有动感，意象之间的过渡浑然无迹，然而其所显示的意境却分明可感，这正暗合了绘画中留白守黑的美学原则。

中国绘画历来重视“神”胜于“形”，尤其在顾恺之提出“以形写神”、“传神写照”的绘画理念之后，画家对“神”的探索远胜于对“形”的追求，他们致力于提炼出表现“神”的诸种“形”的要素。以“神”评画，相当普遍。“神”作为审美范畴，在进入画论不久，便深入到诗学领域，冲破了传统“诗言志”的功利主义思维，将诗歌引向审美本质。尤其是唐代之后，以“神”论诗者渐众，如皎然《诗式》：“成篇之后，观其气貌……有时意静神王，佳句纵横，若不可遏，宛如神助。”刘禹锡《唐故尚书主客员外郎卢公集纪》：“心之精微，发而为文，文之神妙，咏而为诗。”等等。以“神”论诗，传神写照，由诗学品评影响到诗学创作。顾恺之所言“传神写照，正在阿堵中”之“传神”，其要点在于眼睛，引发了宋人对“诗眼”、“词眼”的探讨。“诗眼”、“词眼”正是诗词的传神之处，宋代大兴“炼字”之风，年锻月炼，以求传神，可以说是诗人实现“传神”美学理念的“行为艺术”。

中国古代文艺的总体趋势是诗书画一体，诗画美学之间在某种程度上存在着逻辑联系和肌理关系，诗画的审美范畴畛域难分，画论向诗论伸展，绘心通诗心。中国绘画在审美追求上由“形”而“神”，最终发展到强调“韵”，进入超越形神论的精妙的审美状态。六朝谢赫首创以“韵”论艺术，提出绘画六法之首法为“气韵生动”，认为画之第一品者应“风范气韵，极妙参神”。韵自魏晋移至诗学后，诗论家多以韵论诗。如“气韵不足，虽有辞藻，也非佳作也”（陈善《扪虱新话》）；“晋诗如丛彩为花，绝少生韵”（陆时雍《诗镜总论》）；“五言佳处，全在气韵”（沈德潜、周准《明诗别裁集》），等等。可见，“韵”作为诗歌的审美标准，它要求诗歌超越词藻、声律、对偶的拘泥，不再仅停留于技巧层面上的声律之韵，而是探寻诗歌意趣高远的审美感受。诗歌之“韵”的审美化体现于从玄言诗到山水诗的创作的转变中。至陶渊明之田园诗和大小谢之山水诗，中国诗歌才真正实现“韵”的审美化。唐宋之间，韵经过司空图、皎然等人的努力，其诗学意义得到进一步拓展。司空图言诗歌要追求“言韵外之致”、“知味外之旨”的审美品格。宋代范温发展了司空图之说，认为“韵”生于“尽美”、“有馀”，“味”在于“深远无穷”，而赏韵玩味的特殊审美规律则是“超然神会，冥然吻合”。范温之后，“韵味”概念运用日广，王士禛提出“神韵说”，力主诗歌的最高境界是蕴藉、含蓄、清远，追求超然世外、淡薄功名的纯粹审美方式。王士禛为当时诗坛盟主，神韵说风靡一时，成为中国诗学史上品评诗歌的重要审美范畴。

不仅绘画审美范畴“神”、“韵”延伸到诗学世界，围绕着“神”、“韵”的“风”、“骨”、“气”等绘画的审美范畴也冲破画论畛域而通向诗学。画论中早有以“骨”论画，如风骨，骨法、骨格、骨相等。骨作为一个内涵丰富的诗学范畴，其应用领域不断扩大，梁代钟嵘作《诗品》，较早以“骨气”论诗：“真骨凌霜”、“骨气奇高”。刘勰在《文心雕龙》中特设《风骨篇》将“风”与“骨”并置，引申出新的诗学范畴“风骨”，并对其进行系统的阐释，用以指称诗歌骨干坚挺、高峻磊落的诗学风貌。画论之“骨”概念多指技法，而诗学之“骨”，更明确地指诗歌艺术风貌。显然，刘勰在诗学领域中对“风骨”这个诗学范畴做出稍别于画论范畴的发挥，“骨”的范畴涵盖“清”、“明”、“端直”、“骏爽”、“骨髓峻”、“风力遒”等力度美，显得更为精细和成熟。南北朝以降，“风骨”较大范围施于诗歌批评和诗学理论探讨，直接引导中国诗风转变。诗歌从六朝“彩丽竞繁，而兴寄都绝”的颓靡诗风转入具备“盛唐风骨”、刚健恢弘的诗风。李白、杜甫、高适、岑参等人不仅从诗学角度强调“风骨”，而且付诸实践，在诗歌创作上一以贯之，诗歌呈现出风骨凛然，气骨兼备的风貌，盛唐生气勃发的时代精神展露无余。绘心通诗心，画论中“神”、“韵”、“骨”等范畴通于诗论，可见一斑。

二、“画”诗：印度绘画的文学性

如果说，中国的诗画互渗律更多地体现在诗歌深度吸收和借鉴绘画美学诸要素，而后呈现出鲜明的绘画性特征的话，那么，印度诗画互渗关系中，审美主体则更多地倾向于绘画对诗歌美学诸要素的融合和贯通，绘画包含深厚的文学性。印度绘画的文学性在形式上表现为绘画对传统叙事诗题材和主题的吸纳和转化，在叙事过程中实现不同艺术形式的互渗互补；在美学理论上，表现为画论对诗学的运用和整合。

印度先人在学会书写之后的很长时间里，转述历史和叙述文学的时候，主要仍然尊崇回忆和背诵的古老办法，采用口头传播的方式。“《吠陀》经典与叙事诗都是一些诗歌，代代相随地全凭背诵。他们并不期望着用眼去看读，而是凭声音去听。”[①] 像《胜利之歌》这样的短叙事诗所歌颂的大战故事，在经历了将近1000年的口头流传之后，才得以在《摩诃婆罗多》这样的作品中相对固定下来。[②] 叙事诗结合口头传播，出现了靠讲故事谋生的人。绘画在最初的时候是充当了讲故事者的具象工具。约公元前6世纪左右，文法家波尼你（P64ini）的《波尼你经》中提到过一些图像，有人可以靠它们来谋生，但却并不出卖它们。根据后来者的注释，“波尼你讲的是由一种较低等级的婆罗门（Devalaka）所制作的神像。他们带着湿婆神或其他一些神的画像，挨门行乞，以此为生”。[③] 到了孔雀王朝，看图讲故事已相当盛行，成为一种大众娱乐的形式，“那些用图画来表现地狱等等的私家表演人无疑也同样地活跃”。[④]

印度文学艺术既是世俗的，又是宗教的。任何一种文学艺术形式的生根发芽成长几乎都离不开宗教的推波助澜。从某种意义上说，研究印度绘画就是研究印度宗教画。绘画既是看图讲故事这种大众娱乐方式所凭借的道具，也是印度各宗教流派宣传教义、壮大宗教团体的有效工具，如耆那教的文献曾提到有专门从事看图讲故事的人称为Ma3ka，“他们把描绘地狱苦难的图画给人看，同时讲

① ［美］维尔·杜兰：《世界文明史·东方的遗产》，北京：东方出版社，1998年版，第283页。

② ［澳］A. L. 巴沙姆主编：《印度文化史》，北京：商务印书馆，1997年版，第247页。

③ ［美］梅维恒著：《绘画与表演——中国的看图讲故事和它的印度起源》，王邦维等译，季羡林审定，北京燕山出版社，2000年版，第22页。

④ 同上。

述有关的故事”。[①] 佛教和印度教亦然。佛教的绘画不仅在印度国内盛行，而且深入到周边国家。“佛教徒将人物画当成最迅速有效的工具向人们灌输佛教思想。佛教行者带着绘有佛传故事和本生经故事的卷轴人物画深入到中国、日本和其他亚洲国家传播佛理。”[②] 后来，流动的绘画作品相对固定地在寺庙和纪念性建筑中蓬勃发展起来。寺庙和纪念性建筑中的壁画和浮雕[③]除了在建筑上具有装饰的功能外，更重要的是，它们以宗教叙事文学为范本，从视觉角度向人们讲述宗教故事，宣传教义。如果说在看图讲故事的娱乐活动中绘画只是充当口头叙事文学的配角，并依赖于文学的补充的话，那么，特定的纪念性建筑和寺庙里的叙事性壁画或浮雕从某种程度上说就是一首首成熟的“无言”的叙事诗。图画中的人物自身既是被叙事者，又是叙事者，它向观众娓娓叙述着宗教的故事，而自身又被宗教文学所叙述。如跋尔胡特（Bharhut）佛塔的本生故事刻画，栩栩如生地向人们叙述着《鹌鹑本生》、《大猕猴本生》、《鲁鲁鹿本生》等佛教故事。据学者研究，这些形象化记载远远早于《本生经》现存的文字文本，[④] 因而，浮雕的故事素材应该是来自口头叙事诗歌。

从美学层面而言，绘画美学源于诗学。诗学中的修辞方法如暗喻、明喻、双关同样适合于绘画创作。印度古代美学著作写道：“不懂得文学文法的人将不懂得绘画的审美法则（Kāviya illaka4am theriyān ōviya illaka4am ariyān）。”[⑤] 印度诗学的味论、韵论、庄严论、曲语论、风格论、相宜论等皆对绘画美学产生过深刻的影响。

---

① ［美］梅维恒著：《绘画与表演——中国的看图讲故事和它的印度起源》，王邦维等译，季羡林审定，北京燕山出版社，2000年版，第34页。

② Shyamala Gupta, *The Beautiful in Indian Art*, New Delhi : Munshiram Manoharlal Publishers Pvt. Ltd . 1979, p. 68.

③ 本文将叙事性浮雕纳入到绘画的考察范围。这是因为几乎所有的印度古代雕刻都是着色的，这些雕刻与其说是表达了雕刻家对立体雕像的观念，毋宁说是表达了画家的观念。一幅幅浮雕看上去就像镶在框子里的图画。由于时代久远，我们对印度古代绘画的研究除了依靠文献记载和石窟壁画外，也不得不借助于浮雕群。

④ 王镛：《印度美术史话》，北京：人民美术出版社，1999年版，第35页。

⑤ Kalpagam Venkataraman, *Rasa in Indian aesthetics*: *Interface of literature and sculpture.* (PhD) 2003, p. 74.

印度诗学思想的核心范畴是“味”（rasa）。“味”之于印度美学的意义有如“美”之于西方美学、“韵”之于中国艺术。印度诗学中的“味”是建立在情感基础上，属于审美情感层面的概念。它是客体存在美和主观美感的统一，是作品中的情感基调与欣赏者对作品情感基调的审美体验的融合。论味必须谈情（bh6va），情和味是一对相生共存的美学范畴。情具有味的生成功能，包含着味的全部因素；情能通过别情、随情和不定情等激活潜藏在欣赏者心中的常情，从而引发欣赏者的“味”感；情与味互通，使创作者和欣赏者的审美情感得以沟通。“味”有八种，分别是：艳情味（s23g6ra）、悲悯味（karu4a）、英勇味（v7ra）、恐怖味（bhay6naka）、暴戾味（raudra）、奇异味（adbhuta）、厌恶味（b7bhatsa）、滑稽味（h6sya）等。八种味对应八种常情，分别是爱（rati）、悲（0oka）、勇（uts6ha）、惧（bhaya）、怒（krodha）、惊（vismaya）、厌（jugups6）和笑（h6sa）。这八种味和八种常情同样适合于绘画美学，对应着绘画中的紫、灰、橙、黑、红、黄、蓝、白 8 种颜色。这使味同色彩的感情特征以及其所具有的象征含义联系起来。

绘画借鉴味论诗学的味审美范畴而后不断发展，印度古老的绘画理论著作（约公元 7 世纪）《毗湿奴最法上往世书》（*Vis4udharmottara*）在第三章《画经》中增加了平静味（06nta），相对应的情是宁静（madhyasth6）。《画事要诀》（*Samar63ga4a-S8tradh6ra*）[①] 一书中将味的种类扩充到 11 种，并论述了与之相关的 18 种味视觉。“味一情”论被奉为印度艺术美学的圭臬，不仅适用于戏剧、舞蹈、诗歌，而且适用于绘画、雕塑，特别适用于富有戏剧情节的绘画。《画事要诀》第八章《味视觉论》（*Rasad295i-lak9a4am*）篇首言到：“绘画中特有的情感显现依赖于味和味视觉。”[②] 味是绘画的灵魂。印度古代绘画理论将绘画分为三类，第一

---

① Samar63ga4a-S8tradh6ra 原意为“战地总指挥，舞台总导演”，这里意译为《画事要诀》。

② D. N. Shukla. *V6stu-} 6stra vol. II Hindu Canons of Iconography and Painting*. New Delhi：Munshiram Manoharlal Publishers Pvt. Ltd . 2003. p. 430.

类是“受约束的”画（viddha citra），画家如实地描绘自然物象，“就如镜子一样映象事物”。第二类是“不受约束的”的画（aviddha citra），画家不受特定对象束缚，展开想象的翅膀，创造性地塑造形象。第三类是是“充满感情的绘画”的“情画”（bh6va citra），“依照色彩的本性表达特定的主题，能够产生诸如‘艳情味’等‘味’，哪怕是惊鸿一瞥也能引人入胜，品尝到味”。[①] 情画实际上就是“味画”，被列为画中之上品。“情”是构成绘画“味”美的基本因素之一。印度广泛流传的绘画“六支”歌诀写道：“形别与诸量，情与美相应，似与笔墨分，是谓艺六支。”[②]（“Rupabhed6= pram646ni bh6va= l6va4yayojanam /”“S6d20ya）var4ik6bha3ga iti citra）9a \ a3gakam // ”[③]）绘画理论中的“情”是为阐述“味”做铺垫，是达到“味”的必经途径。“如果一幅画一点‘情’趣都没有，那与死气沉沉的图表没有两样。这样的作品几乎不能纳入到艺术的范围。画家在构思作品之初就必须酝酿‘情’的感觉或生命的感觉，并在遵循传统美学原则的基础上凭借着娴熟的绘画技巧将心中之‘情’注入作品中。只有富有情味、生机勃勃的作品才能引起读者的情感共鸣，才值得欣赏。”[④]

印度绘画取材于文学作品，但与文学貌离神合，绘画通过色彩和线条塑造人物形象，展示由“情由、情态和不定情的结合”，从而激起欣赏者心中的常情，使其品尝到味。绘画的情由是指所叙述人物关系和特定的场景。情态是指画家凭借色彩和线条，描绘人物的眉目、表情、衣着、姿态、动作等外貌特征和体态，以引起情感的变化，使画面产生种种的不定情。不定情是常情的具体化和形态化的显现形式，一旦欣赏者捕捉到画中的不定情，就相应地激起心中的常情，从而品尝到味。但实际上，绘画中的味远远超越了单纯

① Prithvi K. Agrawala. *On the 9a \ a3ga Canons of Painting*, Prithivi Prakashan, 1981, pp. 51—52.

② 金克木：《比较文学论集》，北京：三联书店，1984 年版，第 141 页。

③ Prithvi K. Agrawala. *On the 9a \ a3ga Canons of Painting*, p. 7.

④ Ibid. p. 64.

的色彩、线条和具体的人物形象，它不仅是直接的视觉显现，而且还包含着含蓄的隐形存在，这决定了欣赏者只能以品味的方式，从具体的视觉享受升华到“心觉”的精神翱翔，也决定了画家只能以暗示（vya`jan6）的方法去窥探美的共相，表现绘画之味。

“暗示”是印度韵论派诗学的主要观点。他们认为诗的最大魅力不在于表示性和转示性，而在于暗示性，这种暗示性便是韵（dh-vani）。味是诗的最高本质，然而味不能独立存在，必须通过暗示性——韵才能体现出来；单纯的韵也构不成诗，只有味美的韵才能构成诗。诗歌讲究味韵，以味韵为主的诗歌是最优秀的诗歌。同样，优秀的绘画也是味韵的完美体现。味论从鉴赏的角度品味绘画之美，韵论则更多的是从创作角度对绘画美提出要求。《毗湿奴最法上往世书》论及韵论在绘画中的运用：“比如黑夜，应该通过山峰、天空、大地等景象的描写来暗示；赌徒通过其衣衫褴褛、失魂落魄的样子暗示；大路被描绘为有运载货物的大篷车队，等等。”在绘画中，暗示构成了特定生命的艺术化表达，绘画中人物形象的变化状态，即情态和情由是“情”的可见表面。阿旃陀壁画《须大拿本生》中，欣赏者所品尝到的艳情味是画家通过印度传统的密荼那爱侣形象暗示出来。女主人公㚥娜的体态，三屈式的姿态，莲花瓣形的眼睛，柳叶般的眉，妖艳的表情，甚至是周围的环境，豪华的宅邸，象征着爱情的棕榈树、芒果树，等等。这些“‘情’的作用是给‘形’以其本来面目，而‘暗示’的作用则是揭示那变动不居的‘形’下面隐藏的‘心’和意义”。[①]

味论、韵论诗学对印度绘画美学的影响显而易见，实际上，印度诗学对绘画美学的影响并非仅止于此。印度诗学风格论（r7ti）主要研究诗歌的风格，认为诗有德（gu4a）与病（do9a）之分，诗德是构成诗美的成分，唯有具备诗德才具备诗美，反之，诗病有损于诗美。印度传统人物画尤其是宗教人物画认为只有遵循古代的造

① 金克木：《印度文化余论——〈梵竺庐集〉补编》，北京：学苑出版社，2002 年版，第 61—62 页。

像程式绘制出来的作品才有画“德”，才是美的作品。各式人物的尺度、比例和佩饰等都必须按照传统的原则，不能张冠李戴，否则就会出现画“病”，不仅失去美感，甚至会遭受宗教性的惩罚。印度绘画强调人物的曲线美，二屈美、三屈美的造型在印度人物画中俯拾皆是，这种强调曲折美的思想与曲语论诗学（vakrokti）所提倡的“一切文学作品都应该具有曲折的表达方式”殊途同归。情味、味韵、风格、曲语等都是文学艺术中美的因素，但是如果违背相宜（anucitya）的原则，过或不及，都会破坏审美效果和审美享受。相宜论诗学广泛地体现在绘画中，人物形象的尺度比例是否协调，画中所展现的情由、情态和不定情与所暗示的常情（或韵味）是否和谐，都离不开对相宜的把握。

三、诗心通绘心：中印诗画互渗各异

中国诗画互渗关系中，诗歌多指近体格律诗。近体格律诗由于大量使用对仗的手法，而“对仗的范畴，差不多也就是名词的范畴”。[①] 在一行律诗里面，各个名词连缀成句，所表现的意象具有静态的画面美。如王维的“大漠孤烟直，长河落日圆”，抽离了动词，仅仅靠若干名词和少量的形容词勾勒出视觉曲线，静态地呈现画面。律诗由于采用对句，对句可以将不同时间和空间的意象组合在一起，而且同一联中，上下两句可以互相置换，意象之间没有严格的顺序关系，如“窗含西岭千秋雪，门泊东吴万里船”（杜甫《绝句》），“漠漠水田飞白鹭，阴阴夏木啭黄鹂”（王维《积雨辋川庄作》），“渭北春天树，江东日暮云”（杜甫《春日忆李白》）等等，这些诗歌的意象依靠对偶连接而成，结构并列，前后顺序基本上可以颠倒。“这种并列结构破坏了诗的叙述功能，改变了诗作为‘时

① 王力：《汉语诗律学》，上海：上海教育出版社，1979 年版，第 153 页。

间艺术’的原有意义，赋予了它静态呈示的作用，使‘诗’与‘画’的界限在无形中被悄悄地冲淡了。”[1] 诚然，诗歌是时间艺术，长于表现“情”、“意”；画是空间艺术，善于表现“形”、“景”，二者似乎井水不犯河水。然而，中国古代诗画所共同具有的时空交汇的特点，所共同追求的情景交融、意境汇通的美学境界，使得画家可以“观古今于须臾，抚四海于一瞬”，把四季景物、千里江山同时展现于一幅画卷上；诗人可以“思接千载”，“视通万里”，在短短诗句中，将不同时空分设对映，使悠长的时间与阔远的空间并置。中国诗歌虚化时间界限凸现空间之维和中国绘画超越空间界限显现时间之维形成呼应，并向彼此引合，诗心通绘心，诗画如形影之相映相随，如云雨之相生相济。

印度诗画互渗关系中，更多地体现为诗歌对绘画的影响。印度绘画的文学性，与印度源远流长的叙事诗传统无不关系。印度的叙事诗传统可追溯到吠陀时代（约公元前 1500 年一前 500 年）。吠陀经典记载了天上地下诸神的传说，历史地显现了叙事诗发生发展的轨迹。而后的两大史诗《摩诃婆罗多》和《罗摩衍那》，一脉相承吠陀叙事风格而后发扬光大，日臻完善。《摩诃婆罗多》在印度被称为“历史传说”，主要以婆罗多族的后裔卢俱族和般度族争夺王位的故事为中心，叙事时空囊括天上、地下、人间三界；叙事视角深入到社会各个阶层，涉及人物成百上千。《罗摩衍那》作为古典时代相对成熟的叙事诗，叙事跨度不亚于《摩诃婆罗多》，在以罗摩与悉多悲欢离合的故事为主干的基础上，描述了一幅声势浩大的古代社会生活图景。两大史诗的叙事风格为后代叙事文学树立了典范。不仅属于印度教体系的叙事诗受到影响，佛教文学、耆那教文学等不少宗教文学也都受到影响。叙事诗在古代印度遍地开花，为印度绘画的文学性特征奠下厚实的美学基础。如 7 世纪末薄婆菩提（Bhavabhuti）写的戏剧《罗摩后传》，第一幕《观画》中写到：“罗

① 张福庆：《唐诗美学探索》，北京：华文出版社，1999 年版，第 122 页。

什曼那让一位画家（名字也许是阿周那）画出悉多的丈夫，罗摩的生平。他们观画，罗什曼那给他们作解释。”① 罗摩的一生并非一幅图画所能囊括，这里应该是由多幅具有连续性的图画构成故事。多图的系列人物画虽然在根本上仍然离不开底本《罗摩衍那》的故事，但连续的画面观赏在时间的推移中消解原本单幅画作在时间维度上的局限，获得时间性，赢得独立叙事的可能性。跋那根据史诗《摩诃婆罗多》改编的短剧《黑天出使》（*D8tav6kya*）里面，提到“般度弟兄们的敌手难敌，要人把一块 citrapa5a（‘画布’）铺在他的面前。画上绘有十几个不同的场景，构成一个连续的故事，讲述般度的妻子黑公主所受的来自难降（持国的儿子）的虐待”。② 在这里，“十几个不同的场景构成一个连续的故事”，即使讲故事者缺席，对熟识《摩诃婆罗多》史诗的印度人民来说，这组人物画便是一首视觉的叙事诗，它们极有可能直接充当史诗故事“无言”的叙事者。从诗画叙事功能而言，图画只具有空间性的张力，二维的绘画自身难以实现叙事，它最多只是为叙事提供种种可能。印度绘画将所表达的内容深深植根于文学，以文学所具有的时间性弥补图画自身缺省的时间性张力，图画展示与口头叙事同步进行，图画内容服从于文学叙事，在叙述文学内容的同时获得了文学性。如果脱离深厚的文学根基，印度绘画无论在审美内涵还是在思想性上都将逊色许多，甚至沦为空洞的能指。一方面，就文学和图画的互渗性而言，由词语意义在人的心灵世界搭建起来的文学图像充满着不定的空白，具有极大的虚幻性。印度绘画使得口头叙事文学所引发的幻象变成可见可感的具体形象，大大加强了听者对叙事文学的理解、接受和传播。诗画互渗对于平衡印度艺术生态、整合印度美学资源，意义非同寻常。古代印度文学主要是一种口头艺术，即使在文字发明和真正的书面出现以后，口耳相传依然是印度文学的主要生存状态。对文学书写的漠不关心，导致我们对古印度早期文学和文

① ［美］梅维恒：《绘画与表演——中国的看图讲故事和它的印度起源》，第 45 页。

② 同上书，第 44—45 页。

化状况的陌生。绘画作为口头叙事诗的凝固化状态，不仅是对口头文学一枝独秀的反拨和平衡，而且从极大程度上弥补了书写的缺失。另一方面，印度各派诗学虽在学理上互有关联，但因门户之见，很多诗学流派相互排斥。绘画艺术吸收各派诗学审美思想而后“于无声处”整合各种美学资源，诗学的门户之见消融在绘画艺术美的形式里，呈现出新的美学景观。

（作者为北京大学外语学院南亚系博士研究生，深圳大学印度研究中心助理研究员）

印度中世纪耆那教诗人华峰

薛克翘

【内容提要】 华峰是印度中世纪耆那教大诗人，公元10世纪人，用阿波布朗舍语写作。本文介绍了他的生平，并对其主要著作《大往世书》、《龙王子传》和《贾斯诃罗传》作了简要的评介。本文是第一次向我国读者介绍这位诗人及其著作。华峰的著作对于印度古代社会、宗教、民俗、语言和文学研究都具有重要的资料价值。

【关 键 词】 印度文学；耆那教文学；华峰

The Jain Poet Pushpadanta in Middle Sages of India

Xue Keqiao

【Abstract】 Pushpadanta was a great Jain poet, who wrote in the Apabhramsh language and lived in the 10th century. This paper, after depicting the then religious and literary context, focuses upon *Mahapurana*, *Nagakumara Cariu* and *Jasahara Cariu*, Pushpadanta' s three epic poems, and discusses in brief several interesting passages. This is the first paper to present the poet and his works in Chinese.

【Key Words】 Indian literature, Jain literature, Pushpadanta

耆那教作为一个与佛教同样古老的宗教，其文化是整个印度文化的一个不可分割的部分。但我国对耆那教的研究很少，相关著作可以说是屈指可数。如，在黄心川先生主编的《世界十大宗教》（1988年东方出版社出版）中，宫静先生撰文，较全面地介绍了耆那教的基本情况；金克木先生的《梵语文学史》（1964年人民文学出版社出版）中，有关于耆那教早期文学的介绍；季羡林先生主编的《印度古代文学史》（1991年北京大学出版社出版）中，黄宝生先生撰文，对耆那教梵语和俗语文学又做了进一步的介绍；邓殿臣先生主编的《东方神话传说》第五卷（1999年北京大学出版社出版）中，王晓丹先生撰文，介绍了部分耆那教神话传说。此外，在一些印度历史类（包括文化史、哲学史）及概况类书籍中，也有专门性或片段性介绍。

本文要介绍的是印度中世纪耆那教大诗人华峰及其作品。关于这位诗人及其作品的情况，此前我国还没有人介绍过。

一、关于华峰

华峰[①]，公元10世纪人。当时，耆那教由于受到印度教的排挤，在不少地区失势。但在某些地区仍有明显发展。如，德干高原上的拉什特拉库塔王朝，自国王阿莫加瓦尔沙（Amoghavarsha，814—860年在位）皈依耆那教天衣派后，[②] 到10世纪中期曾强盛一时。国王克里希那三世（940—965年在位）时，其势力曾达到印度半岛南端。之后，王朝转衰，至973年灭亡。在此期间，耆那教在这一地区得到长足发展。华峰就生活在这一时期的这一地区。

关于华峰的生平资料很少。人们目前所知道的，均依据他本人

① 华峰，阿波布朗舍语，Pupphayanta；梵语，Pushpadanta，音译普什帕丹特。

② ［英］查尔斯·埃利奥特著，李荣熙译：《印度教与佛教史纲》（第一卷），商务印书馆，1982年版，第220页。

著作中所提供的线索。他大约出生在今印度中央邦贝拉尔地区某地。其父母均为婆罗门，先是印度教湿婆派信徒，后来皈依了耆那教天衣派。由于自幼受家庭熏陶，华峰也由湿婆派信徒成为耆那教天衣派信徒。他长大以后似乎没有结婚，孤身生活，既没有家庭，也没有财产。

他曾经这样描绘自己的形貌：

身体褐色又瘦骨伶仃，
形貌丑陋却笑脸天成。

显然，他不以自己的肤色和瘦弱自卑。后来，他曾得到过一个小国国王的供养，但由于他心高气傲，不堪忍受白眼，便南下到马涅凯特城外的一座树林中居住。马涅凯特城是当时拉什特拉库塔王朝的都城，即今马尔凯德。

当他居住在树林中的时候，已经诗名大震。他以自己的诗才自豪，他在著作中提到，曾获得“诗王”、“诗宝”等多个称号，而他最喜欢的称号似乎是“荣誉之巅”（abhimanameru）。

曾经有两个城里人去树林中拜访他。问他：为什么离开城市到这荒僻的树林里居住呢？他的回答是：

好人怎能在宫廷，
麈尾风吹无德行。
……
与其活在毒气里，
不如死去留清名。

那两个人要带他去见当朝宰相婆罗多①，他拒绝了。但那两个

① 婆罗多，Bharata，印度历史上叫这个名字的人很多，他是其中之一。他大约在959年之前就担任了拉什特拉库塔国的宰相，直到965年，此后或者去世或者弃位出家苦行。

人向他保证，宰相婆罗多是真正的君子，不妨见见，他最终还是同意了。原来，这两个人是婆罗多派去的。也许正是欣赏华峰的才华，婆罗多才派人去见他。也许正是看中了他的孤高自傲、洁身自好的个性，婆罗多才执意请他到拉什特拉库塔都城居住并供养他。而作为隐士的他也许是出自“士为知己者死”的义气，终于没有孤傲到底。婆罗多热情隆重地欢迎了他，让他住进了豪华的宰相官邸。

不久，婆罗多请他写长诗《大往世书》，他欣然同意，并于959年开始创作，965年完成。

宰相婆罗多不在位以后，其子南纳[①]继续供养华峰。华峰也在南纳的请求下继续写作。

华峰用阿波布朗舍语[②]写作，他一生写过多少作品已经无从考察，目前已知的作品主要有三部，即《大往世书》、《龙王子传》和《贾斯诃罗传》。下面分别介绍。

二、华峰的《大往世书》

就像佛教在印度东部地区建立自己教派而把当地民众语言作为自己的语言基础一样，耆那教则在西部地区建立起自己的教派并把当地的语言作为自己文学的语言。中世纪耆那教文献的语言主要有俗语、阿波布朗舍语，南方的泰米尔语、泰卢固语和坎纳达语，西部的马拉提语、古吉拉提语，北部的拉贾斯坦语、印地语等，耆那教的僧侣们也主要用这些语言写作。[③] 当然，也有使用梵语和其他俗语写出的作品。

① 南纳，Nanna，婆罗多的第三子，曾任拉什特拉库塔王朝内务大臣。

② 阿波布朗舍语，Apabhramsha，一般认为，是印度中世纪俗语的一种，但也时常将它与梵语（Sanskrita）、俗语（Prakrita）并列，以示区别。

③ ［印］普列姆·苏曼·耆那：《耆那教文学的文化基础》，斋普尔，1995年版，第80—99页。

中世纪耆那教文学中有一类作品被称为“往世诗”（pauranika kavya）或“本行诗”（caritakavya）。

所谓“往世诗”或“本行诗”，是根据古代的传说，耆那教诗人们用梵语、俗语和阿波布朗舍语写的一些“伟人”生平。“本行”[①]，即生平事迹。而这些被描写的人物，要么是耆那教的祖师，要么是古代传说中的英雄人物，后来变成了耆那教的虔诚信徒。耆那教中能够享受这“伟人”称号的共有63人。其中，有24位祖师（Tirthankara）、12位转轮王（Cakravarti）、9名力天（Baladeva）、9名伐苏提婆（Vasudeva）和9名伐苏提婆之敌（Prativasudeva）。

按照耆那教的说法，在每一劫当中都要出现9名力天、9名伐苏提婆和9名伐苏提婆之敌。其中，一名力天、一名伐苏提婆和一名伐苏提婆之敌为一组，同时出现于某一时期；力天和伐苏提婆是分别由某个国王的不同后妃生出的同父异母兄弟；然后，伐苏提婆与兄长力天一起同伐苏提婆之敌作战并杀死他；于是，伐苏提婆因杀生而进入地狱，力天则因弟弟之死悲观厌世皈依耆那教，并最后获得解脱。讲述其中一个伟人故事的“往世诗”，也被称为“往世书”，而将“伟人”们的事迹汇集起来讲述的长诗，则被称为“大往世书”。“大往世书”常常又分“原初往世书”和“后往世书”两个部分。《原初往世书》是专门讲述耆那教远古初祖梨沙波提婆（Rsabhadeva，意译“雄天”。亦称“阿底那特”，Adinatha，即初祖）及同时代“伟人”事迹的；《后往世书》则讲述其余23位教主和其他“伟人”的生平事迹。印度两大史诗中的罗摩故事和黑天故事被包括在耆那教文学的《后往世书》中，因为他们都被认定为耆那教的“伟人”。其中，讲述罗摩故事的部分又叫做《莲花往世书》，讲述黑天故事的部分又叫做《诃利世系往世书》。

自在主[②]和华峰是用阿波布朗舍语创作这类“往世诗”或“本

---

① 本行，阿波布朗舍语作 cariu，梵语作 caritra，或 carita，意思是“传记”或“传”。

② 自在主，Svayambhu，音译斯瓦扬布，8、9世纪耆那教大诗人。关于自在主其人其作，笔者有专文，载《亚非研究》第3辑。

行诗”的两位优秀代表。

华峰的《大往世书》又叫做《六十三伟人品德庄严》，是阿波布朗舍语文学中最大的一部往世诗，讲的是耆那教63位“伟人”的事迹。诗人说，这部长诗是他奉宰相婆罗多之请，于健日王纪年1022年（公元965年）完成的。还说，他写这部长诗“不啻以蠡测海”。

《大往世书》共102章，分两部分。前37章为《原初往世书》，后65章为《后往世书》。诗中虽然讲述的是“伟人”们的事迹，但不时穿插有印度城乡四季景物的描写以及人物的心理刻画。按照印度诗学的审美标准，这部诗中有英雄、艳情、平静等多种情味，被认为是一部比较典型的“大诗”（mahakavya）。[1]

至于《大往世书》的内容和文学成就，诗人自己显得踌躇满志，十分自信，他在全书的末尾写道：

政治谋略、自然景观、
人生要义、道德判断、
音韵庄严、情味表现，
应有尽有，一应俱全。
此处所没有，别处亦不见。
华峰实幸运，婆罗多成全。

印度学者有评论说：“诗中有政治、社会、宗教、哲学等各种知识，全书可以说是一部社会、政治的百科全书。”[2] 当然，无论是诗人自己的话还是后世评论家的话，都有过誉之嫌。但这部书的确内容丰富，雕琢精心，是耆那教文学的杰作，也代表着诗人的最高成就。

---

① ［印］坎代尔瓦尔：《阿波布朗舍语文学与文法》，阿格拉，1974年版，第42页。

② ［印］纳姆瓦尔·辛赫：《阿波布朗舍语在印地语发展中的贡献》，阿拉哈巴德，1971年版，第189页。

下面重点介绍其中三个部分的内容：

（一）雄天故事

《原初往世书》的开头部分说，应门齿王[①]之请，耆那教教主大雄的弟子乔答摩·群持（Gautama Ganadhara）讲述了《大往世书》的故事。“原初”部分讲述的是耆那教初祖梨沙波提婆（雄天）和转轮王婆罗多的故事。这是诗中最详细、最精彩的部分之一。

华峰用37章的篇幅描写初祖雄天的生平。从出生写起，到涅槃结束。此外还写了雄天的两个儿子，婆罗多（Bharata）[②] 和巴忽巴力（Bahubali，意为力臂）的事迹。

头两章，按照惯例，是诗人的自我陈述、谦虚表白、赞颂供养人、谴责坏人、赞美好人、写作目的，以及雄天下凡前的铺垫。

故事从第三章开始。雄天决定降生在阿逾陀国国王的家里，因陀罗等天神事先做了各种准备。雄天投胎的同时，他母亲照例做了一个非同寻常的梦，于是，具有超凡能力的王子出生了。王子长大了，和别的王子不同，他不想结婚，但他还是听从了父亲的安排，结了两次婚，分别娶的是遮萨瓦伊（Jasavai）和苏南达（Sunanda）。不久，遮萨瓦伊生了婆罗多，苏南达生下巴忽巴力。雄天教给儿子们所有的技艺和知识。雄天就这样过着幸福日子，直到有一天，天帝因陀罗提醒他下凡的伟大目的。这时，雄天厌世了。一天，天女尼兰杰萨（Nilanjasa）来到宫廷里跳舞，跳着跳着突然倒下死去。雄天感悟到生命的短暂无常，便把阿逾陀交给婆罗多，把波衍那普尔（Poyanapura）交给巴忽巴力，自己出家了。通过修炼，雄天获得了解脱法门，开始专心传播耆那教。他这边传教，婆罗多和巴忽巴力那边在扩大各自的事业。于是，兄弟俩之间发生了战争。在一次次互有胜负的交锋之后，巴忽巴力最终告负。巴忽巴力无怨无悔地把国家交给哥哥统治，在父亲的

① 门齿王，Srenika，音译室赖尼迦，印度古摩揭陀国国王。

② 此婆罗多为印度传说中的远古帝王。

劝告下接受了耆那教的教诲。

此后，婆罗多也经常到吉罗娑山[①]去听取父亲的教导。一天，婆罗多做梦，梦见吉罗娑山尖晃动，行将倒塌。婆罗多醒来询问有关智者，得知这是雄天行将涅槃的征兆。婆罗多便带领臣民去吉罗娑山，为父亲举行了盛大的涅槃典礼。《原初往世书》到此结束。

应当说，耆那教的实际创始人是大雄，而大雄和佛教创始人释迦牟尼是大约同时代的人物，这是学界的普遍看法。但是，如同佛教说释迦牟尼之前尚有“前七佛”一样，耆那教则说在大雄之前尚有23祖。在无确凿证据的情况下，我们只能认为这是历史传说。而耆那教关于初祖雄天的传说，明显带有神话色彩，所以我们只能认为华峰的《大往世书》是根据宗教传说改写的神话叙事诗。

（二）罗摩故事

华峰的《后往世书》中有11章（第69—79章）写的是罗摩故事，又称《莲花往世书》或《莲花本行》。这个罗摩故事和《大往世书》的其余部分几乎完全脱离了关系而更像是一部独立的著作。作者的目的是清楚的：要反婆罗门教传统而行，自立门户，创造一个另类的罗摩故事。华峰明确表示：

蚁垤广博两个仙人，
用假话迷惑了人们。
人们沿着其错误指引，
陷阱中不能自拔其身。
不仅自己执迷冥顽，
还为迷惑推波助澜。
为去除这重重迷雾，
我把罗摩故事讲述。

---

① 吉罗娑山，Kailasa，喜马拉雅山的一座山峰，印度教神话中湿婆大神的住地，耆那教神话中则成为初祖雄天的住地。

他站在耆那教的立场上提出了一连串的质疑：十首王怎么能生出十张脸？他是罗刹还是人？他真的有 20 只手和 20 只眼吗？他用自己的脑袋向湿婆祈祷吗？他是被罗摩的箭射死的吗？罗奇曼的手很长吗？妙项等是猴子还是人？维毗沙那（罗婆那之弟）还活着吗？贡婆加那（罗婆那之另一弟）真的一睡就是 6 个月，一次就吃 1000 头牛吗？这些都是真的还是人们在说谎？

正因为诗人提出了这一系列质疑，所以他创作的罗摩故事就不会像蚁垤的《罗摩衍那》那样神奇。他会有意避开一些情节，重新调整人物关系，重新编排故事结构。这样，华峰的罗摩故事就出现了许多与蚁垤《罗摩衍那》不同的地方。其主要的不同之处有下列两大方面：

1. 人物身份和关系的不同

罗摩和罗奇曼分别是伟人力天和伐苏提婆，他们的前世也和凡人一样，甚至做过坏事。例如，罗奇曼在前生曾绑架一个商人的女儿，投胎十车王家之前，他有两次转生，第二次经过苦修获得升天，然后下凡投胎生于十车王家。罗摩的肤色不是青色，而是莲花色；罗奇曼的肤色是青色。

罗摩母亲的名字不叫乔萨丽雅，而是苏巴拉。罗奇曼的母亲不是苏密特拉，而是吉加伊，罗摩流放森林同她有关。

悉多是罗婆那的女儿，因罗婆那认为她会带来毁灭而将她抛弃于米提拉，被当地一农夫拾到，并献给国王。

猴子们实际上是一些术士，因为要帮助罗摩而变化成猴子。哈努曼不是风神之子，而是爱神的化身，等等。

2. 故事情节和结局的不同

十车王原是迦尸国王，后来到阿逾陀。因此，罗摩和罗奇曼不是生于阿逾陀，而是迦尸。十车王之死在罗摩自楞伽岛返回之后。

罗摩和罗奇曼不是跟众友仙人去参加遮那迦王选婿大典，而是应邀去保护祭祀的。除了悉多，罗摩还娶有 7 个妃子。

那罗陀的激将法导致罗婆那抢劫了悉多，而不是受他妹妹巨爪的蛊惑。悉多被劫的地点在瓦拉纳西附近的林中。

哈努曼是变成黑蜂去楞伽岛的，他没有打探到悉多的消息。

杀死波林和罗婆那的是罗奇曼，不是罗摩。

罗奇曼因病致死，死后入地狱；罗摩把王位传给罗奇曼之子地月，自己出家修行，最终升入天堂。等等。

以上仅是一部分显著的例子，其他不同之处尚多。之所以出现这些不同，是由两方面因素导致的。一是耆那教有自己的罗摩故事传统，二是华峰自己根据耆那教的需要而设置、改编的。

在华峰之前，至少有三位耆那教徒写过罗摩故事：一位是大约公元1世纪的维摩罗·苏利（Vimala Suri），用俗语写有《莲花本行》（Pauma Cariu）；第二位是7世纪的罗毗舍那（Ravishena），用梵语写了《莲花本行》（Padma Carita）；第三位是8、9世纪的自在主，用阿波布朗舍语写的《莲花本行》。华峰在很大程度上受到他们的影响，尤其是受到自在主的影响，把罗摩塑造成力天，把罗奇曼塑造成伐苏提婆。但也有印度学者推测，华峰和自在主的罗摩故事来自两个传承，华峰的来自白衣派的诗人德贤（Gunabhadra）的《后往世书》。[①]

总之，这些不同之处主要反映了耆那教的两大理念：一是轮回转世和因果报应的思想；二是不杀生的原则。

(三) 黑天故事

在华峰的《后往世书》中有12章（第81—92章）是《诃利世系往世书》，即黑天的故事。

与罗摩故事的写法不同，华峰的黑天故事与印度教传统的黑天故事大体一致，没有很多变动。主要的变动是将黑天认作耆那教的“伟人”之一。而幼年黑天的顽皮与狡黠、少年黑天的风流与勇健，

① ［印］纳姆瓦尔·辛赫：《阿波布朗舍语在印地语发展中的贡献》，第182页，引普雷米：《耆那教文学和历史》，阿拉哈巴德，1971年版，第277—285页。

既与印度教的传统相一致，又写出了自己的特色。

例如，少年黑天与牧区少女们一起嬉戏的一个场景，华峰是这样描写的：

有时追得牛犊乱窜，
有时把奶罐给弄翻，
他在风中表演挤牛奶，
把她们的搅棒给折断。
他在这边一捣乱，
那边牧女也疯颠。
追他赔偿搅乳棒，
不要新棒不要钱，
只要他来乖乖站，
让她们每人抱一遍。
淘气牧童满身泥，
白色胸衣被污染。
脱下胸衣无顾忌，
下河洗洗晾晾干。

作为美少年的黑天，深受牧区女子的爱恋，她们喜欢黑天在她们劳作的时候前来捣乱，也希望有个借口来与黑天拥抱。在黑天面前，她们也可以毫无顾忌地裸露身体。

再如，一天，暴风雨向牧区袭来，如果发下洪水，将给人们带来灭顶之灾。此时，黑天挺身而出，举起牛增山，为牧民遮风挡雨。诗人这样描写暴风雨来临时的情景：

飞沙扬尘，大树撅根。
暴风才去，暴雨倾盆。
河水涨满，水流滚滚。

可怕的洪水就要来临！

三、《龙王子传》

《龙王子传》（Nagakumara Cariu）是一部本行诗，用阿波布朗舍语写成，是华峰已知著作的第二部。

《龙王子传》共9章。开头部分说诗人是奉南纳之请写此书的。诗中描绘了古摩揭陀国首都王舍城的情况，说教祖大雄在那里坐夏的时候，国王门齿向他请教“吉五”[①]斋戒的重要性，大雄的弟子乔答摩·群持讲述了关于“吉五”的典故，并由此引出了龙王子的故事。故事的主要内容是主人公龙王子（Nagakumara，音译那伽鸠摩罗）经过多次婚姻，又经过多次战斗，最后坚持“吉五”斋戒，修炼得道，获得解脱。

故事是这样的：

摩揭陀国卡纳卡城（Kanakapura）国王遮衍陀罗（Jayandhara）有王后名大眼（Vishalanetra），生子名吉持（Sridhara）。

一天，一个神秘的商人给了国王遮衍陀罗一张画像，这画像是吉里纳尔国公主波利特维·黛维（Prithvi Devi，意为大地女神）的。国王非常喜欢这画像上的人，就同公主结婚了。后来才知道，那个商人就是因陀罗变化的。

波利特维·黛维当上二王后之后，对大眼王后的显赫地位产生嫉妒。一天，当国王和大眼王后在花园中娱乐时，二王后到耆那教庙里去，听了庙中牟尼的教诲，并接受了他生儿子的祝福。不久，二王后果然生了个儿子。又有一天，国王和二王后带着儿子去庙里看望牟尼。这边正和牟尼说话，那边儿子掉进井里。井中有龙，保护了王子，并把王子带进龙界。由此，王子的名字便

① 吉五，Shripancami，印历十一月初五，在公历1、2月间。

成了龙王子。后来他与龙女结婚，在龙界住了一些日子后返回大地。他看到自己的母后正在受苦。因为受国王惩罚，龙王子母亲的所有首饰都被解除没收。龙王子为了让母亲拥有首饰，就去赌博，赢得很多首饰回来。国王听说，就把王子叫来，和他玩骰子赌博。赌的结果是国王输掉了一切，连同国家也输掉了。但龙王子只拿走了母亲的首饰，其余的都归还给了国王。龙王子的异母兄吉持嫉妒弟弟，想用疯象杀死他，结果，龙王子轻而易举地制伏了发狂的大象。

龙王子结过多次婚，但他只爱其中的罗其米摩蒂（Laksmimati），他不明白这是为什么，便向庙中的牟尼请教原委。牟尼告诉他说，因为他们两个人前生在“吉五”斋戒时有过誓约，所以有今世的姻缘。于是，牟尼又讲述了“吉五”斋戒的规则。龙王子从此坚持“吉五”斋戒，在度过了很多幸福的时光之后，最终去修苦行并解脱升天。

这是一个神奇的故事，显然最初来自民间传说。经过耆那教徒的改造，成为耆那教的故事，其中的龙王子也成为一代转轮王了。

按照印度的审美原则，故事中有嫉妒、英勇、温情等多种情味。还有地下城、龙界等富于想象力的描述。

四、《贾斯诃罗传》

贾斯诃罗，阿波布朗舍语 Jasahara 的音译，梵语作 Yashodhara，音译为耶输陀罗[①]。因此，《贾斯诃罗传》（Jasahara Cariu）又叫《耶输陀罗传》。这是华峰的第三部著作，大约写于公元 972 年，共 4 章，主旨是反对杀生献祭。这个故事深受耆那教

① 耶输陀罗（意译持誉），耆那教传说中的一个转轮王。印度古代叫这个名字的人还有一些，如，印度教传说中黑天的一个儿子，佛教传说中的一位阿罗汉。此外，释迦牟尼妻子的名字也译为耶输陀罗，但其尾音 a 为长音。

徒喜爱，曾被多个作者用俗语和梵语改写过，但最负盛名的还是华峰的《贾斯诃尔传》。其主要情节如下：

一天，一名迦波利迦派[①]出家人白罗婆难陀（Bhairavanada）来到罗阇补罗（Raajapura）城。国王听说他名声很大，便把他召至跟前，要求他传授飞空的法术。白罗婆难陀说了修此法时礼拜女神的仪轨，其主要程序是要以一对童男童女作为牺牲到女神庙献祭。于是，国王下令群臣在城里四处寻找符合条件的孩子，要把他们抓来。有一对首陀罗孩子被带到国王面前，他们是耆那教苦行者苏达多（Sudatta）的弟子。但是看到这两个孩子天真可爱的面孔后，国王便没有下令杀他们，而是询问他们的身世。他们就把从老师那里听来的自己前生几世的故事都讲了出来。原来，这两个孩子中，男孩的前生是耶输陀罗，女孩的前生是他的母亲。当初，耶输陀罗的母亲为了祝福自己的儿子而杀鸡供神，结果是一次次转生为鸡、蛇等动物，受尽轮回之苦。不同的业行也使他们有时转生为人，有时是夫妻，有时是兄妹，有时是母子。他们说，现在的国王和王后也像他们的前生一样是成双成对的。听了这一切，国王非常后悔。最后，国王、王后和白罗婆难陀一起去见首陀罗孩子的老师苏达多，接受了耆那教的教诲。

有印度学者说："整个故事就像香蕉的叶子一样层层叠叠，大故事里套小故事。像这样一生套一生的故事在阿波布朗舍语文学中再没有第二个。除了故事的开头和结尾有宗教说教外，里面的故事都具有现实意义。对于国王们的权谋，男人和女人偷情，以及欺骗、杀戮、偷盗等人性的弱点，都有深刻揭露。"[②]

但有的学者评价很低，认为这部诗"描写手法因袭俗套，没有任何创新；语言急促而缺乏表现力"。[③]

---

① 迦波利迦派，Kapalika，湿婆派中的左道出家人，善用咒语秘术，喝酒吃肉，常持死人头骨做成的器皿。

② ［印］纳姆瓦尔·辛赫：《阿波布朗舍语在印地语发展中的作用》，阿拉哈巴德，1971年版，第195—196页。

③ ［印］坎代尔瓦尔：《阿波布朗舍语文学和语法》，阿格拉，1974年版，第43页。

总之，华峰作为耆那教的虔诚信徒，在利用文学的工具宣扬自己信仰的同时，也为后世留下了宝贵的文学遗产。他的作品中有丰富的耆那教神话传说，也有采自民间的传奇故事。他所写的罗摩故事和黑天故事为研究印度两大史诗提供了另类的版本。因此，华峰的著作对于印度古代社会、宗教、民俗、语言和文学研究都具有重要的资料价值。

（本文的撰写，曾得到印度在华工作的专家拉盖什·沃茨博士的帮助，特此感谢）

（作者为中国社科院亚太研究所研究员）

谈冰心译《吉檀迦利》

侯长林

【内容提要】 冰心以诗人的敏感以及对语言的驾驭力，体验并传递出泰戈尔《吉檀迦利》意境与节奏，向读者奉献出诗歌翻译精品。本文对冰心的译本进行分析，在欣赏佳译的同时也指出翻译中存在的一些问题。

【关 键 词】 冰心；《吉檀迦利》；意境；节奏

On Bingxin’s Rendering of Gitanjali

Hou Changlin

【Abstract】 In her Chinese rendering of Tagore’s *Gitanjali*, Bingxin managed to exhibit, with the sensitivity of a poet and the skills of a qualified translator, the beauty of the orignial verse. Her version has been regarded as one of her masterpice although there are room left for improvements. This article, based on the analysis of Bingxin’s translation, focuses on the possible ways of improvments as well as appreciation of the excellent translation skills.

【Key Words】 Bingxin, *Gitanjali*, poetic idea, rhythem

一、诗人译诗

泰戈尔“因其诗歌极敏感、极清新又极优美，以完美的技巧使自己用英语表达的诗意思想成为西方文学的一部分（because of his profoundly sensitive, fresh and beautiful verse, by which, with comsummate skill, he has made his poetic thought, expressed in his own English words, a part of the literature of the West)”[①] 而于1913年获诺贝尔文学奖。他的英译诗集《吉檀迦利》可以说是他通往诺贝尔文学奖的铺路石。这本由泰戈尔自己翻译、英国大诗人叶芝修改润色并作序的诗集，赢得了西方文坛众多诗人的赞誉推崇。英国诗人叶芝读后激动不已，在序中称赞“这些诗歌思想上展示出了一个我一生梦寐以求的世界”。[②] 美国诗人庞德说：“这种深邃的宁静的精神压倒了一切。我们突然发现了自己的新希腊。”[③] 瑞典诗人海登斯坦写道：“……我仿佛正在饮着一股清凉而新鲜的泉水。在它们的每一思想和感情所显示的炽热和爱的纯洁性中，心灵的清澈、风格的优美和自然的激情，所有这一切都水乳交融，揭示出一种完整的、深刻的、罕见的精神美。”[④]

几年之后，有位尚在大学就读的东方学子，读到泰戈尔清新优美的诗句，同样为之感动，“把笔深宵”，写下《遥寄印度哲人泰戈尔》的赞叹：“你的极端信仰——你的‘宇宙和个人的灵中间有一大调和’的信仰；你的存蓄‘天然的美感’，发挥‘天然的美感’的诗词，都渗入我的脑海中，和我原来的‘不能言说’的思想，一

---

① “1913 Nobel Laureate in Literature”, http: //nobelprizes. com/nobel/literature/1913a. html, March 15, 2011.

② Yeats, W. B, “Introduction”, Tagore, Rabindranath, *Gitanjali*, London: Micmillan and Co., Limited, 1914.

③ Pound, Ezra, “Rabindranath Tagore”, *The Fornightly Review*. 99 (1913), p. 573.

④ ［印］克里西那·克里巴拉尼著，倪培耕译：《泰戈尔传》，桂林：漓江出版社，1984年版，第286页。

缕缕地合成琴弦，奏出缥缈神奇无调无声的音乐。"[①] 这就是后来把《吉檀迦利》译入汉语的诗人翻译家冰心。

诗人译诗，优势得天独厚。《吉檀迦利》的荷兰文译者梵·艾登、法文译者安德烈·纪德、西班牙文译者希梅内斯等都是诗人。他们都有着诗人对语言的敏锐感触，更易"进入那个创造出这个特定作品的意识里去"[②] 入微地体会原诗。若诗译者能与原作者"合成琴弦，奏出缥缈神奇无调无声的音乐"，则更有助于选择"最佳言辞的最佳搭配"[③] 传递美妙诗意。

泰戈尔的散文诗《吉檀迦利》摆脱了韵律的"镣铐"，更多地借助意象和自由诗所具有的灵活节奏。在某种程度上，诗篇包含着中国传统推崇的"思无邪"和"洁净精微"。冰心身处的时代正是中国旧格律诗走向新体自由诗时期，她受泰戈尔的影响，曾写出《繁星》、《春水》等清新流丽的诗篇。同属东方文化也给冰心增添了翻译的自信。她在《我和外国文学》中说："我从来不敢翻译欧美诗人的诗，我总感觉我的译笔写不出或达不到他们的心灵深处。但是对于亚非诗人的诗，我就爱看，而且敢译。"[④]

诗人之敏感，创作经验以及诗人间相近的主体经验都为冰心移译《吉檀迦利》提供了坚实基础，甚至由于喜欢"那满含着东方气息的超妙的哲理和流丽的文词"，她翻译这些"散文诗的时候，都没有感到辛苦，只得到一种美的享受！"[⑤]

二、译品璀璨

泰戈尔诗如泉水般新鲜清澈。源自他澄澈的心灵之源，激情倾

① 冰心：《新编冰心文集》第2卷，北京：商务印书馆国际有限公司，1998版，第265页。
② 许宝强、袁伟：《语言与翻译的政治》，北京：中央编译出版社，2001年版，第162页。
③ 同上书，第164页。
④ 冰心：《新编冰心文集》第4卷，北京：商务印书馆国际有限公司，1998版，第412页。
⑤ 冰心：《新编冰心文集》第5卷，北京：商务印书馆国际有限公司，1998版，第482页。

泻，借天然美感的意象注入诗行，流淌着歌的旋律画的色彩，一起凝成永恒的诗篇。

诗中意象的选取，尤其是自然景观的素描，看似随意，其实也是诗人有意的关注，就如摄影的取景，只是诗人的取景框是诗人那善于发现美的眼睛。如第 48 首：

The morning sea of silence broke into ripples of bird songs; and the flowers were all merry by the roadside; and the wealth of gold was scattered through the rift of the clouds while we busily went on our way and paid no heed.

...

The sun rose to the mid sky and doves cooed in the shade. Withered leaves danced and whirled in the hot air of noon. The shepherd boy drowsed and dreamed in the shadow of the banyan tree, and I laid myself down by the water and stretched my tired limbs on the grass.[①]

清晨的静海，漾起鸟语的微波；路旁的繁花，争妍斗艳；在我们匆忙赶路无心理睬的时候，云隙中散射出灿烂的金光。

……

太阳升到中天，鸽子在凉阴中叫唤。枯叶在正午的炎风中飞舞。牧童在榕树下做他的倦梦，我在水边卧下，在草地上展布我困乏的四肢。[②]

诗人把清晨的寂静喻为大海，把鸟儿鸣唱喻为海面微波。路边欢欣的繁花正传递着诗人欣喜踊跃的心情。鸽子树荫下悠闲的啼叫，树叶炎风中翩然落下，还有牧童的困倦昏睡，都刻画出夏日正午的慵懒闲散，与前面的行色匆匆正相映照。译入汉语，无需裁剪

① Rabindranath Tagore, *Gitanjal*. Boston: International Pocket Library, 1996, p. 33.

② ［印］泰戈尔著，冰心译：《吉檀迦利》，北京：人民文学出版社，1955 年版，第 30 页。

修饰，原诗之意境即能通过诗中意象完整传递。

再如第 57 首，典型地展示了诗人奔涌如潮迸发而又泛滥的激情：

Light, my light, the world-filling light, the eye-kissing light, heart-sweetening light!

Ah, the light dances, my darling, at the centre of my life; the light strikes, my darling, the chords of my love; the sky opens, the wind runs wild, laughter passes over the earth.

光明，我的光明，充满世界的光明，吻着眼目的光明，甜沁心腑的光明！

呵，我的宝贝，光明在我生命的一角跳舞；我的宝贝，光明在勾拨我爱的心弦；天开了，大风狂奔，笑声响彻大地。

短语的排比，接二连三的赞叹，抒发出诗人心中的激赏。短语的简洁，有一种完整长句所不具备的优势，节奏快，赞叹直抒胸臆，而不是详细准确地描述。呼语"my darling"的插入与复现，展现了诗人的诚恳与激动。两分号的连接，以及最后"the sky opens, the wind runs wild, laughter passes over the earth"短句的并列，都有一种明快的节奏，甚至不重读的"and"都没有使用。这些都有助于从节奏上表达诗人的惊喜激动，传递出诗人对光明的赞美。译入汉语若能保持短语短句，保持句子节奏，便不难再现诗人的激情。

这两例说明原诗的意象节奏有助于诗歌风格的形成与传译，而第 79 首让我们体会到译事之难或译者的努力：

If it is not my portion to meet thee in this life then let me ever feel that I have missed thy sight——let me not forget for a moment, let me carry the pangs of this sorrow in my dreams and in my wakeful hours.

As my days pass in the crowded market of this world and my hands grow full with the daily profits, let me ever feel that I have gained nothing——let me not forget for a moment, let me carry the pangs of this sorrow in my dreams and in my wakeful hours.

When I sit by the roadside, tired and panting, when I spread my bed low in the dust, let me ever feel that the long journey is still before me——let me not forget a moment, let me carry the pangs of this sorrow in my dreams and in my wakeful hours.

When my rooms have been decked out and the flutes sound and the laughter there is loud, let me ever feel that I have not invited thee to my house——let me not forget for a moment, let me carry the pangs of this sorrow in my dreams and in my wakeful hours.

假如我今生无份遇到你，就让我永远感到恨不相逢——让我念念不忘，让我在醒时梦中都怀带着这悲哀的苦痛。

当我的日子在世界的闹市中度过，我的双手满捧着每日的赢利的时候，让我永远觉得我是一无所获——让我念念不忘，让我在醒时梦中都带着这悲哀的苦痛。

当我坐在路边，疲乏喘息，当我在尘土中铺设卧具，让我永远记着前面还有悠悠的长路——让我念念不忘，让我在醒时梦中都怀带着悲哀的苦痛。

当我的屋子装饰好了，箫笛吹起，欢笑声喧的时候，让我永远觉得我还没有请你光临——让我念念不忘，让我在醒时梦中都怀带着这悲哀的苦痛。

把“in my dreams and in my wakeful hours”译作“在我的睡梦

中在我清醒时”亦无不可，而冰心译作“醒时梦中”，调整了词组的次序，又精练成四字词语。译成四字词语的还有多处：把“I have missed thy sight”译作“恨不相逢”；把“not forget for a moment”译作“念念不忘”；把“I have gained nothing”译作“一无所获”；把“tired and panting”译作“疲乏喘息”；把“I spread my bed”译作“铺设卧具”；把“the flutes sound and the laughter there is loud”译作“箫笛吹起，欢笑声喧”等。

四字词语停顿形成一种自然的节律，如“箫笛吹起，欢笑声喧”。前后出现则构成呼应，比如“疲乏喘息”与下一句的“铺设卧具”。若译为“疲乏又气喘吁吁”，节奏就显得拖沓而难与下面“铺设卧具”相呼应。“当我坐在路边，疲乏喘息，当我在尘土中铺设卧具”，这两个“当”字引导的相同结构分句相并列，再跟上一更长的句子“让我永远记着前面还有悠悠的长路”，句意已完整，节奏上已近完美。甚至在“前面还有悠悠的长路”之后再加“要走”二字，从朗读节奏上看，都无异蛇足。另外，诗中“让我念念不忘，让我在醒时梦中都怀带着这悲哀的苦痛”部分重复四次。这种复沓，也极大地增强了诗歌的韵律感。

散文诗虽然没有格律诗严格的韵律，但是四字词语的停顿，前后呼应，相同结构分句的并列，短句在前长句在后的布局，以及诗句的复沓，诸因素共同作用，也形成了这首诗极清晰的音律节奏。译者可通过诵读感受原诗，结合音步分析，在译入语中尽可能亦步亦趋地再创原诗相同或相似的节奏，更好地传递原诗意境与节奏，让读者体会享受原诗的清新与优美。

三、瑕瑜互见

冰心以诗人之敏感体验诗歌之意境，凭借对文字的驱遣，传译诗意诗情，所译《吉檀迦利》一直被认为是经典翻译作品。精品确属难得，然而，有些诗篇翻译也还有瑕疵，需要仔细打磨改进，以期渐臻完美。

（一）理解与表达

第 3 首中“I cry out baffled”，主要动词是“cry out”，“baffled”是喊叫时的状态。冰心译为“我叫不出来”，应当是“我绝望地喊叫”。

第 2 首中“only as a singer I come before thy presence.”如果我们把语序调整一下，变成“I come before thy presence only as a singer”，或许更容易看出，“only as”并不是“只因为”而是“仅作为”，句中也没有“才能”。冰心译作“只因为我是个歌者，才能走到你的面前”。可以改作“我到您面前，全是为了歌唱。”

第 59 首中“this is nothing but thy love”冰心译为“这只是你的爱”，应译为“这正是您的爱”。“nothing but”若译成“只是、只不过是”有一种轻视语气，缺少“正是”的强调。

下面以第 77 首为例，详细分析冰心翻译中的缺憾：

I know thee as my God and stand apart——I do not know thee as my own and come closer. I know thee as my father and bow before thy feet——I do not grasp thy hand as my friend's.

I stand not where thoucomest down and ownest thyself as mine, there to clasp thee to my heart and take thee as my comrade.

Thou art the Brother amongst my brothers, but I heed them not, I divide not my earnings with them, thus sharing my all with thee.

In pleasure and in pain I stand not by the side of men, and thus stand by thee. I shrink to give up my life, and thus do not plunge into the great waters of life.

我知道你是我的上帝，却远立在一边——我不知道你是属于我的，就走近你。我知道你是我的父亲，就在你脚前俯伏——我没有像和朋友握手那样地紧握你的手。

我没有在你降临的地方，站立等候，把你抱在胸前，当你做同志，把你占有。

你是我弟兄的弟兄，但是我不理他们，不把我赚得的和他们平分，我以为这样做，才能和你分享我的一切。

在快乐和苦痛里，我都没有站在人类的一边，我以为这样做，才能和你站在一起。

我畏缩着不肯舍生，因此我没有跳入生命的伟大的海洋里。

1. 在“I know thee as my father”中“know”一词不能译为“知道”，因为“know sb as”应放在一起，类似于下文中的“ take thee as ”。冰心译作“我知道，你是我的父亲”。即是说真的是其父，其实应是“我把您当作/看作父亲”。

2. 冰心译“我知道您是我的上帝，却远立一边”，其中的转折关系是原文中没有的；原文中的关系词是“and”，即“正是因为我视您为上帝，所以我没有靠得太近”，言下之意是保持距离以示敬。“却”字的言下之意是：您是我的上帝，就当亲密无间。

3. “我不知道你是属于我的，就走近你。”这是破折号引出的解释：“我并没有把你视为我的而走近你。”看得出否定词不仅否定“know”也否定“come”。最终的结果是“没有走近”而不是“就走近你”。

4. “take thee as my comrade”，冰心译“当你做同志，把你占有”。原文中并没有“把你占有”。“视如友朋同道”是与前面“视如上帝”相对照的。添加上“把你占有”就误导了读者，尤其是现在“占有”一词的意义更加狭窄的情况下，更易误解。

5. “你是我弟兄的弟兄”来译“thou at the Brother amongst

my brothers”侧重点偏移了。汉译“我的弟兄的弟兄”似乎是曲折拉上关系而给人以关系远的感觉。英语则有“在我兄弟之中，您是大兄弟”之意，或者说 brother 一词的首字母大写与小写是有区别的。

6. “thus sharing my all with thee”，不与其他弟兄分，以便与您分享。冰心译“我以为这样做才能和你分享我的一切”，其中“我以为”也是原文中没有的。

（二）单音节还是双音节？

第 52 首中有“mighty sword”、“dreadful sword”和“thy sword”，冰心分别译为“巨剑”、“可畏的宝剑”和“你的宝剑”。以“巨剑”来译“mighty sword”可谓字字对应，而由于“dreadful”很难译成一个字来修饰“剑”字，那么单音节的“剑”字在节奏上便有些跛足，于是加上“宝”字以衬，其实，这“宝”字是原文所不曾有的。

上文提到过的第 57 首中，有“Light，my light”等，冰心译为“光明，我的光明”。按说诗中的“light”侧重在“光”而不侧重“明”。

第 67 首中有句“Thou art the sky and thou art the nest as well”。冰心译作“你是天空，你也是窝巢”。把“the nest”译为“窝巢”，从词义对等上看已算较好的翻译了，但是“窝巢”释义为“禽兽、昆虫的居住地”，本义里已兼容了“兽窝”而接近“巢穴”，又有“歹徒盘踞之处”的引申义。为避免读者不当的联想，可以考虑译为单音节的“巢”字。当然，“the nest”译为单音节的“巢”字时，前面与之对应的“the sky”是否有必要连带地译成“天”，尚可商酌。

（三）定语过长而“的”“的”不休

第 79 首中“满捧着每日的赢利的时候”两个“的”字已觉别

扭，第 3 首中“变成了你的音乐的漫天大网中的俘虏”和第 67 首中“统治着伸展着的为灵魂翱翔的无际的天空”，三个“的”更加不堪卒读。对于“拔尽灼烫的艰苦的征途上隐蔽的狡猾的细小的蒺藜”之类的句子，是我们汉语的行云流水句无力描述出诗的意境，还是特意要传递原文叠罗汉般的修饰关系？

“的”“的”不休的问题，余光中曾以朱自清的“弯弯的杨柳的稀疏的倩影”为例发表过批评：“一连串三四个形容词，漫无秩序地堆在一个名词上面，句法僵硬，节奏刻板，是早期新文学造句的一大毛病。福罗贝尔所云‘形容词乃名词之死敌’，值得一切作家玩味。”[①]

（四）诗意的浓与淡

诗中除了对话部分外，翻译应避免过分口语化。大白话则诗意浅淡。泰戈尔诗朴素清新，但并非简陋俚俗；没有浓装艳抹却富有诗意风采。应在正确达意的基础上尽可能增加诗的韵味。

第 53 首中“Beautiful is thy wristlet”译为“你的手镯真是美丽”，形容词前置的强调用“真是”译了出来。第 87 首中“My house is small”译为“我的房子很小”，增加一“很”字符合汉语习惯。而“infinite is thy mansion”译为“你的房子是无边无际的”，译出了英语的“is”甚至形容词标志“的”，然而，对比“你的房子无边无际”可以看出，“是……的”这种说明性结构在汉语中是不必要的。它拖沓了节奏，减少了诗意。

第 4 首中“keep my love in flower”译作“使我的爱开花”，直白如口语，若能改作“让我的爱如花盛开”，诗意则浓郁一些。

第 42 首中“when the chains will be off，and the boat，like the last glimmer of sunset，vanish into the night?”冰心译作“什么时候可以解开链索，这只船会像落日的余光，消融在黑夜之中呢”。可

① 余光中：《余光中集（第 5 卷）》，天津：百花文艺出版社，2003 年版，第 573 页。

以略加修饰："锁链什么时候解开？小舟什么时候像黄昏时的最后一抹余晖消失在夜色里？"

第68首中"With fond delight thou wrappest about thy starry breast that mantle of misty cloud, turning it into numberless shapes and folds…"冰心译作"你喜爱地将这云带缠围在你的星胸之上，绕成无数的形式和褶纹……"其中"云带缠围"、"形式和褶纹"都偏重写实而诗意描绘性偏弱。可改为："您满怀欣喜，将云衫披在布满星辰的胸膛，幻化无尽，层出不穷……"

增强诗意不可走向另一极端，即为追求诗意越美越好而抛开原诗，任凭想象天马行空。毕竟是翻译而不是自由创作。追求诗意当以正确达意为基础，视需要而定。

四、结语

冰心译介自己心仪已久的泰戈尔，以诗人之敏感，体会入微，锤词炼句，传递出泰诗的清新优美，是难得精品，犹如瑰宝璀璨。然而，洁白璧玉尚有微瑕，有待精雕细琢。

（作者为济南大学外国语学院讲师）

扇从日本来 风非日本风

——评张哲俊《中国古代文学中的日本形象研究》

王汝良

【内容提要】 东方国家之间的形象学研究还很欠缺。由于历史关系的不同，着眼于东方国家之间的形象学研究与东方、西方之间的形象学研究也有着诸多区别，所以，在研究过程中需要避免对形象学理论进行机械套用。张哲俊所著《中国古代文学中的日本形象研究》是一个较为成功的范例。

【关 键 词】 形象学；东方国家；比较文学

A Review on The *Image of Japan in Chinese Ancient Literature*

Wang Ruliang

【Abstract】 Imagologie research between oriental countries is a field to be furthered. Mechanical use of imagologie theory should be avoided in the process of reseach between oriental counties because the relationship between oriental countries is different from the relationship between an oriental one and an occidental one. *The Image of Japan in Chinese Ancient Literature* written by Zhang Zhe-jun is a good model.

【Key Words】 imagologie, oriental countries, comparative literature

比较文学形象学，是近年来受到广泛关注、发展迅速的一门学科。它以一国文学中的异国形象为研究对象，运用文学、史学、社会学、接受美学等相关领域的知识，对“自我”与“他者”、本土与异域的互动关系进行全面分析。目前，国内涉及“西方文学作品中的中国形象”或“中国文学作品中的西方形象”的著述已有很多，均可归入“西方人看中国”、“中国人看西方”的范畴，而对中国文学中涉及其他东方各国形象材料的挖掘和整理还很欠缺，这不但与形象学研究的开放性原则相悖，也与新世纪东方文学和东方文化蓬勃复兴和发展的趋势不相符合。

张哲俊的《中国古代文学中的日本形象研究》一书是这方面的一部力作。该著作遵从历史的演进次序，以文本的细读实证为基础，以中国特定时代的特定文化语境为依托，使原本在中国文献典籍中以隐性状态存在的片断且不连贯的日本形象得到清晰化、明朗化的呈现，也凸显了中国文化视野中日本形象的变迁在中日文化史学上的价值和意义。

一、诗史互证的研究方法

发源于法国的比较文学形象学，着眼于一国文学中对异国形象的塑造或描述，由于这一形象如亨利·巴柔所言，是“在文学化，同时也是社会化的过程中得到的对异国认识的总和”，同时“形象也是思想和情感的混合物”[①]，这就使形象学研究在注重文本内部研

① 孟华主编：《比较文学形象学》，北京大学出版社，2001年版。

究的同时，又要越出文学范畴进入历史学、社会学、心理学、民俗学等领域，呈现出开放的姿态。这就要求研究者既要注重实证研究，又要适当地与其时的历史、社会语境相联系。

在研究范式方面，钱钟书先生曾经认为，“因世求文”不如“因文知世”。“因世求文”是指从历史和社会的状况解读文学作品，这是受到西方学术范式影响形成的研究方法；“因文知世”是从文学作品描写的现象来了解当时的社会和历史，这是中国文人自古以来喜用的研究方法。这大概与“西方重分析，东方重综合”[①] 的不同思维方式有关吧！《中国古代文学中的日本形象研究》一书即是文学与历史联姻、文化与社会结合的典范之作。它从大量的载有日本书写记忆的中国古代文学典籍（含经典文学文本、历史地理著作、哲学宗教论著、野史笔记等）入手，挖掘、整理出可作为描摹日本形象的材料，用比较文学形象学理论加以阐释，与中日文化交流史进行相互印证，收到了很好的效果。作者正是遵从“因文知世”思路，较为成功地采用了以诗证史、以史证诗、诗史互证的研究方法。如作者对中日之间诗文书画交流的分析。中日之间诗文书画的交流始于唐代，此后一直延续至清。不管中日之间政治关系如何变迁，文化界诗文书画的交流从来没有停止过。作者认为，诗文书画是两国文化水平的集中代表，中国文人对日本诗文书画水平的欣赏和评价，以及两国文人间的诗文唱和、书画交流，对研究日本文化史、中国文化史以及中日文化交流史有着特别的意义。

需要特别指出的是，诗史互证这种研究方法的采用，要求研究者抱有一种尽量客观的心态、采用一种尽量平实的笔触。这对于中国文学中日本形象的研究这个课题来说，颇有些难度。因为虽然该课题主要涉及中国古代文学，作为身处当世的研究者来说，仍不可避免有一种先入为主的心态。但该著作者把握得较为到位，保持了一种尽量客观、平实的学术心态。

---

① 对东西方思维方式的这种不同，季羡林先生曾在不同场合予以强调。虽然学界有不同看法，但笔者认为，这种区分在整体上、特别是对古代东西文化而言还是较为恰当的。

二、虚实相间的观照方式

传统形象学侧重于英国哲学家休谟的理论，认为形象“归诸于感知，从在场弱化的意义上说，它只是感知的痕迹”。[①] 所以，传统形象学研究强调的是对形象被塑造者的描述与实际情况是否符合以及在多大程度上符合，从而注重对异国形象的实像呈现。当代形象学已逐渐偏离休谟的理论，不再认为形象仅是感知的痕迹，而更为接近萨特的理论，认为一个作者主要不是去看异国、而是根据自己的体悟去创造它，也就是说，异国形象并不是自在的、客观化的产物（至少不纯粹是），而是包含了很大成分的自我对“他者”的想象性制作，即按自我的需求对“他者”所作的创造性虚构，这种创造性虚构的结果便是异国形象的虚像呈现。

《中国古代文学中的日本形象研究》一书即采用了虚实相间的观照方式。中国古代文人在关于日本的诸多书写记忆（人种肤色、地理环境、文学艺术、风俗物产等）中，既有符合日本社会的实像描摹，又有基于自身文化背景想象出的日本幻象。如，由于日本特殊的地理位置，中国的各朝文人多把日本想象成珠宝之国，这是因为，珠宝往往与大海有关，很多珠宝都产于海中。从《三国志》开始的各类作品对日本的珠宝时有着墨，有些是真实的摹写，有些则是纯粹的想象之物。这说明中国人对日本的地理环境既有一定的了解，也有相当部分是基于地理环境而衍生的想象，对日本的真实了解与想象虚构共同塑造了其为珠宝之国的形象。再如，在《尚书·禹贡》及对其的各种注解中出现的“岛夷卉服”的描述，既是对包括日本人（当时称“倭人”）在内的各夷蛮民族仪容服饰的外在描写，也诱发了中国历代文人对异己文化的想象，于是，身着草服、

① 陈惇等：《比较文学》，北京：高等教育出版社，1997年版，第172页。

鸟形兽语的负面形象与礼让长生、仙姿道态的正面形象相杂糅，一起构成唐前文人心目中“倭人”实像与虚像的交响与演进。

的确，形象是“思想与情感的混合物”，从这种对异国形象虚实相间的观照中，更能见出形象塑造者对异国形象的感悟究竟有着怎样的切近和偏离，对于研究自我与“他者”间的文化交流更有着现实的借鉴意义。这是因为，虚实相间的观照方式既在一定程度上以其实录性便于实现形象言说“他者”的功能，又以其想象性和虚构性而突出了形象言说“自我”的功能。而这也是形象学的魅力和价值所在。

三、“仁”“兽”交互的日本形象

实际上，异国形象的生成并不完全是作者的个人描述和创造，作者在形象生成的过程中或多或少地受到所在社会集体的文化心理、历史习惯等的影响和制约，也就是说，异国形象是一种“社会集体想象物”。但这种社会集体想象物并不是统一的，有认同作用和颠覆作用这两种力量，存在于“意识形态”和“乌托邦”之间。某一作家笔下的异国形象是意识形态的，即指作者在依据本国占统治地位的文化范型表现异国，对异国文明持贬斥否定态度；当作者依据具有离心力的话语表现异国，向意识形态所竭力支持的本国社会秩序提出质疑并力图将其颠覆时，这样的异国形象叫作“乌托邦”。①

但在《中国古代文学中的日本形象研究》一书中，作者并未对这一生长于西方文化土壤的外来理论进行机械套用和搬用，而是采取了一种为我所用、灵活折中的策略，取得了良好的效果。同中日文化交流的轨迹大致平行，中国各个不同时代的文人笔下塑造出了

① 孟华主编：《比较文学形象学》，北京大学出版社，2001年版。

不同的日本形象，总体而言，古代文学中的日本集体形象有两种：一是仁者日本的形象，一是兽类日本的形象。在这里，作者并没有机械套用“意识形态——乌托邦”的理论模式，因为中日古代文化关系明显不同于历史上特别是近代以来的中国和西方文化关系。这对于涉足东方各国家文学中的其他东方各国形象的研究来说，同样具有借鉴意义。

受接受美学的影响，当代形象学注重对形象塑造主体的研究，从原来重视研究被注视者一方，转而重视研究注视者一方，即不再强调形象塑造者所塑造出的形象在多大程度上符合被塑造一方的实际，转而注重研究形象塑造者自身的文化背景，研究他“为何”和是“怎样”塑造出这样一种形象的。在这方面，作者借鉴和运用了形象学研究的这一理论转向，在分析论证中指出：无论日本形象如何变迁，中国文化始终是日本形象形成的基础。如在对“仁者日本”的正面形象形成过程进行分析时就着重指出，东方属木俗仁的地理观、孔子欲居九夷的传说，是仁者形象形成的主要原因和理论依据；在对“兽类日本”的负面形象进行分析时，指出在中国文人身上一定程度存在的负面的东夷观、中国文化中心主义的华夷观在背后起着决定性作用。

“扇从日本来，风非日本风”，这是宋人苏辙在《杨主簿日本扇》中的诗句，[①] 本文借以用来作为题目，不一定恰当，却一定程度上反映了日本形象与其得以产生的中国文化土壤之间的关系。张哲俊先生的《中国古代文学中的日本形象研究》，为国内的形象学研究特别是针对中国文学中其他东方国家形象的研究，提供了可贵的借鉴。

（作者为天津师范大学文学院博士研究生）

① 原文如下：“扇从日本来，风非日本风。风非扇中出，问风本何从。风亦不自知，当复问大空。空若是风穴，既自与物同。同物岂空性，是物非风宗。但执日本扇，风来自无穷。”

老挝一代文豪占梯·德安沙万其人及其作品的特点

陆蕴联

【内容提要】 占梯·德安沙万（Chanthy Deuansavanh）可谓是老挝文坛上一颗耀眼的明星，他的作品题材广泛，有反映解放战争时期军人的生活，有战争回忆录，也有反映当代现实生活中方方面面的内容；他刻画的人物栩栩如生，有个性；故事跌宕起伏，迂回曲折；文字优美，很有可读性。本文就笔者曾拜读过的这位伟大作家的一些著名或获奖作品进行分析，以让同仁们更加了解这位老挝家喻户晓的文坛巨星。

【关 键 词】 老挝作家；占梯·德安沙万

Chanthy Deuansavanh—— Lao Great Writer and the Characteristics of His Works

Lu Yunlian

【Abstract】 Chanthy Deuansavanh can be described as a dazzling literary star of Laos. Wide range of subjects of his works is reflected in the lives of the soldiers during the Liberation War, war memoirs and the contemporary real-life. In his works, vivid characters were portrayed; the plots were complicated and richly varied. Every story was so beautifully written and readable. I've ever read some stories and the award-winning works of the great writer, so I'd like to give an analysis on those stories in order to make the colleagues have a better understanding of the literary superstar of Laos.

【Key Words】 Lao great writer, Chanthy Deuansavanh

从19世纪末开始，老挝沦为法国殖民地长达半个多世纪，至20世纪50年代美国又入侵干涉老挝事务。随着老挝人民抗法抗美斗争的展开和民族的觉醒，一批爱国的文学工作者和革命知识分子开始从事诗歌、小说、散文、随笔等文学创作，因此在20世纪50年代至1975年老挝人民民主共和国成立之前，老挝文坛上涌现出许多革命文学作家，占梯·德安沙万就是其中的一位。

一、占梯·德安沙万生平简述及主要作品

占梯·德安沙万1940年10月6日出生于川圹省，1955年于越南小学四年级毕业后担任时为老挝宗教与艺术部部长富米·冯维希的打字秘书。1961年被派到越南河内学习新闻专业，毕业后到"巴特寮广播电台"工作。1963年担任《老挝爱国战线报》总编。1969—1970年被派至越南学习创作专业。1971—1972年被派到万象平原敌后方工作。1973—1975年担任"巴特寮通讯社"驻越南的代表。1976年被召回国担任《人民之声》和《巴特寮通讯》报社副社长，1979年担任上述报社的代理社长。1990年10月，老挝作家协会成立时任秘书长，同时创办了作协的刊物《芦笙之声》。2002年5月22日，老挝作家协会召开第三次代表大会时，被选为老挝作家协会主席。今已退休，但仍担任老挝作家协会主席职务。

占梯·德安沙万自20世纪60年代开始进行文学创作，1965年他以亲身经历创作了第一部短篇小说《革命的光芒》，1970年又改写成中篇小说《生活的道路》，后来又创作《生活的道路》第二、第三部续集。《生活的道路》6次重印，并被老挝教育部选入初、高中革命文学教科书，1975年被译成中文，在中国出版。除了《生活的道路》，至2008年他还出版了三本短篇小说集，共写了177部短篇小说和回忆录（其中一部分在解放区被敌机炸毁）。他多次获文学奖，如：1999、2001年的“东南亚文学奖”，2007年9月的“河内湄公河奖”等。其中，1999年以短篇小说《夜宿深山野岭》获得“东南亚文学奖”，成为老挝文坛上第二位获此殊荣的作家。此外，他还获各类奖章如自由勋章、劳动奖章、老挝人民革命党以及老挝人民军奖章等等18枚之多。他还自己出资印刷自己的作品8000册赠送给全国的教育单位和图书馆。

除了文学创作之外，他还翻译了一些中国文学作品，如1994年和1999年分别连载于《新万象报》和《芦笙之声》杂志的《三国节选》、出版于2007年的连环画《孙悟空》。据作家本人介绍，他还译过《红楼梦》，但遗憾的是在美国入侵时被飞机扔下的炸弹炸毁了。20世纪50—60年代，美国入侵干涉老挝时，用飞机往老挝国土上扔下了约300万吨的炸弹，老挝当时的人口大约有300万人，许多村庄被炸成平地，给老挝人民造成巨大的生命财产损失，森林遭到严重的破坏，连一些作家的书稿也难逃厄运，这不能不说是天大的遗憾。

二、占梯·德安沙万作品的特点

（一）题材广泛，内容丰富

占梯·德安沙万的作品有小说、报告文学、回忆录、随笔、警示录，此外还有反映历史史实的作品。其中，反映历史史实的作品，读者如果对老挝历史不很了解，可能会读不懂。例如：《诺比上尉的命运》描写的是一位苗族年轻军官名叫诺比，他盲目追随美国在老挝扶植的瓦波特种部队，“他履行了作为一名苗族战士曾经所立下的誓言：‘为苗族而战、为瓦波将军而战。’因为表现出色，他从一名少尉军官晋升成了上尉。从那以后，他有幸见到了自己一直都很崇敬的瓦波将军，见到了他自认为是上天派来重建苗族文明的美国军事顾问们……在一次与老挝爱国军队即解放军争夺战略阵地时，诺比的军队被解放军封锁，死伤无数……”①

这部短篇故事里出现的“为苗族而战、为瓦波将军而战”、“美国军事顾问”、“苗族战士”、“爱国军队”、“解放军”等名词，如果读者，尤其是外国读者对老挝历史了解不深的话，会感到莫名其妙，弄不清楚谁跟谁打。实际上，这部作品反映的是美国侵略老挝时扶植主要以老挝苗族人组成的军队来对付老挝反对外来入侵的爱国武装力量的，即美国人“用老挝人来对付老挝人”的伎俩。作品通过描写诺比上尉的命运以唤醒苗族战士的觉悟，同时抨击那些盲目追随美国扶植的军队的士兵都没有好下场。

由于作者经历过战火纷飞的年代，曾在老挝爱国战线领导人身边工作，所以他写的回忆录不仅对研究历史、而且对了解老挝老一辈领导人都有不可忽视的价值。

作者除了写反映战争的题材、回忆录外，也写了很多反映当代生活的作品，如：《中奖》讲的是一位名叫香肯的汽车修理工，他一向本分，原本想靠自己勤劳的双手老老实实地生活着，然而，受到周围的朋友下海经商个个成为暴发户浪潮的冲击，不想走捷径的他也加入了买彩票的行列，终于他中了1600万基普的大奖。过分高兴的他立即请一帮朋友去庆祝，不胜酒量的他吐了一身，朋友送他回家后，妻子帮他更衣并把脏衣服放到水盆里泡，第二天，香肯醒

① ［老挝］占梯·德安沙万：《〈爱到地老天荒〉短篇小说集》，老挝作家出版社，2002年版，第14页。

来去找裤子，发现衣兜里中奖的那张彩票已变成碎片。

描写公务员家庭生活的，如《生活的教训》、《迷失》、《伤心的晚会》等。《生活的教训》讲述的是一位在政府部门工作的名叫占雷的普通公务员，他没有外快，只靠月薪养活因病退在家的妻子和正长身体需要大开销的5个孩子。他入不敷出，经常不到发工资的日子，钱已花光，因此他每个月都得向单位提前预支。这天他领了扣掉借款后的工资，正兴高采烈骑着自行车回家，准备给一家人好好改善生活时，遇到了多年不见的老朋友。在老朋友的再三邀请下，他进入了一家这辈子想都不敢想的豪华酒吧。几杯酒下肚后，把妻儿正在家里等着他的钱去买一个月都吃不上几顿的烤鱼、凉拌肉末等事全抛在脑后了。等他醉醺醺回到家，摸摸口袋欲把工资交给妻子时，发现钱包早已被陪酒女郎偷走了。

《伤心的晚会》讲述一个普通老挝公务员的妻子贪慕荣华，嫌弃自己的丈夫不能给自己提供上流社会名媛般的生活，在一次跟随丈夫参加的晚会上，她认识一位有钱的商人，便开始了用自己与这位商人不正常的关系换取奢华生活的历程。最后，当她决定放弃丈夫和家庭，永远跟自己有钱的情人在一起时，却受到了冷漠的拒绝。万念俱灰的她最终还是得到了丈夫的宽容，又重新回到了自己温暖的家庭中。

还有一些反映现代生活的作品一针见血地抨击社会的弊端，发人深思。例如：《迷失》叙述的就是一个革命战士沉沦为金钱和美女的奴隶的过程。甘佩曾是个英俊潇洒且很有上进心的年轻人，是解放军队伍里一名冲锋陷阵的优秀青年、一名效忠于革命的正直善良的好战士，在那个硝烟四起的年代，哪儿需要他，他就往哪儿去。战争结束、国家解放后，他被分配到国家某部委当局长，后来成为某建筑公司经理，位高权重。当手中有了权和钱，一切都变了。“以前当局长时候，每个月的工资不到50美金的他，如今钱包里随时随地至少揣着上万泰铢或500美金以备不时之需……，他以前不胜酒力而现在他只喝威士忌。他每到一处餐馆酒店，身边必有美女陪伴。每当朋友们问起他以前的军营生活，他就哈哈大笑，说：‘唉！不要跟我提什么革命啦，那太老旧了，现在是高科技时代了，人也必须跟上时代潮流，什么阶级啊，观点啊，我受够了，也厌烦极了！’每当遇见昔日的革命战友，他都假装没看见或找借口避开，如果实在来不及避开，就很冷漠地跟人家握握手，接着便匆匆离去。”[①] 不仅如此，他还在外面买洋房养情人，把当初与妻子白头偕老的誓言忘得一干二净。在和平年代，他忘掉了革命本质，蜕化成为权力和金钱的奴隶，真是可怜可悲！

（二）真实性强，具有强烈的时代感

占梯·德安沙万的小说几乎都以现实生活为原型，很少虚构，每一个故事就好像发生在自己的身边，容易被人接受。例如：反映战争时代的长篇小说《生活的道路》就是以作家亲身的经历写成的。作者出身在一个普通的农民家庭，由于他家同情革命者，让“老挝伊沙拉阵线”[②] 的干部留宿，他的父亲被敌人抓走。不久，他的哥哥姐姐相继饿死、病死。母亲不得不带着他离乡背井，四处流浪，过着朝不保夕的生活。后来，母亲被迫当了财主家的雇工，受尽了生活的煎熬，终于劳累而死，撇下他孤身一人。为了寻找活路，他找到了革命队伍，逐渐锻炼成长为一名优秀的战士。作者根据自己的亲身经历创作了这部小说，描写了一个深受殖民主义和封建主义欺凌、压榨的老松族[③]少年，在抗击殖民主义者及其走狗的斗争中，在老挝爱国战线的教育培养下，成长为一名人民解放军战

① ［老挝］占梯·德安沙万：《占梯·德安沙万 1999 年东南亚文学奖短篇小说集》，老挝作家协会，1999 年版，第 27 页。

② “老挝伊沙拉阵线”亦译为“自由寮阵线”，成立于 1950 年 8 月，当时苏发努冯任中央委员会主席，组成了寮国抗战政府，领导老挝各地的抗法游击队，并组成“老挝伊沙拉部队”。1956 年，“老挝伊沙拉阵线”改组并扩大为“老挝爱国战线”，领导老挝人民进行了艰苦卓绝的抗美救国斗争。1979 年，“老挝爱国战线”改名为“老挝建国阵线”。

③ 老挝以前的民族划分是：全国分为三大民族，即：老龙族（人口最多）、老听族和老松族。在 2008 年 7 月召开的老挝六届国会五次会议上决定把老挝民族重新划分为 49 个，分别隶属于 4 个语族。——老挝国会网（www. na. gov. la ）。

士的历程。作者以朴素的语言、生动的形象，为读者描绘了一幅老挝人民现实生活和斗争的画面，成为老挝现代小说的优秀之作，并被老挝教育部选入初、高中革命文学教科书。

在他的反映现实生活的、真实性很强的、揭示当今人口贩卖社会问题的《命运》一书中，波彤像千千万万老挝少女一样，追求安逸的生活，希望找一个有洋房有汽车的年轻英俊的男人做丈夫。终于，她的愿望“实现”了。一天，一位名叫纳龙·孔帕南的英俊潇洒的泰国“富家子弟”以商人的身份出现在波彤面前，受过高等教育的波彤对这位“富家子弟”的海誓山盟深信不疑，随他来到曼谷，然而迎接她的不是纳龙有钱的父母亲，而是人贩子，纳龙拿了提成后也“神秘地失踪”了，波彤落入青楼被迫卖淫。

此外，本文提到的《生活的教训》、《迷失》、《伤心的晚会》等，这些作品都反映了当今老挝的社会现象和突出问题，富有时代感。

（三）故事情节跌宕曲折，扣人心弦

占梯·德安沙万不愧是一位久经沙场、富有经验的作家。他写的作品能给人悬念，结局也往往出乎人的意料。同样是描写男女爱情的故事，他使用的语言比较含蓄，情节也比较曲折。如：《爱到地老天荒》讲述的是一个富家子弟爱上一个贫穷姑娘，最后结合在一起永不分开的一波三折的故事。男主人翁辛塔维出身豪门，父母亲是国内外知名的大企业家。辛塔维在澳大利亚获得硕士学位回来之后，父母亲都盼望他早日娶妻生子，将来好继承自己的家业和财产。辛塔维在与万象市社会名流的千金以及与辛塔维家族有交情的达官显贵家的女孩们的交往中，发现那些女孩儿虽然有着甜美的声音、莞尔的笑容和勾人心魄的媚眼，言行举止也充分显示出其身份的高贵，然而总让他莫名地感到单调乏味。辛塔维每天早上去跑步，总见到一位穿着一套破旧的黑衣服、脸上蒙着一块黑布、只露出眼睛和鼻子的少女埋头从垃圾堆里翻出空罐子、塑料瓶子，然后

把它们塞到一个大袋子里。这使他感到好奇，终于有一天他忍不住便与这位姑娘搭讪，当姑娘摘下脸上的黑布时，辛塔维怦然心动，站在他面前的这位少女面容姣好，一双乌黑清澈的大眼睛着实令人着迷，最重要的是，通过交谈，她的善良、真诚和清纯使辛塔维感到很舒服，与他先前交往的名媛们完全两样。这位姑娘就是女主人翁顺彤。顺彤家境贫寒，父亲早逝，母亲常年卧病在床，她还有一个年仅 9 岁的弟弟。为了养活这个家，她去扫大街、捡破烂。从此，辛塔维通过各种方式帮助顺彤一家，于是俩人产生了感情。辛塔维深知，爱慕虚荣并且在老挝上层社会有一定影响的父母亲是绝对不会同意这档门不当户不对的婚姻的。于是，辛塔维对顺彤一家人进行包装，请英语老师来教顺彤英语，雇厨师来教她厨艺，雇女教师来教她国标舞、老挝传统的南旺舞等等。之后又带着顺彤一家三口去游玩泰国的曼谷、普吉岛以开阔眼界。顺彤的弟弟到一所私立学校上学，成为一个懂礼貌的可爱的小男孩；顺彤的妈妈得到了治疗，吃上了营养品，精神好了很多，再穿上辛塔维专门请裁缝给她量身定做的服装，一下子变成了富贵人家的太太。而顺彤每次去参加宴会，自然成了人们心目中的偶像，得到了大家的赞美，她再也不是以前的她了，而是毫不逊色于其他自国外接受高等教育回来的名媛。一切时机成熟，辛塔维告诉父母他要娶一位美籍老挝人、名人世家的女儿为妻，于是他们顺利地结婚了。然而，他们过上幸福生活不久，辛塔维遇到了车祸，他下半身瘫痪，脸部变形，左眼失明，丑陋无比。而顺彤不离不弃，俨然变成了丈夫的贴身护士，喂饭、洗澡、大小便、擦拭身体，对丈夫尽心尽力，不让他的精神受到影响。有时丈夫对生活充满厌恶，大声叫骂，她也极力忍受着，一声不吭。她还买来小说、故事书耐心地读给他听，偶尔还会唱歌以消除他厌倦生活的念头。就在这时，顺彤的身世被识破，婆婆骂她是克星、是妖怪，是她的晦气把辛塔维变成现在的样子，于是把她赶出家门。从那以后，辛塔维完全沉浸在悲伤与绝望中，不与任何人讲话，送来的饭菜他一口都不吃。这一切让父母很是忧心，最终他们只好选择把顺彤找回来。一见面，顺彤就冲过去与自己深爱的丈夫紧紧相拥，俩人表示要生死相依，相爱到地老天荒。

《雨中邂逅》也是讲述青年男女的爱情故事。童赛是首都万象一个中产阶级家庭的独子，家庭条件较为优越，父母一直希望工作稳定的儿子能够早日找到一位好姑娘结婚生子、后继有人，而童赛厌倦身边的所谓达官显贵家族的千金们，希望能够与一位质朴纯洁的女孩共度一生。波恩是来自琅勃拉邦省一位漂亮的农村姑娘，初次来到万象拜访自己的亲戚，在一个风雨大作的黄昏，与童赛邂逅于同一个屋檐下。初次见面童赛便深深爱上了波恩，此后便经常约她出去聊天谈心，二人很有共同语言，相互间好感倍增，然而童赛却一直不敢向波恩表明自己的心迹，直到波恩准备回琅勃拉邦的前一天，他终于鼓起勇气约出波恩并向她表达了自己的爱意。对于童赛的表白，波恩没有立刻回答，只承诺等自己回到家再写信答复他。分开后童赛一直不断给波恩写信，却迟迟得不到回音，直至他自南部出差回来终于见到了波恩的一封厚厚的来信，童赛喜不自胜，还没来得及拆开信便跟自己的母亲说明要去琅勃拉邦提亲。然而，待他打开信，得知波恩难以违抗父母早已为她定下的婚事时，他伤心欲绝……

这两篇描写爱情的短篇小说，情节起伏曲折，前一篇主人翁尽管历经千辛万苦，最终还能厮守终生；而后一篇则是一个典型的悲剧，相爱的人却未能在一起。文章让人悲伤却又不觉得空洞。

（四）塑造的人物栩栩如生，读后印象深刻

1999年获得东南亚文学奖的小说《夜宿深山野岭》，曾在老挝发行量最大的刊物之一的《文艺》杂志上刊登过（1995年第7期），小说的题目是《亲爱的伊亚泽》。作者在这篇短篇小说刻画了一位倔强、办事认真、懂得尊重关心体贴女性、腼腆的苗族小伙子的高大形象，描写的人物如此生动，好像跃于纸上。

《夜宿深山野岭》的故事发生在20世纪60年代老挝解放战争时

期，故事情节很简单：女主人翁麦翟年轻漂亮、有魅力，是妇女协会会长，一天她奉万象省办事处之命前往一个小村庄建立老挝爱国妇女协会。从办事处到小村庄需花费一天的时间，为了安全起见，省办事处给麦翟指派了在省办事处保卫队工作的伊亚泽同行，以作保护。伊亚泽是个苗族小伙子，是孤儿，他不善言辞，但对待工作却是兢兢业业，每次月底总结表彰他都会得到嘉奖。虽然俩人都在省办事处工作，但由于各自的任务不同，彼此间不是很熟悉。在同行的路途中，麦翟加深了对伊亚泽的了解，对他产生了感情。回到办事处不久，伊亚泽接到命令要去参加保卫战，临行前俩人互表心迹。三个月后，麦翟得到来自万象的消息："苗族人民的英雄后代伊亚泽于 1960 年 12 月 13 日在首都万象保卫战中英勇牺牲。"①

笔者在这部作品获奖前曾经拜读过，当时就对它尤其是男主人翁有着深刻的印象，得知这部作品获奖后再读它，仍觉得回味无穷。实际上这部作品还是描写爱情，但不同的是两位年轻的革命者之间的爱情是那么纯朴、那么自然，它没有山盟海誓，没有"我爱你"或"你爱我吗?"这样直白的语言，也没有什么华丽的言辞，用的只是朴素话语，却表达了深沉的爱，如在故事快结尾时这样写到：

"离开前的一天，伊亚泽主动约麦翟见面了，这是麦翟第一次看到伊亚泽脸上露出悲伤的表情，他看着麦翟，缓缓地说道：'我要离开你了，这一去不知道我们以后还有没有机会再见了!'麦翟紧紧地握住伊亚泽的双手：'你别这么说，我会在这儿等着你，或者我们可能会在万象见面呢!'出发之前，伊亚泽把自己一直带在身边的那把闪着绿光的圆柄小刀送给了麦翟：'好好留着这把小刀防身，它就代表我在你身边保护着你!'在这个依依不舍的时刻，麦翟第一次任眼泪夺眶而出，伊亚泽用手帕轻轻地为她擦去眼泪，原本她努力忍着不想让伊亚泽在奔赴战场之前看到自己流泪，但她

① ［老挝］占梯·德安沙万：《占梯·德安沙万 1999 年东南亚文学奖短篇小说集》，第 9 页。

没有做到。”[①]

这段描写让人感动，男主人翁深知这次离别生死未卜，于是把自己一直佩戴在身边的宝物送给心上人，而麦翟还在企望能在万象再见面，她万万没想到这却是永别！

这部作品不仅没用多少笔墨就把这段凄美的爱情展示在读者面前，而且通过女主人翁的心理变化把男主人翁的形象刻画得活灵活现。例如作者这样描写女主人翁的心理变化过程：

“上路的时候，她让伊亚泽走在前面，并且保持四五米的距离。为了防范，她的手里一直紧紧握着一把小刀。”[②] 很明显，这里描写的是麦翟对伊亚泽提防的心理，因为她是传统的女性，平时从不与男性打情骂俏，现在却要跟一位不熟悉的异性独行那么远的路，首先得提防。

“转眼半天过去了，饥饿和疲倦一步步朝麦翟逼近，她的自负与傲慢一点点消失殆尽，一丝丝寂寞涌上心头……一路上伊亚泽神情极其严肃，麦翟暗想：‘不知以后是否还有机会跟他一起远行，但愿这是最后一次。’”[③] 这是描写麦翟从自负傲慢到生气的心理变化。麦翟因为要保持一定的安全距离，不愿靠近伊亚泽，并且一直绷着脸摆出很严肃的表情。而伊亚泽也不理她，只是飞快地走，所以麦翟感到寂寞了，伊亚泽的沉默和严肃开始让她承受不了并且有点生气了。而中午吃饭以及对午后一场雨的描写，使女主人翁的心理变化更明显，男主人翁的形象开始凸显。

“伊亚泽静静地等着麦翟赶上自己，这才卸下刀砍了些芭蕉叶，用竹筒打了些水回来，他掏出饭团和蘸酱放在用芭蕉叶铺成的饭席上，示意麦翟过来吃，而他自己则走到不远处的一块石头上坐下，闲着无聊便掰掰指甲、弄弄石子儿，麦翟招呼他过来一起吃，他只

① ［老挝］占梯·德安沙万：《占梯·德安沙万1999年东南亚文学奖短篇小说集》，第8页。
② 同上书，第1页。
③ 同上书，第2—3页。

摇摇头说，‘我还不饿’。”①

“午后，天开始阴沉下来，雷声滚滚响彻整片山林，伊亚泽转过头来神情严肃地看着麦翟：‘我们停下来休息一会儿吧，要下冰雹了。’”②

“随后，他卸下自己随身佩带的小刀去路边砍芭蕉叶和桄榔杆，把它们搭成松鼠罩的形状，之后便叫麦翟钻进去避雨。他自己则坐在一棵糖棕树下，右手举着一扇芭蕉叶盖过头顶。又一阵雷声响起，一颗颗冰雹‘哗哗’地砸了下来，足有酸角那么大。紧接着大雨瓢泼而下，昏天暗地的，纵然麦翟的小棚顶用芭蕉叶和桄榔杆铺了好多层，可还是无法摆脱被淋湿的命运。伊亚泽跑过去把自己的帽子、雨衣给了麦翟，又迅速地跑回原地躲雨。麦翟叫他过去一起避雨，他却假装没有听见。从小棚里往外看，只见伊亚泽一只手擎着早已被冰雹砸破的芭蕉叶，另一只手不停地抹去流淌在脸颊上的雨水，他眯缝着眼，样子可怜极了，就像刚从水里出来一般，衣裤全贴在身上，可即便如此他也不愿意去麦翟的小棚里避雨。麦翟忍不住再次叫他到自己这边来，他却一个劲儿地摇头。‘唉！难怪大家都说啊，苗族人的性格就是一旦说出个不字，十头牛都拉不回来’，麦翟心里暗想着。”③

这几段描写把男主人翁对女性关怀体贴的形象、寡言少语而且倔强的性格形象地表现出来了。麦翟从一开始对伊亚泽保持一定的距离，不让他靠近到主动邀请他一起吃饭和到棚子里避雨，这不能不说是心理上的巨大变化。而晚上露宿深山更是麦翟心理变化的高潮。

“太阳西沉，整个山林逐渐被阴霾吞噬，伊亚泽砍了十多根木材来搭成小窝棚，之后又去拾了些柴火……。不到半个小时他们就有火可以烤了……。烤火的时候麦翟总是偷偷地打量伊亚泽，他标

① ［老挝］占梯·德安沙万：《占梯·德安沙万 1999 年东南亚文学奖短篇小说集》，第 2 页。
② 同上书，第 3 页。
③ 同上书，第 3—4 页。

准的国字脸，眼神如墨，浓浓的剑眉，身材健硕……。”[①]

“夜越深林子里越是寂静得可怕，麦翟睡不着，翻来覆去地心里老不踏实……”，“麦翟假装睡着了，实际上眼睛一直盯着那个倔强的男人，然而伴随着鸟儿和各种昆虫的催眠曲，疲惫的她终于进入了梦乡……”，“麦翟回到原地躺下，却久久不能入睡，紧紧地盯着伊亚泽，心里琢磨着：‘呀！革命真能培养出这么优秀的人呀！’麦翟心里不由对伊亚泽生出一种敬佩之情，平时大家都觉得少数民族没多少文化，大手大脚的就会干苦力，她为他感到委屈，并为自己之前一直在他面前摆架子而感到后悔。麦翟隔着红红的火苗打量了伊亚泽一阵，又睡着了……。等麦翟醒来天已经大亮了，此时的伊亚泽全然一副整装待发的样子……‘我们走吧！’伊亚泽建议道。麦翟点点头，冲着伊亚泽露出甜甜的微笑，他没有回应，只快步向前走去。”[②]

麦翟生平第一次与异性在深山野岭过夜，刚开始难免“心里老不踏实”，尽管伊亚泽拒绝靠近她一起吃饭、避雨，但她对伊亚泽还是有戒心，所以“假装睡着了”。然而她却不断地在观察伊亚泽，烤火的时候偷偷打量他的容貌，假装睡觉时眼睛也紧紧地盯着这个倔强的男人。到这时她的心理发生了根本性的变化，她开始赞赏他、敬佩他，为自己之前摆的臭架子感到后悔。到天亮时，看到自己一点没受到伤害，她“冲着伊亚泽露出甜甜的微笑”。这个心理变化的过程，描写得很细腻、自然。

作者通过对麦翟的心理变化、景物的描写，使伊亚泽高尚的品德也跃于纸上。

伊亚泽少言寡语，他深知自己的任务是保护麦翟的安全，所以对麦翟没有非分之想。他懂得尊重女性、关心体贴女性。一路上，他处处为麦翟着想，为麦翟砍芭蕉叶铺饭席、搭棚子给麦翟避雨、睡觉，而他自己则跑到一边等麦翟吃完饭；下雨时把雨衣给麦翟，

---

① ［老挝］占梯·德安沙万：《占梯·德安沙万 1999 年东南亚文学奖短篇小说集》，第 5 页。

② 同上书，第 5—7 页。

自己坐在树干旁举着被冰雹打破的芭蕉叶挡雨；晚上睡觉时，麦翟在棚子里睡得很安稳，而他自己则抱着枪只是靠在树干上打盹。伊亚泽的这些举动让读者对这位苗族小伙子不禁肃然起敬，在佩服他野外生存能力的同时，又觉得他是那么地可爱。然而他也不是整天板着脸的人。当半夜麦翟被林间动物叫声惊醒，立刻跑到他身边坐下问他是什么东西在叫时，他“睁开眼，意识到是赤麂的叫声便忍不住笑出声来，这是俩人同行以来麦翟第一次看见他笑”①。像这样可敬可爱的小伙子，麦翟怎么会不爱上他呢？然而，伊亚泽却在战斗中牺牲了，多么令人心痛，令人惋惜！

（五）语句流畅、易懂；描写细腻、生动，感人至深

接触过老挝文学作品的读者若一比较，就会发现占梯·德安沙万的作品语句流畅、描写细腻，有深刻的思想内涵。例如，在《诺比上尉的命运》中描写诺比所在的营被解放军包围惨败的情景：

“侥幸逃过一劫的士兵们此时横七竖八地躺在草地上，衣衫褴褛，脸被严重烧伤，腿到处是刮痕，有的因为伤口疼痛而呻吟着。真是奇怪，逃亡过程中似乎没有一个人痛苦呻吟，现在到了一个相对安全的地方个个好像都受了伤。有些战士甚至连鞋子都没了，而有的军官只剩一条贴身内裤……。诺比用怜悯的眼光瞅着这两个人，但同时却又忍不住想笑，现在眼前的这两个人，与当初住在龙京公寓时那妄自尊大的表情简直大相径庭。此时他们只剩下恐惧，害怕周围的一切，风吹动树叶他们会吓一跳，动物的叫声、树枝断裂的声响都会引起他们一阵战栗，他们甚至害怕眼前这些瓦波将军的部下，担心他们会砍下自己的脑袋献给解放军以邀功……”②

“现在站在诺比上尉面前的已不是先前妄自尊大的两个顾问，原先挂在他们胸前的三星徽章不知何时弄丢了，现在他们看上去就

---

① ［老挝］占梯·德安沙万：《占梯·德安沙万1999年东南亚文学奖短篇小说集》，第6页。

② ［老挝］占梯·德安沙万：《〈爱到地老天荒〉短篇小说集》，第15—16页。

像农夫插在园中用来吓唬小鸟的稻草人，头发遮住了脸，脸被刮破了，衣服上的扣子掉光了，袒露着猴毛沾满烂泥的前胸，肚子瘪瘪的，好像没气似的。他们瞪大眼睛看着诺比以及他身后黑发白眼的战士们。其中一个顾问如落水的猴子般不停地颤抖着，他用手摸了摸下巴及满是伤痕的脸，随即伸出舌头舔了舔嘴唇，似乎是饿了。”①

这两段把败军的惨状及两名美国军事顾问的狼狈样描写得淋漓尽致，连西方人胸部长的毛都观察到了。

有的作品描写得非常感动，读完后让人潸然泪下。如：《忠诚的“小黑”》讲述在战争时期，在极其困难的情况下，解放军战士收留了一条黑毛小狗，取名“小黑”。其中一位名叫康诺的战士负责喂它吃饭，成了它的教练，是它最亲近的人。后来康诺在一次战斗中牺牲了，战友们把康诺埋好后欲把“小黑”带走，然而无奈战士们怎么拽它，它都要留下来陪康诺。等打完胜仗了，战友们再回到康诺的坟前祭拜他时，发现坟堆旁边有一堆白骨，那是“小黑”的。

这个故事，不但读着的时候为“小黑”流泪，就是讲述给别人听也忍不住要哽咽。“小黑”非常可爱，战士们带它上战场，叫它别出声，它就乖乖的，在战士们没食物充饥时，它就去逮一些野兽来解决战士们的困难。“小黑”知道感恩，忠诚于自己最亲近的人，所以它要守着康诺，与他为伴，直到自己变成白骨。这故事多么感动人啊！

（六）作品体现作者爱憎分明、忧国忧民的强烈爱国精神

由于作者曲折的成长经历，他的作品有很强的民族意识，其战争题材歌颂“老挝伊沙拉阵线”，唤醒民众参加救国斗争，具有鲜

① ［老挝］占梯·德安沙万：《〈爱到地老天荒〉短篇小说集》，第16—17页。

明的战斗性。例如《佳妮》中的主人翁佳妮，从小失去母亲，父亲为了还村上诺朱大老爷的债，送她去当奴仆。后来她的父亲去世，她因受不了诺朱老爷的毒打，便逃了出来，在附近的村子里流浪以乞讨为生，晚上只能跟那些小猪仔一起睡在稻草堆里。村民们没有谁敢收留她，因为诺朱老爷非常狠毒残暴，他倚仗有一个当兵的儿子长期以来压迫村民们帮他种大烟，却只付给村民一丁点工钱，村民们也不敢跟他讨价还价。所以当伊沙拉的武装宣传队见到她时，"她脸颊浮肿，耷拉着眼皮，头发乱蓬蓬的，脖子上长着颗星苹果大的肉瘤，瘦弱的身躯上裹着块破烂的黑布，沾满了红土和灰尘，腿上脚上全是裂口，像蛤蚧鳞一样，看上去活像一个历尽沧桑的小老太婆"。[①] 后来，伊沙拉战士收留了她，把她送到根据地接受教育。当作者在中央中等师范学校举行的开学典礼上再次见到佳妮时，几乎认不出她来，此时的佳妮"面容姣好，皮肤白里透红，一双眼睛清澈明亮，穿着一件褐色开领府绸质上衣、紫色条纹裙子……"[②] 作者通过这个故事就是要告诉人们，伊沙拉不是"食人虎"，而是穷苦人民的救星，正是有了伊沙拉这样的爱国救国部队，才使千千万万个"佳妮"获得新生。

作者的爱憎分明在《诺比上尉的命运》中体现得更加充分。诺比，一位出色的军官，为了他所崇拜的瓦波将军而战，他毅然抛下身怀六甲的妻子，在与伊沙拉军队作战中他表现勇猛，屡屡立下战功，然而当他拿枪抗议美国军事顾问残杀自己的苗族同胞时，却蹲了6个月的监狱，"而在他入狱的这段时间，瓦波将军从没想到过他"。[③] 当他出狱时，"破大衣早已褪色……，面庞消瘦，双眼凹陷，满脸的络腮胡子盖住了嘴唇和下巴……"，"他解开衣服，天哪！竟然是一窝窝虱子藏在他衣服的褶皱里！他抓起虱子用两只手的大拇

① [老挝] 占梯·德安沙万：《占梯·德安沙万1999年东南亚文学奖短篇小说集》，第12页。

② 同上书，第10页。

③ [老挝] 占梯·德安沙万：《〈爱到地老天荒〉短篇小说集》，第18页。

指指甲使劲掐它们，发出一阵阵‘扑扑’的爆破声，每只虱子都因为吸足了血而胀得鼓鼓的……”。[①] 此时的诺比与之前无论走到哪里都受人尊敬、被人称赞勇敢的他简直判若两人。因他这身穿着和形象，司机都不愿意停车搭他。等他好不容易回到日夜思念的家乡，妻子及没出生的儿子早已死了。诺比“之后不久便失踪了，没有人知道他去了哪里。据乡亲们传言，他失踪的前一天曾去清扫过妻子的坟地，在那儿失声痛哭，直至午后才离去……”[②]。

这样一位为瓦波将军抛头颅洒热血的勇猛军官，最后竟是这样的悲惨结局！作者通过这些细致的描写就是要呼吁那些还在执迷不悟的苗族士兵快快醒悟吧！

反映当今社会生活的作品同样体现了作者的忧患意识。例如前面介绍过的《命运》、《迷失》等。在现在的老挝，人口贩卖是突出的社会问题。《命运》中的波彤受过高等教育，可以说是知识女性，最后都还落到人贩子手里。作者通过这部作品告诫那些爱慕虚荣、贪图享受的年轻姑娘们要擦亮眼睛，不要轻信花言巧语，要靠自己的双手去创造幸福的生活。在《迷失》中，作者写出了自己的担忧：随着社会经济的发展、人民生活水平不断提高，许多在救国斗争中出生入死的革命战士、爱国志士们经受住了战争的残酷考验，然而在和平时期却抵抗不住金钱和美女的诱惑，开始腐化变质，给家庭甚至社会带来危害。

三、一生热爱创作的作家

占梯·德安沙万一生都在创作，他的作品是老挝文学园地里一朵不可多得的奇葩。在一篇篇简短的故事中，作者向我们展示了老挝各个时期、各个阶层人民的生活，让外国读者接触到老挝这个神

① ［老挝］占梯·德安沙万：《〈爱到地老天荒〉短篇小说集》，第12页。

② 同上书，第21页。

秘国度中的风土人情以及自然风光，为学者们研究老挝提供了宝贵的资料。作者在作品中推崇真、善、美，在描写中探寻人生真谛，作品所揭示的社会现象值得读者们深思。他不愧是老挝一位名副其实的杰出的资深作家，语言功底十分深厚。他在作品中刻画的一个个活生生的人物，以浓郁抒情的笔法或通过深刻细腻的心理描写，引人入胜地展示了一个个动人的故事。同时，他又用辛辣的手笔抨击社会弊端。他笔下的故事感人至深，有深刻的思想内涵。

2008年，笔者有幸拜访了这位伟大的作家，走进他的客厅，看见书架上全是书，墙上挂满了作家获得各种奖项和勋章的照片。就是在作家的书架上，笔者见到了他1999年获东南亚文学奖的小说集，当时市场上没有卖的，作家毫不犹豫地借给笔者拿去复印，同时还赠送给笔者一套再版的长篇小说《生活的道路》。在书架上，笔者还看见作家精心装订收藏的《芦笙之声》杂志。他是这份杂志的主要负责人，他告诉笔者，由于没有经费和人力，这份杂志现在已停刊了。笔者随手翻翻，看见里面登有不少关于中国的内容，如邓小平、聂耳等的传记，中国的幽默笑话，还有香港回归时的报道等，可以说，在老挝的杂志中，它是刊登关于中国最多信息的杂志。笔者还见到作家的妻子，她是华人后裔，正因为如此，作家对中国有特殊的情怀，他还翻译了不少中国的作品，如《三国》等。

占梯·德安沙万的文学作品不仅是老挝人民宝贵的精神食粮，也是老挝语学习者提高语言水平很好的教科书。

（作者为北京外国语大学亚非学院教授）

浅析老挝神话的类型及特点

李小元

【内容提要】 老挝的文字出现较晚，相对于作家文学而言，口头文学更为发达。丰富的神话反映了古代老挝人民对世界的产生和人类起源的认识，反映了他们对自然的敬畏、抗争和改造的心理，同时也留下了各民族文化交流的印记。将老挝神话进行分类赏析，有利于我们更好地把握老挝神话的特点，从而剖析老挝文化的特质。本文从内容的角度将老挝神话分为创世神话、民族起源神话、与自然抗争的神话以及外来宗教神话——罗摩神话，逐一展开分析，并剖析老挝神话的特点。

【关 键 词】 老挝神话；内容；分类；特点

A Study on the Classification and Characteristic of the Myth of Laos

Li Xiaoyuan

【Abstract】 Lao language appeared late, as compared with written literature, the oral literature is more developed. The rich mythology reflect the understanding to the world production and human origins of the ancient Lao people, reflecting their respect, the struggle and transformation for nature, and also left a mark on the national cultural exchange. Analyzing of the classification of the myth of Laos will help us grasp the characteristics of the myth of Laos better, and further analyze the characteristics of Lao culture. From the perspective of the content of the myth, this article will divide the Lao myth into world creation myth, national origin myth, the myth of struggle with nature and the exotic myths-the myth of Rama, and then try to analyze the characteristics of myth of Laos.

【Key Words】 the myth of Laos, content, classification, characteristic

一、前　言

老挝文字出现时间较晚，在这之前漫长的历史长河中，老挝人民创造了丰富的口头文学。他们以自己独特的视角对人类的出现和民族的产生作出了阐释，以非凡的勇气战胜自然并尽情讴歌不畏艰险为民造福的英雄。在原生态文化的肥沃土壤中，古代老挝人民为后人留下了姹紫嫣红的神话花苑。本文试图将老挝民间流传的经典神话文本进行分类，并对其总体特点进行分析。

二、老挝神话的分类

“神话是原始社会的民间故事。由于当时生产很低下，缺少科学知识，人们不理解各种自然现象和社会现象的真正原因，认为天地万物都是有生命的。为了解释自然和社会的现象，同时也表达征服自然的愿望，当时的人们就根据人类社会的情形，在想象中按照劳动英雄的形象创造了各种各样的神，不自觉地编造了许许多多关于‘神’的故事，即神话。”①

老挝神话数量较多，内容丰富。本文将按照神话的内容将其分为创世神话、民族起源神话、与自然抗争的神话以及外来宗教神话。

（一）创世神话

创世神话是关于开天辟地和万物起源的神话。“原始人的思想虽然简单，却喜欢去探索那些巨大的问题，例如天地缘何而始，人类从何而来，天地之外有何物，等等。他们对于这些问题的答案便是天地开辟的神话，便是他们原始的哲学，他们的世界观。”② 老挝古代先民以其独到的思维方式对这些本源性的问题进行了解释，创造了多姿多彩的创世神话。其中流传较广的有以下几种：红泰族神话《水和土地的产生》认为，世界上最初什么都没有，后来天神创造了水和土地；《老挝和老挝人的起源》认为，最初世界上全是水，后来漂来一截木头，变成了土地；《布纽耶纽创造人间》认为，世界最初没有土地，只有一眼望不到边的水，天神对布纽耶纽说，他们所到之处将生出土地，于是才有了土地；苗族神话《创世》认为，最初世界混沌一团，天地不分。天神做了一次深呼吸，创造了天空，同时在天空中造了10个太阳、9个月亮和许多星星。为了防止太阳、月亮和星星掉下来，天神又用一块巨大的绿色帘子高高撑起。本来大地上还是一片汪洋，由于有10个太阳一直照耀了7年零7个月又7天，大地上的水逐渐干涸，开始出现陆地，树木花草也逐渐生长起来。后来天神又创造了各种各样的动物。最后，神仙用泥土捏成一种肚中有灵魂、喉中有声响的动物，这就是世界的主人——人类。

我们可以从以下几个方面对这些创世神话进行分析：（1）几个神话在解释世界如何产生时，无一例外地提到了土地的产生，这反

① 段宝林：《中国神话博览·上篇》，民族出版社，2010年版，第22页。

② 矛盾：《神话研究》，百花文艺出版社，1981年版，第163页。

映了老挝原始先民对土地朴素的崇拜。“原始先民对土地的依赖和对土地的崇拜是相伴而生的，对土地的依赖感直接导致了对土地的崇拜感。土地崇拜是自然崇拜的一种形式，……因为对农耕文明而言，土地是原始先民赖以生存和生产的场所，也是自然中万物生长的重要条件。原始先民对土地的依赖来自对土地的需求，即对土地的自然属性的需求。”① （2）几个神话大多认为世界最初是一片汪洋，可见老挝先民对水的印象之深刻，这应该源于老挝的自然地理环境，湄公河流经老挝全境，水域面积广阔，因此，在老挝先民的想象中，土地应该是于水之后产生的。（3）几个神话中大多提到天神直接或间接地创造世界，这种造物主的说法也是在别的国家和民族中普遍存在的。（4）从最后一个苗族神话中可以看出，老挝苗族先民们认为人是有灵魂的，也就是说是灵肉结合的一种动物，至今，不仅苗族人民，老挝大多数民族依然相信人是有灵魂的，所以当孩子受惊吓时，他们认为孩子的灵魂已经脱离了肉体，需要举行“唤魂”仪式，让灵魂重新回到孩子身上；另外，他们也认为，“人是由天神指派到人间以履行建设人间的责任，如果在这期间表现良好，等到肉体死亡以后，天神将把他的灵魂重新召回天庭。因此，老挝人相信，死亡只是一个人完成了他在人间的事业，在这之后，灵魂将重归天堂。正因为如此，老挝放置死者棺木的灵堂被称之为‘好房’，前去参加葬礼的人不是为了去悼念死者，而是给予死者的家属以安慰。他们相信，那个时候，死者已经灵肉分离了，也就是说，他的灵魂已经升天了。”②

（二）民族起源神话

民族起源神话是各民族最为常见的神话种类之一，老挝流传最

---

① 李滟波：《中国创世神话元素及其文化意蕴》，上海师范大学博士学位论文，博士论文库，2007年版，第55页。

② ［老挝］本米·特西蒙：《从壁画中追寻祖先的足迹》，选自《visiting muong lao》，老挝国家旅游局，2005年版，1—2月份刊，第46页。

广的民族起源神话主要是葫芦神话和龙的神话。

1. 葫芦神话

“葫芦生人”是世界各国普遍存在的民族起源母题。老挝地处热带，葫芦这种植物是古代先民们所熟悉的，同时又因为它多籽多产的特性，人们很容易将它与难以解释的生殖现象联系在一起。中国西南许多民族也都曾有过葫芦崇拜，并有葫芦神话流传至今，这也反映了老挝与中国西南的某些民族有着同源关系。

老挝古代有很多关于葫芦生人的神话，其中流传最广的有以下几个版本。

(1)《葫芦》[①] 的大意是这样的：很久很久以前，天神住在天界，人类住在凡间，天帝是凡间的统治者。他们通过巨藤保持往来。后来，天帝指派了三位天神下凡建设凡间，并吩咐他们说，以后人类有什么好吃的一定要禀告并供奉天帝，可是后来人类却没有听从天帝的吩咐，于是天帝一怒之下，发起洪水淹没了人间，只剩下三位天神，又回到天界。然而习惯了凡间生活的天神们无法适应天界的生活，因而请求重返凡间，天帝答应了，并赠予一头水牛。三位天神牵着牛回到凡间，将一片老鼠四窜的草地开垦成了水田，也就是后人习惯称呼的“鼠田”。过了大约三年，那头水牛死了，从它的鼻子里长出了一个大葫芦。葫芦里面人声鼎沸，嘈杂一片。三位天神十分惊奇，就用烧红了的铁钎向那个大葫芦戳去，当拔出铁钎时，居然从葫芦孔中涌出人来。后来天神用凿子把葫芦孔凿得更大，又蜂拥出成群结队的男男女女、牛羊马象、猪狗鸡鸭和数不清的财物，足足持续了三天三夜才结束。天神们把从钎孔出来的第一批人叫作“老听”，从凿孔出来的第二、第三批人叫作“老龙”和“老松”。老龙、老松、老听三个民族是老挝政府在民主革命时期为了团结各个民族而依据民族居住地势高低而划分的，虽然它缺乏科学的民族划分依据，但是在人们心中已

① ［老挝］耿乔·努安纳冯：《老挝民间文学 1》，老挝国立大学语言学院老挝语言文学系，2002 年版，第 18—20 页。

经根深蒂固了，因此，虽然2005年老挝中央建国阵线民族局正式公布了老挝政府关于老挝族群的最新科学划分，但是民间还是比较习惯三个民族的称呼。同时，也正是因为有了这样的神话，老挝人民认为，三个民族来源于同一个葫芦，同根同源，所以应该相互尊重，相互帮助。

（2）《老挝民族的祖先》[①]：从前，天帝管辖着凡间，人类无论做什么都必须先请示天帝，后来渐渐忘记了再向天帝请示汇报，天帝一怒之下，施行法术，降了三年三个月又三天的大雨，凡间洪水滔天，人类都被淹死了，只剩下居住在高山顶上的一户人家。当大水正要淹没他家时，漂来一个大葫芦，夫妻俩抓住葫芦，凿开一个口，把一对儿女和一些食物放了进去，之后，夫妻俩也被洪水吞没。洪水退了以后，姐弟俩分头寻找父母，无果，这时一只鹧鸪鸟授意他们结为夫妻，姐弟俩听后很生气，用石子击中鹧鸪鸟。后来，他们偶然在死去的鹧鸪鸟的嗉子里发现了稻谷，于是把这些稻谷当作种子，开始耕种水田。之后姐弟俩结为夫妻，妻子生出一个葫芦，当他们用铁钎在葫芦上戳开一个口以后，葫芦里走出了很多人，他们把这些人按出来的先后顺序分为三批，临终时把遗产分为三份留给他们：第一批出来的人分得一些成衣；第二批出来的人分得木制织布机；第三批出来的人分得一些鸡鸭猪羊。这则神话实际上是葫芦神话与洪水神话的结合体，也是常见的一种神话模式：洪水毁灭人类，葫芦作为运载工具拯救了姐弟（通常为兄妹）俩的性命，后来二者结合，繁衍出人类。但是，这则神话中还有一个突出的特点，那就是它提到了水稻和水田，这说明老挝的农耕文化在很久之前就已经产生了。

以上两个葫芦神话提到的都是一个葫芦，这也是最常见的一种模式，但是老挝还有一个神话中却出现了两个葫芦，这在东南亚其他国家的葫芦神话中并不多见：“蔡文枞《关于老挝民族起源问题》

---

① 张良民：《老挝民间故事》，辽宁少年儿童出版社，2001年版，第4—5页。

一文载：库姆伦来到孟天（亦称芒滕，今越南奠边府）。他立国之地临近一个被各种藤草围绕的湖泊，湖的北面有一棵长着两个大瓜的葫芦藤。由于古藤参天，大树茂密，天地混为一体，显得十分拥塞昏暗。库姆伦派人向天王求助，天王派出一批天将前来砍伐古藤和大树，并穿凿那两个葫芦。藤、树被伐后，天地分开了，人间亮堂了。葫芦被凿开后，从第一个中走出了许多人，他们是卡、柯姆、普囡、卡英、卡米等民族；从第二个中走出了佬族人。后来，库姆伦分派他的七个儿子和葫芦里出来的臣民到各处建立了七个国家。其中长子昆罗被派往勐兆，也就是今天的琅勃拉邦，建立了'澜沧王国'。"[①]

2. 龙的神话

老挝一直以来都有对龙[②]的崇拜，我们可以从现存的龙的壁画、雕刻等证实这一点。在谈到民族起源时，人们常常讲述一个叫作《九龙》[③] 的神话。

古时候，有一个居住在湄公河畔的部落，部落中有一个名叫迈宁的妇人，她家有九个儿子。在生第九个儿子之前，她去湄公河捕鱼。当她下水捞鱼的时候，有一根布满粗糙鳞片的原木从湄公河上游漂流下来，她来不及躲闪，被原木触碰了大腿，不久，就怀孕生下了第九个儿子，起名"九龙"。九龙生下来就会走路。一天，九龙跟着母亲去湄公河捕鱼，一条蛟龙突然钻出水面，大声向妇人喊道："喂！我的儿子在哪里？"妇人大吃一惊，立即转身跑回家中。九龙来不及逃跑，蛟龙游过来，伸出舌头，反复舔九龙的后背。九龙长大后聪明过人，力大无比。于是，人们拥戴他为这个部落的首领。从此，这个部落世代繁衍生息，成为哀牢族，九龙就成为哀牢族的祖先。" 这类感生神话说明了一种古老

① 傅光宇：《云南民族文学与东南亚》，云南大学出版社，2007 年第 2 版，第 185 页。

② 关于老挝的龙、厄和那伽是否属于同一种动物，尚存在争议。老挝语为不同的词，此处原文词义即为龙。

③ 张良民：《老挝民间故事》，辽宁少年儿童出版社，2001 年版，第 7 页。

的生殖观念：远古时代的初民，他们不知道生儿孕女是男女交通的结果，而认为是由于接触到某种自然物所致，并将这些自然之物奉为图腾加以膜拜。这是母系氏族时代只知其母不知其父的生殖状况。”①

另外，老挝的这则九龙神话与中国《后汉书·西南夷传》中“九隆神话”的主要内容基本一致。根据学者傅光宇对中国云南民间文学的研究，“九隆神话在云南古籍及民间都有进一步的演变…… 近年来在保山一古老石洞发现了九隆石雕，九隆是附近彝族人民推崇的始祖”②。由此可见，老挝无论从文学素材还是族源方面，都与中国西南部有着千丝万缕的联系。

（三）与自然抗争的神话

与自然抗争的神话反映了原始先民征服自然和控制自然的愿望。“由于当时人们在自然力面前处于被动的地位，因此这类神话虽然也反映了他们的生产实践和取得的成就，但更多的是在这基础上表现了原始人企图控制自然、获得更多生活资料的愿望和他们坚强不屈的气概，从而使这部分神话充满了幻想和豪情。”③老挝与自然抗争的神话较为丰富，其中布纽耶纽的故事家喻户晓，并对现代民俗产生了重要影响。

布纽耶纽的神话不仅流传甚广，而且随着时代的变迁出现了不同的版本。《布纽》④ 中，布纽耶纽是天神的后代，天神派他们下凡到人间。那时太阳很久才出来一次，当太阳落山以后，大地就一片漆黑，寒冷无比。因此，人们纷纷去寻找太阳，追求光明，但都因饥饿和劳累而在半路上死去。布纽十分同情人类，决心帮助人类摆脱苦难，他长途跋涉来到一座远在天边的高山上，吃了一颗长在高

---

① 万建中：《民间文学引论》，北京大学出版社，2006 年版，第 132 页。

② 傅光宇：《云南民族文学与东南亚》，云南大学出版社，1999 年版，第 79 页。

③ 钟敬文：《民间文学概论》，高等教育出版社，2010 年第 2 版，第 130 页。

④ ［老挝］阿提乌泰·加都蓬赛等编著：《老挝文学》，老挝教育部师资培训中心，1996 年版，第 10—11 页。

山上的神树的果子，顿觉浑身是劲，力大无穷。他不顾天帝的禁令，飞到天庭寻找太阳。在天空中，他从一个光芒四射的大火球中挖下一团火，迅速飞回大地，把这团火塞进大地的中心，大地逐渐变得温暖起来。从此，大地有了温暖和光明。然而天帝大怒，为了惩罚布纽，将一团烈火塞进他的肚中，布纽被活活烧死，后来，布纽的尸体变成了一座大山。《昆布罗》中，布纽耶纽在昆布罗下凡建国统治人间的过程中发挥了重要的作用，他们在昆布罗下凡前扛着斧头下到人间铲除妖魔鬼怪，并划定建国的版图，为第一个政权的建立作出了贡献。这几个关于布纽耶纽的版本创作的背景有明显差别，我们可以由此推测它们应该创作于不同的时代。布纽耶纽这两个人物形象可能在很早的时候就成为老挝人们心中英勇的祖先形象，后来，为了某种需要，人们把它放在一个新的历史事件中加以神话化。于是就出现了不同时代的各种版本。这一点与著名神话学家袁珂先生关于“广义神话”的观点较为吻合，他认为神话不仅存在于原始社会，在后来的封建社会中也依然流传，并可产生一些新的神话。[①] 但不管怎样，这两个形象都是英勇无畏、为民请愿、造福人类的。

著名人类学家马林诺夫斯基对于神话有过这样的阐释：“仪式、风俗、社会组织等有时直接印证神话，以为是神话故事产生的结果。文化事实是纪念碑，神话便在碑里得到具体表现；神话也是产生道德规律、社会组合、仪式或风俗的真正原因。”[②] 老挝人至今依然把布纽耶纽作为民族的祖先加以崇拜，鲜活的民俗活动戏剧般地演绎着神话，也记录着神话。如：每到一年一度的老挝新年——泼水节时，老挝古都琅勃拉邦都会举行布纽耶纽游行活动：将金狮银狮的大面具从寺庙里请出来，高高地供在花车上，后面有金狮银狮护卫。这是一项文化气息很浓的活动，据老人们

① 袁珂：“从狭义的神话到广义的神话”，载《民间文学论坛》，1983 年第 2 期。

② ［英］马林诺夫斯基：《巫术科学宗教与神话》，李安宅译，中国民间文艺出版社，1986 年版。

说，这是提醒人们要对父母长辈、老师、祖国、土地感恩，尤其是要对祖先感恩。事实上，布纽耶纽代表着一种祖先崇拜。[①] 另外，在平时的生活中，“纽”这个字渐渐成为一个没有实际意义相当于语气词的动词后缀，如：“吃纽”、“来纽”等，代表人们时时惦记着两位祖先。

（四）外来宗教神话——罗摩神话

印度文化对古代东南亚产生了巨大的影响，而印度文学也通过宗教的形式，在老挝古代文学中留下了明显的印记，其中最突出的是印度古代文学巨著《罗摩衍那》在老挝的流传。《罗摩衍那》在老挝叫《帕拉帕拉姆》，它继承了原著的形式和主要内容，但是很多细节却按照老挝的自然环境和文化习俗等特点作了改动。根据老挝文化研究所副所长本天·苏沙瓦的观点，“《罗摩衍那》不是直接从印度传到老挝的，而是通过高棉（今柬埔寨）的简易舞蹈形式传入。传入时间大约在13世纪中期法昂王统一国家之时”。“当时法昂王从高棉引进了大量的文化艺术资源，在当时的首都琅勃拉邦广泛传播，以巩固老挝的文化艺术基础。后来，公元15世纪的波提萨腊王时，《罗摩衍那》完整的文学文本才传入老挝，并在同一时期被翻译并改编成具有老挝特色的老挝语文本，命名为《帕拉帕拉姆》。从那以后，《罗摩衍那》开始以两种形式在老挝传播：舞蹈形式和文本形式（贝叶经文）。舞蹈形式沿袭了最初的简易内容，集舞蹈、道白、歌词于一体，最初只在宫廷内表演，普通民众无缘欣赏，传播的范围很有限；相比而言，文本形式则有着更多的受众，全国范围内凡是有寺庙的地方，几乎都有《罗摩衍那》贝叶经文的踪迹，也有民众摘抄部分内容流传于民间。文本的传播主要有两种形式：一是在寺庙中通过僧侣向佛教徒讲经的方式传播，因为老挝80%以上的人都是佛教徒，所以这种方式使《罗摩衍那》传播甚广；二是

① 老挝国家旅游局：“琅勃拉邦——最受欢迎的城市”，选自《visiting muong lao》，2005年，第5—6月份刊，第25页。

通过普通百姓的口口相传。”[①] 除此以外，“《罗摩衍那》的故事内容还以壁画形式出现于老挝寺庙，如古都琅勃拉邦的香通寺、万象省的乌蒙寺等。其中乌蒙寺壁画所反映的《帕拉帕拉姆》的故事情节较为紧凑，内容比较完整，共有29幅”[②]。《帕拉帕拉姆》对老挝民间文学产生了重大的影响，除了该神话本身的传播外，它的内容也成为老挝本土民间文学创作的素材，如民间故事《泪水河》就源于《牛王托拉毗》。

三、老挝神话的特点

神话在世界范围内存在着惊人的相似之处，但每个地方的神话又表现出其某些方面的特性。老挝神话一方面具备神话的共同特征，如：体现了朴素的积极浪漫主义和某些朴素的现实主义因素之间的初步结合；[③] 通过神奇的幻想来表现生活；人物形象都是神或半人半神；[④] 等等。另一方面，根据以上流传较广的老挝神话文本，老挝神话还具有以下几个鲜明的特点：

（一）一个母题，多种版本流传

从以上的论述中，我们可以看出，老挝神话内容丰富，基本上保留了原始性，而且存在同一个母题多个版本流传的现象，如：葫芦神话、布纽耶纽神话，等等。老挝葫芦神话是各种形式的葫芦神话之集大成者。布纽耶纽神话的多个版本明显出现于不同历史时期。创作初始时应该是佬泰语族歌颂祖先的英勇和功绩的，然而到

---

① ［老挝］本天·苏沙万：《帕拉帕拉姆——罗摩衍那在老挝》，《visiting muong lao》，老挝国家旅游局，2006年，第1—2月份刊，第34—35页。

② 陆蕴联：《印度史诗罗摩衍那在老挝的流传和变异》，《亚非研究》第1辑，时事出版社，2007年版，第252页。

③ 段宝林：《中国神话博览·上篇》，民族出版社，2011年版，第24页。

④ 钟敬文：《民间文学概论》，高等教育出版社，2010年版，第133—134页。

了昆布罗时代，可能是为了适应历史的需要，开始出现反映建立古代城邦的情节，实则为一种神话的历史化现象，“也就是说将神话当作历史材料利用，神话本身被转化为古史传说”。“历史化了的神话，是与农耕文明相适应的惟道德理性的现世主义思维方式支配的结果，其依附于道德至上，充当道德政治的图解。具体说，是出于神化帝王、帝王神化及建立帝王谱系的需要。”①

（二）体现了与中国文化和印度文化的渊源关系

老挝处于中南半岛，是古老的印度文化和华夏文化的汇合之处，老挝文化的诸多方面都反映了与中印文化的渊源关系，神话也不例外。《罗摩衍那》在老挝的流传及对老挝民间传说和民间故事创作的影响，是印度文化印记的典型代表；老挝佬泰族群与中国壮族的神话也存在着较多共通之处，尤为突出的有龙的神话和葫芦神话，其神话主题、叙事方式、象征意义和信仰内涵等方面都较为相似，体现了两个民族之间的文化渊源。

（三）“天”在老挝神话中的特殊形象和地位

老挝神话的一个显著特点是，每个神话的重要主角都少不了鬼或天（或说天神）。古代老挝人相信，除了人类世界以外，还有鬼和天的世界。除了下界，还有天界，“天在上面的世界，人在下面的世界”。人和鬼常有往来和联系。这种观点不仅表现在神话中，在人们长期以来的习俗和信仰中也多有痕迹。这种观点可能源于人们的万物有灵观念、祖先崇拜和自然崇拜。然而，“天”的概念在每个阶段又存在不同的解读。在阶级出现以前，“天”只有自然性，没有社会性；当出现阶级以后，“天”开始具备了社会性，宣扬统治阶级都是“天”派来统治人类的。“天”同时兼具自然性和社会性还表现在，它有时显得神秘，离人类的生活很遥远，但有时又跟

① 万建中：《民间文学引论》，北京大学出版社，2006年版，第119页。

人类很亲密，因为它可能就是某个民族功绩显赫的祖先。这一点我们从至今还留存的仪式中可以看出来，例如老挝人常亲切地称呼“老天公公”，祭祀的时候虔诚地说一句：“吃吧，天神父母。”

四、结语

老挝民间文学资源丰富，虽然搜集整理工作起步较晚且尚不够深入，但仅从已知的神话文本来看，依然可以发现其内容广泛，种类齐全，世界各民族主要的神话类型几乎都能找到，如创世神话、民族起源神话、与自然抗争的神话，等等。其中，学者较为关注的洪水神话和葫芦神话还存在多种版本，且颇具民族特色。神话对老挝后来的文学创作和留存至今的民俗文化产生了深远的影响。同时，老挝神话还体现了与东南亚周边国家及中国、印度神话的渊源关系。因此，进一步搜集整理老挝神话并深入研究，有利于了解老挝文学和文化的产生和发展，也有利于解读老挝与周边民族的深层次文化联系。

（作者为北京外国语大学亚非学院讲师）

《西游记》缩写版本

——《孙悟空》在老挝的翻译和传播

李 锷

【内容提要】 本文分析了中国古籍经典在老挝的传播情况，并着重从作品选取、内容删减、翻译手法等方面分析了中国古代四大名著之一的《西游记》缩写版本——《孙悟空》在老挝的翻译和流传情况。最后展望了中国古籍经典在老挝的传播前景。

【关 键 词】 中国古籍经典；西游记；孙悟空；老挝；翻译；流传

The Abbreviated Version of "Journey to the West"

——"Monkey King" and its Translation and Widespread in Laos

Li E

【Abstract】 This paper discusses the widespread of ancient Chinese literature classic in Laos. And from the selected work, deleted contents, translation techniques and other aspects of the abbreviated version of "Journey to the West", this paper focuses on the translation and widespread of "Monkey King" in Laos. And finally, envisages the future of ancient Chinese literature classic in Laos.

【Key Words】 ancient chinese literature classic, *Journey to the West*, *the Monkey King*, Laos, translation, widespread

一、中国古籍经典在老挝的传播

中国和老挝是山水相连的友好邻邦。有信史可考，中老两国人民之间有着近2000年的传统友谊和相互交流的历史。最早可追溯到《竹书纪年》（周成王十年）中记载的“越裳氏来朝”，越裳即今天的老挝。由此可见，早在2000年之前两国人民就有了往来。此后的各个朝代，中国和老挝均多次互相遣使、互赠礼品，并且逐渐有了贸易往来，主要是中国商人携带蚕丝、绸缎、瓷器、烟草、盐及其他日常用品深入老挝内地进行贸易，换回老挝的安息香、象牙、犀角、藤等土特产。长期的贸易交往过程中，有的中国商人就在老挝当地娶妻生子，并定居下来。据史料记载，自明永乐年间（1403—1424年），中国人已经开始侨居老挝。明末清初，侨民数目逐渐增加。除了商人外，还有一些是因为逃亡、避难等各种原因而迁居到老挝生活的中国人，例如：反抗清代的“改土归流”政策以及太平天国时期苗民抗清斗争失败而迁入老挝的苗族、瑶族。这些中国移民的迁入给老挝带去了中国先进的生产技术、生产工具和优秀的传统文化，他们同当地人民一起在老挝大地生存繁衍，并在共同的劳动中逐渐融合形成了一个新的民族，虽然经历了漫长的历史变迁，但是从现在老挝的语言、服饰、风俗习惯等方面还能寻觅到中华文化的印记。

中老两国之间的相互交流是如此之历史悠久、影响深远，但是中华文化宝库中最璀璨的明珠——中国古籍经典在中老两国近2000年的交流史上却难觅踪影，目前能找到的在老挝流传的中国古籍经典是少之又少，大多是于20世纪70年代后期才被老挝学者翻译成老挝文的，例如：《孙悟空》、《三国时代的政治》、《三国节选》、《知己知彼，百战不殆——解读〈孙子兵法〉》等。中老两国之间有着如此悠久和深入的友好交流历史，为什么中国古籍经典在老挝的传播却刚刚起步呢？究其原因，大致有以下几点：

第一是老挝国家统一的历史较短，14世纪法昂王统一老挝全境，创立了老挝历史上第一个统一的封建集权制国家——澜沧王国。之前老挝大地出现的多为城邦小国，生产力落后、国力衰弱，屡屡遭受邻国的入侵，文化的发展受到了很大的遏制。这些小国在与中国的交往中更注重的是生产技术和经验的学习和使用，而非更高层次的文化古籍经典的引入与学习。

第二是近代的老挝连年战乱，遭受过多个国家的侵略和统治，民不聊生，政治、经济、文化、教育等方面的发展受到很多破坏和制约。国家必须以民族生存为重心，无暇顾及文化方面的交流和积累。

第三是近现代老挝民族解放运动中，越南及苏联对老挝的影响较大，多为意识形态方面的影响，这期间老挝引进并翻译了大量的苏联和越南的文学作品。相比之下，中国在那个时期对老挝的影响很小。到了现当代时期，随着传播媒体的高速发展，中国文化开始慢慢进入老挝社会，但大多是以娱乐为主，体现在中国电影、电视剧、歌曲在老挝广泛传播，家喻户晓。

第四是老挝国民总体教育水平落后，全民素质有待提高，对于外国纯文学作品的需求很少，尽管有一部分知识分子接触并欣赏这类文学作品，但也由于在本国没有传播的土壤而无力广为传播。

第五是现在中老双方的交流侧重于经济贸易等有实际利益的领域，比如：水力电力开发、矿产资源开发、铁路建设等方面的合作交流很多。文化交流方面也多为教育、艺术方面的交流，比如：互派留学生、艺术团体相互访问交流等。而两国之间文学作品的引进、翻译、学习、研究等方面的交流很少。

第六是相较于泰国、马来西亚和印度尼西亚，老挝的华侨影响力小，无暇也无力推动中华文化在老挝的传播。老挝地处内陆，交通不便，较为封闭，以前在老挝的华侨大多是经营小本生意，他们本身的文化素质和在老挝的社会地位都不高，没有足够的经济实力和文学修养来大力推动中国古籍经典在老挝的传播。

以上六个原因造成了直到20世纪70年代后期才有老挝学者把有限的几部中国古籍经典引入并翻译成老挝文，使其在老挝得以流传。下面以老挝文版的《孙悟空》（《西游记》的缩写版本）为例，分析中国古籍经典在老挝的翻译和传播情况。

二、《西游记》缩写版本——《孙悟空》在老挝的翻译和传播

（一）老挝文版《孙悟空》的译者介绍

将《西游记》翻译为老挝文的译者是老挝作家占梯·德安沙万。占梯·德安沙万于1940年10月6日出生在老挝北部川圹省。他从1953年开始参加革命。1955年毕业于越南小学四年级，之后在老挝教育部担任打字员。1957年担任时任老挝宗教与艺术部部长富米·冯维希的打字秘书。1959年老挝爱国战线领导人苏发努冯被捕入狱后，他曾为其送过饭和情报。1961年他被选派到越南河内学习新闻专业，毕业后到巴特寮广播电台工作。1963年担任《老挝爱国战线报》总编。1969—1970年再次被选派到越南学习创作专业。1971—1972年被派到万象平原从事敌后工作。1973—1975年被派往越南担任巴特寮通讯社驻越南的代表。1976年被召回老挝担任《人民之声》和《巴特寮通讯》报社的副社长，1979年担任上述报社的代理社长。1990年10月老挝作家协会成立，他出任秘书长，同年创办了老挝作家协会的刊物《芦笙之声》。2002年5月22日老

挝作家协会召开第三次代表大会时，他当选老挝作家协会主席。现已退休，但仍担任老挝作家协会主席职务。

占梯·德安沙万从20世纪60年代开始从事文学创作，1965年他以亲身的经历为蓝本创作了他的第一篇短篇小说《革命的光芒》，1970年又将其改写成中篇小说《生活的道路》，后来又创作了《生活的道路》第二、第三部续集。《生活的道路》6次再版印刷发行，并被老挝教育部选为初中、高中的革命文学教科书。1975年小说《生活的道路》被翻译成中文，在中国出版发行。除了《生活的道路》外，占梯·德安沙万还创作出版了三本短篇小说集，收录了他的177篇短篇小说和回忆录。占梯·德安沙万曾多次获得文学奖，如：2001年的东南亚文学奖，2007年9月的河内湄公河奖等。此外，他还多次获得各类奖章，如：自由勋章、劳动奖章、老挝人民革命党以及老挝人民军奖章等。

占梯·德安沙万是目前翻译中国作品最多的老挝作家，除了《孙悟空》外，他还翻译过《三国》和《红楼梦》，但遗憾的是他翻译的《红楼梦》在战争年代被敌机炸毁了。他的夫人有中国血统，他对中国有着特殊的感情，对中国传统文化也有很深的了解和认知。他对中国古典文学作品非常欣赏和喜爱。凭借作家独到的审美角度和深厚的文字功底，占梯·德安沙万把优秀的中国古典文学作品翻译并传播到老挝，为中老两国的文化交流，尤其是起步较晚的两国文学作品交流做出了很大的贡献。

（二）译者对作品的选取

我国四大名著之一《西游记》被缩写并翻译成老挝文版的《孙悟空》在老挝广泛流传，深受老挝人民喜爱。这一方面显示了我国古籍经典在国外，尤其是在周边国家有着较大的影响力。另一方面，在中国众多优秀的古籍经典中，老挝学者选取《西游记》作为翻译的对象，并使之在老挝得到广泛传播，这在很大程度上是受到印度史诗《罗摩衍那》（Ramayana）的影响。由于最早传入老挝的外国文学经典作品——印度史诗《罗摩衍那》在老挝社会中有着很深很广的民众基础。而老挝文版《孙悟空》和印度史诗《罗摩衍那》无论是作品的内容、人物，还是作品隐含的宗教、文化因素等方面都有一定的相似性，译者从老挝民众对于外来文学作品的接受度方面考量，把《孙悟空》作为翻译对象不失为一个比较恰当的选择。

公元初期，随着婆罗门教和大乘佛教的传入，印度的文学作品也随之传入老挝。老挝的许多古典文学作品就取材于当时传入的印度文学作品。对老挝文学产生巨大影响的《罗摩衍那》已经成为了老挝古典文学的一个重要组成部分。《罗摩衍那》传入老挝后，被改编为老挝文版的《帕拉帕拉姆》（Palapalam），得到广泛的传播。《帕拉帕拉姆》讲述的是佛祖托生为罗摩后发生的故事。除了文本之外，《罗摩衍那》的故事被改编为老挝传统舞剧在民间演出，深受民众喜爱。《罗摩衍那》的故事情节还以壁画形式出现于老挝寺庙，如：古都琅勃拉邦的香通寺、万象的乌蒙寺等。由此可见《罗摩衍那》在老挝是一部雅俗共赏、家喻户晓的文学作品，具有较强的知名度和传播力。

之所以说印度史诗《罗摩衍那》对《西游记》缩写版——《孙悟空》在老挝的广泛流传能产生极大的影响，是因为《罗摩衍那》中的神猴哈奴曼这个英雄形象在老挝民众心目有着崇高的地位。《西游记》的老挝文版本，被命名为《孙悟空》，而且每一册中也都着重翻译了《西游记》中与孙悟空相关的段落。这是因为老挝译者将《西游记》中的孙悟空理解成了《罗摩衍那》中的神猴哈奴曼，在中国也有不少学者认为孙悟空的形象中含有哈奴曼“血缘”。《罗摩衍那》中的神猴哈奴曼在老挝已经拥有了广泛的受众群体，这为《孙悟空》在老挝的传播铺平了道路。另一方面是因为印度史诗《罗摩衍那》是一部充满了宗教色彩的小说，文本中频繁出现“天国”、“天宫”、“三昧”、“功德”、“牟尼”等宗教词汇。而《西游记》也是一部充满了宗教色彩的作品，其中的很多宗教词汇对于笃信佛教的老挝人民来说并不陌生，比较容易理解，也非常容易引起老挝读者的共鸣。

（三）译作与原著的内容比较

《美国大百科全书》认为《西游记》是“一部具有丰富内容和光辉思想的神话小说”。在那些离奇古怪的故事情节里面，融合了中国古代文化三大主流——佛、道、儒的思想精粹，其中广博的知识涉及到政治、经济、军事、文化、禅、易、医、巫等，非常博大精深。可以说，《西游记》是一部集中国古代文化思想之大成的文学作品。《西游记》原著从“第一回，灵根育孕源流出，心性修持大道生”到“第一百回，径回东土，五圣成真”共有100回，包括了唐僧师徒四人的出身传和降魔传，着重描述了师徒四人在14年的时间里，历经千辛万苦，战胜各种妖魔鬼怪，终于到达西天，取回了真经的故事。原著描写的唐僧、孙悟空、猪八戒和沙僧是四个生动鲜活、性格各异的人物，四个人物都有自己的优点和缺点，对孙悟空也并非一味地歌颂。整部作品是用魔幻的手法在描写现实的人类社会，直到今天人们对于这四个人物的评价也是褒贬不一、不尽相同的。原著中不但对师徒四人进行了详细的描写，其中的各路神仙、妖魔鬼怪也个个都是有血有肉有个性的鲜活形象，这些人物的描写在读者眼前呈现出了一个缤纷绚丽、包罗万象的大社会。

老挝文版的《孙悟空》正式出版发行于2007年，共三册。第一册是加插图的故事，共45页。第二册、第三册为连环画形式，均为94页。老挝文版的三册《孙悟空》从故事情节上来看并没有连续性，第一册和第三册的部分内容还有重复。第一册讲述了孙悟空出世、拜师学艺、自封美猴王、闹龙宫夺金箍棒、出任弼马温一职、大闹天宫、被如来佛压于五指山下、拜唐僧为师、收服猪八戒和沙僧、战胜金角大王和银角大王、过火焰山、到达西天、取得真经的简要故事，概述了《西游记》的主要内容，文字描述非常简略。第二册讲述了唐僧师徒四人在取经路上战胜红孩儿的故事，属于《西游记》中的一个故事，文字描述很详细。第三册讲述了孙悟空大闹龙宫夺金箍棒、出任弼马温一职、大闹天宫、被如来佛压于五指山下，和第一册部分内容重复，但文字描述比第一册详细。

从内容上看，老挝文版的《孙悟空》对原著《西游记》的内容进行了大量的删减，虽说每册译本节选的内容不一样，但都是以孙悟空为主线来展开，对他进行了大量的描写，其他人物都成了配角。原著中的孙悟空生性机敏、勇敢、忠诚、嫉恶如仇，在中国文化中已经成为了机智与勇敢的化身，但仍然是一个优缺点并存的较现实的人物。而在老挝文版的《孙悟空》中，孙悟空这个形象除了具备原著赋予的优点，还俨然成为了一个无所不能的完美的英雄人物，其他角色的存在只是为了烘托孙悟空的英雄形象。可见《西游记》在老挝学者翻译过程中被节选并更名为《孙悟空》，顺应当时老挝民众呼唤英雄、崇拜英雄的心理需求，也符合了他们对这类小说固有的认识定势，即对某位英雄人物超现实主义的歌颂和描写。这种对原著进行节选翻译的做法虽然有利于使作品在老挝社会被迅速接受，并得到广泛传播，但却无法忠实于原著，不能把原汁原味的《西游记》经典名著完整地呈献给老挝人民，让他们品鉴、学习博大精深的中国文化。这是值得中老两国的学者共同关注和努力解决的问题。

（四）本土化的翻译手法

原著《西游记》中善意的嘲笑、辛辣的讽刺、严肃的批判等巧妙结合的写作特点使得作品不仅生动有趣、引人入胜，还意味深长。《法国大百科全书》说："全书故事的描写充满幽默和风趣，给读者以浓厚的兴味。"从 19 世纪开始，《西游记》就被翻译为日、英、法、德、俄、泰等多种文字流传于世。老挝文版《孙悟空》于 20 世纪 70 年代末期翻译完成，于 2007 年正式出版发行。

从翻译手法分析，老挝文版《孙悟空》最大的亮点在于译者采用了本土化的翻译方法。在词语的选择和使用方面都颇具老挝古典文学的色彩。《西游记》是一部优秀的神话小说，老挝的古典文学作品中也有大量的神话传说，《西游记》原著中出现了许多富有神话色彩的词汇，比如：各路神仙的名称、法术、武功、兵器等，译者都巧妙地将这些词汇做了处理，找到了相对应的、贴切的老挝词汇，这让老挝读者非常容易接受和理解，有助于译本在老挝的广泛传播。同时，《西游记》也是一部充满了宗教色彩的作品，其中有很多的佛教词汇，比如："天宫"、"佛"、"菩萨"等佛教词汇。对于笃信佛教的老挝民族来说，这些都是他们听经念佛时或是在日常生活中时时会听到、说到的词汇，译者在对这类词汇的翻译上更是信手拈来、运用自如，使得老挝读者在阅读时不会有任何的文化疏离感。可以说，是中老两国宗教、文化上的一些相似点和《西游记》原著的写作特点让老挝文版《孙悟空》的本土化翻译成为了现实。

尽管如此，还是有一些具有中国韵味的词汇，由于语言和文化的差异，是老挝译者无法做到准确体会和传神翻译的，比如：唐三藏、猪八戒、弼马温等词，老挝译本中都用了音译的方式，这样读者就不能体会到词汇背后所蕴含的深层次含意。

老挝文版的三册《孙悟空》都是配有文字解释的插画故事或连环画，这些插图虽然很生动有趣，但是在文字描述上，由于删节了许多原著的内容，并且用词简单直白，使得老挝文译本更像是一套浅显易懂的儿童读物。造成这种结果的原因，除了上面提到的老挝译者从作品受众的角度来考量外，还有一个原因是译者占梯·德安沙万不懂中文，他是参考泰语和越南语的《西游记》文本来完成老挝文《孙悟空》的翻译工作，这不可避免地会造成对于原著的认识和理解上的偏差。但这部老挝文《孙悟空》的出现还是为中老两国文学作品的交流开创了先河，起到了很好的示范作用。

（五）老挝文版《孙悟空》在老挝的传播情况

老挝文版《孙悟空》于 2007 年正式由老挝国家出版社出版发

行，每册发行了1000本，共计3000本。在老挝由于经济条件和民众购买力的限制，图书的发行量都不大。但这并不妨碍老挝人民对图书的阅读，会有一部分正式出版发行的书籍被分配到各个图书馆、大中小学校等，供大家借阅。浅显易懂的文字、丰富多彩的内容、生动有趣的图画让老挝文版《孙悟空》迅速在老挝流传开来，成为深受老挝人民喜爱的文学作品。作品中的人物和情节已经深入老挝人心中，成了人们茶余饭后的聊天话题。

三、中国古籍经典在老挝传播的前景展望

（一）中老两国都有文学作品交流的意愿

中国和老挝两国人民自古以来在很多方面都有交流与合作。近年来，两国在政治、经济、军事、文化、卫生等多个领域的友好交流与合作更是不断深化。随着两国在上述领域交流与合作的加深，两国在文学领域的交流与合作也在日益加强。

类似《孙悟空》这样的中国文学作品在老挝的翻译和传播，是中国传统文化在老挝传播的重要途径，也是让老挝社会深入了解中国传统文化和社会思想的重要载体。这种以文学作品为载体向外界传播中国文化以及主体民族思想、让世界深入了解真实的中国的方法是比较温和的，而且是行之有效的。这也是中国一直在做、并且会长期坚持做下去的外宣工作。

目前，在老挝的教育界、文学界也有很多知识分子逐渐意识到吸收和借鉴外来文学经典对于本国文化提升和本土文学创作有着巨大的推动作用，他们正在积极地进行着对外国优秀文学作品的引进和翻译工作，其中当然少不了对中国古籍经典的引进和翻译。

（二）中老两国都具有较强的翻译能力和传播能力

在老挝，随着中老两国各方面交流合作的加深，两国高层互访

频繁，中国企业大量到老挝投资开发，每年有大量老挝留学生到中国学习深造，孔子学院也在老挝设立了分校。两国的频繁交往在老挝社会掀起了势不可挡的汉语热，许多老挝年轻人从小就开始接受汉语教育，汉语水平非常好，对中国的文学作品非常感兴趣。

在中国，随着外交政策的发展和变化，国家越来越重视小语种的学科建设，对小语种教育的扶持力度不断加大。目前，我国有老挝语专业的大专院校在不断增加，北京外国语大学、洛阳外国语大学、广西民族大学、云南民族大学等院校都设有老挝语专业。这些院校的老挝语专业拥有高水平的教师队伍、丰富的教学经验和高质量的学生来源，这使得近年来我国老挝语的教学和研究水平都有了突飞猛进的提高，为国家培养了大批的优秀老挝语人才。

在拥有了大量的语言人才和较强的语言能力的条件下，中老两国翻译界一定有能力将代表中国传统文化的古籍经典较为详尽准确地翻译为老挝语，让我们的友好邻邦老挝人民也能够欣赏和分享中国文化的博大精深和无穷魅力。

可以预见，在不久的将来一定会有更为全面详尽的《西游记》译本和其他中国古籍经典译本在老挝得到广泛的传播。

参考文献

1. 占梯·德安沙万：老挝文版《孙悟空》（一、二、三册），老挝国家出版社，2007年版。

2. ［印］蚁蛭著，季羡林译：《罗摩衍那》，译林出版社，2002年8月版。

3. 景振国主编：《中国古籍中有关老挝的资料汇编》，中州古籍出版社，1985年5月版。

4. 陆蕴联："老挝的中国学研究及汉语教育"，《亚非研究》第3辑，2010年1月版。

（作者为北京外国语大学亚非学院副教授）

韩中现代文学相互关系一瞥

——以鲁迅为中心

［韩国］金允植著　金京善译

【内容提要】　韩中两国在文学上有着千丝万缕的联系，在现代文学方面亦是如此。虽然韩国对中国现代文学了解有限，但鲁迅却在韩国享有较高的知名度，常常被与韩国文人相比较。李光洙便是典型的例子。鲁迅是中国现代文学的一面旗帜，鲁迅作品中最为显著的便是一种超越启蒙主义的阿Q精神，对中国现代文学影响深远。现在，韩国对于中国现代文学的交流已逐步展开，这是一个好的开端，很值得欣慰。

【关 键 词】　韩中现代文学；鲁迅；李光洙；交流

The Relationship between Korean and Chinese Modern Literature

——Lu Xun as the Center

Kim Yun Shik（Korea）

【Abstract】　Korean and Chinese literature are closely related，in particular modern one. Lu Xun enjoys high popularity in Korea. Although the Korean literati know little about contemporary literature of China，they often make comparative study on the works of Lu and Korean writers, especially Lee Kwang-Soo. As the flagship of China's modern literature, Lu Xun's works, as represented by the depiction of Ah Q mentality, have transcended enlightenment and exerted deep-going impact. Currently, literature exchange between the two countries have unfolded, which is a good beginning.

【Key Words】 modern literature of Korea and China, Lu Xun, Lee Kwang-Soo, exchange

一、为何是鲁迅

1993年8月11日，在北京一家挂着阿拉伯文匾额的小餐馆里，正举行着一个不同寻常的小规模宴会。若赋其名，可谓“韩中文人之夜”。李浩哲是我们韩方代表团团长，中方团长则是中国作家协会（中作协）主席团委员，人民日报主编袁鹰。双方人员都加在一起也不过20多人。虽然这次聚会规模很小，而且是民间性质的，但是靠韩中文化协会牵线才得以实现的这次小聚会，却是那样难能可贵。

我们这次来中国，为的是参加延边朝鲜族自治州的“作家之屋”落成典礼。5年前，由作家李浩哲最先倡导，政府资助、文人捐款、企业赞助，募集到了50万美元，5年后“延边民族文学院”得以建成。韩中未建交的10年之前，一个文人的超前意识，促成了这种非常有意义的大事。文学确实是既与现实紧密联系在一起，又是先于现实一步的人类行为。

什么是文人？文人就是天生对生活和现实以及命运苦苦思索的一类人。文人的超前意识在冥冥之中也在推动着“韩中文人之夜”。对当晚的情况，挑几个印象深刻的做点滴描述。

第一，餐馆的气氛。前面已经说过，这是一家挂着阿拉伯文匾额的餐馆，也就是说，我们聚会的地点既有中国特色，又不失异国情调。虽然上的菜、用的碗碟都是中式的，北京烤鸭也照例端上了桌，但还是隐隐地散发着一种异国情趣。自古以来中国便是一个多民族国家，无论首都是长安（西安）还是北京，都是多文化城市，对异域文化历来持包容态度，所以对不同文化从来没有陌生的感觉。“韩中文人之夜”可以认为是这种异国情趣的一种吧。

第二，中方文人们的发言，可以说是慎之又慎。袁鹰团长的发言意味深长，他说韩中两国共同进行了反对帝国主义的斗争，韩中关系是兄弟关系。很显然，所谓的反帝斗争指的就是抗日战争。虽然他的言词非常谨慎，但有一点说得非常清楚，那就是两国之间存在着历史的渊源关系。他的发言当中透漏出的这种信息，我们还是感觉到了。

第三，说这晚的宴会只是一个单纯的聚餐，也无可非议，但应该有所收获，为这些我们应该尽一些力量。和我在一个餐桌上就坐的还有中国作协外联部的李锦琦先生。他可以说是中国作协的代言人吧。李先生很年轻，语言也很犀利，可是非常遗憾，因为我们对对方的具体作品一无所知，所以闭口不谈文学，只聊了一些很实际的话题。

其实，我很想和李先生探讨一下有关韩中文人交流的问题。至于如何交流、交流什么、何时交流，我心里也没有具体的方案，但有一点我是可以肯定的，那就是我们都患有“文学”这一无可救药的“疾病”。但我没有办法将这些话说出口。我感到有些无能为力。韩中文人交流是一项现实性很强的课题。当然，这并不意味着文学屈从于现实，只是觉得有些无能为力。我察看了一下团长李浩哲这位大人物的表情，把场面搪塞过去了。

韩中文学交流有可能吗？面对这个提问我不得不感到绝望，这是因为我太无知。别的因素暂且不说，对中国现代文学一无所知是和中国交流的最大的障碍，我对中国文学的了解非常有限，知道的只有鲁迅（1881—1936年）一人，这反而显出了鲁迅的伟大。假如这意味着鲁迅文学亦即代表着中国现代文学，那么我可否也算了解一些中国现代文学呢？自从毛泽东评价鲁迅文学是比任何共产党员的文学还具革命性的文学以后，鲁迅文学对我们也敞开了大门。韩国刚刚解放就出版了《鲁迅短篇小说集》1—2卷（金光柱，李容圭译，首尔出版社，1946年版），还有李明善教授的《中国现代短篇小说选集》（先文社，1946年版）也介绍了鲁迅的作品。这期间《故乡》、《孔乙己》、《狂人日记》、《阿Q正传》等10余篇短篇代表作被译成韩文。对于从来没有创作过长篇小说的鲁迅来讲，这些短篇几乎是他小说的全部。后来李家原的《鲁迅》（东西文化社，1975年版）中收录了包括《狂人日记》、《阿Q正传》在内的小说和散文集《呐喊》、《彷徨》、《野草》、《朝花夕拾》、《故事新编》等。但仅凭这些把鲁迅称之为大作家，我觉得还是欠缺点什么。尽管如此，大家还是把他称为大文豪，原因何在呢？回答这个问题，简单几句话是不够的。但我们可否谨慎地这么推测一下：那就是面对西方帝国主义列强，中国要进行现代化，鲁迅作为一个文人，通过文学对揭露中国面临的问题作出了巨大的贡献。大文豪的称呼正是来源于此。中国现代化的必要性，没有人比鲁迅看的更透彻、锐利、准确。与那些肤浅的启蒙主义者不同，他看透了帝国主义的本质特点，为揭露其狰狞面目，他动用了所有的文学手段。他时而用小说，时而用杂文和评论作为武器刺向帝国主义的心脏。我们与其说他相信文学具有这种功能，还不如说他使文学具有了这种高超的功能。“血书只是血的痕迹而已，文学则是笔墨写成的”，他的这句话，就是很好的说明。他不相信那些称赞中国的外国人，反而更相信唾骂中国人脏的外国人，这表明他对中国人看得客观、准确。面对被帝国主义列强强取豪夺的近代中国，知识分子和文人义士该做些什么呢？面对这样的提问可能有如下两种不同的态度。

其一，为中国应走向文明开化、走向现代奔走呐喊，这种态度我们可以称为肤浅的启蒙主义。但是面临帝国主义侵略，这种态度是反抗被侵略的捷径。

其二，是甘地式的反现代主义，这可称为反启蒙主义。鲁迅则站在一个既非肤浅轻狂的启蒙主义、也非反启蒙主义的第三立场。他虽然肯定走向现代的指向性，但他还不断地去批判现代，他倾向于阶级思想，但一刻都没有放松对其局限性的批判。

鲁迅的伟大就是中国的伟大，这又跟中国的反对日本帝国主义的斗争紧紧联系在一起，因此鲁迅备受我们的关注，并常常和早期同样是留日的韩国作家李光洙进行比较。

二、日本殖民统治与鲁迅、李光洙

"《中央公论社》的编辑委托我找春园约稿。可是他写出的稿件质量与《中央公论社》期待的相距甚远。他们期待的是像鲁迅杂文似的重量级散文。不过春园的稿件却……"

"几年后，我为写《春园评传》，趁来汉城之际（日本统治末期）到孝子洞找春园，想收集一些第一手材料。

春园听了我的来意之后，面带一丝苦笑说：

'要写就写成《阿Q正传》类的东西吧，我是阿Q式的傻子。'他的这句话令我震惊。"

这是金素云的《三五堂杂笔》（震文堂，1955年版）中《蓝天银河——春园其人点滴》（1952年版）里的一段话。

看到这段文字，人们会提出这样的疑问，为什么中央公论社期待春园的文章是鲁迅级别的？春园又为何把自己比喻为阿Q？这些提问看起来似乎有些不着边际，但它们关系到如何了解韩国现代史的视角问题。要完整地了解韩国文学史，必须把它放在韩、中、日三国现代文学发展史上才可能有一个全方位的视角。受西方列强的冲击，儒教世界观遭到崩溃，处在这种社会动荡激流中的福泽谕吉和春园乍看有些大方潇洒。为什么在韩、中、日三国中，地理位置处于最边缘的福泽谕吉（日本）很快进入列强的行列了呢？究其原因，我们也能从侧面了解鲁迅和春园。上文引用的《中央公论社》的观点就是其中之一。不过春园自嘲为“我是阿Q式的傻子”，又要求我们从另一个角度去理解春园，那就是鲁迅的祖国——中国处在半殖民地状态，而春园的家园却完全沦落为殖民地国家。从精神史的角度上来讲，这种情况可称为丧父意识。鲁迅和春园同时以启蒙主义者起步，但到后来春园成为一个极端的保守主义（朝鲜主义）者，而鲁迅把反帝反封建的斗争坚持到了最后。这种差别的根本原因在于鲁迅依然存在着可以依托精神的国家。这种观点过于宏观，可作长篇论文的题目。实际上在这篇短文里谈鲁迅，也是从另一方面评论春园。同样，如果有人写春园评论，也可以认为是从另一个角度评论鲁迅，这意味着日本的殖民统治对我们造成的伤痛是如此之深，成为我们必须拼力去克服的对象。

我们先从春园和鲁迅都是留日的学生这一事实谈起。春园和鲁迅为什么把留学的国家选为日本呢？留着长辫子戴着学生帽的中国学生到东京求学，那是中日甲午战争爆发后的第二年（1896）的事。力主洋务的中国官僚张之洞在他的《劝学篇》中提到了留学日本的三点理由。第一，距离比较近，可以少花费用，多派学生。第二，日本是使用汉字的国家，学习语言比较容易。第三，日本熟悉东西方文化和技术，到日本学习西方文化和技术可以达到事半功倍的效果。这种“中学为体，西学为用”的功利主义理论被广泛采纳，到了日俄战争（1905 年）时期，留日的中国学生达到 1 万多人。据郭沫若讲，这些留学生大部分都是清政府派遣的官费生。除了留学生之外，还有孙文等革命党人、梁启超等一心打倒清政府的流亡人士聚集在日本。

鲁迅就读于江南水师学堂、铁路矿务学堂、1902 年 22 岁时留学到日本（春园第一次渡日是在 1905 年）。先在东京学习，1904 年到仙台医专学医，1906 年自动退学暂时回国，然后重新渡日改治文学。在东京他致力于研究文学，于 1907 年回国。鲁迅在东京的体验是非常刻骨铭心的。它可以用“屈辱”这个词来概括。很多学者对鲁迅学医的动机以及最后弃医从文的理由进行了研究。尤其对那广为人知的、有名的“幻灯事件”，却有着完全相反的观点。这“幻灯事件”是鲁迅自己讲出来的：

“我还记得先前的医生的议论和方药，和现在所知道的比较起来，便渐渐地悟得中医不过是一种有意的或无意的骗子，同时又引起了对于被骗的病人和他的家族的同情；而且从译出的历史上，又知道了日本维新是大半发端于西方医学的事实。因为这些幼稚的知识，后来便使我的学籍列在日本一个乡间的医学专门学校里了。我的梦很美满，预备卒业回来，救治像我父亲似的被误的病人的疾苦，战争时候便去当军医，一面又促进了国人对于维新的信仰。我已不知道教授微生物学的方法，现在又有了怎样的进步了，总之那时是用了电影来显示微生物的形状的，因此有时讲义的一段落已完，而时间还没有到，教师便映些风景或时事的画片给学生看，以用去这多余的光阴。其时正当日俄战争的时候，关于战事的画片自然也就比较的多了，我在这一个讲堂中，便须常常随着我那同学们的拍手和喝采。有一回，我竟在画片上忽然会见我久违的许多中国人了，一个绑在中间，许多站在左右，一样是强壮的体格，而显出麻木的神情。据解说，则绑着的是替俄国做了军事上的侦探，正要被日军砍下头颅来示众，而围着的便是来赏鉴这示众的盛举的人们。

这一学年没有完毕，我已经到了东京了，因为从那一回以后，我便觉得医学并非一件紧要事，凡是愚弱的国民，即使体格如何健全，如何茁壮，也只能做毫无意义的示众的材料和看客，病死多少是不必以为不幸的。所以我们的第一要著，是在改变他们的精神，而善于改变精神的是，我那时以为当然要推文艺，于是想提倡文艺运动了。”

这段文章的意思非常清楚，不需要任何的解释。但出于探讨韩中日三国关系的目的，不妨了解一下六堂（崔南善）的一段日本体验。1906年3月，六堂再度渡日，进入早稻田大学高等师范部学习，只待了3个月后就回国了。事情的经过是这样的，那年6月，早稻田大学举行例年都进行的模拟国会，那年的主题是“关于朝鲜国王来日案”，讨论殖民地国王来日本时的问题。70多名韩国留学生抗议这一模拟案例，集体退了学，六堂也是其中之一。

鲁迅的幻灯事件和六堂的模拟国会事件是一种集体性质诬辱事件，这种感受也有可能会沉淀为个人的仇恨。鲁迅曾有一种体验转化为个人仇恨的经历，这是和幻灯事件是完全不同的屈辱感。鲁迅有一篇散文叫《藤野先生》，他是仙台医专的解剖学老师，鲁迅非常崇拜他，以至于把他的照片挂在墙上。他对鲁迅特别亲切，有股把医学传输给中国的单纯热情。这种热情可不一般，藤野先生检查鲁迅的课堂笔记，还亲自给他修改。这引起了日本学生的误会，他们以为中国来的低能儿，解剖学课得60分以上是不可能的，肯定是藤野先生事先把考题透漏给了鲁迅，同学们群起抗议。对鲁迅来讲，这件事比幻灯事件更是具体的个人感受。

三、超越启蒙主义——阿Q现象

有着这种体验的鲁迅回到中国后，发表的第一部作品便是《狂人日记》（1918年）。那段时间，他从事教育工作，潜心于小说史和金石拓本的研究。读着这些传记资料有一点很难理解，他不是已经弃医从文了吗？他为什么这段时间没有搞文学运动？它可以用“绝望”一词来概括，留学回国的鲁迅面前摆着的只是绝望。春园、六堂和鲁迅的区别好像就在这里。在第一本创作集

《呐喊》自序中，他记录了自己的绝望。

“假如一间铁屋子，是绝无窗户而万难破毁的，里面有许多熟睡的人们，不久都要闷死了，然而是从昏睡入死灭，并不感到就死的悲哀。现在你大嚷起来，惊起了较为清醒的几个人，使这不幸的少数者来受无可挽救的临终的苦楚，你倒以为对得起他们么?”

他在深深的绝望和孤寂中难以自拔。鲁迅与形式上的启蒙主义者的不同之处就在于此。他创作用“没有吃过人的孩子，或者还有? 救救孩子……”来结尾的《狂人日记》，是因为有了“然而几个人既然起来，你不能说决没有毁坏这铁屋的希望”的信念，办法就是大家齐声呐喊。鲁迅洞悉了动荡的中国近代史以及它的反作用，看出了这种希望。他的代表作《阿Q正传》就是个很好的例证。春园自嘲“我是阿Q式的傻子”，这阿Q到底是什么类型的人物? 阿Q不知道姓什么，名字也不知是阿贵还是阿什么，确切的只有“阿”。因此在“阿”字后面随便加了一个英文字母，呼其名为阿Q。他出身不明，也不知其祖先为何许人也，在未庄靠干一些杂活糊口，晚上在村口的土谷祠里睡觉。说“你是阿Q”、“我是阿Q一样的人”时，所包含的意义在下面的几段小插曲中表现得淋漓尽致。其一为与和他一样呆傻的王胡的较量。一天，阿Q看见王胡坐在墙根的日光下捉虱子，哔哔勃勃地响。阿Q也不甘示弱，脱下衣服翻检虱子，好不容易找到了，狠狠塞在嘴里使劲地咬了一咬，声音远不及王胡的响。输给了王胡的阿Q气不过，就大骂王胡。两个人扭打在一起，王胡占了上风，阿Q挨了一顿揍。阿Q便说：“君子动口不动手。”这时，有人从远处走了过来，是钱太爷（赵）家留日的大公子，一个剃了头的假洋鬼子。阿Q便向他骂道：“秃儿驴!”假洋鬼子听到了，就用黄漆拐杖劈头盖脸地朝他打下来。阿Q指着旁边的孩子辩解道：“我说的是她。”但拐杖照旧落到了他的身上。等挨了一顿痛打的阿Q回过神来，看见一个小尼姑正走过来。他慢慢蹭过去摸了一下尼姑的面颊："秃儿，快回去！和尚等着你！"酒店里的人哄堂大笑。阿Q以为大家是在称赞他做了一件了不起的事，就越发地神气起来，他得意地笑了。从这些小插曲中我们可以看到阿Q所象征的意义无疑就是精神胜利法，还有不能正确的、冷静的认识自己所处的环境，自欺欺人，面对压迫不会去抗争，而是找自己的朋友或比自己软弱的人泄愤的奴役性。最后阿Q卷入未庄革命风波的旋涡，糊里糊涂地被反革命派杀掉。刮进未庄的革命究竟是什么样的革命？这是鲁迅要说的主题，对此文人学者众说纷纭。但有一点是可以肯定的，那就是阿Q的人物形象使这部小说成为经典之作。小说共九章，是鲁迅小说中最长的一部。作者始终展示给读者的是阿Q被愚弄、被戏谑的一面，正如李长之所说："也许所有人不同情阿Q，这本身就是作者给予阿Q的无限同情，因为阿Q的屈辱也正是鲁迅的屈辱。"后来鲁迅写到："我想，中国倘若不革命，阿Q便不做，既然革命，就会做的。"

鲁迅一部长篇都没有创作，连短篇小说也屈指可数，但他是大家公认的大文学家，成就他的是中国正宗的"文"——杂文。鲁迅是一个理性主义者，更是感性的人，甚或是个虚无主义者；他是一个深刻思想的所有者，更是一个平凡的进化论者。这就是他没能写出长篇，而成为一个战士的真正理由。

四、文学的革命和革命的文学

《阿Q正传》使毛泽东认为鲁迅比任何马克思主义者更马克思主义。写了《阿Q正传》以后，鲁迅致力于否定革命文学的文学革命。他认为革命文学不可能先于文学革命，这种逻辑在下面一段话中表露得非常明确："文学是最不中用的，是没有力量的人讲的，有定力的人并不开口，就杀人，在自然界里也是这样，只会开口的动物被不开口的动物吃掉。”像这样只有站在文学不中用观点上的人，才能直面文学革命。正因为如此，鲁迅默默不语地紧紧握住了凌厉无比的李陆史——这位韩国诗人的手。

那么，我们应该探讨一下“不中用文学”的核心思想是什么？“文学的革命”和“革命的文学”之间的关系是什么？鲁迅在蒋介石发动反革命政变前4天进行的演讲，喻意很明确，那就是“不中用文学”之说乃是观察文学的本质。革命所需要的是“革命者”，革命文学倒无须急迫，革命人做出东西来才是革命文学。因此革命与文学的关系是革命对文学产生影响，而不是文学影响革命。一般情况下，革命之前所有的文学是对社会不满不平的文学，接近革命时期就产生愤怒的文学，真正的革命时代到来时，反倒无声了。革命时期忙于变革现实，文学当然后退一步，革命成功后的文学，就只有赞扬革命称颂革命的文学和吊旧社会灭亡的挽歌。不出现赞颂文学和吊丧旧社会文学是还没有进行革命的证据。

他的这些文学主张表明，文学的本质和核心是人。“为革命起见，要有革命人，革命人做出东西来，才是革命文学。”

作为文学创作主体的人，优先于所有创作素材、创作技巧和创作手法，这是贯通鲁迅整个文学生涯的基本观点。他抨击知识分子创作的普罗文学的出发点也基于此。对他的这种文学观点我们可以做如下的诠释，即革命文学宣传性太强就缺乏文学性，那是因为革命文学者还没有把自己的思想意识真正融入到革命中去。假如革命文学者本身成为革命者，把自身融入到革命中去，那么他创作的作品既有文学性，又能宣传革命。到后期鲁迅试图把文学的革命和革命的文学合二为一。鲁迅深知革命文学鼎盛时期就不会有革命，革命成功了革命文学就失去它的生命力的相互排斥规律。因此在鲁迅看来，俄罗斯革命成功后，站在革命前列的叶赛宁、斯维塔耶娃、马雅柯夫斯基等人相继自杀是理所当然的。“文学”与“革命”的共同之处都是不安于现状，但“政治”的本性却是要求维持现状，所以文学和政治是不和谐的，文学和革命不能同步进行。因为在大革命时代人们忙于革命，没有闲暇谈文学，等产生文学时，就已经是革命成功之后的事了。然而这时的文学已经沦落为对新的权力者（官僚主义）的赞扬和歌颂。

文学和革命的共同特点在于它们的否定性，但文学把它实现在非现实性的平台上，而革命的实现必须在现实性的平台上，这是二者的根本区别，也是二者矛盾的根源。那么解决矛盾的办法是什么呢？答案就在问题当中。现实性与非现实性的对立并非是相互排斥的二选一的对立，而是通过内部协调可以解决的辩证统一的对立，它们既矛盾又统一，两者是辩证统一的关系。辩证文学论者萨特认为，非现实性是唯一存在的现实，并且伦理在美学之上，艺术在人生之上。

探讨文学与政治的关系，可以认为是在证明鲁迅的伟大，其实更进一步证明了鲁迅的国家——中国的伟大，及其在国际上的存在价值。鲁迅在革命和反革命激烈斗争漩涡中，在“革命”和“政治”的两端对立中，把“文学”这一媒介介入其中，投入全身心的力量去思考去实践。但越是把文学当作一个媒介，文学对他的冲击就越大。如果文学果真是一个媒介，那么文学就同革命和政治一样固定为一个绝对的东西，这样“为人生的文学”和“文学的作用”就自相矛盾了，为克服这种矛盾，鲁迅再三强调文学的独立性。像鲁迅这样认为文学是不中用的文人，以彻底反省自己的不中用为基础，为人生（为现实革命）提供服务，而且这种服务比“文学有用说”来得更彻底。另一方面，鲁迅觉得克服这一矛盾的过程是一个辩证的过程，因此他又对自己的“文学不中用说”做了否定，他的这种自我否定带有很浓的黑格尔色彩。没有任何知识分子或文人，能像鲁迅这样敢于否定自己和解剖自己。上面曾谈到，鲁迅否定知识分子创作的普罗文学，这从另一方面体现了他强烈的自我否定精神。像这样通过否定自己忠实于自己，从否定自己中求得前进，是鲁迅文学的独到之处。不过，这对鲁迅来讲或许仅仅是忠实于自己而已。

对这样的鲁迅，无政府主义革命者李陆史敬羡不已是理所当然的。鲁迅亲切握住了朝鲜（韩国）热血青年的手，这是令人感动的场面。诗《绝顶》的作者李陆史和鲁迅的会面，对韩国现代文学来讲可谓是一个很具体的细节。李陆史这样回忆道：

1932年6月初一个星期六的早晨，我和M从餐馆出来，在十字路口的香烟小卖部买到了一份晨报。我们浑身颤抖着一口气读完了大字号的报导，报导的内容是中央研究院副院长、民国革命的元老杨杏佛被蓝衣社员杀害。大街上戒备森严，我们顶着法国公务局巡警们审问似的尖利目光，一直走到番番路西局，大家一路保持着沉默。

一走进屋，R编辑就告诉我们，在中国左翼作家联盟的倡导下，全世界进步学者将聚集在上海，举行维护中国文化的大会。国民党统治当局对此深感不安，遂逮捕了进步作家阵营里的核心人物潘梓和现已成为故人的女作家丁玲等人，丁玲现下落不明。以宋庆龄女士为核心的一些自由人士和作家联盟对此给予同情，展开了积极的救助行动。国民党统治当局，视他们为眼中钉，杨杏佛因此被杀害。还有宋庆龄、蔡元培、鲁迅等近30名上海知名人士，被列在蓝衣社的黑名单上。三天后，R和我乘坐的汽车停在了万国殡仪馆前，烧完香之后转过身来，见宋庆龄女士在两名女士陪同下走进来。和她们一起来的穿灰色棉袍、黑色马褂儿的中年人，抚着被围在鲜花丛中的棺材大声痛哭，我认出了他是鲁迅先生，正在旁边的R也告诉我他就是鲁迅先生。10多分钟后，R把我介绍给鲁迅先生。因为是在外国大文豪面前，又是在那种场所，我便显得非常谨慎恭顺。R介绍我是朝鲜青年，一直盼望能有机会见到先生。鲁迅先生听了之后再一次紧紧握住了我的手。当时我觉得先生是一个非常亲切、非常熟悉的老朋友。

（李陆史："追悼鲁迅"，《朝鲜日报》，1936 年 10 月 23 日）

五、韩国现代文学中的中国现代文学

韩国最初的《中国短篇小说选集》（1929 年）由李斗星翻译出版，译者的履历不详，好像是北平民族大学的学生。翻译的具体作品有鲁迅的《头发的故事》以及谢冰心、徐志摩、杨振声、陈大悲等人的小说 15 篇，从当时看这些都是近 10 年的作品。据译者的序文，筛选的时候考虑的是具有阶级思想倾向的作品，实际上译者考虑更多的是作品的时代精神。

李明善译的短篇集比它晚了一个时代，这部短篇集反映了译者明确的主观倾向。第一部选的是中国作家以朝鲜为题材的三篇作品，它们都是最有名的；第二部则选择了三篇中国现代文坛的代表作。选择以朝鲜为题材创作的作品，体现了译者明确的思想意识。中国作家创作以朝鲜为题材的作品，它的主题肯定是同情或者批判。如果单考虑 1946 年韩国的时代走向，我们可以认为，当时的译者不可能具备接纳这些批评的水平。但在李明善选择的这些小说中，显露出对历史现实的深刻理解。中国红军和朝鲜义勇军共同浴血奋战的事迹，在美国女作家路易丝·维勒的作品《阿里郎之歌》（1942 年）中提及了一些，还有在金学铁的《抗战别曲》、《激情时代》等作品中作了详细的描述，更有在不朽的历史丛书 15 卷里记载的丰富史料。蒋光赤的《鸭绿江上》和郭沫若的《牧羊哀话》是中国现代文学史上早期的浪漫题材作品，早在 20 年前就已经发表了。虽然这些作家非常有名，但因为是以朝鲜为题材而且宣扬了抗日思想，因此不可能在日帝统治时期介绍到朝鲜。当然，在已获解放的现今看来，《鸭绿江上》中的李盟汉和《牧羊哀话》中的尹子英的所作所为是否正确妥当，该另当别论。但有一点非常明确，那就是这些作品就像我国的"3·1"运动一样都是划时代的。郭沫若的

《鸡》以朝鲜工人的阶级意识为主题，是具有强烈时代精神的作品。第二部选择的《故乡》是鲁迅的代表作品之一，还有老舍的《开市大吉》、巴金的《复仇》、叶绍钧的《赤着的脚》等，这些都是中国现代文学的代表作。仔细阅读这些作品我们发现，它们全都创作于日帝统治时期。那么毛泽东文艺思想引导下的革命文学是什么样的呢？阐明毛泽东革命思想路线的是《新民主主义论》，而《在延安文艺座谈会上的讲话》则是毛泽东文艺思想的概括和总结。我想了解的是万里长征之后的延安文学，及其周边地区的文学。但这一愿望一直没有机会实现，多半原因应归咎于我国（韩国）当时实行的反共政策。幸运的是这些情况慢慢有了好转，到了20世纪80年代中期，巴金的《家》、茅盾的《子夜》等长篇小说相继翻译出版。紧接着艾青的《烧荒》、《九百个人》等诗歌集出版发行。在此基础上又趁热打铁出版了《中国现代文学全集》20卷（中央日报社，1981年版）。与这些书籍出版时机相联接，苏联《文学全集》、《北韩作品集》也相继被介绍到韩国。这些图书是资本主义社会的商业模式迅速迎合越来越高涨的读者好奇心的产物。除了这些书以外，日本菊池三郎的著作《中国现代文学史》（东方出版社，1986年版），对中国文学的了解也起到引路人作用。

有了这些资料，我才能够遇到《大堰河——我的保姆》。她的名字就是生她的村庄的名字，作为童养媳的她是凄美的中国普通妇女形象的代表；在《家》中观察到中国一个家族的没落史；在《子夜》中体验到中国都市工人运动的真相。可是，另有一番好奇心却不断地驱使我去了解毛泽东式革命文学的核心——土地改革文学。土地改革是中国革命的第一步，在朝鲜半岛也不例外。1946年2月，刚刚被解放的北韩在无偿没收、无偿分配的原则下全面实行了土地改革。南韩在有偿没收、有偿分配原则下由新翰公司进行了土地改革，但它是局部性的，是不彻底的土改。更糟糕的是，在连这种局部性的不彻底的革命都没有完成的情况下，爆发了残酷的“6·25”战争。一般人认为，朝鲜半岛南北割据局面是从1948年8

月 15 日南半部建立大韩民国、同年 9 月 9 日北半部建立朝鲜民主主义共和国以后开始的，但这种看法未免过于浅显。假如我们认为土地革命结束时，革命初步取得了胜利，如此推断的话，早在 1946 年 3 月南北割据的局面就已经形成。

在探讨革命与文学的关系的过程中，中国现代小说对我的启发极大。20 世纪 80 年代末，我的《林和研究》（1989 年）一脱稿，就去统一院图书馆集中时间阅读了北韩小说，那时遇到了一个难题，那就是如何正确理解和评价李箕永的《土地》（1948—1949 年），朝鲜半岛刚刚获得解放时，它是绝无仅有的巨部长篇小说。

我觉得这部长篇很怪异、很难理解。李箕永的《土地》与纯文学作家李泰俊的长篇《农土》（1949 年）在内容上不能相提并论，也就是说《土地》是真正反映土地改革的货真价实的作品。在地主高炳相家扛了 10 年长工的郭巴威一下子当了农民委员长，又被推选为人民代表，人物形象的成熟过程过快使我很难理解它的真实性。丁玲的《太阳照在桑干河上》、赵树理的《李家庄的变迁》（1945 年）帮助我解开了这个疑团。这两部长篇正面描写了土改运动，它们使我的眼前豁然开朗。土地改革就是毛泽东所说的第一阶段的真正革命。农民的觉醒一般要经过如下三个阶段。首先，要有引路人（党员）的引导，如果没有引路人，他们不可能觉醒。其次，这些引路人必须通过批评和自我批评的过程才能成熟起来。最后，这些土生土长的人才是革命的生力军。从这个视角去理解《土地》的主人公郭巴威，我终于茅塞顿开，疑团解开了。郭巴威这个土生土长的主人公，是依靠江钧这个引路人觉醒和成长起来的。而江钧这个引路人如果没有批评和自我批评的过程就会失去引路人的资格。（拙著《韩国现代现实主义小说研究》，文学与知性社，1990 年）。

以上事实究竟说明了什么问题呢？难道是北韩文学模仿了中国文学吗？也许有这种可能。中国建立社会主义国家先于北韩，因此这种说法可以成立。但应该说中国和北韩几乎是同时建立社会主义国家的，中国革命完全取得胜利是在1949年，而北韩开展土地革命则是在1946年。它们一前一后，时间相差不太远。以土地作为主要生产手段的落后国家所进行的革命方式应该是相同的，在革命问题上，中国和朝鲜既是隶属关系又是伙伴关系。文学现象也与之相对应也不奇怪。

反映土地改革的经典作品李箕永的《土地》和丁玲的《太阳照在桑干河上》，是双方对峙的两部小说，但它们之间存在着明显的差异。后者的自发革命意识更强烈，党也介入的少一些，而前者上级（党）的介入和干预更多一些。当时我很难判断，这两者之间存在的差异是由于中国和韩国的社会结构差异引起的，还是因为丁玲和李箕永两位作家的实力差距而导致的。因此，我们该了解一下丁玲其人。丁玲（1904—1986年）1923年就读于上海大学，1929年创作了处女作《梦珂》；1931年担任左翼文学杂志《北斗》的总编辑。翌年加入中国共产党，之后被捕入狱过了几年的牢狱生活，1936年投奔延安。之后，从事文艺宣传工作，1951年获得“斯大林文学奖”。“文革”期间遭牢狱之灾，1979年恢复名誉，并任全国作协副主席。作家金学铁撰文悼念丁玲逝世，其中有一段这样的回顾：

1952年整整一个夏天，我们和丁玲夫妇做邻居。当时颐和园万寿山山腰上有云松巢与邵窝殿两座全国文联的别墅。丁玲夫妇居住的云松巢和我们住的邵窝殿别墅之间只隔着一个亭子，两家来往非常频繁。（《金学铁作品集》，延边人民出版社，1989年版，第358页。）

一天，毛主席竟然访问了丁玲家。“毛主席，毛主席……毛主席来过。刚刚去昆明湖坐船了，……快出去看看……”丁玲兴奋地来告诉金学铁一家。丁玲获得过斯大林文学奖，年轻时又当过延安文艺宣传队员，有着这样辉煌经历的女作家对毛主席的造访不应该这么大惊小怪。但这个场面还是值得一提，因为我们是在谈论韩中文学的关系。

六、中国现代文学中的韩国文学

中国文学的研究者对朝鲜文学的研究现状如何？我们不妨先了解一下研究机构和团体。“延边大学朝鲜语言文学研究所”和“中国朝鲜文学会”是一支主力。中国朝鲜文学会郑判龙教授任理事长，研究成果有许文燮的《朝鲜古典文学史》（辽宁人民出版社，1985)、朴忠禄的《朝鲜文学简史》（延边人民出版社，1981 年)、韦旭升的《朝鲜文学史》(北京大学出版社，1985 年)。这些都是大学教材，《朝鲜文学史》值得一提，它是第一部用中文写成的入门书。

除此之外，还有一些比较系统地介绍朝鲜文学的著作。《外国文学史》（4 卷，郑判龙主编，吉林大学出版社，1980—1981 年)、《外国文学五十五讲》(贵州人民出版社，1980 年)、《外国文学亚洲篇》(中国人民出版社，1983 年)，毋庸置疑，从中国方面来看，它属于外国文学的范畴。

古典文学部分对崔致远、李圭报、李济贤、金时习、朴寅龙、许筠、朴趾源、郑茶山等作家进行了研究。还有对《春香传》、《兴夫传》、《沈清传》、《谢氏南征记》、《壬辰录》等具体作品的研究。研究论文有何镇华的《朝鲜新罗时期的诗人崔致远及其作品》(1982 年）等数篇论文，还有由延边大学领头的纪念朴寅龙诞辰 400 周年的论文（1961 年)、纪念朴趾源诞辰 220 周年的论文（1959 年)、纪念郑茶山诞辰 200 周年的论文（1962 年）等。在中国影响力最大的作品要属《春香传》了，这部经典作品早在 1956 年就翻译成中文，并以此为文本，由北京、上海等地的剧团改编为京剧、越剧、评剧公演。伊兵的《评朝鲜古典名著春香传演出》（《文艺月报》，1959 年 9 月）说明了这一事实。到 20 世纪 80 年代还有几篇研究《沈清传》、《兴夫传》的论文。(详细资料请参看徐日权《朝鲜

文学在中国的传播和研究》，《文学与艺术》，1988年11—12月～1989年1—2月）

其实我最感兴趣的是中国对朝鲜现代作家的研究。中国对朝鲜现代作家排名的顺序是李箕永、赵明熙、宋影、赵基天、千世峰、赵伯灵，完全与朝鲜文学史的排名顺序相吻合，而且这部朝鲜文学史肯定是1960年韩雪野被肃清之后编写的，这一点只要对朝鲜文学史稍有常识的话，就不难发现了。

关于李箕永的研究共有四篇。第一篇是黄贤俊的《李箕永，朝鲜人民的杰出战士和作家——纪念李箕永诞辰六十周年》（《光明日报》，1955年5月29日）、陶冰蔚的《对〈故乡〉的介绍及其评论》（《世界文学》，1959年2月）、甘章贞的《李箕永初期创作中的知识分子形象》（《外国文学》，1980年4月）、谢靖的《朝鲜当代作家李箕永》（《文学报》，1981年11月12日）等。

对崔曙海的研究也不少。如周有光的《悲惨的生活画图，向旧社会的宣战书——读朝鲜作家崔曙海的〈出走记〉》（《外国文学研究》，1982年2月）、郑判龙的《崔曙海及其〈出走记〉》（《延边大学学报》，1984年3月）。

研究赵明熙的论文，有周有光的《赵明熙简论》（《外国文学研究丛刊》第12号）、玄东仁的《赵明熙小说的浪漫主义特征》（《延边大学学报》，1985年4月），《洛东江英雄的悲歌——赵明熙和他的作品》（《文学社会》，彭端之等主编，1986年）。

对剧作家宋影的研究论文，有周有光的《朝鲜的杰出剧作家宋影》（《外国戏剧》，1987年3月）、何镇华的《宋影和他的文学》（《东文文学讲话》，宁夏人民出版社，1987年）等。

以上这些作家是日本殖民统治时期活动的作家，那么对光复以后开始活动的作家的研究状况又如何呢？排在第一位的是千世峰，他是“4·19”创作组的骨干成员，可谓是北韩新近作家的代表。有关他的研究论文有何镇华的《简评千世峰短篇小说》（《东方研究论文集》，北京大学出版社，1982年）、《千世峰的长篇小说〈石溪村的新春〉》（《东方研究论文集》，北京大学出版社，1984 年）。关于赵伯灵的研究，有黄江的《简评〈红色宣传员〉的创作》（《剧本》，1962 年 8 月）。另外，还出版了《朝鲜剧本集》（人民文学出版社，1977 年）。从 20 世纪 50 年代开始到现在为止，一共上演了 100 多部朝鲜电影，占译制外国影片的第二位。

介绍以上内容时我们发现，研究和介绍朝鲜文学的可以说有两支队伍。一支是来自中国汉族的介绍和研究，另一支是中国朝鲜族的研究和介绍。

另外，还有一点也引起了我们的注意：那就是到目前为止的研究和介绍全部都是有关北韩的。这是因为大部分研究人员都在平壤学习过，何况中朝两国又都是社会主义国家，这些因素所起的作用也不能忽略。以此推理的话，下面一段也不难理解了。

朝鲜人民的伟大领袖金日成同志亲自创作的不朽经典之作《卖花姑娘》改编成电影，震动了全中国，受到了广大中国观众的热烈欢迎。

谈到这里，中国的“朝鲜文学”指的是北韩文学这一点再清楚不过。那么对“韩国文学”的介绍情况怎样呢？对此我掌握的信息和资料几乎一无所有。只知延边朝鲜族文坛最近才开始介绍韩国文学。河瑾灿的《白色的纸胡须》（《文学与艺术》，1991 年 11—12 月）、林渊的《尹东柱在韩国》（《文学与艺术》，1993 年 7—8 月）、李炭的《为尹东柱的诗》（同上）、宋河春的创作教室（小说创作）《开端——第一件事件》（同上），还有江兰敬的《夹在墙中的男人》（同上）。现今的中国坚持社会主义体制下的市场经济，毫无疑问，重新起步的中国当代文学将对此作出敏捷的反应。届时，他们将会怎样看待鲁迅文学呢？这很让我好奇。心里想着京剧《春香传》，以鲁迅文学为媒介回味了一下这一伟大民族的文学。

（译者为北京外国语大学亚非学院教授）

历史和社会研究

真相调查与种族和解：新南非化解种族矛盾之路

张伟杰

【内容提要】 1994 年新南非政府的诞生，标志着饱受种族隔离制度之痛的南非走向了新的历史进程。但是，当时南非国内种族问题仍然错综复杂，特别是白人与广大黑人之间的旧怨并未完全消除。为了处理在种族隔离制度期间侵犯人权的罪行，本着民族和解与宽容共存的精神，新南非成立了“真相与和解委员会”。该委员会的工作为促进南非的种族和解作出了重要贡献。不过，由于“真相与和解委员会”是南非各种力量之间相互妥协的产物，其自身存在着一定的局限性，这就使得它未能完全化解南非种族之间长期存在的各种矛盾。时至今日，进一步促进种族和解仍然是南非面临的一项重要任务。

【关 键 词】 新南非；真相调查；种族和解

Truth and Reconciliation: the Way to Solve the Contradictions of Race in New South Africa

Zhang Weijie

【Abstract】 The racism rule in South Africa was over along with the foundation of new government in 1994. However, the race relations in South Africa were still complicated, especially the resentment existed between White and Black People. In order to tackle the crimes that the racism rulers violated the human rights, according to the reconciliation and tolerance principles, South Africa created the "Truth and Reconciliation Commission". The commission made great contribution to prompting the reconciliation in South Africa. Because Since to the commission had limitation in itself, it couldn't completely solve all the race problems of South Africa. Up to now, further prompting the race reconciliation remains an important task for South Africa.

【Key Words】 New South Africa, truth investigation, race reconciliation

一、新南非诞生之初的国内种族形势

1994年，南非举行第一次不分种族的全民大选，“非国大”以绝对优势在大选中胜出，宣告了白人种族主义政权在南非的正式终结。南非所实现的历史性变革，是南非从白人种族主义统治向种族平等社会过渡的新纪元的开始，同时也是非洲大陆历时近百年的民族解放运动的历史性任务的完成，为人类文明史揭开了新篇章。[①]为了以示区别，人们通常称“非国大”领导的政府为“新南非政府”，南非也被称为“新南非”。新南非的诞生，对于一个饱受种族隔离制之痛的国家而言，意味着曙光的到来。这个国家的人民，特别是广大黑人开始憧憬着明天的美好生活。

然而，正当新南非人民踌躇满志，计划将自己的国家建设成为

① 郑家馨：《南非史》，北京：北京大学出版社，2010年版，第371页。

一个光彩夺目的“彩虹之邦”的时候，他们面对的却是一个千疮百孔、问题成堆的局面。其中，当时新南非面临的国内种族形势尤其不容乐观。由于南非长期是一个种族压迫深重、种族矛盾尖锐和部族冲突严重的国家，各种政治势力之间的关系错综复杂，[①] 新南非虽比较顺利地实现了由白人政府到非国大领导的民族团结政府的过渡，但是各种族在历史上积累的重重矛盾并没有从根本上得到消除，主要表现为黑人与白人之间、白人内部不同集团之间以及黑人内部不同部族之间的矛盾。其中，最严峻的仍然是白人与广大黑人之间的矛盾。这是因为在“非国大”获得大选的胜利后，白人失去了以往的统治权，他们极为担心黑人一旦掌握统治权后，便会利用手中的权力对以往白人的种族主义统治进行彻底清算。可以说，在绝大多数的南非人为新南非的诞生而欢欣鼓舞之时，南非国内的种族形势却是危机四伏、暗流涌动。如果新南非政府不能处理好国内各种族特别是失去统治权的白人与刚刚获得统治地位的广大黑人之间错综复杂的关系，那么新南非就将不可避免地面临着民族冲突加剧的局面，甚至威胁到国家的统一。因此，如何处理原南非白人统治者在种族隔离时期所犯下的严重侵犯黑人权利的罪行，是一个急迫而又不得不面对的现实问题。

二、真相与和解委员会的成立

当时，对于新南非政府而言，如何处理白人种族主义统治者所犯的侵犯广大黑人权利的罪行，主要有两种模式可以借鉴。一种是纽伦堡审判的方式，这一方式是由二战结束后战胜国针对德国战犯的审判而创设的。另外一种是实行大赦，由国家或政府赦免白人种族主义者所犯的罪行。但是，这两种模式都不适合新南非政府采

① 章毅君：“评曼德拉的民族和解政策”，《中央民族大学学报（哲学社会科学版）》，2003年第3期，第81—82页。

用。因为，前者是战胜国对战败国战犯进行审判的一种方式，南非则是通过和平谈判和民主进程来结束种族主义统治，而不是通过战争来推翻白人当局，这本身就是一种和解的表现。[①] 就后者而言，如果对犯有严重侵犯人权的白人种族主义者实行大赦，那么就意味着对他们以往暴行的无条件宽恕，正义将无法得到伸张。这种选择，固然得到了前总统德克勒克以及安全武装力量领导人的极力推荐，但是代表那些曾在种族主义统治时期受到迫害的广大黑人利益的非国大对此予以断然拒绝。[②]

在上述两种模式都不适用的情况下，非国大领导的民族团结政府不得不寻求一种适合自身情况的处理白人种族主义者以往所犯罪行的方式。关于如何正确正视过去、面对现实、构造未来，曼德拉提出的方针是：以民族和解和团结为准绳，以宽容的精神处理历史遗留问题。[③] 他曾经说过："我们反对的是种族隔离制度，白人也是非洲人，我们不会把他们赶入大海。我们必须尽一切可能劝说我们的白人爱国者，一个新的无种族歧视的南非，对所有人来说都是一个更美丽的好乐园。"曼德拉还说："白人是南非同胞，我们要让他们感到安全，并且要让他们知道，我们将感谢他们将来为新南非发展做出贡献。"[④] 实际上，以曼德拉为首的非国大政府在执政伊始就注意到了新南非所面临的各族人民如何共处的问题。关于这一点，可以从非国大领导的新政府被称为"民族团结政府"这个称谓之中加以体察。

正是本着民族宽容和平共处的上述原则，新南非在1995年通过了《促进民族团结与和解法》。同时，据此成立了"真相与和解

① 夏吉生："真相委员会与新南非种族关系"，《国际政治研究》，2004年第2期，第96页。

② Alex Boraine, "Truth and Reconciliation in South Africa : The Third Way", Robert I. Rotberg and Dennis Thompson, eds., *Truth & Justice*, Princeton University Press, 2000, p. 143.

③ 潘兴明、李忠：《南非：在黑白文化的撞击中》，成都：四川人民出版社，2000年版，第238页。

④ 陆庭恩、黄舍骄、陆苗耕主编：《影响历史进程的非洲领袖》，北京：世界知识出版社，2005年版，第137页。

委员会”，由享有崇高威望的诺贝尔奖获得者图图大主教担任主席，由来自各界的17名人士组成。该委员会下设大赦和赦免委员会、侵犯人权委员会、受害者补偿和恢复名誉委员会。其任务是本着民族和解精神，对种族隔离时期各种侵犯人权的行为和后果进行调查，提出调解和处理意见。具体有以下方面：（1）确定在1960年3月1日至1993年12月5日（截止日期后来延长到1994年5月10日）这一期间严重侵犯人权行为的缘由、性质和范围；（2）对完全交待清楚与政治目的相关事实的人给予赦免；（3）确定和弄清严重侵犯人权行为受害者的命运和下落，让他们讲出暴行并建议采取补偿措施，以恢复他们的人格和公民尊严；（4）对委员会的活动提出报告，包括建议采取防止今后侵犯人权的措施。[①]

关于新南非成立真相与和解委员会，有学者认为，它是作为（由民主运动表示的）要求公正与（由国民党及其盟友和它们的工作人员所提出）要求遮盖一切的特赦两者之间的一种妥协。这样的选择本质上是“为了巩固一个国家的和平，在这个国家里今天的人权得到了保护，或通过追溯过去的公正以妥协来达成和平”。在政治极端紧张的时期，达成这一妥协是可以理解的。[②] 的确，新南非政府最终选择通过成立“真相与和解委员会”的方式解决以往白人种族主义者所犯罪行的问题却有其无奈之处，可以说是南非各政治力量相互妥协的产物，突出表现在刚刚执政的非国大与国民党为代表的原白人种族主义政治集团之间的妥协。不可忽视的是，刚刚执政的非国大面临着来自白人右翼集团的威胁，以及军队和安全部门效忠与否的潜在威胁。时任南非副总统的姆贝基在与曼德拉一起接受私人访问时曾透露，南非安全武装力量部门的将军们曾向他威胁，如果这些部门的成员在选举后面临强制审讯或者控告，那么将

---

① 夏吉生等：《当代各国政治体制：南非》，兰州大学出版社，1998年版，第205页。

② ［南非］海因·马雷著，葛佶、屠尔康译：《南非：变革的局限性—过渡的政治经济学》，北京：社会科学文献出版社，2003年版，第413页。

会产生危险的后果。[①] 而真相与和解委员会的最终报告也表明，在种族隔离制时期严重的侵犯人权行为的实施者主要就是安全武装力量部门的官员。[②] 因此，可以认为，新南非政府最终选择通过设立真相调查委员会的方式，来处理白人种族主义统治者侵犯人权的历史罪行，是在寻求正义与基于现实考虑之间做出的一种妥协。

三、真相调查与种族和解

正如前文所提到的，真相与和解委员会的主要职责是对种族隔离制时期侵犯人权的事件进行调查，还原事件的真相，进而达到种族和解的目的。对此，1995 年曼德拉总统在签署《促进民族团结与和解法》时强调，成立真相与和解委员会这种机构不是为了在政治上针对任何政党和个人进行秋后算账，而是“通过委员会处理过去的事情，为真正的和解打下基础”，“只有弄清真相，我们才能治愈种族隔离时代留下的伤口”[③]。担任真相与和解委员会主席的图图大主教也强调，只有知道关于那些事件的真相后，全面的和解才能在南非得以实现。[④] 非国大也认为，“建立一个公正的社会”应是真相与和解委员会的目标。在这个社会中任何践踏人权的现象，都应成为对过去的记忆，希望永远不要再发生。[⑤]

南非新政府对种族隔离时期罪行的清算主要是针对旧制度的整

① Alex Boraine，“Truth and Reconciliation in South Africa：The Third Way”，in Robert I. Rotberg and Dennis Thompson，eds.，*Truth & Justice*，Princeton University Press，2000，p. 143.

② Dumisab. Ntsebeza，“The Uses of Truth Commission：Lessons For The World”，in Robert I. Rotberg and Dennis Thompson，eds.，*Truth & Justice*，Princeton University Press，2000，p. 168.

③ 张宝增：“曼德拉近期的政治与外交”，《百科知识》，1997 年第 2 期，第 9 页。

④ Nigel Worden：*The Making of Modern South Africa*，Blackwell Publishing Ltd，2000，p. 166.

⑤ 张象主编：《彩虹之邦：新南非》，北京：当代世界出版社，1998 年版，第 144 页。

体清算，而不是针对个人的处罚。但是，个人必须通过坦白求得宽恕。[①] 真相与和解委员会希望人们关注受害者，并恢复他们的尊严，关注真相并予以完整的讲述。重新定义受害者为整个社会，重新定义正义为责任。寻求修复，而不是报复；寻求和解，而不是反诘。[②] 真相调查的目的不是为了惩罚犯罪，只要说出真相，过去种族主义者的犯罪就能得到赦免。可以说，它希冀通过揭示过去的真相，来寻求现实的和解，从而着眼于未来的和平共处。对此，有学者指出，真相与和解委员会的作用是把政治领域内培育的、被赞扬为“不惜一切代价的包容与稳定”的一致（或至少和解）的动力，扩展到社会领域中去。该委员会担负着说明真相能够得到和解，并最后帮助造就一个统一国家的希望。[③] 过去的屠杀、制度化的种族主义、侵犯人权的罪行需要得到应对。许多受难者及其家属倾向于复仇和补偿，但是这样做又会破坏南非来之不易的和平与发展的机会。而采用真相调查与和解委员会的方式在清算历史的恐怖之时又没有让这些痛苦的记忆破坏南非人新的生活。[④]

实际上，通过真相调查的方式解决历史问题并非南非首创，但南非的真相与和解委员会却有自身的独特之处，其中有两点比较突出。一是它作为一种合法机构得到了国内外的普遍尊重。无论是平民，还是原先的统治者，无论是财富多少，还是权力大小，都一视同仁地予以对待，并将这些曾经的迫害者引向正义，昭示在将来任何情况下侵犯人权的行为都不会得到容忍。二是该委员会并不是一个实行报复的机构，它认真对待每一个诉说自己过去所犯罪行的申请，并给予其赦免。当然，要得到赦免必须符合两个条件，一是所

---

① 杨立华主编：《列国志·南非》，北京：社会科学文献出版社，2010 年版，第 212 页。

② Martha Minow："The Hope for Healing：What Can Truth Commission Do?"，in Robert I. Rotberg and Dennis Thompson，eds.，*Truth & Justice*，Princeton University Press，2000，p. 251.

③ ［南非］海因·马雷著，葛佶、屠尔康译：《南非：变革的局限性——过渡的政治经济学》，北京：社会科学文献出版社，2011 年版，第 413 页。

④ Sam Reis-Dennis："Peace through justice and honesty"，http：//beyondwar. org/home/welcome _ truthreconciliation. htm，2009 年 7 月 10 日登录。

犯罪行是出于政治目的，二是必须全部坦白所有的真相。[①]。这种赦免不同于无条件的大赦，它并不是对种族主义者罪行的姑息，而是为了推进南非的种族和解与国家重建。[②]

通过对真相的调查与揭示，所寻求的种族和解体现于两个层面：一是在个人层面，包括受害者与加害者之间；二是在社会层面。第一个层面的和解是至关重要的，它又从两方面有助于更宽广范围的社会层面的和解。一是一些和解的个案可以作为其他人和解的榜样；二是受害者与加害者之间的和解可以作为社会中不同集团和解的体现，比如黑人与白人之间、有色人与黑人之间的和解。[③]

需要指出的是，真相与和解委员会所要调查的真相并非仅仅局限于原先的白人种族主义者所犯下的侵犯人权的罪行，也包括非国大在内的反种族主义力量在过去抗争岁月中所犯下错误的调查。例如，真相与和解委员会在1998年向曼德拉提交的报告中指出，非国大和其他黑人组织在对种族隔离制度作斗争的“正义事业”中，使用了“非正当的方式”。[④] 非国大在强调其斗争的正义性和符合道德规范的同时，也承认过去的一些言辞和行为有错误，为此表示道歉。[⑤]

真相与和解委员会于1995年12月16日开始工作，于2003年3月21日完成最终报告。前者是南非的“和解日”，后者是南非的“人权日”。选择这两天作为该会工作的起止日期，这也表明了南非人民希冀该会的存在与运作能够最终实现种族和解，以及促进人权原则在南非得到尊重。在这7年多的时间里，真相与和

---

① Sam Reis-Dennis, “Peace through justice and honesty”, http://beyondwar.org/home/welcome_truthreconciliation.htm.

② “Report of the Amnesty Committee”, *Truth and Reconciliation Commission of South Africa Report*, p. 3., http://www.info.gov.za/otherdocs/2003/trc/rep.pdf.

③ Ronald C. Slye, “Amnesty, Truth and Reconciliation: Reflections On the South Africa Amnesty Process”, *Truth & Justice*, Princeton University Press, 2000, p. 181.

④ 潘兴明、李忠：《南非：在黑白文化的撞击中》，四川人民出版社，2000年版，第240页。

⑤ 张象主编：《彩虹之邦：新南非》，当代世界出版社，1998年版，第141页。

解委员会共审理2.2万多个案例，其中1200人获得大赦。[①] 可以说，在该委员会的辛勤工作之下，过去种族主义者所犯下的大量侵犯人权的罪行得到了揭露，还原了事件的真相，也使人们更加深刻地认识到了种族主义的罪恶，同时也认识到了和解的必要。

诚如前文所指出的，真相与和解委员会作为一种南非各政治力量之间相互妥协的产物，它的工作也受到多方的掣肘，难以完全按照自身的设想展开工作。此外，单凭一个委员会就能化解几十年的种族隔离制度给南非这个国家带来的恩恩怨怨确非易事。正所谓“冰冻三尺，非一日之寒”。它不可能在短短两三年的时间内完成对历史上所有真相的调查。此外，亦有学者提出，在一定程度上而言，真相与和解委员会的工作就是对南非这个曾经饱受种族主义之痛的国家进行治愈，将过去深刻在大多数人心中的伤痕治愈，使这个国家重新振作。然而，当一幕幕凄惨的景象出现在人们脑海之中的时候，发现真相可能起了愤怒与痛苦的导管作用，多于治疗与和解工具的作用。[②]

前文曾经提到，通过对真相的调查所要达到的和解体现于个人和社会两个层面。但是，作为种族主义制度的受害者或者受害者的家属，他们身心所受到的伤害恐怕是难以消除的，他们内心深处的痛苦也需要时间来抚慰。因此，在个人层面上而言，要达到与昔日的迫害者之间的真正和解决非易事。而个人层面上和解的缓慢，势必会影响到整个社会和解的进程。南非对于真相的讨论、辩论、分析、倾听和记录已经构成了治愈这个国家的有着重要意义的一部分，或许它的意义也仅在此。但至少它通过它的工作以及它的建议为实现各族和平共处和相互尊重，并进而走向长期的、困难的、痛苦的和解奠定了基础。[③]

① 杨立华主编：《列国志·南非》，社会科学文献出版社，2010年版，第212—213页。

② ［南非］海因·马雷：《南非：变革的局限性——过渡的政治经济学》，第413页。

③ Alex Boraine, "Truth and Reconciliation in South Africa : The Third Way", in Robert I. Rotberg and Dennis Thompson, eds., *Truth & Justice*, Princeton University Press, 2000, p. 154.

无论怎样，通过真相调查，以此达到种族和解的目的，毕竟是新南非政府促进种族和解的一项重要举措。它在一定程度上消弭了南非不同种族间的隔阂乃至对立，使南非朝着种族和解的方向迈进。同时，它作为一种创新的模式，已经为其他国家处理类似问题提供了有益的经验。比如，肯尼亚为了解决因质疑 2007 年底全国大选的公正性而导致的国内部族冲突，于 2008 年宣布成立了真相与和解委员会，从而结束政治危机，促进民族和解与国家重建。[①]

四、结语

自 1994 年以来，南非已经相继举行了四次全国大选。总体而言，每次选举都是在较为平稳的气氛中完成，特别是没有因质疑选举的公正而发生大规模冲突。这也是南非的民主选举制度极为人们所称道之处。相比之下，非洲其他国家多次因选举而发生较大规模骚乱，使得本已疲惫不堪的国家雪上加霜，加剧了族群间的对立，延误了国家的发展议程。当然，对于今后的南非而言，进一步促进各种族之间的和解仍然是这个国家面临的一项重要任务。这是因为虽然种族隔离制已被前进的历史所抛弃，南非各种族之间获得了有法律保障的平等。但是，由于多种因素的影响，南非各种族之间的差距仍然存在，突出表现在贫富悬殊问题的扩大。也许只有各种族之间的经济地位、社会地位、政治地位等取得大致的平等，真正的种族和解才能在南非实现。对此，有学者曾经指出，南非种族和解的关键在于大多数黑人的经济和社会地位能否得到改善。如果种族和解只依靠黑人的宽恕，而经济成果仍然只为白人所享有，那么南非的工业、经济和政治稳定将面临

① “肯两大阵营同意成立真相与和解委员会以结束危机”，http://news.163.com/09/0205/18/43V81S4R0001120GU.html。

着危险的局面。①

曼德拉希望看到一个统一而非分裂的南非，他希望看到黑人摆脱白人少数政权的统治而当家作主，他亦希望白人将与黑人并肩参与国家管理。② 这也是千百万南非人共同的梦想。只有一个没有种族歧视的南非、白人与黑人和谐共处的南非，才会真正是一个“彩虹之邦”。而要实现这个梦想，仍然需要南非各族人民本着和解的精神，平等相待，共同努力。

（作者为北京大学国际关系学院博士生）

① F. H. Toase and E. J. Yorke, *The New South Africa: Prospects for Domestic and International Security*, ST. MARTIN'S PRESS, INC., 1998, p. 78.

② 李安山：《非洲民族主义研究》，北京：中国国际广播出版社，2004 年版，第 94 页。

自我与他者

——柬埔寨形象在中国古代文献中的历史流变

梁 鹏

【内容提要】 黑格尔曾说："在对立中，有差别之物并不是一般的他物，而是与它正相反对的他物；这就是说，每一方只有在与另一方的联系中才能获得它自己的'本质'规定，此一方只有反映另一方，才能反映自己。另一方也是如此；所以，每一方都是它自己的对方的对方。"① 比较文学的"比较视域"正是这种"自己"与"对方"视角间的反复转换。中国古代文献中关于古代柬埔寨的记载，反映了怎样的他者——柬埔寨形象，反映了怎样的自己——中国的文化心态？本文尝试探索这些问题的答案。

【关 键 词】 中国古代文献；柬埔寨；形象；历史演变

Ipse et Aliud

——The Historical Evolution of the Image of Cambodia in the Ancient Chinese Literature

① 'Der Unterschied des Wesens ist daher die Entgegensetzung, nach welcher das Unterschiedene nicht ein *Anderes überhaupt*, sondern *sein* Anderes sich gegenüber hat; d. h. jedes hat seine eigene Bestimmung nur in seiner Beziehung auf das Andere, ist nur in sich reflektiert, als es in das Andere reflektiert ist, und ebenso das Andere; jedes ist so des Anderen *sein* Anderes.' Hegel, Georg Wilhelm Friedrich Werk 8: Enzyklopädie der philosophischen Wissenschaften im Grundrisse (1830): Frankfurt am Main : Suhrkamp, 1983. §119, S. 243.（中文参阅：［德］黑格尔著，贺麟译：《小逻辑》，商务印书馆，1980年版，第254页。）

Liang Peng

【Abstract】 Georg Wilhelm Friedrich Hegel said: 'Essential difference is therefore Opposition; according to which the different is not confronted by *any* other but by *its* other. That is, either of these two (Positive and Negative) is stamped with a characteristic of its own only in its relation to the other: the one is only reflected into itself as it is reflected into the other. And so with the other. Either in this way is the other's *own* other. '① 'Comparative Horizon' of Comparative Literature is the repeated Change of perspective between 'self' and the 'the other'. What is the image of Cambodia as an 'Other' in the ancient Chinese literature and what is the Chinese cultural mentality of that time are my questions.

【Key Words】 Ancient Chinese literature, Cambodia, Image, Historical evolution

一、绪论

（一）本论题的文献基础

柬埔寨古称扶南，继称真腊，是东南亚地区历史悠久的文明古国，也是这个地区最早同我国建立友好关系的国家。迄今为止，两国交往的历史已绵延近 2000 年，并在我国的古籍中记录了大量有关古代柬埔寨的珍贵史料。

---

① Hegel, The logic of Hegel / trans. from the encyclopaedia of thephilosophical sciences by William Wallace, Oxford: Clarendon, p. 220.

由于历史原因，柬埔寨本身没能给后人留下多少有关己国的历史资料。特别是公元5世纪以前，几乎是一片空白。中国却为柬埔寨古代历史的研究提供了极为珍贵而丰富的史料。中国古代典籍在柬埔寨问题研究上的至高地位举世公认。①

（二）本论题的方法论基础

“形象学”于19世纪首创于法国。西文称Imagology，Imagologie。巴柔教授（Daniel-Henri Pageaux）在《总体与比较文学（La littérature générale et comparée)》一书中，指出“形象”一词语义模糊，不好把握，具体操作起来有相当的难度。② 被国内学术界广泛转引的形象学研究成果，大都是从他者及现代通行语言的比较等角度，对形象进行分析的。③ 本节试从语源学角度分析“形象”。

“形象”，西文称image（法语和英语），Bild（德语）。皆来自拉丁文imago。imago，属格imaginis，阴性。imago的英文释义有：likeness，picture，statue，portait of ancestor，apparition，ghost，echo，mental picture，idea，semblance，mere shadow，comparison。④ 德文释义有：Bild，Porträt，Wachsmaske，Ahnenbild，Abbild，Ebenbild，Schatten，Schemen，Traumbild，Echo，Gleichnis，Metapher，Trugbild，Scheinbild，Schatten，Schein，Anblick，Ers-

① 伯希和（Paul Pelliot）在其《扶南考（Le Fou-Nan)》中说：“吾人所知此古国之古事，只有中国载籍可考。”他本人还于1903年将元代周达观著《真腊风土记》翻译成法文并加注释在巴黎出版。《东南亚史（A History of South-East Asia)》的作者霍尔（Hall，D. G. E.）也认为，如果没有中国历朝正史中有关记述中国与东南亚国家关系的资料，“我们对扶南和占婆这样重要的国家的最早期历史则一无所知”。参阅：陈显泗等：《中国古籍中的柬埔寨史料》，河南人民出版社，1985年版，前言。

② 乐黛云、张辉主编：《文化传递与文学形象》，北京大学出版社，1999年版，第198页。

③ 孟华主编：《比较文学形象学》，北京大学出版社，2001年版。［德］狄泽林克著，方维规译：“比较文学形象学”，载于《中国比较文学》，2007年第3期（总第68期）。

④ Collins Latin Dictionary，edition 1997，‘imago’.

cheinung，Vorstellung，Einbildung，Gedanke，Darstellung。[①] 中文释义有：肖像、形象、写真、影像、图画；祖先仪容、祖先的蜡像；幻象、死人的影子、幽灵；回声；梦想、神视、显现、出现；比喻、例句；欺骗的外表；心象、观念。[②]

通过对形象一词的语源学分析，上述的语意模糊现象则不足为奇。正因为此，“形象”才吸引着我们去探索，去追寻。柬埔寨这一“他者”在中国古代文献中的“形象（imago）”，或许是图画（picture），是雕像（statue），是描绘（portait）；抑或是幻影（Trugbild），是面具（Wachsmaske），是理念、感想（idea）；再或是异象（apparition），是幽灵（ghost）。但形象学的研究重点并不是探讨“形象”的正确与否，而是研究“形象”的生成、发展和影响；或者说，重点在于研究文学或者非文学层面的“他者形象”和“自我形象”的发展过程及其缘由。[③] 甚至可以说这一“他者形象”本无所谓正确与不正确、真与假之说。因为无论这一“他者形象”是什么，我们都是在直喻（Gleichnis）或隐喻（Metapher），都是在将我们同他们、同时将他们同我们作比较（comparison）。

（三）本课题研究范围与“柬埔寨形象”的界定

1. 本文研究的是文本中的形象

其一，文本是最佳的诠释学对象。

伽达默尔将最好的解释对象归结为语言流传物（die sprachliche Überlieferung）。并将其与其他流传物进行比较：“语言流传物在直观的直接性这方面不如造型艺术的文物。但语言流传物缺乏直接性并不是一种缺陷，相反，在这种表面的缺陷中，在一切‘文本’的抽象的陌生性中却以特有的方式表现出一切语言都属于理解的先行

① STOWASSER Lateinisch-deutsches Schulwörterbuch，Auflage 1994，S. 245 ‘imago’.

② ［奥］Leopold Leeb（雷立柏）编：《小拉丁—英—汉语词典》，未刊版，“imago”词条。

③ ［德］狄泽林克著，方维规译：“比较文学形象学”，《中国比较文学》，2007 年第 3 期。

性质。语言流传物是真正词义上的流传物。”[①] 语言流传物虽然比过去遗物（如雕塑）更少物理的直接性，但这种缺陷的后果却是一种优点，即它不怕时代和改变，而是随着时代和社会的变迁而兴旺成长。[②]

其二，文本的重要性。

伽达默尔对文字流传物之于文化的重要性进行了论述：“凡我们取得文字流传物的地方，我们所认识的就不仅仅是些个别的事物，而是以其普遍的世界关系展现给我们的以往的人性本身（ein vergangenes Menschentum selbst）。因此，如果我们对于某种文化根本不占有其语言流传物，而只占有无言的文物，那么我们对这种文化的理解就是非常不可靠的和残缺不全的，而我们也不把这种关于过去的信息称为历史。与此相反，本文却总是让总体得到表述。”[③] 中国史料弥补了柬埔寨文字记载的缺失。

2. 本论文研究的“形象”概念的界定

本文借鉴比较文学形象学的研究范畴，将形象界定为比较文学形象学研究对象的“文学形象”，“它是异国的形象，是出自一个民族（社会、文化）的形象，是由一个作家特殊感受所创作出的形象”。[④]

首先，指国家形象。这个“国家形象”包括柬埔寨国家政治、经济面貌在文献中的体现，以及其与中国的社会历史关系。

其次，指柬埔寨人的形象。这不仅局限于单个的人物形象，也包括全体柬埔寨人的整体形象（国民性）。

第三，指柬埔寨社会的整体风貌形象。

---

① Hans-Georg Gadamer, Wahrheit und Methode, 4. Auflage Unveränderter Nachdruck der 3. erweiterten Auflage, J. C. B. Mohr (Paul Siebeck) Tübingen, 1975, p. 367.（《真理与方法》，德文版，蒂宾根，1975 年。）此版本被称为“标准版”，为一卷本，共 553 页。中文译文引自：［德］汉斯—格奥尔格·加达默尔著，洪汉鼎译：《真理与方法》，上海译文出版社，2004 年版。

② 洪汉鼎著：《理解的真理——解读伽达默尔〈真理与方法〉》，山东人民出版社，2001 年版，第 285 页。

③ 同上书，第 368 页。

④ 杨乃乔主编：《比较文学概论》，北京大学出版社，2002 年版，第 225 页。

二、中国古代文献中柬埔寨形象的历史性梳理

（一）东汉至南北朝柬埔寨神秘奇异的蛮夷形象

1. 蛮夷

中柬友好关系的肇端众说纷纭。归纳起来，共四说。其一、始于公元3世纪初，朱应、康泰出使扶南。其二、始于公元2世纪后期，古代柬埔寨出使中国。其三、始于公元前1世纪中叶。其四、始于公元前1世纪上半叶。[①] 本文采通说，认为“究不事”为柬埔寨语国名“km<úCa”之音译，中柬友好关系肇始于公元1世纪后期。其最早的记载见于《后汉书》：“肃宗元和元年，日南徼外蛮夷究不事人邑豪献生犀、白雉。”[②]

这里第一次使用“蛮夷”二字称呼古代柬埔寨人。这为宋以前的柬埔寨形象定下基调，形成了一个套话（stereotype）。《晋书》对扶南人的形象作出了“丑”的价值判断：“扶南……人皆丑黑拳发，倮身跣行。”[③]《梁书》中记载：“国法刑罪人，并于王前啖其肉。国内不受估客，有往者亦杀而啖之，是以商旅不敢至。”[④] 以吃人的方式对待罪人与商旅，看罢不禁毛骨悚然，野蛮原始的形象被烘托出来。

欲究“蛮夷”套话形成之原因，需先回顾两国历史。秦汉两代的中国完成了四件大事：（1）中国版图之确立；（2）中国民族之抟成；（3）中国政治制度之创建；（4）中国学术思想之奠定。其间，由汉武帝至王莽，统一政府文治进一步演进。王莽失败，汉宗室光

① 陈显泗著：《柬埔寨两千年史》，中州古籍出版社，1990年版，第130—135页。

② 【宋】范晔撰，【唐】李贤等注：《后汉书》，中华书局，1965年版，第2837页。

③ 【唐】房玄龄等撰：《晋书》，中华书局，1974年版，第2547页。

④ 【唐】姚思廉撰：《梁书》，中华书局，1973年版，第787页。

武复兴，是为东汉。然不久即走上衰运，东汉只是秦、汉以来统一政府之逐渐堕落。魏晋南北朝是中国长期分裂之开始，从此中国分崩离析，走上衰运。① 反观公元1世纪末2世纪初的扶南，正处于建国时期。当时的柬埔寨正在摆脱原始社会，开始建立奴隶制社会。② 中国这样一个封建大国将一个处于奴隶社会初期的扶南视为蛮夷也无由惊诧，但因为中国史料多相互传抄，由此形成了中国古代文献中柬埔寨形象的一个套话——“蛮夷”。这可以说是柬埔寨的“面具（Wachsmaske）”形象。此形象是中国作为主体赋予古代柬埔寨这一他者的。无论他者的真实面目如何，主体在审视他者、建构他者形象时，这一面具永远都是存在的。

2. 神秘奇异

汉末及魏晋南北朝时期是我国思想杂陈、中外交流频繁的一个时期。从哲学思想上看，有两汉的今文经学、古文经学、谶纬及象数之学；有南北朝的玄学；还有新近传入的佛学。③ 这似乎造就了当时中国人求新、求异的性格特点。也为柬埔寨形象笼罩了一层“神秘奇异”的色彩，并贯穿于中国整个古代社会历史。如《梁书》的记载：

“又有酒树，似安石榴，采其花汁停瓮中，数日成酒……其王身长丈二，头长三尺，自古来不死，莫知其年。”④

相似的文字在中国历代文献中相互传抄。神秘奇异的蛮夷形象对后代（唐、宋、元）的影响巨大，就连千年后的明、清两代也都予以承继。

唐代的《法苑珠林》中有一则故事：

“建元中番禺毘耶离精舍，旧有扶南国石像，莫知其始，形甚巨异，常七八十人乃能胜。致此寺茅茨遇火延及屋，在下风烟焰已

① 钱穆著：《国史大纲（上册）》，商务印书馆，1996年版，第113、211页。

② 陈显泗：《关于古代扶南社会性质的探讨》，载于陈显泗著：《让湮没的历史重现——一个中国学者笔下的柬埔寨历史》，军事谊文出版社，2006年版，第166页。

③ 冯友兰著：《中国哲学史》，中华书局，1961年版，第491页。

④ 前引《梁书》，第787页。

接，尼众十余相顾无计，中有意不已者，试共三四人捧之，飘然而起，曾无钧石之重，像既移矣。屋亦焚焉。每有神光州部兵寇辄泪汗满体，岭南以为恒候。后广州刺史刘悛表送出都。今应在故蒋州寺中。”[①]

平常“七八十人”方能移动的扶南大佛，大火中“三四人”便可“捧之而起”。还有震慑敌寇之神功。寥寥数笔，一尊神秘的大佛已浮现眼前，颇有六朝志怪小说的风范。

明代有诗为证：

“真腊山岗远，荒城傍海涯。兽禽多彩丽，人物好奢靡。列塔多奇异，罗盘逞礼仪。夷风聊可采，吟咏感明时。”[②]

“远、荒、奇异、夷风”建构了一种奇异的蛮夷形象。而从“聊可采”的“聊”字中，展现出的天朝大国的傲气一目了然。

另有《聊斋志异》卷九《凤仙》中，有一段提及真腊：

“……二人歌舞方已，适婢以金盘进果，都不知其何名。翁曰：‘此自真腊携来，所谓田婆罗也。’”[③] 在所有人都不知奇异水果来源时，老翁揭秘说，来自真腊，名为田婆罗（即菠萝蜜）。真腊遥远奇异的形象被用来衬托水果的珍贵与难得。

当时，中国与古代柬埔寨的实际接触与交往较少。因此，柬埔寨的形象，如同具备丰富想象力的预言家脑海中的上帝形象，虽然未必是真的，但却非常生动。彼时，在对柬埔寨这一他者认识的过程中，高度的想象力代替了推理；感性替代了理性。[④] 这可以说是中国古代文献中柬埔寨的“梦想（Traumbild)”形象。

（二）隋唐两代的“强大真腊”形象

中国经过400年的分崩动乱，终于盛运再临，而有隋唐之统一。

① 【唐】道世：《法苑珠林》，卷二十一。

② 【明】费信著，冯承钧校注：《星槎胜览校注》，中华书局，1954版，第49—50页。

③ 蒲松龄著，张友鹤选注：《聊斋志异选》，人民文学出版社，1978年版，第260页。

④ ［荷兰］斯宾诺莎（Benedict De Spinoza）著，温锡增译：《神学政治论（Tractatus Theologico-Politicus)》，商务印书馆，1963年版，第24、34页。

隋室虽祚短运促，然其国计之富足，每为治史者所艳称。自汉以来，丁口之蕃息，仓廪府库之盛，莫如隋。① 唐代是中国历史上的盛世，而被人们称为“盛唐”的唐玄宗开元天宝年间则是盛世中的黄金年代。其时的大唐帝国以前所未有的经济繁荣、廓大恢宏的政治气度、自由开放的文化氛围而著称于世。②

公元3世纪至6世纪是扶南王国的繁荣发展时期。③ 大概因为中国对东南亚商品需求的增加，扶南经过600年的发展，成为了海上贸易中心，并为统治者带来了滚滚财源。还因此促进了与印度的交流。④

《洛阳伽蓝记》记载：

“北行三十日，至扶南国。方五千里，南夷之国，最为强大，民户殷多，出明珠、金、玉及水晶珍异，饶槟榔”⑤

“强大”二字，可以说是“强大真腊”形象的雏形。其后，隋唐的文献又继承了这一形象，《旧唐书》记载：

“眞腊国，在林邑西北，本扶南之属国……有战象五千头，尤好者饲以饭肉。……”⑥

5000头战象是何等气派，何等强盛。

有的文献几乎把所有与“大”字有关的事物都与真腊联系起来，极尽渲染夸大之能事，《隋书》中记载：

“真腊国……海中有鱼名建同，四足，无鳞，其鼻如象，吸水上喷，高五六十尺。有浮胡鱼，其形似鲍，嘴如鹦鹉，有八足。多

① 钱穆前前书，第375页。

② 魏崇新著：《卓立特行——狂狷人格》，东方出版社，2009年版，第66页。

③ 桂光华：“试论扶南王国的兴起、发展及其原因”，《南阳问题研究》，1986年第1期。

④ ‘During the first six centuries A. D., perhaps because of growing demand in China for products, or acquired via, Southeast Asia, Funan grew rapidly as a maritime trading region, with a ruling class acquiring wealth from that activity, and since much of what China wanted came from India, or farther west, they were even more involved than before in contact with India.’ see Vickery, Michael, Society, economics, and politics in pre-Angkor Cambodia : the 7th-8th centuries, Tokyo, Japan : The Centre for East Asian Cultural Studies for Unesco, The Toyo Bunko, 1998, p. 19.

⑤ 韩结根译注，张培恒审阅：《洛阳伽蓝记选译》，巴蜀书社，1991年版，第235页。

⑥ 【后晋】刘昫等撰：《旧唐书》，中华书局，1975年版，第5271页。

大鱼，半身出水，望之如山。”[①]

隋唐两代是中国对外交通最发达的时期。陈寅恪先生说：“夫隋唐两朝为吾国中古极盛之世，其文物制度流传广播，北逾大漠，南暨交趾，东至日本，西极中亚……”[②] 唐代去华夷之防，采兼容的政策。唐太宗说过：“自古皆贵中华，贱夷狄，朕独爱之如一。”[③]强大的中国以宽广的胸怀向世界发出友好的声音。“强大真腊”是柬埔寨的“回声（echo）”形象。

（三）宋代的“富贵真腊”形象

在不堪言状的分裂与堕落之后，中国又重新建立起一个统一的中央政府。这一个中央欲以它特殊的姿态出现于历史。与秦、汉、隋、唐的统一相随并来的是中国之富强，而这一个统一却始终摆脱不掉贫弱的命运。这是宋代统一特殊的新姿态。[④]

柬埔寨在11世纪的前75年，是一个英杰辈出、大事迭起的时期。当时的柬埔寨，1002年苏利耶跋摩一世创立了一个新王朝，并把自己的统治权一直扩展到了湄南河，取代了原先占领该地区的孟人。11世纪末，宋朝的衰弱助长了吉蔑族、占族和缅族统治者的雄心。1080年，新统治者同时也是吴哥窟的建造者——苏利耶跋摩二世，使当时柬埔寨的国力臻于鼎盛。[⑤]

南朝宋刘敬叔所撰《异苑》收罗古今怪异之事383则。其中有一名为“黄金僦船”的故事。“扶南国治生皆用黄金，僦船东西远近雇一斤。时有不至所届，欲减金数。舡主便作幻，诳使船底砥

---

① 【唐】魏征等撰：《隋书》，中华书局，1973年版，第1837页。

② 陈寅恪著：《隋唐制度渊源略论稿·唐代政治史述论稿（陈寅恪集）》，三联书店，2001年版，第3页。

③ 《资治通鉴》贞观二十一年五月条。参阅：袁行霈主编：《中国文学史·第二卷（第二版）》，高等教育出版社，2005年版，第168页。

④ 钱穆前前书，第523页。

⑤ ［法］G. 赛代斯著：《东南亚的印度化国家》，商务印书馆，2008年版，第414页。

折，状欲沦滞海中，进退不动。众人惶怖还请赛，船合如初。”[①] 该故事虽“言神怪之事”，但“其词旨简澹，无小说家猥琐之习”（《四库总目提要》评语）。一来继承了前代柬埔寨“神秘奇异”的形象，二来对“黄金”的描述形成了“富贵真腊”形象的雏形，后被隋唐所继承，并在宋代被推向极致。

1. 国富

富贵奢靡的形象从宋代文献中柬埔寨的国名上已初露端倪。据《宋史》的记载：“真腊国……其属邑有真里富……西南与登流眉为邻。”[②] 宋代赵彦卫所撰《云麓漫钞（卷五）》更为直接，将真腊等同于“真里富”（“真腊亦名真里富”）。[③]

宋代的大量文献以文学性的语言，对真腊及其属国的富庶极尽描绘之能事，对真腊的奢华大书特书。如：

“真里富国……其主所居效佛殿，皆用金器。……”[④]

整体上，宋代文献塑造出的真腊形象是珠光宝气、富贵奢靡。

另从文献的相似度上也可以证明以上形象学的观点，即“富贵真腊”肇始于南朝，为隋唐所继承，在宋代推向极致。《隋书》的记载被宋代《太平寰宇记》完全照搬。

“真腊国……城中有一大堂，是王听政之所。总大城三十，城有数千家，各有部帅，官名与林邑同。其王三日一听朝，坐五香七宝床，上施宝帐。其帐以文木为竿，象牙、金钿为壁，状如小屋，悬金光焰，有同于赤土。”[⑤⑥]

---

① 【南朝宋】刘敬叔撰，黄益元校点：《异苑》。（载于：王根林、黄益元、曹光甫校点：《汉魏六朝笔记小说大观》，上海古籍出版社，1999年版，第681页。）

② 【元】脱脱等撰：《宋史》，中华书局，1977年版，第14086—14087页。

③ 赵彦卫撰：《云麓漫抄（卷五）》（载于：【明】陶宗仪纂：《说郛（十一）》，北京中国书店，1986年版（据涵芬楼1927年11月版影印），卷第八十。）

④ 【清】徐松辑：《宋会要辑稿》，中华书局，1957年版，第7763页。

⑤ 【唐】魏征等撰：《隋书》，中华书局，1973年版，第1835—1836页。

⑥ 【宋】乐史撰，王文楚等点校：《（中国古代地理总志丛刊）太平寰宇记》，中华书局，2007年版，第3375页（卷一百七十七）。

另有宋代郑樵所撰《通志》真腊国条[①]也对《隋书》予以继承，基本没有改动。

2. 民富

宋代文献中多处记述了真腊商人，体现了真腊经济之繁荣，人民之富庶。《攻媿集》有一则故事：

“干道元年，岁大歉，饥民麕至分处寺观发廪振救多所全活。真里富国大商死于城下，囊赍巨万吏请没入。王曰：‘远人不幸至此，忍因以为利乎！’为具棺敛，属其徒護丧以归。明年金人致谢曰：‘吾国贵近亡没，尚籍其家。今见中国仁政，不胜感慕，遂除籍没之例矣。’来者且言：死商之家，尽捐所归之赀建三浮屠，绘王像以祈寿。岛夷传闻，无不感悦。至今其国人以琛贡至，犹问王安否。”[②]

另一版本的《攻媿集》[③]与《四库全书》本稍有不同，四库本为“金人致谢曰”，武英殿本为“明年戎酋致谢曰”。“金人”、“戎酋”仅一词之别，可看出武英殿本对前代“蛮夷”形象的继承。本是一篇宣扬皇恩浩荡的文字，但该文前段“真里富”、“大商”“囊赍巨万”等语句却向读者传达了一种富贵荣华的形象。后段“尽捐所归之赀建三浮屠”又强化了这一形象。

3. 朋友与战友

需要补充说明的是，“富贵真腊”虽然首见于元代周达观所撰《真腊风土记》，但当时古代柬埔寨的整体形象已经不“富贵”了。这体现了形象形成的时间性。[④] 此点容后文论述。

如同音乐中的基础音与泛音，除了富贵的形象，宋代时的真腊

---

① 【宋】郑樵撰：《通志（全三册）》，中华书局，1987年版，卷一九八·四夷五·志三一七六。

② 【宋】楼钥撰：《攻媿集》，卷八十六（《钦定四库全书》本）。

③ 《武英殿聚珍版书（武英殿本活字本）》，即《攻媿集（第十五册）》，［宋］楼钥撰，［清］傅以礼辑，福建，清干隆42年（1777）刻，第1169页。

④ 孟华：《试论他者“套话”的时间性》，《文化传递与文学形象》，北京大学出版社，1999年版，第197页。

与原来的扶南王国相比已显出颓势。经常以受难者、弱者、被欺凌者的形象出现，与“富贵真腊”共同构成了宋代柬埔寨形象的交响。如《续资治通鉴长编》中的记载：

“高州言占、腊商贾三人，为交州所逐，迷道至州境，欲配隸本州岛。上曰：‘遠方之民，穷而来归，可给时服、缗钱，遣人伴送至境，放还本国。’”①

“诏：‘占城、占腊久为交趾寇扰。今王师伐罪，可乘机会协力荡除……’”②

正如文中所述，反复提到两国“协力”抗击敌人。战友与朋友的形象跃然纸上。另有《宋大诏令》中“诏占城、真腊同讨交贼诏”的记载为佐证：“候王师前进，协力攻讨。”③

但中国在封建大国主义的影响下，所塑造的古代真腊“番邦蛮夷”的形象仍然十分清晰。如《宋大诏令集》及《续资治通鉴长编》中的记载：

“候王师前进，协力攻讨，平定之日，厚加爵赏。”④

每段后都不忘加上“厚加爵赏”四字，以示天朝大国的威风。

（四）元代的“怪异”形象

南宋代表的是中国的传统政权，它渐渐地从北返迁到南方，而终于覆灭。蒙古民族入主中国，中国史开始第一次整个落入非传统的异族政权的统治。中国的政治社会随之有一个急剧的大变动。⑤而12世纪末叶的真腊迎来了奇迹般的复兴，在神庙的建造者、笃信佛教的阇耶跋摩七世的统治下，国势极盛。并吞占婆约20年。但此后便开始衰落了。⑥

① 【宋】李焘撰：《续资治通鉴长编》，中华书局，1995年版，第1556页。

② 《续资治通鉴长编》，第6675—6676页。

③ 《宋大诏令集》，中华书局，1962年版，第933页。

④ 《续资治通鉴长编》，第6651页。

⑤ 钱穆前揭书，第631页。

⑥ 赛代斯前揭书，第415页。

元代的柬埔寨形象较前代有一个从虚到实、从模糊到清晰的过程，古代中国对柬埔寨的认识在元代达到高峰。标志就是《真腊风土记》。该书有多个版本，但涵芬楼百卷本《说郛》[①] 本，经考证最为接近原本[②]，本文以此版本为根据。

从该书的小标题[③]可知其记述之全面，观察之仔细。被《钦定四库全书》提要誉为："文义颇为赅赡。"

1. 周达观的主要目的在于猎奇

《真腊风土记》记述的信息相对丰富，但并不一定记载的完整与全面。而他者形象的形成，又有赖于记录者对所记录对象信息的选择。作者的目的似乎在于猎奇。如其对蛇精、阵毯之俗（去童身）、主人与奴婢之性关系、麻疯病、取胆、蛮人淫乱之异事、裸浴、男妓、淫荡的产妇、葬法（天葬）、便溺等事件的记述，如：

"唐人暇日颇以此为游观之乐。闻亦有就水中偷期者。"

全书记述奇闻怪事的文字，保守估计有2000左右，约占全文字数（约8500字）的24%。《钦定四库全书提要》评论"异事（第三十六则）"的文字记载为："渎伦神谴一事，不以为天道之常，而归功于佛，则所见殊陋。"。以猎奇的心理，记录奇闻怪事，"所见殊陋"又何止此一处。这样的品评相当中肯。

2. 周达观对部分文化层面漠然置之

除奇闻怪事以外，作者对有价值的东西却漠然置之。从该书原文中"不知"、"难究"、"其详莫能考"、"以愚意观之"等措辞可知。如：

"……既不用笔墨，不知其以何物书写。"

"……以愚意观之，往往好色之余……故成此疾。"

作者对真腊知识分子的师承关系、典籍文献内容、语言文字、

① 【明】陶宗仪 纂：《说郛（七）》，北京中国书店，1986年版（据涵芬楼1927年11月版影印），卷三十九。

② 【元】周达观原著，夏鼐校注：《真腊风土记校注》，中华书局，1981年版，前言。（以下简称"夏本"）

③ 本皆无小标题，此标题据夏本。

书写工具、佛教传统、医学文化等漠然置之。上述文化层面，或通过学习，或通过询问是容易查知的。至少相较于真腊孕妇的产后护理、性心理，以及“阵毯”之俗容易查知。如：

“番妇产后，即作热饭，抹之以盐，纳于阴户。凡一昼夜而除之，以此产中无病，且收敛常如室女。余初闻而诧之，深疑其不然。……”

3. 周达观文字中的主观性与大国主义

《真腊风土记》中的许多文字都显示出一种毫不掩饰与毋庸讳言的主观性与大国主义。

其一，文字中的主观性。

全文共使用“想”[①] 字四次。例如：

“自来有富贵真腊之褒者，想为此也。”

“其地想不出金银，以唐人金银为第一。”

使用“盖”[②] 字 11 次：

“妇女多有莹白如玉者，盖以不见天日之光故也。”

“以此剖判曲直，谓之天狱。盖其土地之灵，有如此也。”

“盖其用圣佛之灵，所以如此。”

其二，文字中的大国主义。

作者称真腊人为“蛮俗人物”；评其为“粗丑而甚黑”；咒骂真腊“二形人”“可丑可恶”；对道听途说番妇的“淫荡之心”嗤之以鼻；对真腊“先奸而后娶”之俗惊异其“不以为耻，亦不以为怪”；轻视真腊的争讼仅神断“一项可取”；讥笑“立而溺”的妇女；夸口真腊“土人”对“唐人（指当时古代中国人）”的“敬畏”，“呼之为佛，见则伏地顶礼”；将“蛮人淫”女，“皮肉相粘”而死之异事，归之于“其国圣佛之灵”；臆断真腊“军马”“别无智略谋划”；

① 意为：料想。如：想当然；想必是。参阅：徐复等编：《古汉语大辞典》，上海辞书出版社，2000 年版，第 1924 页。

② 意为：副词，大概。连词，连接上句或上一段，表示推论原因。参阅：王力等：《古汉语常用字字典（第 4 版）》，商务印书馆，2005 年版，第 117 页。

以“以此观之，则虽蛮貊之邦，未尝不知有君也”，总结全书。

4. 小结

综上所述，尽管史学界将《真腊风土记》评为“翔实、生动……是研究元朝同真腊交通的重要参考资料”，[①] 但从比较文学形象学的角度观察，该书在继承了前朝的形象套话“蛮夷”的同时，又为这一形象增加了荒诞、无稽、怪异的色调。因文献相互传抄，元代柬埔寨形象几乎可以用一个字来概括，那就是——“怪”。

“怪异”形象对后代影响甚大。明代何乔远撰《名山藏》评论《真腊风土记》为：“真腊风土，元时有周达观者使其国，载列甚详，且多怪异，大抵地迩印度，谨奉佛。”[②] 清末上海滩上文人所辑，收录从隋至晚清间有关女性和艳情的文言小说、诗词、曲赋的《香艳丛书·十六集·卷四)》，在“节录元周达观真腊风土记”的标题下，仅录入“人物”、“产妇”、“侍女”、“奴婢”、“异事”、“洗浴”共六个章节。[③]

这可以说是中国古代文献中柬埔寨的“灵怪（apparition[④]）”形象。这一形象是真腊显现给周达观的；但经过周达观本人及后人的选择与处理，又显得妖异怪诞、灵异非常。

（五）明清两代柬埔寨富贵与神秘背景下的衰败形象

明代的中国政治乃中国传统政治之再建，然而腐败（明万历以下政治极端腐败）恶化了。黄梨洲谓：“有明一代政治之坏，自高皇帝废宰相始。”可谓一针见血之论。中国北方社会，自安史乱后，五六百年内，大体在水深火热下过日子。经济、文化中心逐渐向南

---

① 《真腊风土记校注》校注者序。

② 【明】何乔远撰：《名山藏》，江苏广陵古籍刻印社，1993 版，第 6172—6173 页。

③ 【清】虫天子 编：《香艳丛书（据上海国学扶轮社（1909～1911）原书影印）》，人民文学出版社，1992 年版，第 4599—4604 页。（与《明宫词》、鲍皋的《十美诗》、范成大的《菊谱》同列于一卷。）

④ The Concise Oxford Dictionary，Oxford [England]；New York ：Oxford University Press，Eighth edition 1990，‘apparition’.

方偏移。明太祖驱除蒙古后三百年而满洲入主，为中国历史上狭义的部族政权之再建。清代政制沿明代不设宰相，以大学士理国政，以便君主独裁（事事悉仰君主一人之独断，务求权柄不下移）。国家收入，尽以养兵。沿袭元明之制，用刑残暴。此种不健全的统制到底要维持不下去，而清代自乾隆以后，随走入不可挽的颓运中。康熙五十年所谓盛世人丁者，尚不及明万历之半数。①

公元15—19世纪中期的柬埔寨，长期处于暹罗和越南的拉锯式争夺之下。柬埔寨终于在1432②年放弃吴哥，迁都于今金边城。从放弃吴哥到1594年洛韦陷落，暹罗人终于迫使柬埔寨屈服，成为自己的属国。这是柬埔寨丧失强国地位无可挽回地走向极度衰落的阶段。此后，越南参与了为争夺对柬埔寨的控制权而同暹罗的角逐，形成了拉锯式的争夺战。衰落的柬埔寨差不多被东西两个邻国所肢解。③

1. 明清两代对前代柬埔寨形象的继承

其一，对“富贵真腊”形象的继承。

明代继承了前代形成的柬埔寨形象。包括《明史》等正史在内的诸多文献，如《星槎胜览》、《寰宇通志》都传抄了“富贵真腊”的文字记载。如：

“其国城隍周七十余里，幅员广数千里。国中有金塔、金桥、殿宇三十余所。……故有‘富贵真腊’之谚。”④

“凡岁时一会，则罗列玉猿、孔雀、白象、犀牛于前，名曰百塔洲。金盘、金盎盛食，谚云‘富贵真腊’也。”⑤

其二，对“怪异”真腊形象的继承。

---

① 钱穆前揭书，“第七编 元明之部 第八编清代之部”第665页以下。

② 另有著作认为是1431年。（参阅：［法］G. 赛代斯著：《东南亚的印度化国家》，商务印书馆，2008年版，第394页。）

③ 陈显泗著：《柬埔寨两千年史》，中州古籍出版社，1990年版，第443页。

④ 【清】张廷玉等撰：《明史（第二十八册）》，中华书局，1974年版，第8395页。

⑤ 【明】费信撰：《星槎胜览》，载于《学海类编（第一百十九册）》，庚申六月上海涵芬楼据六安晁氏聚珍版本影印。

明代加强了真腊在元代形成的怪异形象，如《咸宾录》中除大段援引《真腊风土记》中塑造真腊怪异形象的文字，并在文末加上了一段：

“论曰：真腊自古通贡，俗同诸夷，而周达观所纪独异群书。至辨盗辨讼事，西南诸国多有此俗，非特真腊。然此何故也？盖地迩印度，奉佛甚谨，善恶报验，佛法固然。尝读内典，见有阿阇王令醉象蹋佛，佛以慈善根力，舒五指成五狮子以布醉象事。又有西土龙树与善呪婆罗门角力，婆罗门化大池莲坐其土龙树，化白象入池，鼻举莲花高掷婆罗门事，此恶验也。又有毗奢利国，有人如马，裸露，见王号呼。王运神力分身为蚕，顷乃得衣事。又有波斯匿王收五百贼，剜其两目，弃入坑中，尔时群贼苦痛，念南无佛。达摩以慈善根力，吹药令入贼目悉平事。此善应也。诸如此类，不可胜述。余恐士人以真腊事为诬，故偶叙之末云。”[①]

为了向读者强调怪异事情的真实性，《咸宾录》与《真腊风土记》（“余乡人薛氏，居番三十五年矣，渠谓两见此事。盖其用圣佛之灵，所以如此。”）及《名山藏》（“且多怪异，大抵地迩印度，谨奉佛。”）都将“怪异”与佛教联系在一起：“盖地迩印度，奉佛甚谨，善恶报验，佛法固然。”并强调：“余恐士人以真腊事为诬，故偶叙之末云。”进一步加强了元代以后古籍中柬埔寨的“怪异”形象。

2. 明清两代柬埔寨的衰败形象

第一，前代衰败形象的伏笔。

明清文献中，柬埔寨的衰败形象在宋元已有伏笔。

“……占腊素不习兵，与交趾邻，常苦侵轶……”[②]

“……其国方与真腊战，皆乘大象，胜负不能决。闽人教其王当习骑射以胜之……”、“四年，占城以舟师袭真腊，傅其国都。”

---

① 【明】罗日褧著，余思黎点校：《（中外交通史籍丛刊）咸宾录》，中华书局，2000版，第143页（南夷志卷之六·真腊）。

② 【元】脱脱等撰：《宋史（第四十册）》，中华书局，1977年版，第14084页。

“庆元以来，真腊大举伐占城以复雠，杀戮殆尽，俘其主以归。国遂亡，其地悉归真腊。”①

“常苦交趾之侵轶”、“败于占城之骑射”、“国都受袭”及“国主被俘”四则关于真腊战争的记载，一来塑造了柬埔寨人国民性中软弱、厌战的形象，并为后世所继承；二来为后世文献中柬埔寨的衰败形象打下了伏笔。

第二，军事形象之衰微。

明清两代的柬埔寨，已经远没有扶南大国之气派及富贵真腊之奢靡，经常受到邻国的欺辱。比如：

“暹罗由是雄海上。移兵攻破真腊，降其王。……”②

“真腊所贡象五十二只，占城令人诈为强寇，攘夺其四之一，并奴十五人……”③

“……真腊遣人供方物，且言数被占城侵掠，其使久留京师。”④

“……贡使以其国数被占城侵扰，久留不去，帝遣中官送之还……”⑤

“……暹罗破柬埔寨，取阿可耳及破丁篷二地。”⑥

因为长期战乱，柬埔寨“国王被降”、“贡象被掳”、“国土沦丧”、“使节滞留外邦”。所有关于战争的记述，都以柬埔寨的失败为结果。

第三，政治形象之衰微。

柬埔寨从前世译经专设“扶南馆”（唐代），燕享奏“扶南部”乐（唐代）的“诸昆仑国中”的“最大”国家，沦落到顾炎武笔下的“狼（月荒）裸国”⑦——一个“介于越南、暹罗二国之间”倍受欺凌

① 【元】脱脱等撰：《宋史（第四十册）》，北京：中华书局，1977年版，第14086页。

② 【清】张廷玉等撰：《明史（第二十八册）》，中华书局，1974年版，第8395页。

③ 中央研究院历史语言研究所校印：《明实录（明太祖实录）》，第2864页（卷一九十）。

④ 《明实录（明太宗实录）》，第1738页（卷一四九）。

⑤ 【清】龙文彬撰：《明会要》，中华书局，1956年版，第1518页（卷七八）。

⑥ 赵尔巽等撰：《清史稿（第48册）》，中华书局，1977年版，第14695页。

⑦ 【清】顾炎武撰：《天下郡国利病书·原编第卅三册·交阯西南夷·三十》（载于《续修四库全书》编纂委员会编：《续修四库全书·五九七·史部·地理类》，上海古籍出版社，第575页。）

的番邦“小国”[①]。

中国在外交上对柬埔寨也越来越不重视，由《大明会典》中记载的专人负责：

“……成化十九年添一名真腊国一员名……”[②]

降低为《清季外交史料》中记载的由其他官员“兼辖”：

“……拟请设领事一名驻扎西贡，兼辖柬埔寨及南圻各省……”[③]

第四，经济形象的衰微。

从经济上看，柬埔寨也从“禽兽多彩丽，人物好奢靡”的“富贵真腊”，沦落为“不知何时夷灭”[④]的“柬埔”“寨”[⑤]。由“国”至“寨”的演变塑造了柬埔寨社会经济的凋敝形象。

国家破败——“都城并无曲巷，只一直街长约十三里许。城中屋舍由砖石建者不上十所，其余尽是茅茨等料牵补而成，盖非衙署不用砖石也。”[⑥]

经济受大国制约——“余尝考越南、暹罗、柬埔寨等，虽往往多受西人约束，而贸易开矿诸利权，华人操之者六七，西人操之者二三。土人则阒然无与焉。”[⑦]

第五，从文献用语上看柬埔寨形象的衰微。

“富贵无如真腊强，金盘银碗贮桑香”的“富贵真腊”[⑧]形象，在明清两代的文献中虽隐约可见，但“富贵真腊”四字前都加上了

① 杨炳南撰：《海录》（载于：《海录·新嘉坡风土记·日本考略·西方要纪（丛书集成）》，商务印书馆，中华民国二十五年十二月初版，第1页。）

② 【明】申时行等撰：《大明会典·卷109》（载于《续修四库全书》编纂委员会编：《续修四库全书·七九一·史部·政书类》，上海古籍出版社，第113页。）

③ 【清】王彦威纂辑、王亮编、王敬立校：《清季外交史料》，书目文献出版社，1987年版，第3258—3259页。

④ 【清】徐继畬著：《（近代文献丛刊）瀛环志略》，上海书店出版社，2001年版，第22页。

⑤ 《清史稿（第48册）》，中华书局，1977年版，第14649页。

⑥ 《金边国记》，转引自：陈显泗前引书，第236—237页。

⑦ 《海国公余辑录》，转引自：陈显泗前揭书，第232页。

⑧ 尤侗撰：《外国竹枝词》；载于《龙威秘书》第九集·第六册、つだ（津田）文库，日本早稻田大学馆藏。

“旧名”[①] 二字，“富盛”前加上了“明初尚称”的修饰语。一言以蔽之，“富贵真腊”的形象已经一去不复返，在明清两代的文献中，柬埔寨呈现出衰败、落后的形象。

三、结论

（一）形象与历史的同步性和滞后性

通过以上对中国古代文献中柬埔寨形象的历时性梳理，不难发现，形象与时代（朝代）有同步性与滞后性两种特性，即有的形象与史实同步；有的形象滞后于史实。但总体上，形象的形成过程，呈现滞后性的特点。比如宋代的“富贵真腊”形象，就滞后于柬埔寨经济发达过程的史实。这大部分源于中柬两国相距遥远，实际联系相对较少，而文献对形象的塑造与固定需要一个较长的过程，有时甚至是一个朝代。

（二）中国古代文献中柬埔寨形象的套话

比较文学形象学研究形象注重其总体性。而中国古代文献中柬埔寨的总体形象，与形象形成之初的雏形或套话（stereotype）有密切的关系。有的学者将套话界定为人们“思想的现成套装”，亦即人们对各类人物的先入之见；有的界定为“我们头脑中现存的形象”；还有的界定为“形象的一种特殊而又大量存在的形式”，是“单一形态和单一语意的具象”，“这个具象传播了一个基本的、第一和最后的、原初的‘形象’”。[②] 这些论述很具启发性，但只限于法语和英语的语境，都没有从词源的角度对“stereotype”一词进行

① 【清】王之春著，赵春晨点校：《清朝柔远记》，中华书局，1989 年版，第 78 页。

② 孟华：《试论他者“套话”的时间性》，载于乐黛云、张辉主编：《文化传递与文学形象》，北京大学出版社，1999 年版，第 197 页。

剖析。公元150年西方经典都已定型，而后来的所有著作都建基于其上。[①] 因此不回到古希腊或古罗马是不容易搞清楚“stereotype”的真实含义的。这也是许慎的《说文解字》与欧洲许多文字的字典采取同样的释义方法（注明词源）的原因。[②]

stereotype 可分为 stereo 与 type 两部分。stereo 来自古希腊文 στερεός。στερεός的中文释义有：坚实的、坚固的、实的、实心的、固体的[③]；英文释义有：stiff，stark，firm，solid，stubborn，harsh，firmly，fast[④]；德文释义有：hart，fest，unfreundlich，grausam，hartnäckig，standhaft。[⑤] 因此，所谓套话（stereotype）就是形象中固定的（fest、solid）、核心的部分。甚或这一形象的形成，还带有自我对他者的感情色彩——固执（hartnäckig）、无情（或不友好 unfreundlich）乃至残忍（grausam）。这里的自我是一个笛卡尔所说的“在思维”的自我。这个自我对他者“在怀疑、在肯定、在否定”，对他者“知道的很少，不知道的很多”，对他者“在爱、在恨，在愿意、在不愿意，在想象、在感觉”。[⑥] 柬埔寨形象就是由这样的自我塑造出来的。

另外，有学者强调“套话”的时间性。他们认为“没有什么（套话）是在所有地点、时间都普遍有效的”。“异质文化间的套话时间性更强，生命更短暂。”[⑦] 此言不谬。但是，本课题发现，柬埔寨形象套话——“蛮夷”形象贯穿于中国古代的所有有关柬埔寨的文献。这至少表明，在中国古代文献中，柬埔寨形象套话的时间性相对较弱。这一结论与“套话（stereotype）”的词源学考察正相

---

① ［奥］雷立柏（Leopold Leeb）著：《西方经典英汉提要——古希腊罗马经典100部（公元前800年到公元150年）》，世界图书出版公司，2010年版，序。

② 罗念生、水建馥编：《古希腊语汉语词典》，商务印书馆，2005年版，前言，第5页。

③ 罗念生前揭书，“στερεός”词条。

④ Liddel-Scott-A Greek-English Lexicon，edition 1996，‘στερεός’.

⑤ GEMOLL Griechisch-deutsches Schul- und Handwörterbuch，Auflage 2006，‘στερεός’.

⑥ ［法］笛卡尔：《第一哲学沉思集》，商务印书馆，1986年版，第34页。（转引自：杨大春著：《语言、身体、他者——当代法国哲学的三大主题》，三联书店，2007年版，第252页。）

⑦ 孟华前揭文。

契合。

（三）“形象”和历史性与科学性的关系

形象的意义不依赖于“历史性”，也不取决于“科学性”。不依赖于“历史性”意即：形象相对于史实，绝大多数是不同步的，有的提前、有的滞后。更有许多形象完全没有史实根据。不取决于“科学性”意即：形象绝非认真的观察、全面的记录、细致的论证之结果。

（四）“形象”和自我与他者的关系

纵观历史，可以发现一个规律，即当中国相较于当时的其他国家比较强大时，也正是古代柬埔寨形象较为正面之时；而这与柬埔寨当时的政治、经济现状又是不同步的。也就是说，柬埔寨相对弱小时，中国古代文献中的柬埔寨形象可能是富庶强盛的；柬埔寨相对强大时，柬埔寨形象反而可能会是奇异、怪诞、落后的。

此以中国的唐宋与明清时柬埔寨形象最为典型。唐代中国正值盛世；相应地当时的古代柬埔寨国富、民强、人聪慧。而明清两代中国走向衰败，承受屈辱；相应地柬埔寨也成为中国耻笑的对象。王国维先生在《人间词话》中说：“以我观物，物皆着我之色彩。”[①]对柬埔寨形象来说则是：“以我观他者，他者皆着自我之色彩。”

这给处于当下盛世的我们两点启示：其一，清楚地认识自我，方能清楚地认识他者。或言之，先要有自知之明，知己方能知彼；其二，在自我与他者的交往中，自我对他者形象的完整与全面建构，依赖于自我与他者、物质与精神的双重认知，唐代文献中扶南的形象正说明了这一点。而元、明、清三代文献中古代柬埔寨的形象作为中国自我形象的回声与影子，又见证了中国自我的发展脉络。无自知之明，也就是自我认知错误之日，便是他

① 王国维著：《人间词话》，载于《蕙风词话·人间词话》，人民文学出版社，1960年版，第191页。

者形象扭曲之时；也是失去自我、愚昧落后之时。

我见青山多妩媚，料青山、见我应如是。情与貌，略相似。[①]

四、结语

通过对中国古代文献中的柬埔寨形象的考察，我们发现，那是由假象、影像、映像等等组成的一个个 imago。它们印证 imago（形象）一词的原意（Grundbedeutung vor unfangreichen Artikeln）即 Bild，Vorstellung[②]。

邓晓芒先生在比较中西文学形象时，曾引用马克思《资本论》中的话："人到世间来，没有携带镜子。"[③] 本研究的客体——柬埔寨形象，正是一面"他者"的镜子。对这面镜子的探索也是一种反观自我、发现自我、认识自我的努力。

Γν□θι σεαυτόν. [④]

（作者为北京外国语大学亚非学院讲师）

① 马群选注：《辛弃疾词选注》，上海古籍出版社，1984 年版，第 99 页。

② STOWASSER Lateinisch-deutsches Schulwörterbuch，Auflage 1994，S. 245 'imago'.

③ 邓晓芒著：《人之镜：中西文学形象的人格结构》，上海文艺出版社，2009 年版，代前言，第 5 页。

④ 'Know thyself!（认识你自己!）' 参阅：刘小枫 编修：《凯若斯——古希腊语文教程（上册）》，华东师范大学出版社，2005 年版，第 43 页。［奥］雷立柏编：《古希腊罗马及教父时期名著名言辞典》，宗教文化出版社，2007 年版，第 22 页。

红茶王国的传奇故事

——斯里兰卡茶叶种植史及茶园经济研究

马仲武

【内容提要】 斯里兰卡（古称锡兰）以盛产高品质、全天然的茶叶而闻名于世，自19世纪英国殖民者将茶叶种植业带到斯里兰卡之后，茶叶便成为其国民经济的重要支柱产业之一，也是其主要创汇产品。目前，斯里兰卡是世界上最主要的茶叶出口国之一，其国内具有相当数量及规模的茶园及茶叶加工厂，首都科伦坡的茶叶拍卖市场为当今世界最大的茶叶拍卖市场之一，锡兰茶不仅是斯里兰卡本国人民日常生活的必需品，而且深受世界各国人民的喜爱。本文将通过追溯锡兰茶叶的种植渊源及种植历程，分析研究其在各个时期对斯里兰卡国家经济的影响，以及所产生的经济效益如何推动国内经济的发展。

【关 键 词】 斯里兰卡；锡兰红茶；茶叶种植史；茶园经济

The Legend of the Kingdom of Black Tea

——A Research on the History of Tea Plantation and the Tea Economy in Sri Lanka

Ma Zhongwu

【Abstract】 Sri Lanka, also known as Ceylon in the past time, is very famous for its high-quality pure Ceylon tea. Back from 19th century, the British colonists brought the tea tree seeds to Sri Lanka, and began to plant the tea trees there. Later then, tea industry becomes one of the economy pillars in Sri Lanka, it is also one of the main foreign exchange products in the country. For the moment, Sir Lanka is the one of the main tea exporting countries in the world. There are a considerable number of tea plantations and tea factories, the tea auction market in Colombo, the capital city of Sri Lanka, is one of the largest tea auction markets in the whole world. Pure Ceylon tea is not only a life necessity of the local people, but also enjoyed by people from different countries. This article will analyze and study how the tea industry makes contribution to the economy of Sri Lanka in each period, and how it improves the development of the country by tracing the history and the process of tea planting in Sri Lanka.

【Key Words】 Sri Lanka, Ceylon black tea, the history of tea plantation, the economy of tea plantation

斯里兰卡，古称锡兰，位于南亚次大陆印度半岛之南，形如印度洋上的一颗珍珠。全岛面积为 6 万多平方公里，常年高温，自然资源丰富，被旅行家马可·波罗评价为世界上最美丽的岛国，以出产高品质、全天然的茶叶、宝石和香料而闻名于世，美丽绝伦的海滨、清新怡人的茶园、独特深邃的文化以及得天独厚的气候吸引了世界各地的旅游者慕名而来。

岛上人民勤劳质朴，多为虔诚的佛教徒，待人善良热情，斯里兰卡的饮食文化别具一格，喜好饮茶，当地人民一天至少要喝三四次茶，笔者曾在斯里兰卡生活数年，深切地感受到茶叶在斯里兰卡家庭中举足轻重的地位，以及当地的饮茶文化对社会影响之深远。

一、锡兰茶叶的由来及种植历史

15 世纪初，由于西方资本主义国家对香料的需求日益增加，以及航运能力的提高，开始了对“东方”国家的资源掠夺。1505 年一支葡萄牙舰队侵入了科伦坡港，1518 年葡萄牙人修筑了炮台并获取贸易特权，成为了第一个殖民斯里兰卡的国家。1658 年荷兰人完全取代了葡萄牙人，开始了对斯里兰卡的殖民。

1798 年英国宣布斯里兰卡为“王冠殖民地”，并在 1802 年确定斯里兰卡为英国直辖殖民地。① 英国殖民当局在全岛实行统一的司法和行政管理，经济体制也进行了全面的改革，英国资本大量流入，控制了主要的经济命脉。斯里兰卡成为了大英帝国的农产品和其他原料的基地，英国殖民者对斯里兰卡的掠夺方式是开辟咖啡种植园，强征农民的土地，迫使他们到种植园做工。但是，咖啡树种植在斯里兰卡只取得过一个阶段的成功，后来因为咖啡树叶锈病的发生和蔓延，斯里兰卡咖啡种植业宣告失败，殖民者不得不考虑选择其他经济作物来替代咖啡树。

18 世纪，英国国内对于茶叶的消费量不断增加，英国每年需耗费大量资金从中国进口茶叶，贸易出现逆差，因此英国提出要向中国出口商品——棉花，却遭到中国政府的拒绝。到了 1800 年，鸦片的出现解决了贸易不平等的问题，首先是英国人，接着是葡萄牙人开始向中国出口鸦片。英国东印度公司在孟加拉湾种植鸦片，通过加尔各答的批发商销售到中国以换取银币，然后再用这些银币从中

① “Sri Lanka——A Country Study”，北京外国语大学僧伽罗语专业国情课教材，第 43 页。

国进口茶叶。[①]

尽管中国政府采取了一系列措施，对进口和使用鸦片的刑罚越来越严厉，但非法贸易还在继续，直到1839年林则徐虎门硝烟，把2万箱鸦片沉入大海之中，继而英国对中国宣战，而中国则通过茶叶禁运予以还击，1840年中英鸦片战争爆发。

由于与中国不断地产生贸易危机，英国开始考虑另辟茶叶生产地，北印度由于其适宜的气候和海拔被认为是最有前途的茶叶种植地；斯里兰卡由于咖啡种植失败，也被种植者列入茶叶种植地的范围。

由于斯里兰卡国内自然资源丰富，香料种类繁多，英国殖民者一直都试图在斯里兰卡境内寻找茶叶树种，在记述英国对锡兰海港占领的书中（1805年），杰姆斯·科迪就记载了英国士兵在亭可马里附近烹调“锡兰茶叶”的情景——“士兵们把叶子晾干，然后煮沸来喝，觉得味道甚至比咖啡都要好，一点也不亚于中国的茶叶”。然而这并不是真正的茶叶，而是另外一种植物“Eloeodendron Glaucum”。[②] 由此可见，英国殖民者当时对茶叶种植的迫切心情。

中国自原始社会起就开始采集和利用茶叶，是世界茶叶生产的发源地，茶业的历史悠久，源远流长。鸦片战争后，中英两国签订了《南京条约》，开设了5个城市为通商口岸，方便了外国资本主义对中国资源的掠夺。鸦片战争后的40多年中，中国茶叶技术和茶树种子也大量出口。资本主义国家在一些适宜种茶树的殖民地开始了茶叶种植，多从中国引进茶籽、茶苗、种茶制茶技术以发展茶业。

1728年荷兰东印度公司在爪哇引种中国茶树失败后，1780年英国在印度的总督哈斯廷从中国广州带去了广东和福建的茶籽，在不丹和加尔各答试种。18世纪以后，由于茶叶已在世界各国畅销，西方殖民者谋求在他们当时的殖民地种茶。1825年荷兰在中国大量收购茶籽，1827年后荷兰人加可伯逊多次从中国引种茶籽，并聘中

① 《茶叶与第一次鸦片战争》，中国网，http：//www. china. com. cn。

② 《斯里兰卡锡兰茶》，http：//www. soho. com。

国工人指导栽茶、制茶。1834年印度哥尔顿从中国运了三批茶籽到印度。[①] 当时的殖民者都一直坚持认为只有中国的茶种才是世界上最好的，因此各殖民地的茶叶种植园的茶种基本上都是从中国进口的。

斯里兰卡（锡兰）的茶叶种植，在1802年的《伦敦观察报》中就有报道；1824年斯里兰卡曾从中国引进茶籽开始试种；1841年以后，殖民者从中国聘请工人，从中国引进茶种和制茶技术；1867年开始了商品茶生产；1869年卢勒康德拉茶园大规模种茶，是锡兰茶叶迅速发展的先导。到了19世纪70年代，斯里兰卡便成为了英国的一个主要茶叶生产区，1983年斯里兰卡的茶园面积已达24.2万公顷，年产茶20万吨左右，居世界第3位。[②]

二、斯里兰卡茶树种植的气候优势

由于靠近赤道，斯里兰卡的气候受海洋洋流的影响很大，属于海洋性热带季风气候，温暖潮湿，终年如夏，同时又受到海风的调节作用，天气并不是很炎热。

斯里兰卡全年的气温变化不大，平均在28℃左右，地势由四周向中间增高，而沿海地区气温较高，是典型的热带气候，炎热多雨，平均气温上升到27℃，而山区地带天气凉爽怡人，气温接近于温带，平均温度为16℃，适宜茶树生长。

此外，斯里兰卡全年有明显的雨季和旱季之分，全国年均降雨量为2000毫米左右，中部山区和西南部地区降雨量充沛。西南季风和东北季风对斯里兰卡气候影响也很大，每年5—9月西南季风给小岛的南部和西南部带来大量雨水，届时气温也会下降；而从12月到次年3月的东北季风又会给兰卡岛的北部和东北部带来

① 《中国农业百科全书·茶叶卷》，中国农业出版社，1988年版，第5页。

② 同上书，第283页。

大量雨水。

在茶树的生长发育过程中，适宜的气候条件是非常重要的，茶树生长对温度、水分和光照的要求很高，而这些因素也会影响茶树的分布、茶叶的产量和质量。

温度对茶树的影响主要体现在气温和土温两个方面，茶树的分布范围和生长期长短主要取决于气温的高低，最适宜茶树生长的日平均温度为18℃—30℃，[①] 茶树对低温的反应较敏感，气温较低时茶叶的叶片就会受害，而气温高于30℃，茶树新梢生长缓慢或停止。而最适宜茶树生长的土温为25℃左右，土温过高会导致茶树根系停止生长。在斯里兰卡中部山区地带，气候温和、地势较高、土壤肥沃等一系列自然优势为茶树的种植和茶园的形成提供了得天独厚的条件。

光照和水分是影响茶树生长的另外重要因素，光照为茶树生长提供物质基础，是茶树进行光合作用的必需条件；以斯里兰卡著名茶叶产区努瓦勒艾利耶为例，当地高山气温低，日照长度较短，有时甚至还会出现霜降天气，在这样的气候条件下，茶树的生长期缩短，茶树较为矮小，叶绿素含量高，含氮化合物和芳香物质较多。斯里兰卡山区的气候条件不仅能够很好地满足茶叶生长过程中对于光照和水分的要求，而且还有效地满足了茶叶耐阴的习性。

水分是茶叶高产量和高质量的重要保证，茶树对水分的要求很高，包括降雨量、土壤含水量和空气相对湿度等因素。通常情况下，茶树生长最适宜的年降雨量为1500毫米左右，茶树在生长过程中需要有充足的水分，如果连续几个月的月降雨量低于50毫米，茶叶产量便会明显下降。[②] 斯里兰卡中部地区海拔较高，云雾萦绕的山区空气湿度较大，再加上山区瀑布较多，茶园附近有河流湖泽，水汽交融促使茶叶的品质越来越高。

① 《中国农业百科全书·茶叶卷》，农业出版社，1988年版，第60页。

② 同上。

总之，斯里兰卡山区的自然气候环境极佳，能满足茶树生长的一切需求，每年两次季风的到来，更是为全岛雨量充沛、湿度增加提供了保障。

三、斯里兰卡茶园概况及其制茶工艺

斯里兰卡的茶叶栽培主要集中在中部山区，包括努瓦勒艾利耶、康提、巴杜拉、玛德勒、拉特纳布勒、高尔等六大茶叶产区。这些地区气候温暖潮湿，茶树生长良好，可常年采摘，一般每7—8天就可以采摘一次。[①]

斯里兰卡茶叶按产地高低分为高地茶、中地茶和低地茶三种，高地茶产于海拔1200米以上的山区；中地茶产于海拔600—1200米之间的地区；低地茶产于海拔600米以下的地区。各茶叶产地因海拔高度、气温、湿度的不同而各有其特色。

斯里兰卡茶园的海拔分布十分清晰。低地茶区的茶园面积约占其茶园总面积的50%。这些地区主要以农户小规模经营为主；而中、高海拔地区的茶园主要为公司经营。努瓦勒艾利耶、康提、高尔和玛德勒这四个产茶区的面积约占斯里兰卡茶园总面积的67%。[②] 其中努瓦勒艾利耶是高海拔茶区，康提为中海拔茶区，玛德勒和高尔则属于低海拔茶区。

斯里兰卡政府为促进茶叶生产，于1975年10月决定把外国和国内私人50英亩以上的茶园全部收归国有。斯里兰卡能够成为世界主要茶叶出口国，除了拥有得天独厚的自然条件外，还与当地政府十分重视种茶的科学技术有关。早在1925年，斯里兰卡国内就建立了茶叶研究所，之后又在各地建立了分所，研究的项目主要有：茶

① 刘兴武：《各国手册丛书·斯里兰卡》，上海辞书出版社，1984年版，第97页。

② 苏祝成："斯里兰卡茶园分布特点及经营绩效"，《中国茶叶·经济管理》，浙江林学院茶文化学院，2007年第1期。

树栽培、品种选育和繁殖、植物生理和植物病理、农艺和制茶工艺等。

从斯里兰卡开始大规模种植茶树开始，其长期以来都是采用传统的种植方式。茶园一般分布在比较陡峭的山坡上，因此无法使用机器操作，茶叶的培植和采摘都需要依靠人力手工来完成，由于这样的方式存在太多的制约而无法突破，茶叶产量有限，茶树植株老化问题日趋严重。

从1979年开始，斯里兰卡政府加强了对茶园的管理，重视茶树的翻种问题，并向茶农提供翻种补贴。

1993年以后，斯里兰卡国内经济政策发生了变化，茶叶生产出现了新面貌，私有化政策对促进茶叶生产起到了重要作用，私人茶园管理精心，翻种率高，适时施用肥料，茶叶产量大幅增加。[①]

从1993年起，斯里兰卡茶园的产量不断提高，茶叶连续8年破纪录高产；进入新时期之后，斯里兰卡政府重视采取科学方法、使用现代技术来提高茶叶的品质和产量，提倡改进栽培技术，实施有机栽培项目，长期保持天然种植，做到无残留无污染标准，并于1997年获得由国际标准组织（ISO）茶叶技术委员会授予的"世界上最纯净茶"的荣誉称号。

斯里兰卡的茶园面积长期以来变化不大，一直保持在20万公顷左右，主要集中在中部山区的六大茶叶主产区，茶叶加工厂通常依茶园而建。

根据斯里兰卡小规模茶叶经营发展管理局（TSHDA）的数据（2001年）显示，在斯里兰卡从事茶园小规模经营的农户约有20多万，农户的经营模式通常比较小；总面积约占斯里兰卡茶园总面积的44%，另外的56%的茶园面积属于20多家茶叶公司；每个茶叶公司约有5—15个茶场，每个茶场一般都设有茶叶加工厂。[②]

---

① 王兰：《列国志·斯里兰卡》，社会科学文献出版社，2004年版，第169页。

② 苏祝成："斯里兰卡茶园分布特点及经营绩效"，《中国茶叶·经济管理》，浙江林学院茶文化学院，2007年第1期。

斯里兰卡国内大概有600多家茶叶加工厂，其中既有附属于大茶园的，也有独立经营、自行收购鲜叶加工成成品茶并自行销售的，这样的独立加工厂约有200多家；大茶园拥有茶叶加工厂且设备比较先进，能加工多种不同的茶叶品种，而小茶园只能生产鲜叶，通常没有加工设备。

斯里兰卡出产的锡兰红茶主要包括传统红碎茶和洛托凡红碎茶。红碎茶是通过转子揉切机加工而成的，其外形均呈颗粒状，是国际茶叶市场的主产品，也是国际上流行的袋泡茶，因为这类红碎茶均适宜一次性冲泡，然后加糖、加牛奶饮用。[①] 这既符合斯里兰卡人民的饮食风格，也符合大多国际消费者的饮茶喜好。

红碎茶的品质要求香高味浓、鲜爽而富有刺激性，汤色要红浓明亮，冲泡牛奶后乳色棕红或粉红，外形要颗粒重实，规格分明。红碎茶加工主要分为鲜叶加工和毛茶加工两个过程。鲜叶加工工序又分为萎凋、揉捻、发酵和干燥四道工序。毛茶加工程序为归堆及时付制、筛制及成品拼配和匀堆装箱等步骤。红碎茶精制要求叶、碎、片、末茶规格分清，并对照四套加工验收统一标准样进行加工验收。[②]

经过上述加工之后，茶叶成品装箱出售。从20世纪70年代中期开始，外国投资商便在斯里兰卡投资建立速溶茶茶厂，产品销往世界各国。此外，斯里兰卡政府还十分鼓励支持茶叶加工厂生产出口袋泡茶。

四、茶园经济在斯里兰卡经济发展中的重要角色与作用

斯里兰卡是世界上最主要的茶叶生产与出口国家之一，素有

① 王广智：《中国茶类与区域名称》，中国农业科学技术出版社，2003年版，第56页。
② 《中国农业百科全书·茶叶卷》，中国农业出版社，1988年版，第284页。

“红茶之国”之美誉，茶叶生产在斯里兰卡国民经济中占有十分重要的位置。

自1948年独立之后的50多年中，茶叶始终是斯里兰卡最重要的出口商品，全国茶叶产量的绝大部分都被用于出口，茶叶出口收入在全国外汇收入总量中占有相当大的比重。在1994—1995年度的农产品出口收入中，有54.9%来自茶叶生产，茶叶生产带来的经济利益成为了很多斯里兰卡家庭的主要收入。①

英国是世界上最大的茶叶进口国和消费国，每年需要进口约20多万吨茶叶，占世界茶叶贸易的1/4，其中99%的茶叶是红茶。英国人喝茶一般都喜欢加糖和牛奶，再加上斯里兰卡曾经是英国的殖民地，因此，斯里兰卡鲜香浓郁、色泽红亮的红茶无疑成了英国茶叶进口的主要来源。众所周知的英国资本家、立顿茶业的创始人托马斯·立顿就是在斯里兰卡经营茶园发迹的。②

斯里兰卡政府一向比较重视茶叶的对外宣传，设有茶叶宣传局。在1981年前斯里兰卡茶叶大部分销往英国。在此之后，中东地区、埃及、巴基斯坦等第三世界国家和美国也成为其茶叶出口的主要市场。现在，斯里兰卡茶叶的市场遍布世界各大洲的60多个国家和地区，其中万吨以上的主要出口国及其在斯里兰卡茶叶出口中所占比重（以2001年为例）依次为：俄罗斯17%，阿联酋12%，叙利亚8.6%，利比亚6.6% ，土耳其5.9%，伊拉克4.6%，伊朗4.1%。总而言之，斯里兰卡50%的茶叶销往中东和海湾国家，16%左右销往西欧，17%左右销往东欧。③

斯里兰卡红茶不仅产量在世界上名列前茅，而且更以其较高的品质闻名全球，受到了各国消费者的青睐。优秀的品质使得斯里兰卡茶叶出口价格长期居世界首位。2001年出口平均价为每公斤2.28美元，1998年曾高达每公斤2.82美元。其主要原因是小包装茶和

① 王兰：《列国志·斯里兰卡》，社会科学文献出版社，2004年版，第168页。
② 刘兴武：《各国手册丛书·斯里兰卡 》，上海辞书出版社，1984年版，第96页。
③ 《中国农业百科全书·茶叶卷》，中国农业出版社，1988年版，第284页。

袋泡茶等高附加值商品出口量增加，据说20世纪90年代中期以后，高附加值茶叶平均已占斯里兰卡茶叶出口的一半左右。

斯里兰卡的茶叶产业作为其国内的主要经济支柱和创汇产品，与国内经济发展有着紧密的联系，近年来，茶叶的出口量和经济效益呈上升趋势。

另外，2009年斯里兰卡内战结束后，随着国内局势的稳定、公共设施的完善，旅游业也呈现出一幅欣欣向荣的新面貌。风光旖旎的海滨、文化深厚的古迹、清新如仙境的茶园吸引了越来越多的游客慕名而来。斯里兰卡旅游局充分利用本国自然资源和人文风情，其中参观茶叶种植园成为了一项深受游客欢迎的旅游新项目。在茶园中饮茶，观看采茶女的采茶表演以及参观茶叶加工过程，成功地将自然风光和人文风情结合在一起，很多茶园推出的茶园赏游活动不仅为茶园提高了知名度，更为茶园增加了额外的收入。①

五、结语

中国是茶业的发源地，茶文化通过各种各样的方式传播到了世界各地，这是中国在人类饮茶历史上的一大杰出贡献。

茶叶在保健和医疗方面都具有其独有的功能，古人有云："人饮真茶，能止渴、消食、明目、益思……"由此可见，茶叶作为人们日常生活中的常见饮品之一，是非常有益的。

茶叶除了有医用功效之外，其带来的经济效益也是不可轻视的。斯里兰卡这一小岛，在从中国引进茶籽以后，继而成为了世界产茶大国，茶业给它带来了丰厚的经济收入。

追溯历史，斯里兰卡的茶叶种植和加工经历了一段漫长而不易

① Tissa Amarakoon, *Tea for Health*, The Tea Research Institute of Sri Lanka, 2004, p. 23.

的摸索和发展过程，凝聚了几代人的心血和汗水，为斯里兰卡的经济发展注入了长期和稳定的力量，更是造就了一个小岛国成为世界茶叶大国的传奇。

（作者为北京外国语大学亚非学院讲师）

马来西亚的外语教育政策解析

邵　颖

【内容提要】　由于马来西亚多民族的社会构成，马来西亚的语言主要有马来语、英语、华语和泰米尔语。马来语是马来西亚的国语和官方用语。英语作为第二语言或通用语言被广泛使用。在马来西亚，一个人能同时掌握两到三种语言是非常普遍的现象，马来西亚国民因此经常被称为“语言专家”。这一不同于其他国家的语言特点与马来西亚执行的外语教育政策及它的多民族社会结构是分不开的。马来西亚的外语教育在整个教育系统中占据重要的地位，从历史发展的沿革来看，有着阶段性的起伏。这种变动往往与国家的政治、经济大气候有关，也受到一些世界性思潮的影响。马来西亚政府支持和资助外语教育是使其发展的重要因素之一。综上所述，如何解决发展中国家外语教育发展进程中出现的问题，使外语教育得到健康发展，是所有发展中国家政府和教育工作者都需要研究的一个重要课题。在这些方面，我们可以从马来西亚的外语教育中获得若干启示。

【关 键 词】　马来西亚；外语；教育政策

Foreign Language Education Policy in Malaysia

Shao Ying

【**Abstract**】 Because of Malaysia' s multi-ethnic social construction, mainly language using in Malaysia is Malay, English, Mandarin and Tamil. Malay is the national language and official language of Malaysia while English is widely used as a second language or common language. In Malaysia, a person who can simultaneously speak in two or three languages is a common phenomenon and Malaysians are often referred to as "language experts". This linguistic characteristic which is very different from other countries is inseparable with Malaysia's foreign language education policy and its multi-ethnic social construction. Malaysia's foreign language education occupies an important position throughout the whole education system, and periodic ups and downs from the evolution of historical development. Such a change is not only often associated with the country's political and economic situation, but also influenced by a number of globle trends. One of the most important factors that promote Malaysia's foreign language education is the support and subsidy from its government. In summary, how to solve the problems in the development of foreign language education and to make it develop healthily becomes an important topic to work out for both the governments and the education academicians in developing countries. Perhaps, we can get some inspiration from the study of Malaysia' s foreign language education policy.

【**Key Words**】 Malaysia, foreign language, education policy

马来西亚由马来半岛南部的马来亚、加里曼丹岛北部的沙捞越和沙巴三部分组成，与泰国、文莱、印度尼西亚接壤，与新加坡隔海峡相望。

13 世纪，富饶的马六甲吸引了殖民者的到来。葡萄牙人、荷兰人、英国人、日本人先后占领了马来亚。

1945 年二战结束后，盟军宣布在马来亚建立军政统治。1946 年 1 月 22 日，英国政府在国会通过对马来亚的战后政策，拟建立马来亚联邦。1948 年 2 月马来亚联合邦成立，代替原来的马来亚联邦。

在经过了一系列的斗争之后，1957 年 8 月 31 日，马来亚联合邦宣告在英联邦内正式独立，结束了英国 100 多年的殖民统治。1963 年 9 月成立马来西亚联邦。

独立后的马来西亚全国有 30 多个民族。在马来半岛主要人口为马来人、华裔、印度裔。在东马沙捞越以达雅克人、马来人、华人为主。在东马沙巴以卡达山人、华人、马来人为主。其中马来人及其他土著在总人口中占 66.1%，华人占 25.3%，印度人占 7.4%，其他种族占 1.2%[①]。

一、马来西亚的教育体系与现状

在殖民地时期，马来西亚教育事业相当落后，19 世纪以前甚至没有正规的学校，只有马来人古兰经塾和华人的私塾。1816 年英国传教士创办的槟城义学是马来西亚最早的一所现代学校，早期的学校几乎完全被教会所掌握。直至 19 世纪 70 年代，英国殖民当局为了培养当地人成为其政府文官和洋行职员，才不得不开始重视教育，但是民族教育一直处于落后状态。

1957 年马来西亚取得独立以后，政府为了改变教育和文化长期落后、不能适应国民经济发展需要的状况，开始把发展民族教育摆在

① 摘自中国驻马来西亚大使馆资料。

重要地位。马来西亚宪法明确规定，发展教育事业是联邦政府的责任。马来西亚政府学校的教育经费全部由政府拨款，每年的教育经费约占其国家财政预算的20%以上。

马来西亚采取以国家教育为主，允许私人办学，政府学校与私人学校并存的教育政策。政府学校的教学媒介语规定为马来语，英语为必修课，并在学校中开设伊斯兰宗教课程。马来西亚的正规教育学制，实行普及小学和中学的11年义务教育，可以简单地概括为6—3—2—2制，即小学6年、初中3年、高中2年和高中后教育2年，即大学预备班，然后，考取大专或大学。

（一）马来西亚的基础教育

马来西亚全国中小学校分为国民学校、国民型学校和私立学校三大类型。国民学校用国语马来语教学，完全由政府负担经费；国民型学校接受政府部分资助，其中，国民型小学以各民族语言为主要教学语言，兼可开设其他语文课程；私立学校经费自筹，以本民族语言授课。在小学阶段，各类学校必须按照教育部规定的统一教学大纲和标准课时进行教学，学生小学毕业后自动升入初中。学生经过初中三年的综合教育，获得一般职业训练，学生毕业必须参加初级教育文凭考试，部分继续升入普通高中或进入各种职业技术学校。

（二）马来西亚的中等教育

马来西亚的中等教育与其他国家不同，情况较为复杂。中学教育也同小学教育一样，分为公立中学和私立中学。政府所属的公立中学包括：国民中学1313所、寄宿中学35所、职业中学69所、工艺中学9所、宗教中学41所和特别中学3所。马来西亚的中等教育全部是免费的义务教育[①]。

除公立中学之外，马来西亚全国还计有60所独中。独中的教学

① 摘自中国驻马来西亚大使馆资料。

媒介语是华语，课程与公立中学相近，在一些独中里也开设一些技术职能课程，如机械科、电子科、汽车维护科等。

（三）马来西亚的高等教育

马来西亚的高等教育也同样分为公立大学、公立学院和私立大学、私立学院。公立大学和公立学院学生的培养费用基本是由政府提供的，学费低廉。私立大学和私立学院则完全由学生自己负担。

目前马来西亚有 9 所政府公立大学，即：马来亚大学、理科大学、国民大学、博特拉大学、工艺大学、国际伊斯兰大学、北方大学、沙捞越大学和沙巴大学。这 9 所大学的入学录取工作基本上实行的是固打制[①]，优先照顾马来和土著民族。近年来，为发展高等教育，马来西亚电讯公司、国家石油公司和国家能源公司分别成立了 3 所私立大学，即：电讯大学、国家石油大学和国家能源大学。马来西亚大学的学制一般是 3—4 年。除国际伊斯兰大学使用英语作为教学媒介语外，其他大学均使用马来语作为教学媒介语。

近年来马来西亚已有 600 余所私立学院，其中不少私立学院与外国大学合办双联课程，并实行学分转移，先在本地读两三年，最后一年到国外读。私立学院除了已规定的马来语教学外，还可向教育部申请批准一些课程以英语作为教学语言[②]。

（四）马来西亚教育相关政策与法令

根据 1961 年教育法，至今连续颁布了一系列教育法令，如 1956 年的《拉扎克报告书》（Razak’s Report）、1957 年的教育法令、1960 年的《达立报告书》、《1961 年教育法令》、

---

① “固打”是从英文单词“quota”声译而来，根据《牛津高级双解词典》的解释，quota 的含义为“定额、配额、限额”。马来西亚教育上的“固打”是马来西亚新经济政策的一个部分。“固打制”要求大学的学生必须反映种群的分布，给马来西亚土著学生提供各种优惠与协助，设立专门招收马来人的大学及学院，规定各级学校必须以马来语教学。

② Molly N. N. Lee, Stephen Healy, *Higher Education in Southeast Asia: an Overview* [A]. In Higher Education in Southeast Asia. Bangkok (UNESCO). 2006. 1—12.

《1967 年国语法案》、1979 年的《内阁教育报告书》（马哈蒂尔报告书）、《1996 年教育法 》、《1996 年私立高等教育法》、《1996 年国家高等教育委员会法案》、《1996 年国家学术鉴定局法案》、《1996 年大学和大学学院法（修订案）》和《1997 年国家高等教育基金局法案》，来巩固新实行的教育体制，发展国家教育。

《拉扎克报告书》是马来西亚教育马来化的开始。报告书中第一次阐明了马来西亚的教育目标。《拉扎克报告书》明确指出，马来亚联合邦应以马来语为国语，同时保护其他民族的文化和语言。《拉扎克报告书》一共提出了 17 条建议，对国家教育体制进行大刀阔斧的改革，使马来西亚的教育制度逐渐系统化，为国家教育发展奠下基石。

通过不断的调整与改革，马来西亚政府制定了现行的教育方针和政策。教育方针是培养忠于马来西亚和有团结精神的人，培养有崇高品德、有知识、有技能的人，能够为国家的需要和发展作出贡献的人，同时每个公民都有接受教育的权利。

二、马来西亚的语言状况

由于马来西亚多民族的社会构成，马来西亚的语言主要有：马来语、英语、华语、泰米尔语。马来语是马来西亚的国语和官方用语。英语作为第二语言或通用语言被广泛地使用在行政、工商业、科技教育、服务及媒体等方面。除未受过正规教育的老年人外，马来西亚大部分人都能说马来语和英语。华语和泰米尔语则在华人和印度人族群社会中广泛使用，这包括日常生活、学校、商业、娱乐及媒体等。[①]

① ［日］石川贤作：“新加坡、马来西亚的语言、教育政策和华人社会的阶层结构”，刘晓民译，《南洋资料译丛》，2002 年第 2 期，第 97—108 页。（原载日本《经营研究》第 14 卷特别号，2001 年 3 月）。

（一）国语——马来语

马来语是马来人的民族语言，属于马来—波利尼西亚语族。主要应用于马来西亚以及马来西亚的邻国，如泰国、新加坡、文莱等地。从14世纪开始，随着越来越多的马来人皈依伊斯兰教，人们开始使用一种称为Jawi（爪威）的阿拉伯文书写体的变体。19世纪，英国人设计了现在普遍使用的基于罗马字的马来语。在马来西亚，以马来语为母语的人口大约有1000多万人，占总人口的一半。在泰国有100万人，新加坡有25万人。1988年马来西亚政府规定，所有学校的马来文考试或比赛都必须使用马来标准语音。

（二）第二语言——英语

马来西亚原是英国殖民地，独立以前，英语是官方语言。独立后的前10年，直到马来西亚国会颁布相关法令之前，英语仍被用作官方语文。

由于英国的殖民统治，英国语言文化不可避免地渗透到了这片土地，对马来西亚语言文化的发展产生了极其深刻的影响。英语语言的词汇和表达被马来西亚各族语言所借用。而英语本身也反过来受到马来西亚本土各族语言的影响，在用词、造句上都发生了一些变化，从而形成了具有马来西亚特点的马来式英语（Manglish）。在马来式英语中，许多马来语的词汇被借用到英语的表达中来。

（三）华语

自从15世纪初中国商人来到马来西亚，华人就在这片土地上扎下根来，为它的繁荣和兴旺作出了卓越的贡献。目前，马来西亚华人占马来西亚人口总数的26％，成为马来西亚主要的民族之一。马来西亚华人的祖先多来自中国大陆沿海一带的广东、福建、海南以及台湾等地，他们把不同地方的各种方言带到了这里。由于华语并非官方语言，亦非通用语言，而仅仅是华族的民族语言，属弱势语种。

（四）泰米尔语

泰米尔语是马来西亚印度族的主要语言。马来西亚的印度族主要来自于印度的南部。目前，马来西亚的印度族人口占马来西亚人口总数的8%，成为马来西亚主要的民族之一。在马来西亚政府积极推广和提升马来语的国语地位过程中，马来西亚的印度族对泰米尔语的传承也进行了不懈的努力。马来西亚独立初期存在的四个源流学校之一——泰米尔语小学，也在1957和1960年连续两个教育法令的实施下，逐渐转变为以马来语为教学媒介语的国民学校或接受政府部分津贴的泰米尔语国民型小学。①

三、马来西亚的外语教育政策

（一）马来西亚第二语言——英语的教育政策

马来西亚在1957年独立后，在教育方面从英国殖民统治者继承了四种源流并存的学校制度，进一步巩固了人民多元文化的特色。这四种源流指分别以华语、马来语、泰米尔语和英语为教学媒介语的小学教育类别。

1. 保障各语种的马来西亚宪法

马来西亚在1957年独立。这是制定语言政策的关键性时期，许多很重要的政策也都在当时制定，并有效实施至今。其中关系整体族群至深的是1957年制定的马来西亚宪法，它很清楚地说明了国家的语言政策。宪法第152条的第一项中赋予了马来语为国语的地位。宪法中的语言政策是此后所有政策，尤其是语言和教

① 郭熙："马来西亚：多语言多文化背景下官方语言的推行与话语的拼争"，《暨南学报（哲学社会科学版）》，2005年第3期。

育政策的根基。各族的语言都不可以被摒弃在教育之外，或被剥夺学习和使用的权利。这一重要的语言政策奠定了马来西亚开国以来基本上自由的语言环境，造就了多语种社会。

2. 马来西亚语言和教育政策的根基：1956 年的《拉扎克报告书》

1956 年 4 月，当时的教育检讨委员会向立法会议提交了报告，名为教育委员会报告书，又称《拉扎克报告书》（Razak' s Report）[①]。这份报告书在马来西亚教育史上尤为重要，因为后来的国家语言和教育政策就是以《拉扎克报告书》的目标为宗旨。[②]《拉扎克报告书》是马来西亚教育马来化的开始。报告书中第一次阐明了马来西亚的教育目标："马来亚教育政策之最后目标必须是各族儿童接受同样一个国家教育制度。在此教育制度中，马来亚的国语乃是主要的教学媒介。不过，本委员会承认，欲达到此目的，不能操之过急，必须逐步推行。"

《拉扎克报告书》意味着从独立开始，马来语将成为马来西亚的国语，而英语的地位将受到削弱。《拉扎克报告书》非常清楚地阐明了国家的语言政策，使得整个社会的语言使用从以英语为主开始逐渐转向马来语，达到注重马来语的学习和应用的目的。[③]

3. 1960 年的《达立报告书》和《1961 年教育法令》

这一时期是独立后的马来西亚教育发展，也是语言发展的第二阶段。在语言和教育方针上，《达立报告书》和《拉扎克报告书》的立场基本相同。它重申马来语为国语，进一步强调马来化政策，巩固马来语的地位，落实《拉扎克报告书》所提出的"一种语文，

---

① Asmah, Haji Omar. 1979. Bilingual Education in Malaysia: For and Against. In Language Planning for Unity and Efficiency. Kuala Lumpur: University of Malaya Press.

② ASIAH, ABU SAMAH. Language Education Policy Planning in Malaysia: Concern for Unity, Reality and Nationality. ABDULLAH, HASSAN (ed.) Language Planning in Southeast Asia. Kuala Lumpur: Dewan Bahasa dan Pustaka, 1994, pp. 52—65.

③ 郭熙："马来西亚：多语言多文化背景下官方语言的推行与话语的拼争"，《暨南学报》（人文科学与社会科学学报），2005 年第 3 期，第 87—94 页。

一种源流”[①] 的教育政策为国家教育制度的最后目标。

1961 年，根据《达立报告书》的建议，马来西亚立法议会颁布了马来西亚教育史上重要的第三部教育法，即《1961 年教育法令》。政府对教育和学校改制问题采取坚决的立场，建立以马来语为教学媒介语的国家教育制度。《1961 年教育法令》的出台，更是促使大部分各语种源流小学都接受政府津贴，而成为国民或者国民型小学。

4. 英语成为教学媒介语的终结：《1967 年国语法案》

1967 年 9 月，马来西亚国会通过了《1967 年国语法案》。这一法令深远地影响了此后整个马来西亚年轻一代的教育方式和语言使用的选择。它规定马来语为马来西亚唯一的官方语言。马来语的教育地位大幅度提升，英语正式降为第二语言。

自《1967 年国语法案》颁布后，从 1968 年 1 月开始，所有英文小学从一年级起逐步将一部分学科改成以马来语教学。从 1970 年 1 月开始，国民型英语小学一年级所有的科目，除了英语以外，都必须改用马来语为教学媒介语。到 1975 年，所有的国民型英语小学均改制为国民学校。不过国民型华文小学和泰米尔小学不受该法令影响。[②] 发展到 1976 年，所有的国民型英语中学也要从一年级开始改以马来语为教学媒介语。到 1981 年，国民型英语中学从预备班到五年级都已经使用马来语作教学媒介语，完全改制成为国民中学，华文和泰米尔文国民型中学也不例外。1976 年所有的国民型英文中学同时从英语改成马来语教学。除了英语和华文课以外，其他学科都采用马来语教学。[③]

以上的这些措施都在当时对马来语的学习和使用中起到了刺

① 郑良书：《马来西亚华文教育发展史：第三分册》，吉隆坡：马来西亚华校教师会总会，2001 年版。

② 耿虎、曾少聪：“教育政策与民族问题—以马来西亚华文教育为例”，《当代亚太》，2007 年第 6 期，第 58—64 页。

③ 廖小建：“马来西亚的马来人教育：发展与影响”，《南洋问题研究》，2007 年第 4 期，第 77—83 页。

激和推动作用。马来语的重要性和学术地位也随之大大提高。相比较而言，原来作为殖民时期最重要媒介语英语的地位则大大被削弱，只是作为中小学一门必修的外语科目。这也使得现在不少马来西亚非马来族年轻人使用马来语的能力远远比英语要强。英语在马来西亚的辉煌时代正式终结。

5. 语言和教育政策的巩固期：新经济政策时期（1970—1990年）

新经济政策时期是马来西亚语言政策的巩固期。由于语言政策在之前已经拟定并逐步落实，因此这期间与语言直接相关的政策不多。马来西亚各族人民在强调马来语的语言政策下，在以马来语为教学媒介语的教育熏陶下，不再像上一辈那样对母语执着，不但在政治上认同马来西亚，在文化认同和种族认同上也以马来西亚人为荣。

6. 语言和教育政策的转变：国家现代化时期（1990年至今）

新经济政策在执行了20年后，马来人的经济竞争能力增强，种族矛盾相对缓和，社会比较稳定。政府在对待非马来族的母语教育问题上也采取了比较开放的态度。在这个全球化的时代，马来西亚的发展趋势转向为国家现代化。而在这个过程中，英语问题成为了整个教育和语言发展的重心。

马来西亚在20世纪90年代就开始意识到英语日益重要的国际地位，以及在科学、商贸和咨询中的重要性。1991年，时任首相的马哈蒂尔在报纸上发表了他对马来西亚国民英文程度滑落的担忧。许多中学生在政府考试中的英语成绩不理想。这些现状使得马来西亚教育部门重新认识英语在高等教育、商贸和国际事务上的重要性，意识到国民对英语的掌握必须加以提高。

1997年金融危机的爆发严重影响马来西亚经济，教育受到了很大的冲击。在这种情况下，马来西亚政府放宽条例，鼓励私人开办私立大学。这些本地的私立大学可以使用英文作为所有科目的教学媒介语，条件是课程中必须包括马来语这一科目。这项教育语言政策上的大转变无疑促进了英语的学习和使用。

中小学的英语教育也在 21 世纪初发生了一个大的改变。2002 年 5 月，时任教育部长的纳吉布宣布，从 2003 年开始，英语正式成为国民学校和国民型学校里数学和科学科目的教学媒介语。政府的理由是英语是吸收科技知识的重要语言。只有提高青少年的英语程度，才能提高国家的竞争力、面对全球化和信息时代的挑战。同时教育部还计划在 2008 年以英语为所有技术学院里技术科目的教学媒介语。这是英语自 1970 年失去教学媒介语地位逾 30 年后的大翻身。

正像马来西亚前首相马哈蒂尔多次强调的那样，马来语仍然是马来西亚的国家语言，但是作为商业用语的英语的重要性也不应被忽视。政府将确保英语是重要的第二语言。

（二）马来西亚其他外语的教育政策

作为曾经的英国殖民地以及曾经的英联邦国家，马来西亚的英语教育是马来西亚整个外语教育的重中之重。但是，除了英语之外，马来西亚存在很多其他外语的教育。这些外语教育或多或少都和它的宗教以及外交关系有着密不可分的关系。

1. 阿拉伯语教育

伊斯兰教在 12—14 世纪传播到马来半岛。随着伊斯兰教的传播，阿拉伯语也传播到马来半岛上。不过早期的阿拉伯语教育和宗教教育仅局限于念诵古兰经和学习基本的宗教礼仪，教育场所也只是在清真寺内。至 19 世纪末，才有了宗教学校。1957 年马来西亚独立后，民族意识的日益复苏引起了对传统文化予以应有地位的呼声。伊斯兰教在社会、经济和文化等方面均显示出了其影响力。教育部在学校中增加了宗教教育的比重。1983 年国际伊斯兰大学宣告成立。这些院校中均设有阿拉伯语专业，并开设课程。

2. 日语教育

马来西亚的日语教育主要基于三个原因：

第一个原因是马来西亚曾被日本殖民者统治。在日本殖民者统治期间，日本人为了美化自己的侵略、对被侵略人民灌输帝国主义思想等目的，在马来西亚开办了一些学校，教授日语。

第二个原因是马来西亚的“向东看”政策。这一政策实际上就是向日本这个工业大国看齐，努力学习日本的成功经验，为马来西亚的发展和壮大服务。在这个政策的号召下，政府提供了一大笔奖学金选派优秀学生和公务人员去日本留学。为了争取到被政府选送去日本留学的机会，日语成为了当时热门的外语。

第三个原因是日本政府长期以来的对外宣传政策。由于日本强烈的对外宣传势头，它在全球各地建立了很多日语中心和日本学研究中心，其中包括在马来西亚。这些中心大都由日本政府投资兴建，并派驻专家长期教授日语、开展日本学研究。

3. 其他外语教育

除了英语为第二语言的教育政策，以及作为宗教语言的阿拉伯语之外，马来西亚其他外语教育一般都从高等教育阶段开始。小部分国际通用语言，如法语、西班牙语在部分中学作为选修课程。

但是一旦进入高等教育阶段，这些外语教育就会进入系统正规的轨道。这里我们拿马来西亚最著名的马来亚大学作为例子，其他大学情况都大致相同。

马来亚大学设有语言学系。提供的语言课程主要包括：（1）阿拉伯语及中东语言；（2）亚欧语言；（3）英语；（4）马来西亚的语言及应用。其中阿拉伯语和中东语言主要包含阿拉伯语、波斯语和土耳其语。亚欧语言包括日语、韩语、泰语、菲律宾语、俄语、意大利语、德语、法语。马来西亚语言主要包括马来语、华语和泰米尔语。

在这些语言中，英语、阿语、华语、泰米尔语、意大利语、日语、德语、法语和西班牙语这 9 种语言开设外语本科学历教育。英语、法语等还开设语言学、文学、社会学等硕士和博士研究生学历教育。

4. 其他外语教学单位

除了上述的中小学及大学中开设的外语教育之外，还有一部分外国政府及院校在马来西亚开设的常设机构及分院，如德国的歌德学院。这些情况和其他发展中国家的情况类似，在此不再作一一介绍。

值得一提的是，为了应对全球化的趋势，马来西亚政府于1993年9月14日成立了一个专业翻译机构——马来西亚国家翻译学院（Malaysian National Institute of Translation，简称ITNM），隶属教育部，负责为政府机构、法庭以及社会各界提供口笔译服务，同时还提供短期翻译和语言培训服务。该机构有数千名在线注册会员，每年举办一次国际翻译会议。目前，马来西亚政府的很多翻译人员都来自这个学院，或接受过这个学院的培训。当中的佼佼者还会被送到对象国进行培养和训练。

四、独具特色的马来西亚外语教育给我们的启示

马来西亚独具特色的语言教育与它的多民族社会结构是分不开的。马来西亚的外语教育在整个教育系统中占据重要的地位，在马来西亚的外语教育发展的进程中，有几点是值得借鉴的：

其一，立法并遵照法律、法规发展外语教育。马来西亚教育部为了确保马来西亚外语教育在迅速发展中迈向世界级水平的同时，也塑造出许多具备道德观念的外语高级学术专家。

其二，调节、引导外语教育的发展。从马来西亚的经验来看，主要从教育体制政策、经费政策、人事政策和教育质量政策等多方面入手。教育体制政策要解决的是政府与学校、学校与社会之间的关键问题，它是一个国家外语教育改革与发展的前提；经费政策解决的是经费投资的比例，经费来源的渠道以及如何管好、用好外语

教育经费的问题；人事政策主要解决如何建设一支高质量的外语教学队伍的问题，它是一个国家外语教育改革与发展的保证；教育质量政策主要解决如何使各种外语教育手段形成合力，以实现外语教育质量标准的问题，它是一个国家外语教育改革与发展的落脚点。外语教育是整个教育系统的一个有机组成部分，制定外语教育政策，要与整个教育政策相配套。

其三，马来西亚政府支持和资助外语教育是使其发展的重要因素之一。从外语教育所具有的特殊性出发，政府除了拨付专项资金支持外语教育发展之外，还给予一定的支持政策和奖励基金。

综上所述，如何解决发展中国家外语教育发展进程中出现的问题，使外语教育得到健康发展，是所有发展中国家政府和教育工作者都需要研究的一个重要课题。在这些方面，我们可以从马来西亚的外语教育中获得若干启示。

（作者为北京外国语大学亚非学院讲师）

郑和在南亚

佟加蒙

【内容提要】 郑和下西洋抵达了南亚多个国家和地区，包括孟加拉、南印度多个地区以及斯里兰卡和马尔代夫，推动了中国文化在这些地区的传播。到今天，郑和已经在世界范围内成为学术研究的对象。他的船队规模、所携带的物品、航行路线和沿途经历都被反复讨论，相关文献资料得到系统的搜集整理，作为中外文化交流史上一个里程碑式的经典得到永远的记忆。

【关 键 词】 郑和；南亚；西洋

Zheng He in South Asia

Tong Jiameng

【Abstract】 Zheng He reached many countries in South Asia including Bangladesh, Sri Lanka and some places of Southern India. As a result, the cultural exchange between China and these countries was strongly enhanced. Today Zheng He has become a hot topic for research and study all around the world. The size of his fleets, the voyage routes and the places he visited have been discussed repeatedly which help to make Zheng He a landmark symbol of cultural exchange between China and foreign countries.

【Key Words】 Zheng He, South Asia, Voyage

郑和下西洋在中国的航海史上并不是一项突如其来的壮举。中国造船航行的历史悠久，甚至可以上溯到商周时期。秦汉至两晋，造船业有迅猛发展。我们熟知三国时期的赤壁之战是大规模的水战。东吴为了拦截魏的战船，需要用“千寻铁索”，可见船只的巨大和数量之多。东晋法显西行，归途就是乘坐商船，“得此梵本已，即载商人大船上，可有二百余人，后系一小舶，海行艰险，以备大舶毁坏。”① 随便一艘商船便能载 200 余人，后面还拖着安全筏，表明当时海路交通已经频繁，乘船的人对海上可能发生事故有预判和心理准备。唐宋时期的海路贸易之繁盛已经被历史典籍和考古发现所证实，毋庸赘述。元朝更是两次征伐日本，第一次“以千料舟、拔都鲁轻疾舟、汲水小舟各三百，共九百艘，载士卒一万五千，期以七月征日本”；第二次更是“率十万人征日本”②。

若此历史种种可以得出一个判断，那就是到明朝时候，大规模造船出海航行在技术上已经不是一件困难的事情。后世对郑和的研究，出发点多不是他出海远航之本身有多么的历经艰难险阻。更具有讨论意义的在于这是一次最高政府部门组织的、与诸多国家之间展开的官方交流。这种交流之中，既有礼尚往来，也有“不服则以武慑之”，既有各种贵重丰厚的“给赐”，也有施以刀兵继而“献俘于朝”。在这种全方位的交流之中，文化层面上的相互了解和认识尤为重要。

一、郑和下西洋与中外文化交流

郑和下西洋的真正目的并不很明确。《明史》称：成祖疑惠帝

① 法显：《佛国记》，郭鹏注释，长春出版社，1995 年版，第 140 页。

② 《元史》卷二百八，列传第九十五，外夷日本，国学导航：http：//www.guoxue123.com/shibu/0101/00ys/207.htm。

亡海外，欲踪迹之，且欲耀兵异域，示中国富强。梁启超认为郑和下西洋“志非南渡而西征也”[①]。现代学者或有认为郑和是奉天子命在东南亚“推行和平外交，稳定东南亚国际秩序”、“扫平海盗，维护国家安全”以及“发展海外贸易，传播中华文明”。无论其最初的动机是怎样，郑和下西洋在客观上所实现的最大意义，就在于加强了中国和东南亚、南亚以及阿拉伯和非洲各国的交流。某种意义上，文化交流就是有组织地走出去和请进来。如同今天各国争办体育赛事，让别人集体到自己国家来开个盛会；或者我们精心准备，到别国去表演舞蹈和展览。郑和下西洋可以说是一次未经邀请的大规模官方组团出访，其船舶人数之多、盛况之空前，让百年后地理大发现时期的西方远航相形见绌。

明永乐三年，也就是1405年，郑和第一次率船队下西洋。史载此次随行人数众多，“将士卒二万七千八百余人”。船队的规模也惊人，“造大舶，修四十四丈、广十八丈者六十二”。这样一个庞大的团队，足以让任何一个被访的国家举国震动。更何况郑和是军人出身，曾经从燕王起兵有功，他所带领的也多为士卒。难怪后人称他的船队为“特混舰队”。这么多人在船上要吃喝用度，沿途经停补给，上岸访问皇室贵族，或赐与中国特产，或接受回礼馈赠，回途再顺带各国回访的使节团队，期间交流过程中各种事务之繁琐细碎让人难以想象。然而郑和下西洋的历史功绩，更多就体现在这种与所到各国的交流、接触、相互了解和认识之中。在很多当年访问过的国家中，郑和被视为带来文化影响的交流使者。例如在斯里兰卡，论及在其古代对外文化交流史中的地位，学者多将郑和排在弘扬佛法的阿育王之子摩哂陀（Mahinda）之后，其重要性可见一斑。[②]

郑和将一个繁荣富强的中国形象传播给其下西洋过程中所到

① 梁启超：《祖国大航海家郑和传》，饮冰室合集第6册，北京出版社，1999年版。

② Cyril Wace Nicholas，*Senarat Paranavitana*：*A Concise History of Ceylon*，University of Ceylon Press，Colombo，1961.

各国。他在东南亚很多地方影响广泛，很多“郑和井”和“三宝庙”仍然留存完好。一些地方流传着关于郑和的传说和故事，甚至将他“神化”，成为民间祭祀的对象。在斯里兰卡，郑和当年安置的石碑被放置在国家博物馆，当作是珍贵的文物。在非洲，肯尼亚和索马里的沿海村落中还有人自称是郑和下西洋船队水手在当地留住繁衍的后裔。到今天，郑和已经在世界范围内成为学术研究的对象。他的船队规模、所携带的物品、航行路线和沿途经历都被反复讨论，相关文献资料得到系统的搜集整理，作为中外文化交流史上一个里程碑式的经典得到永远的记忆。

二、郑和所抵达的南亚国家和城市

郑和七下西洋，抵达的国家数量众多，具体到城市更是难以计数。《明史》中罗列的各国就有30余个，包括“占城、爪哇、真腊、旧港、暹罗、古里、满剌加、渤泥、苏门答剌、阿鲁、柯枝、大葛兰、小葛兰、西洋琐里、琐里、加异勒、阿拨把丹、南巫里、甘把里、锡兰山、喃渤利、彭亨、急兰丹、忽鲁谟斯、比剌、溜山、孙剌、木骨都束、麻林、剌撒、祖法儿、沙里湾泥、竹步、榜葛剌、天方、黎伐、那孤儿”。

在这些国家中，涉及南亚的数量也不少，《瀛涯胜览》对此进行了详细记录。郑和出海经东南亚马六甲海峡，进入孟加拉湾，首先就抵达“榜葛剌”，也就是今天的孟加拉。沿孟加拉湾借东北季风，到达柯枝，现在称为柯钦，位于印度西南沿海佩里亚尔河口南岸。梁启超指出当时把这个城市叫做柯枝是按厦门口音翻译。继而到大葛兰和小葛兰，也称固兰，《星槎胜览》中指出其地与都樵栏，即今天的特里凡特琅相去不远。古力国是郑和下西洋旅途中的重要地点，即今天的卡利卡特。郑和不但多次抵达这个地方，最终在第七次航途中病逝于此。在印度半岛以南，郑和船队还抵达了锡兰，古称狮子国，即今天之斯里兰卡；以及溜山洋国，或称麻代父群岛，即今天的马尔代夫。

梁启超根据《瀛涯胜览》和《星槎胜览》的记载，推定郑和的航线如下：（1）航中国南海至印度支那半岛之南端（西贡）；（2）航暹罗湾（即曼谷湾）之东岸至曼谷；（3）航暹罗湾西岸循马来半岛南下至新加坡；（4）绕航苏门答腊岛一周；（5）绕航爪哇群岛一周；（6）航孟加拉湾经安达曼群岛至东印度（加尔各答）；（7）循孟加拉湾东岸南航至锡兰绕锡兰岛一周；（8）循阿拉伯海东岸北航至西印度（孟买）；（9）由孟买循波斯湾东岸北航至泰格里士河河口；（10）循波斯湾西岸南航，复沿阿拉伯海西岸一周至亚丁；（11）越亚丁湾循红海东岸北航至麦加；（12）循红海西岸南航出亚丁湾，复循亚非利加东部海岸南航经莫桑比克海峡、掠马达加斯加岛之南端回航。①

从这个航线中可以看到，郑和的船队密集访问过南亚多个国家和地区。从孟加拉到印度东海岸的加尔各答，然后到南印度各城市，再到斯里兰卡和马尔代夫，沿途访问印度西海岸多个城市，再由阿拉伯海至中东和非洲。印度次大陆的南端是整个航行的中点，尤其是斯里兰卡，是每次航程中不可回避的中转地，郑和的船队在七次行程中均有造访。

三、中国文化通过郑和船队在南亚的传播

郑和所到访的南亚诸国，按中国古籍中所称为榜葛剌、柯枝、葛兰、古力、锡兰和溜山洋，也即今天的孟加拉、南印度诸地、斯里兰卡和马尔代夫。在所到之处，郑和或者船队代表都上岸访问当地皇室，并且因为随船带去了丝绸、瓷器和金银铜器等中国特产，

---

① 梁启超："祖国大航海家郑和传"，《饮冰室合集》，第6册，北京出版社，1999年版。

又有翻译随行，很多时候都形成了融洽和热烈的场面，从而与很多国家建立了友谊并开始了礼节性互访。这种交流和往来，尽管中间或有因为种种原因而偶然产生的隔阂间隙，但总体上是在友好和谐的气氛中完成。

（一）孟加拉

中国古籍中所谓榜葛剌，包括今天的孟加拉和印度的西孟加拉邦。这一地区临近滇缅，在历史上通过南方丝路和茶马古道，即与中国有着密切的往来。民间应该长期以来保持不断的交流传统。这其中自然发生民风民俗的相互侵染以及各种土特产品的往来转卖。明代组织官方船队下西洋过程中到访榜葛剌，更为重要的意义在于这是两国官方往来中的一件盛事。

《星槎胜览》中详细记录了明朝使节来到榜葛剌并受到隆重欢迎的场景。“其王知我中国宝船到彼，遣部领赍衣服等物，人马千数迎接。港口起程十六站，至锁纳儿江，有城池街市，聚货通商。又差赍礼象马迎接，再行二十站，至板独哇，是酋长之居处。城郭甚严，街道铺店，连楹接栋，聚货甚有。其王之居，皆砖石甃砌高广，殿宇平顶，白灰为之。入去内门三重，九间长殿，其柱皆黄铜包饰，雕琢花兽。左右长廊，内设明甲马队千馀，外列巨汉，明盔明甲，执锋剑弓矢，威仪之甚。丹墀左右，设孔雀翎伞盖百数，又置象队百数于殿前。其于正殿设高座，嵌八宝，箕踞坐其上，剑横于膝。乃令银柱杖二人，皆穿白缠头，来引导前，五步一呼，至中则止。又金柱杖二人，接引如前礼。其王恭礼拜迎诏敕，初叩谢加额。开读赏赐，受毕，铺绒毯于殿地，待我天使，宴我官兵，礼之甚厚。”①

这真是一个宾主其乐融融的场面，主人招待得威严合序有礼有节，客人远道而来也并没有自恃天朝而喧宾夺主。这种情况下

① 费信：《星槎胜览》，冯承钧校注，中华书局，1955年版。

明朝使节“开读赏赐”，其内容一定是异常的丰富。双方在正式礼仪结束后的交流也应该是热烈踊跃。《星槎胜览》中详细记录了当地的特产包括：细布、撒哈剌、绒毯兜罗锦、水晶、玛瑙、珊瑚、珍珠、宝石、糖蜜、酥油、翠毛。而中国则赠之以布段、色绢、青白花磁器、铜钱、麝香、银朱、水银、草席和胡椒等等难以细数。

（二）南印度诸地

郑和船队访问了南印度多个地方，包括柯枝、葛兰和古力等，地理范围为印度半岛南端的东西海岸地区。概因从孟加拉湾绕过次大陆南端的时候，这一地区为必经之路。而且沿海地区受季风影响，气候湿热物产丰富，适合作为交易买卖的地点。15世纪，穆斯林入侵者已经在印度建立了统治。中国相关载籍中也指出，南印度很多地方“回回人”是上等人和礼拜寺数量众多等情况。而郑和本人也是回族，这样与当地人的交流更没有障碍。郑和在第七次下西洋途中染病，他选择了留在古力，直到病逝。古力国是一个伊斯兰占主导地位的政权，其国“王有大头目二人，掌管国事，俱是回回人，国中大半皆奉回回教门。礼拜寺有二三十处，七日一次行礼拜”。值得注意的是，郑和下西洋基本上是和平友谊之旅，仅有几次用兵，都发生在佛教国家，包括东南亚的三佛齐国和南亚的锡兰。

《瀛涯胜览》中提到在柯枝，当地人“名称哲地者，皆是财主，专一收买下宝石珍珠香货之类，候中国宝（石）船或别国番船客人来买，珍珠以分数论价而买”。[①] 他们专做宝石珍珠的买卖，并都成为“财主”，想来当时中国人和其他国家人到此地的商船应该是异常频繁，而且贸易的利润很丰厚。船队在古力的时候，“其二大头目受中国朝廷升赏，若宝船到彼，全凭二人主为买卖”。这样看

① 马欢：《瀛涯胜览》，冯承钧校注，海洋出版社，2005年版。

来，古力国的头目已经垄断了与中国的贸易，而且因为接受了朝廷的赏赐，买卖还非常公平。古力国对郑和也态度甚恭，“使回之日，其国王欲进贡，用好赤金五十两，令番匠抽如发细金丝，结缩成片，以各色宝石大珍珠厢成宝带一条，差头目乃邦进奉中国”。

（三）斯里兰卡

郑和在七下西洋的旅程中，每一次均抵达斯里兰卡。这期间发生的一个重大事件，就是郑和于1409年在斯里兰卡南部立碑为记。郑和是在第二次下西洋的过程中在斯里兰卡立下的石碑。这块石碑于1911年由筑路工程师 H. F. Tomalin 发现。石碑上用中文、泰米尔文和波斯文三种文字铭刻，而其内容则各有不同。泰米尔文是向印度教的大神表示敬仰；波斯文涉及伊斯兰教的真主阿拉；而中文则表达了对佛教和佛法的虔诚。这种对三种宗教不偏不倚、全部以礼待之的做法反映出明朝对宗教信仰的包容和宽让。这一点至今还被斯里兰卡学者所称道。

石碑上用中文刻写的文字除赞扬佛法外，还罗列了当时供奉给佛寺的礼品。文字内容如下：大明皇帝遣太监郑和、王贵通等昭告于佛世尊曰：仰维慈尊，圆明广大，道臻玄妙，法济群伦。历劫河沙，悉归弘化，能仁慧力，妙应无方。惟锡兰山介乎海南，言言梵刹，灵感翕彰。比者遣使诏谕诸番，海道之开，深赖慈佑人舟安利，来往无虞，永惟大德，礼用报施。谨以金银织金纻丝宝旛、香炉、花瓶、纻丝表里、灯烛等物，布施佛寺，以充供养。惟世尊鉴之。总计布施锡兰山立佛等寺供养：金壹仟钱、银伍千钱，各色纻丝伍拾匹，各色绢伍拾匹，织金纻丝宝旛肆对内红弍对黄壹对青壹对、古铜香炉伍对、戗金座全古铜花瓶伍对、戗金座全黄铜烛台伍对、戗金座金黄铜灯盏伍个、戗金座金朱红漆戗金香盒伍个、金莲花六对、香油弍仟伍佰斛、腊烛壹拾对、檀香壹拾炷。时永乐七年岁次已丑二月甲戌朔日谨记。

从碑文内容可以看到，郑和在从中国出发之前就准备好了石碑和礼物，说明其下西洋的初衷里面并没有冲突和征伐。两国之间通过郑和船队进行的交流中，主要还是建立友谊和开展贸易。斯里兰卡是一个盛产珍珠宝石的国家，而其人民对中国产的麝香、纻丝、色绢、青磁盘碗、铜钱和樟脑等物都非常喜爱，期间顺理成章地发生了频繁的物品买卖。

郑和在斯里兰卡为民众所熟知，还有另外一个原因。就是在1411年，郑和第三次下西洋的过程中曾经与斯里兰卡的国王开战，并将之俘获带回中国。《明史》中这样记载这段历史："六年九月，再往锡兰山。国王亚烈苦奈儿诱和至国中，索金币，发兵劫和舟。和觇贼大众既出，国内虚，率所统二千余人，出不意攻破其城，生擒亚烈苦奈儿及其妻子官属。劫和舟者闻之，还自救，官军复大破之。九年六月献俘于朝。帝赦不诛，释归国。"

这个亚烈苦奈儿，就是斯里兰卡历史上的国王 Veera Alakeshvara，是当时斯里兰卡三分天下的国王之一。现代的斯里兰卡历史学家认可《明史》的记载。并且认为在亚烈苦奈儿之后的国王，即巴拉克拉玛巴乎六世也是在明朝支持下登上的王位。不管怎样，虽然有短暂的不愉快，整体而言，郑和的船队还是和斯里兰卡建立了友好关系，在随后的下西洋过程中，"王常差人赉宝石等物，随同回洋宝船进贡中国"。

中国古籍中称斯里兰卡为锡兰、锡兰山或者狮子国，相关的记录和描述很多。这些史料，对于现代里斯兰卡学者了解自己国家的古代史发挥了重要的作用。相比于印度，斯里兰卡自己传承下来的的古代史料还算空白点比较少。但是这些史料主要是与佛教相关的，与其说是古代历史，莫若说是古代佛教史更为准确。《大史》、《小史》和《岛史》基本上都是围绕佛教展开的叙述。在现代学者努力重建古代史的过程中，来自中国的载籍中的很多内容被加以利用。翻看由 Cyril Wace Nicholas 和 Senarat Paranavitana 所著的《锡兰简明史》，就会在其中发现《瀛涯胜览》、《星槎胜览》和《西洋番国志》，以及《明史》中记录的内容。[①]

四、郑和下西洋与中国文化在南亚：意义与影响

尽管今天已经无从知晓郑和下西洋的真正目的，但是多次声势浩大的航程无疑推动了中国文化在其所到之处的传播和影响。相比较东南亚或者北印度而言，印度次大陆南部、斯里兰卡和马尔代夫等地离中国可谓山高海远，在古代建立联系和交流是颇为不易的事情。历史上经马六甲海峡、经斯里兰卡转到阿拉伯国家的海路贯通在明朝以前就已经实现，但是经由国家派遣、集战船几十艘和士兵数万人的庞大队伍多次出访这么多的国家，在世界古代史上实属绝无仅有。在这个意义上，郑和开辟了一个时代。他在每到一个国家宣读成祖圣诏的时候，在每一次让那些“番国”惊讶于大明帝国的威武之师的时候，或者当他拿出丰厚的赏赐，使各国之人在绫罗绸缎和金银玉器的交光辉映下眼花缭乱的时候，郑和就已经完成了效果最好的文化传播。

郑和下西洋这个事件本身已经成为了当年所到各国古代史的一部分。在斯里兰卡，郑和打败其国王并将之带到中国的历史被反复讨论。他留下的石碑现在被当作是珍贵的文物陈列于科伦坡博物馆，成为了那段历史的永久见证。在孟加拉，郑和下西洋已经作为一个重大事件记录在该国历史之中，几百年来被铭记至今。2006 年，“纪念郑和下西洋 600 周年展览”在孟加拉首都达卡隆重举行，出席活动的该国官员表示，郑和率领船队于 600 年前抵达孟加拉东南部港口城市吉大港，并且与当地居民交换物品，这已经作为史实载入中孟友好交流的史册。吉大港这个当年

① Cyril Wace Nicholas, *Senarat Paranavitana*: *A Concise History of Ceylon*, University of Ceylon Press, Colombo, 1961.

见证了郑和来访的城市，也已经与中国云南省昆明市结成了姊妹友好城市。双方都在致力于继承和发扬保持了 600 年之久的友好传统。

（作者为北京外国语大学亚非学院副教授）

东南亚华侨华人的土地神信仰

许永璋

【内容提要】 土地神信仰起源于中国。东南亚华侨华人供奉土地神，原因在于祈求保佑、经济利益、追念先辈、精神寄托等多方面的需要，其特点为普遍性、灵活性、多神性和实用性。对于东南亚华侨华人来说，土地神信仰具有一定的积极意义。

【关 键 词】 东南亚；华侨华人；土地神

Overseas Chinese in Southeast Asia Believe in Lord of Land

Xu Yongzhang

【Abstract】 The faith of lord of land originated in China. Overseas Chinese in Southeast Asia dedicates to the lord of land because of economic interests, commemoration the ancestors and many other needs which are characterized by universal, flexible, and more divine and practical. For the overseas Chinese in Southeast Asia, their faith to the lord of land has some positive sense.

【Key Words】 Southeast Asia, overseas Chinese, lord of land

东南亚华侨华人有着多种多样的宗教信仰。其中，对土地神的崇拜和祭祀非常普遍。深入研究这一文化现象，是华侨华人历史研究中的一个重要课题。

一、起源传播

土地神信仰起源于中国。在中国古代神话传说中，土地神是管理和守护一小片地面的神祇，也称“社神”、“土地公”、“土地爷”，俗称“土地”。[①] 由于土地与农业有着直接而密切的关系，人们企盼五谷丰登，因而对管理土地的神灵十分崇敬。可见，崇拜土地神，最初乃是原始社会自然神崇拜的一种表现。随着社会的发展，土地神逐渐减弱其自然属性，其职能不只限于管理土地，而且也管理社会事务，保护个人、家庭和公众的安全。道教产生之后，土地神成为道教信奉的神祇。

由于土地神只是守护一方地面，他的职能有限，因而在诸神之中地位比较低下。可是，他与百姓生活密切相关，与一方百姓最为亲近，其形象一般皆是面目慈祥、可爱可亲的老翁。百姓对他不仅敬而不畏，而且在祭祀的同时，还给他置以配偶，于是便有“土地公公”（或“土地爷爷”）和“土地婆婆”（或“土地奶奶”）之称。祭祀土地神的小庙遍于城乡，但都比较简陋。正如有的土地庙对联所说：“庙小无僧风扫地，神灵有感月点灯。”可是，由于“公公十分公道，婆婆一片婆心”，人们对之虔诚祭祀，历代香火不绝。东晋以后，对土地神的祭祀有所发展。土地神除了一般形象之外，也有将历史名人或有功于民的人物作为土地神

① 任继愈主编：《宗教词典》，上海辞书出版社，1981年版，第45页；尹协理主编：《中国神秘文化辞典》，河北人民出版社，1994年版，第514页。

来祭祀的。[1]

明清以后，闽、粤等地人民漂洋过海，出外谋生，遂将中国民间的土地神信仰带到了侨居国度。东南亚是华侨华人最多的地区，这里的土地神信仰更为普遍。在东南亚，土地神又称为大伯公、本头公或者福德正神，土地神信仰与华人社会形成关系甚大。如果没有众多的华侨聚集，从而形成华人社会，那么他们也就不会修建自己的庙宇。也就是说，只有华侨人数较多，华人社会形成，土地神信仰才会以庙宇祭祀的方式表现出来。

据目前掌握的史料，东南亚最早的土地庙，可能是1650年建成于印度尼西亚雅加达的安恤大伯公庙。[2] 后来，随着东南亚华侨人数不断增多，在马来西亚、新加坡、泰国等国，也逐渐建起了祭祀土地神的庙宇。相传，祭祀土地神是东南亚华侨华人最早的民间信仰活动。在华侨华人开办的商店、兴建的住宅甚至建立的学校中，都设有神龛供奉土地神（或大伯公、福德正神）。与此同时，专门奉祀土地神的场所，则是各地修建的庙宇。

二、信仰概况

东南亚华侨华人的土地神信仰，突出地表现为他们在居留地区修建的土地庙、大伯公庙或福德正神庙。当然，也表现为其他形式，但建庙祭祀则是一种主要的信仰形式。

（一）印度尼西亚

印尼是东南亚华侨华人最多的国家，这里的土地神庙宇建立得

① 《中国历史百科全书》，第12卷，徐塞主编：《民风民俗》，吉林大学出版社，2004年版，第539页。

② 周南京主编：《华侨华人百科全书》社区民俗卷，中国华侨出版社，2002年版，第519页。

既早又多。如前所述，东南亚最早的土地庙，就是 1650 年建成于雅加达的安恤大伯公庙。接着，在印尼各地陆续修建起祭祀土地神的庙宇。据不完全统计，有茂物福德庙、三宝垄福德庙（又称福寿庙）、展玉福德祠、古突士福德庙、贾帕拉福德堂、丹戎加逸大伯公庙、双胶汉福德庙、威拉汉福德堂、勿里碧福德庙、丹戎班丹大伯公庙（又称福德祠）、罗沙里福德庙、帕拉坎福德堂、沙拉笛加福德庙、坤甸福德祠、喃吧哇福德祠、山口洋大伯公庙、直木港福德祠、邦戞大伯公庙、马达山福德庙等。[①]

（二）泰国

土地神庙数量不少。在曼谷，原建有大本头公庙和本头妈庙，1829 年又建新本头公庙。此外，还有洛坤本头公庙、那空春本头古庙、那空沙旺本头古庙、素叻府本头公庙、素攀石本头公庙、乌隆本头公妈庙、差纳府本头古庙。[②] 据另一资料，1991 年调查，仅曼谷三聘地区就有 6 座本头公庙，有的奉祀本头公，有的主神为本头妈（即土地奶奶）。[③] 1963 年，泰国华人还在合艾市建立了泰华福德善堂。

（三）马来西亚

在巴株巴辖境内的石文丁渔村，早在 1864 年就建有崇龙公大伯公庙。诗巫永安亭大伯公庙，修建于 1871 年。怡保有一座华人庙宇，建于清同治年间，俗称大伯公庙。[④] 据另一资料，在沙捞越，除诗巫外，古晋、美里、马帝鲁、巴都、林梦等地，都建有大伯公

① 周南京主编：《华侨华人百科全书》社区民俗卷，中国华侨出版社，2002 年版，第 29、68、120、177、202、224、232、262、307、328、342、344、358、403、418、492、501 等页。

② 同上书，第 47、225、252、257、287、371、372、414 等页。

③ 何翠媚著，陈丽华译："曼谷的华人庙宇：19 世纪中泰社会资料来源"，《海交史研究》1996 年第 2 期，第 106—107 页。

④ 周南亭主编：《华侨华人百科全书》社区民俗卷，中国华侨出版社，2002 年版，第 56、345、477 页。

庙。有些大伯公庙称“亭”，如诗巫的永安亭、马帝鲁的寿山亭、民丹莪的民安亭、加帛的福隆亭，等等。[①] 此外，在槟榔屿也建有大伯公庙，名为“海珠屿大伯公庙”。柔佛的哥打丁宜天后宫内，也配祠大伯公。

（四）新加坡

华人将土地神称为大伯公或缎伯公，也称为“伯公”或“缎公”。在恒山亭内，供奉着德福正神，华人俗称大伯公。在德光岛，华人将缎伯公视为该岛的守护神。[②] 新加坡的马里士他路，也称为“大伯公路”，恒山亭就在这条路上。除了恒山亭外，这条路上还有专祀大伯公的大伯公庙。在丹戎巴葛和直落亚逸街（源顺街），还有客家人修建的福德祠。[③]

（五）菲律宾

菲律宾华侨华人崇拜的神灵众多，但是崇拜程度较高的还是从中国带去的土地神、关帝、观音和妈祖。在祭祀这些神灵的菲律宾华人庙宇中，供奉着多种神像，其中就有土地爷或本头公。[④] 这里，特别值得提出的就是苏禄岛的本头公墓以及奉祀他的本头公庙。本头公墓和本头公庙位于苏禄首府霍洛市郊。本头公庙是华人修建的一座古庙，虽已毁于战火，但其山门及本头公神像都依然保存了下来。本头公墓在这座庙宇附近，其墓碑铭尚存。[⑤] 这位被祭祀的本头公，初称“本头刚”，本名白本亥（或白丕显），原籍河南新郑，系明代随郑和下西洋而到达并留在菲律宾苏禄岛的一名军士。他被

---

① 詹冠群：“新马华人神庙初探”，《海交史研究》，1998年第1期，第21、23页。

② 周南亭主编：《华侨华人百科全书》社区民俗卷，中国华侨出版社，2002年版，第438、441页。

③ 詹冠群：“新马华人神庙初探”，《海交史研究》，1998年第1期，第20页。

④ 周南京：“论华菲融合”，《华侨华人历史研究》，1991年第4期，第16页。

⑤ 徐作生：“郑和舟师履菲新证——古苏禄国本头公英文墓志铭考释”，《海交史研究》，2003年第1期，第46—49页。

尊为苏禄华人之先祖，并在去世后被当地华人奉为保护神。1917年，苏禄中华商会为他建庙塑像，隆重祭祀。[①]

（六）越南

由于越南与中国在历史上有过一段特殊的密切关系，因此越南华侨华人的宗教信仰同当地越南人有着不少相同或相似之处。例如对土地神的崇拜，几乎没有多大的区别。祭祀土地神，一般在家庭里供奉其神位。[②] 据目前掌握的资料，尚未见到越南华侨华人修建的专门祭祀土地神的庙宇。历史上，大多数华侨集中在堤岸，这里有较多的华侨会馆、公所、同乡会以及关帝庙、天后（妈祖）庙，似无土地神庙。可能土地神的职能已为关帝、天后所取代，因而也就没有单独修建土地神庙了。

（七）老挝

老挝的华侨华人不多，他们没有修建专门祭祀土地神的庙宇。但是，在华侨华人相对集中的首都万象，有一种庙会活动，却可以反映出他们的土地神信仰。这就是，居住在万象的华侨华人，每年举行一次“德福庙会”（也称“演犁庙会”）。德福庙会的全部仪式活动，由万象中华理事会组织操办，为时一周，十分热闹。这个庙会据说是为纪念人称“本头翁”（即本头公）的广东潮州一男一女。他们最早来到万象从事开垦，并繁衍了这里的华人后代。[③] 这里的华侨华人祈求“本头翁”保佑远离故土的华人。可见，“福德庙会”实际上也是对“本头公”即土地神的祭祀庆典活动，是土地神信仰的另一种表现形式。

柬埔寨、缅甸以佛教信仰为主，文莱主要信奉伊斯兰教，而土

① 徐作生：“郑和舟师履菲新证——古苏禄国本头公英文墓志铭考释”，《海交史研究》，2003年第1期，第46—49页；周南京：《华侨华人百科全书》人物卷，第7页。

② 戴可来、于向东主编：《越南》，广西人民出版社，1998年版，第83页。

③ 郝跃骏：“老挝华人现状及社团组织”，《东南亚》，1992年第1期，第52页。

地神（大伯公、本头公、福德正神）是属于道教系统的神祇。同时，在东南亚国家中，这里的华侨华人相对较少。由于这些原因，这里的华侨华人的土地神信仰不如印尼、泰国、马来西亚、新加坡等国那样明显。需要说明的是，目前虽然尚未发现柬埔寨、缅甸、文莱等国的土地神庙宇资料，但这并不等于说这些国家的华侨华人不存在土地神信仰。

三、原因分析

东南亚华侨华人的土地神信仰，虽然是从中国带去的，但是同他们的现实生活需要也有着密切的关系。就是说，他们的土地神信仰，有着多方面的原因。

（一）祈求保佑

这可以说是一个首要的原因。华侨初到异国他乡，他们需要得到一个能够安身立命的生存环境。正是这种迫切需要，促使他们祈求土地神的庇护，以确保平安。这一点，从马来西亚、新加坡广泛流传的“大伯公”显灵的传说，就可以得到证明。兹举两例。其一，1862 年，马来亚槟城传染病流行。有位白须老人连续两天早晨手持拂尘，沿街挥舞。凡是被拂尘扫过的人家，染病者均得以痊愈，无病者皆免除传染。据说，这位老人就是大伯公。其二，1897 年，沙捞越诗巫的大伯公庙建成后，主事者在厦门制造的大伯公塑像，经新加坡运往诗巫。途中遭遇狂风巨浪。忽见一位慈祥长者站立船头，挥舞双袖，顿时风平浪静，化险为夷。据说，这位长者就是大伯公。[①] 关于大伯公显灵的传说故事，在其他各地也广泛流传。这些传说正符合东南亚华侨华人祈求平安的需要，于是更加崇敬大

---

① 詹冠群：“新马华人神庙初探”，《海交史研究》，1998 年第 1 期，第 23 页。

伯公。

（二）经济利益

东南亚华侨华人来到居留地后，除了从事各项体力劳动外，很多人经营工商业。经营工商业的华侨华人需要求得生意上一帆风顺，使得财源滚滚而来。这种祈求发财的愿望完全出于经济利益的驱动。虽然土地神的神通不如关圣帝君那样广大，但是他能保佑一方平安，因此也就维护了华侨华人的经济利益。何况大伯公并非固定为某一个人，而是对当地起过重大保护作用的人物。例如：18 世纪后期曾在西婆罗洲建立“兰芳公司”的罗芳伯，仁侠好义，深得人心。他不仅能使当地社会秩序稳定，而且联合各个金矿公司，团结一致，维护自身的经济利益。他去世后被当地华侨华人奉为神明。于是，有人认为西婆罗洲一带的大伯公就是罗芳伯。[①] 这里的大伯公庙，也可能就是为了纪念罗芳伯而修建的。

（三）追念先辈

东南亚华侨华人在此定居已有数百年之久。他们的先辈漂洋过海、历尽艰辛来到这里。无论是体力劳动者或工商业者，无论是在矿山和种植园或者是在沿海开埠，都遭遇过不少苦难，真可谓创业维艰。作为他们的后代，华侨华人时时不忘先驱们的奋斗业绩，进而把对先辈的追思和感激之情化作一种神灵崇拜。最典型的例子当数槟城的大伯公庙。马来西亚槟城有座“海珠屿大伯公庙”。这座庙宇供奉的大伯公，就是当地历史上的华侨会党首领、被称为“开山神师”的张理。除了张理之外，被尊为大伯公的，还有与他义结金兰的兄弟——丘兆进和马福春。18 世纪中叶，他们三人从中国广东来到这里，当时槟城尚未开发。三人定居于附近的海珠屿，披荆斩棘，为槟城开辟和繁荣作出了重大贡献。同时，他们对于随后陆

---

① 詹冠群：“新马华人神庙初探”，《海交史研究》，1998 年第 1 期，第 24 页。

续到来的华侨，热情关照，积极扶持，得到广大华侨的衷心爱戴和拥护。三人去世后，丘、马葬于张墓两旁。1799 年（清嘉庆四年），当地华侨在此修建大伯公庙，供奉张、丘、马三公神位，祭祀香火不绝。[①] 这一传说还有不同的版本：据说清咸丰年间，有一年马来亚疫病流行，当地华侨病死很多，唯有铁匠丘某、烧炭工人马某和塾师张某未染疫病。人们甚感神奇，所以后世尊他们三人为“开山大伯”或“大伯公”，并在各地建庙祭祀。[②] 可见，槟城的大伯公庙，当然不乏祈求保佑之意，但追念先辈开创之功也表现得非常明显。1891 年（清光绪十七年），清政府驻槟城领事张煜南为该庙题写的楹联，充分表达了对这三位“大伯公”的无限追念之情。其联曰：“君自故乡来，魄力何雄，竟辟莽榛蕃族姓；山随平野尽，海门不远，会看风雨起蛟龙。”[③]

（四）精神寄托

土地神信仰也可以说是华侨华人精神文化生活的一种需要。华侨华人无论是劳动者或者工商业者，在异国他乡的环境下生存，除了物质上的需要之外，还有文化上的需求，即精神上的寄托。他们把这种寄托放到对各种神灵的崇拜和祭祀上。有了这种寄托，就能够获得强有力的精神支柱。土地神能够给予他们精神力量；依靠这种力量，就能够增强勇气和信心，去克服任何艰难险阻。同时，土地神信仰也可以促使华侨华人对祖国传统宗教文化的保留。通过对土地神的祭祀，能够联想到祖国和故土以及生活和长眠于故土的祖先。正是这种故土观念和思乡之情，把他们同祖国联系了起来。可见，土地神信仰是对祖国传统文化的一种继承方式。虽然这种方式带有宗教性质，但是它毕竟从一个侧面反映出华侨华人的思想意识

① 詹冠群：“新马华人神庙初探”，《海交史研究》，1998 年第 1 期，第 24 页；廖楚强：“东南亚客家社会的回顾与展望”，《海交史研究》，1998 年第 2 期，第 82 页。

② 周京南主编：《世界华侨华人词典》，北京大学出版社，1993 年版，第 27 页。

③ 廖楚强：“东南亚客家社会的回顾与展望”，《海交史研究》，1998 年第 2 期，第 82 页。

和感情。某些东南亚国家的华侨华人祭祀土地神的活动，显然也丰富了他们的文化生活。例如：马来西亚沙捞越诗巫的大伯公庙董事会在1971年作出决定，演戏七昼夜，纪念大伯公诞辰，并迎神出游。此后每隔三年，当地都要举行一次迎神出游的宗教活动。[①] 又如泰国差纳府本头古庙经常组织盛大的宗教活动；活动期间沿街挂满宣传布标，场面十分壮观。[②]

四、几个特点

东南亚华侨华人的土地神信仰，虽然保留了中国传统文化中的某些因素，但是它在长期发展过程中，结合华侨华人自身的实际需要和东南亚的生活环境，也发生了一些变化。总的说来，东南亚华侨华人的土地神信仰具有以下几个特点。

（一）普遍性

华侨从中国来到东南亚后，他们最迫切需要的就是生存下来，并求得发展。如果说海神天后（妈祖）是华侨在航行途中特别需要的保护神的话，那么到达居留地之后，最需要的保护神就是土地神。据说，东南亚华侨最早的民间宗教活动就是祭拜土地公。[③] 土地神信仰在他们之中相当普遍。从分布地域来看，如前所述，东南亚绝大多数国家里都有土地庙（大伯公庙、本头公庙、福德祠等），或者以其他方式表现的土地神信仰。从信仰范围来看，不仅专门祭祀土地神的庙宇很多，而且在一些商店、学校、住宅之内，也有设置神龛奉祀土地神的。同时，在某些东南亚国家，华侨华人还定期

① 周南京主编，《华侨华人百科全书》社区民俗卷，中国华侨出版社，2002年版，第354页。

② 同上书，第47页。

③ 同上书，第394页。

或不定期举行与土地神（或大伯公、福德正神）有关的庆典活动。可见，土地神信仰在东南亚华侨华人社会具有普遍性。

（二）灵活性

东南亚华侨华人的土地神信仰具有较大的灵活性。这种灵活性表现在：一是东南亚土地神信仰的内容扩大了。虽然东南亚华侨华人祭祀的土地神形象一般也是面目慈祥、白发白须的老者，但这位老者却不是固定指一个人，而是因地而异。二是东南亚土地神的地位提升了。原来在中国本土诸神中，土地神的地位很低，土地庙非常小而且简陋。可是，在东南亚却不是这样。这里供奉大伯公、本头公或福德正神的庙宇规模都较大，而且富丽堂皇。例如：泰国素攀石本头公庙，气势磅礴，好似宫殿。① 同时，土地神的地位提高，更加受到重视。例如：在泰国曼谷的大本头公庙，本头公的神龛置于玄天上帝神龛的前面。② 在那空旺本头古庙，正殿正中供奉本头公妈，左为天后，右为关帝。③ 在印尼勿里碧福德祠，主祀福德正神，配祀孔夫子和关圣帝君。④ 三是从信仰方式来说，东南亚华侨华人不仅限于主庙祭祀，他们可以在自己家里，或者在商店、学校等场所设立土地神牌位，进行祭拜，也可以在奉祀天后、关帝的庙宇里设置大伯公塑像进行祭拜，还可以举行庆典或庙会活动表示祭拜。

（三）多神性

所谓多神性特点，主要是指他们崇拜的对象具有多神色彩。天

---

① 周南京主编：《华侨华人百科全书》社区民俗卷，中国华侨出版社，2002 年版，第 372 页。

② 何翠媚著，陈丽华译："曼谷的华人庙宇：19 世纪中泰社会资料来源"，《海交史研究》1996 年第 2 期，第 102 页。

③ 周南京主编：《华侨华人百科全书》社区民俗卷，中国华侨出版社，2002 年版，第 287 页。

④ 同上书，第 418 页。

后宫奉祀天后（妈祖），关帝庙奉祀关帝，这都是专一的、固定的，可是各地的土地神庙可有所不同，奉祀的都不是同一个被神化的人物。东南亚国家华侨华人奉祀的大伯公、本头公或福德正神，其原型究竟是谁？学者们有不同的看法，也曾进行过讨论。据有关资料，有以下一些观点：（1）认为大伯公是华人先驱者的象征，具有泛指性；（2）认为大伯公就是郑和；（3）认为是槟城会党的“开山祖师”张理；（4）认为是在坤甸建立“兰芳公司”的罗芳伯；（5）认为是沙捞越石隆门早期华工领袖刘善邦；等等。[①] 据另一资料：一说“大伯公”原为会党人物；一说是中国历史上吴国的吴太伯；一说“大伯公”为都公、舶主都钢或拏公，即水神；一说是马来亚的张、丘、马三人。[②] 如此众多的历史人物，都被当地华侨华人奉为“大伯公”、“本头公”或“福德正神”进行祭祀。这种现象，除了多神教的影响之外，主要原因还在于这些人物与东南亚华侨华人的历史经历和现实环境有着密切的关系。

（四）实用性

土地神信仰适合东南亚华侨华人日常生活以及事业发展的需要，具有实用性的特点。土地神原来的地位较低，对这种地位较低的神，祭祀起来比较简单方便。如果是地位较高的神，设备和排场都很复杂，规格也较高。两者相比，祭祀土地神不需要耗费大量的钱财。因此，初到东南亚谋生的贫困华侨，很自然地便会选择土地神了。同时，土地神大都为白发白须老翁，给人以亲切之感，这就更加缩短了他们之间的距离。据有关资料，早期的大伯公庙都是极为简陋的建筑，而且一般都建在河畔（例如马来西亚沙捞越的诗巫、古晋、美里、马帝鲁、巴都、林梦等地）。[③] 这些情况表明，这里是早期中国移民（特别是贫苦华工）的聚居地。对于他们来说，

① 詹冠群：“新马华人神庙初探”，《海交史研究》，1998年第1期，第21页。
② 周南京主编：《世界华侨华人词典》，北京大学出版社，1993年版，第27页。
③ 詹冠群：“新马华人神庙初探”，《海交史研究》，1998年第1期，第23页。

土地神是最合适的神灵。奉祀土地神，最初甚至并没有一定规模的庙宇，只要有一个供奉牌位的地方就可以进行祭拜了。后来，随着华侨华人经济的发展，便陆续修建起较大规模的大伯公庙、本头公庙或福德正神祠了。如果说早期华侨祭祀土地神是祈求平安生存的需要的话，后来的华侨华人则更多的是事业发展的需要。不同历史时期的需要，正反映出土地神信仰的实用性特点。

五、意义与影响

从某种意义上来说，宗教也是一种文化。宗教文化作为上层建筑，是由一定的经济基础所决定的，并且对经济基础产生这样那样的反作用。东南亚华侨华人的土地神信仰同样也是这样。它根植于东南亚的华人社会，但又对华人社会产生影响。这种影响既有正面的，也有负面的。在这里，笔者只拟专门论述土地神信仰对东南亚华侨华人的正面影响，即它在东南亚华侨华人的历史发展过程和现实生活中所具有的积极意义。

首先，有助于解决华侨华人在日常生活中遇到的各种实际问题。东南亚各地的大伯公庙、本头公庙或福德祠，往往具有双重职能：既是宗教祭祀活动的场所，又是办理一些华侨华人社会事务的地方。当然，具有这种双重职能的并不仅限于各地的土地神庙，还有关帝庙、天后宫等。由于庙宇是华侨华人经常前往祭拜的公共场所，他们易于在这里接触，于是这里便成为调节人际纠纷的理想地点。除了调节纠纷之外，这里还常常举办庆典、演出、交易和慈善活动。例如：新加坡的福建会馆所在地，原先就是祭祀大伯公的恒山亭。[①] 马来西亚诗巫永安亭大伯公庙，就组成了一个具有独立法

① 胡一省等摘译："新加坡华人的社会组织史观"，《东南亚研究资料》，1982年第3期，第29页；李天锡："试论华侨宗乡组织的历史作用及其变化发展"，《华侨历史论丛》第5辑，第367页。

人资格的董事部进行管理。这个董事部在安排祭祀活动的同时，还积极履行世俗社会的职能，参与华人社会的各种文化活动，资助华人教育事业。[①] 又如崇奉福德伯公的泰国合艾的泰华福德善堂，也是泰国华人的慈善团体。[②] 泰国那空旺本头古庙，除了供奉本头公妈外，已成为当地人们举办宗教慈善活动的中心。[③] 除此之外，庙宇管理机构还可以为初到的华侨安排食宿、帮助就业，解决日常生活中遇到的种种困难。

其次，有助于增强华侨华人社会的凝聚力。如前所述，华侨华人修建庙宇，其前提是华侨华人的聚居。由于聚居的人数较多，形成华人社会，所以才产生了社会的需要。在老挝万象，每年由中华理事会举办一次“福德庙会”。这是当地华侨华人最大最热闹的聚会庆典活动，吸引了众多华人前来参加。泰国差纳府本头古庙组织的活动，也非常盛大热烈。通过这些活动，也促使华侨华人联络感情，从而增进了团结和互助。可见，包括土地神信仰在内的宗教信仰，能使东南亚华侨华人得到共同认知的精神支柱。也就是说，共同的宗教信仰，在某种程度上必然会相互吸引，使华侨华人社会的凝聚力得以增强。从这个方面来说，土地神信仰的作用和影响，已远远超出了宗教的范围，它在客观上具有增强华人社会团结的积极意义。

再次，有助于加强东南亚华侨华人与祖国的联系。崇拜和祭祀土地神，并不单纯是宗教活动，它同时也是一种文化活动。华侨把土地神从中国带到东南亚来，立庙祭祀。虽然已由“土地公”发展为“大伯公”、“本头公”或“福德正神”，但是就其祭祀活动来说，实质上意味着以宗教的形式保持和继承了中华传统文化。土地神信仰同关帝信仰、天后信仰等源于中国的神灵信仰一样，都成为把华

---

① 詹冠群：“新马华人神庙初探”，《海交史研究》，1998年第1期，第25页。

② 周南京主编：《华侨华人百科全书》社区民俗卷，中国华侨出版社，2002年版，第139页。

③ 同上书，第287页。

侨华人同祖国联系起来的精神纽带。当他们在祭祀土地神的时候，当他们在参加与土地神信仰有关的诸如庙会之类的文化活动的时候，当他们接受大伯公庙、本头公庙或福德祠等庙宇管理机构的帮助或救济的时候，就会感受到同胞的温暖，就会很自然地联想到中国，产生一种不忘祖国、思念故土的感情。由此可见，土地神信仰不仅是一种宗教意识的表现，同时也是一种民族情感的表现。这种民族情感必然使东南亚华侨华人与祖国的联系不断地得到增强。

（作者为河南大学历史学院教授）

20 世纪 60 年代以来泰国外语教学政策的发展及启示

陈 利

【内容提要】 泰国是东南亚地区综合实力较强的发展中国家，近几年随着全球一体化浪潮兴起，泰国人民的外语水平特别是英语和中文水平得到了飞速发展。近 50 年来，泰国的外语教学政策秉承务实、开放的宗旨稳步前行，在泰国的社会经济发展中发挥了重要作用。本文通过对泰国近 50 年来外语教学政策发展的研究，探讨其外语政策特点、影响其外语教学政策的原因，以及对我国外语教学的几点启示。

【关 键 词】 泰国；外语教学；发展及启示

Development and Apocalypse of Policies on Foreign Language Education in Thailand from the 1960s

Chen Li

【Abstract】 Thailand is one of the developing countries that have comparable overall national strength in South-east Asia. In recent years, together with the trend of global integration, foreign languages proficiency of Thai people, especially their Chinese proficiency has developed quickly. In the latest 50 years, with a pragmatic and open attitude, education of foreign language in Thai has developed steadily and made important contribution to the economy. This thesis studies the development of policies on foreign languages education in Thailand in the latest 50 years and discusses about its characteristics, influencing factors and apocalypse.

【Key Words】 Thailand, foreign language education, development and apocalypse

一个国家外语教学发展的兴衰，某种程度上正是其是否以开放和积极的心态走向世界的客观条件。在全球化背景下，外语教学的价值绝不仅仅在于其单一的工具性价值，更是对提高本国竞争力以及人才发展具有重大战略意义。泰国是东南亚地区综合实力较强的发展中国家，近几年随着全球一体化浪潮兴起，泰国人民的外语水平特别是英语和中文水平得到了飞速发展，本文将通过对泰国近50年来外语教学政策发展的研究，探讨其外语政策特点、影响其外语教学政策的原因，以及对我国外语教学的几点启示。

一、泰国外语教学发展历史以及影响因素

泰国的外语教学始于泰国第一个王朝素可泰时期（公元1238—1438年），那时，由于佛教的传入，泰国开始教授与佛教有关的巴梵语、高棉语等外语；大城王朝时期（公元1350—1767年），由于伊斯兰教开始在泰国传播，在泰国的伊斯兰教学校开始教授阿拉伯语和马来语，同时汉语和法语教学也开始出现。因此，泰国最初的外语教学与宗教因素密不可分。

到了曼谷王朝五世王时期（公元1868—1910年），西方列强入

侵东南亚，抢占殖民地，泰国五世王意识到只有加强国力才能免于沦为西方殖民地，于是制定一系列富国强民政策，让国民学习外语就是其中一项。至此，泰国开始有了真正的外语教学政策与大纲，并且允许私人办学教授外语，外语种类除以前开设的以外还增加了英语。[①] 因此，从五世王时期直至20世纪50年代末，影响泰国外语教学政策的因素主要在于国内外政治局势的变化，特别是西方列强的入侵，使得泰国当局意识到有必要学习外语以更好地了解对方及与其沟通。这期间开设的语种主要还是英语、法语、马来语以及汉语。

从20世纪60年代初至今，全球政治经济一体化发展以及提高本国的国际竞争力成为影响泰国外语教学政策的主要因素。泰国每一届政府都意识到在全球化的趋势下推广全民外语教学的必要性和重要性，开始制定一系列外语教学政策，在中小学、大学及职业教育中开设外语课程，外语种类也扩大至19种，即英语、法语、德语、意大利语、西班牙语、葡萄牙语、俄语、汉语、日语、韩（朝鲜）语、越南语、柬埔寨语、缅甸语、老挝语、马来语、阿拉伯语、印地语、巴利语梵语和希腊语。[②] 其中英语是自五世王以来泰国政府最为重视的外语，一直放在外语教学的首位。近几年来，随着中泰关系日益紧密，中国经济的快速增长以及两国经贸往来的日益增多，越来越多的人开始学习汉语，汉语已经成为与英语同等重要的外语。

总之，影响泰国外语教学政策变化的因素不外乎以下几个：宗教、政治、经济、国际竞争力以及领导人的决策。近50年来，泰国政府根据社会经济的发展，不断调整外语教学政策，培养出众多优秀外语人才，为泰国近几十年来的经济发展和对外交往作出了重要贡献。

---

① 梅塔威·育彭塔达：《泰国素可泰时期至今外语教学政策》，朱拉隆功大学出版社，2007年版。

② 同上。

二、1960年以来外语教学政策发展的具体情况以及特点

1. 自20世纪60年代开始，泰国社会进入相对稳定的阶段，政府致力于社会的全面发展，制定了“社会经济发展五年计划”以及“国家教育发展五年计划”，将教育作为国家建设的重要支柱，受此政策惠及，泰国的外语教学无论在数量和质量上都得到了空前的发展。从20世纪60年代至今，外语政策的发展主要分为以下三个时期：全面外语教学恢复期（1960—1980年）、扩大外语教学期（1980—2000年）、外语教学政策全球化时期（2000年至今）。

（1）全面外语教学恢复期（1960—1980年）

二战以后，泰国的社会经济开始得到全面恢复，与此同时，外语教学也逐渐走上正轨，政府部门也开始制定系统的外语教学大纲。这一时期外语教学政策的制定不再是某个领导人的个人行为，而是更多综合考虑到国内外实际情况而定，外语教学处于循序渐进逐年开放阶段。但是语种稍显单一，主要集中在英语、汉语教学方面。

1960年的教育发展计划中的外语教学大纲中提到，原则上小学一至四年级没有外语教学安排，但如果校方要求开设外语教学，则在规定学时外每周最多增加不超过5个学时；小学五年级以上规定开设英语课程，校方可自行选择每周开设3—5个学时。

1975年制定的教学大纲中，明确提出英语是第一外语，其他外语均视为第二外语。值得一提的是，在20世纪70年代以前，泰国的华文教学只存在于小学、中学，大学一直未曾开设汉语课程。1973年，泰国最高学府朱拉隆功大学率先开设了汉语专业，这可以说是泰国汉语教学上的一个里程碑。[①]

① Prapin Manomaiviboo：《泰国汉语教学》，2004年版。

1977 年 10 月 3 日，泰国教育部宣布从 1978 学年开始使用新的教学大纲，大纲中学生能够选择的外语主要仍是英语、汉语或法语。

1978 年 5 月 9 日，内阁通过了教育部提出的关于外语教学的方案，从政策上允许从小学一年级开设外语课。对于已开设外语教学的学校，例如汉语或法语，在小学一至四年级每周外语教学不得超过 5 学时，若申请开设新的外语课程，也仅限英语。中学阶段，初中允许学生选修一门外语，高中阶段允许学生选修两门外语。

近 20 年间，泰国外语教学随着社会的发展已逐渐放开，但是外语的种类仍然限于传统外语如英语、汉语等，到了 20 世纪 80 年代初，社会各界对多种外语人才的需求越来越大，促使教育部继续修订外语教学政策。

（2）扩大外语教学期（1980—2000 年）

进入 20 世纪 80 年代，社会各界对各种外语人才的需求越来越大，除了学校以外，已经开始出现语言培训中心教授外语。于是 1988 年 2 月 23 日，内阁作出了关于扩大外语教学的决议，对已开设外语教学的学校放宽政策，允许增设英语、汉语、法语、德语、日语等外语。同时允许新建外语学校，可以开设上述几门外语；加快推进政府所属各教育机构开设上述语种以外的外语教学。

1992 年，内阁及教育部宣布使用“1992 年全国教学大纲”，这次大纲中明确指出，“受教育者应当具备的一项素质是能够使用外语与外国进行联系和交流”；当年的《教育发展政策》第十条也指出：“推动外语教学的发展直接关系到国家发展，对获取知识、科技文化交流、对外贸易以及对外关系都大有益处。”政府进一步开放外语教学，具体表现为：允许自由开设各种外语的教学；允许在幼儿园及小学普及汉语教学，并将汉语教学视为一种特殊技能课程；中学阶段，允许学校将汉语课程作为一门选修课自由选择开设。自此，泰国外语教学的种类增加到 19 种，除了英日汉等大语种外，周边邻国的语种也逐渐开设。

到了1995年，教育部对教学大纲进行完善，针对外语教学的政策比以前更加详细，规定小学以上阶段英语为第一外语，但鼓励学生选学其他外语，同时注重外语教学质量的提高。教育部考虑到各地区经济发展的不平衡，还鼓励各府各地区参与大纲的完善，使其与当地社会经济发展相符。

除教育部之外，主管高等教育的大学部在1992年也提出一个目标，即到2006年，须让每一个大学生至少熟练掌握一门外语技能，并且有机会学习掌握第二外语，达到能够交流的水平。对于高校各语种的招生人数也制定了详细的政策，不允许盲目扩招，需根据社会需求来调整。例如：对于英语教学，学生人数10年间翻一倍的可以扩大招生；对周边邻邦语言教学，如老挝语、缅甸语、越南语、柬埔寨语、马来语，10年间各门语言至少增加100名学习者才可以扩大招生；汉语、韩语、日语等东方语言以及德语、法语、意大利语、西班牙语、俄语等西方语言，招生人数根据社会需求进行调整。除招生人数外，大学部还对教师与学生的比例、教师的学历等作了具体规定，如各大学、学院的全职教师与上课学生比例为1：12，教师所具备博士、硕士、学士学位的比例为3.5：6.0：0.5[①]。

总之，在近20年中，无论是主管中小学的教育部还是主管高校的大学部，对待外语教学的态度都是开放的，包容的，这一时期外语语种扩大到19种，学习外语人数也有了大幅提高，特别是学习汉语人数日益增多。这一切都为以后10年泰国外语教学的全面展开奠定了基础。

（3）外语教学政策全球化时期（2000年至今）

进入21世纪，随着全球一体化的发展，泰国对外语人才的需求越来越多，对外语人才的质量与素质要求也越来越高，为了适应这一发展，泰国教育部和大学部及时修订了教学大纲中有关外语教学的部分，着重强调了加强教学质量，并且对教学方式和手段也提出

① ［泰］布拉尼·坤拉瓦尼：《泰国外语需求与教学基本信息研究》，朱拉隆功大学出版社，2006年版。

了现代化要求。

教育部颁布的“2001 年基础教育大纲”将内容分为 8 部分，其中外语为第 8 部分，列为提高自身素质的科目。同时规定在各个阶段必须学习英语，中学以上作为一门补充科目，加大深度及难度，或可以将外语作为一个新的选修科目，学生根据个人兴趣需要进行选修。其他外语，如法语、汉语、德语和日语，以及周边邻邦的语言，根据各个教育机构自身条件开设。外语教学的内容分为 4 项：日常沟通、语言文化、学科语言和对外交往，上述四个内容应实施于各阶段的日常教学中，使学习者具备全方位的语言能力，在学习过程中不断进步，形成高效率的外语学习。

同年，大学部颁布了关于发展外语教学、师资培养、教学中使用现代技术、引进外教等方面的政策，规定 4 年内展开实施，摘要如下：1. 高等教育院校进行自主招生，大学部命题的英语水平测试分数作为招生过程中的参考；2. 高等院校参考大学部命题的英语水平测试分数，按照语言能力对学生进行分班；3. 各高等院校对学生英语学习系统进行分析及改进，英语课应占 12 学分以上，前 6 个学分是普通学习能力、沟通能力方面的课程，另外 6 个学分用在特殊目标的英语学习（English for Specific Purpose）或是学术目标的英语学习（English for Academic Purpose）方面，这一点由各院校的需要自行决定。4. 各院校应当有自己的英语水平测试，以评估英语教学水平及成果，这样的测试不作为毕业或是领取学位证的必要条件，仅只作为对学生英语水平的一种测试。5. 各大学、学院建立自己的合作机制，以便教学资源能够物尽其用。6. 借助信息技术，各大学建立语言中心，让学生能够进一步发展语言技能。[①]

除了体制内的外语教学，这一时期政府还大力支持和推广体制外的外语教学，如私立外语学校，各种外语语言培训机构，远程教学（电视台、广播电台），等等。

① 梅塔威·育彭塔达：《泰国素可泰时期至今外语教学政策》，朱拉隆边大学出版社，2007 年版。

值得一提的是，对于汉语教学的推广来说，这种体制外的语言培训中心可谓功不可没。如今，泰国的汉语教学除了在小学、中学、高校开设汉语外，社会上人员想要进修汉语便只能进入语言中心，这些语言中心授课时间灵活，深得人们喜爱。近几年，曼谷地区各汉语语言中心如雨后春笋般涌现，私立和非政府机构的汉语中心达 90 余所，全泰国有近 200 所。这些语言中心已非传统公益型的教育单位，已变为满足民众学习需要的一种文化产业单位。除了少数语言中心有单独校址外，大部分都设在大型购物中心内，几乎在曼谷所有大商场的某个角落都能找到这种语言中心，这也是泰国外语教学的一大特色。这些汉语中心每天都开课，课程从初级基础汉语班到高级汉语连续班都有，以及根据个人需要安排的单独辅导课程。

2. 泰国外语教学政策的特点及其影响因素

（1）国家政治局势及领导人决策决定外语教学政策的取向。

自二战结束以来，泰国国内政治局势也随着世界格局的变化不断改变，外语教学政策受其影响而不断调整。20 世纪五六十年代，不仅泰国，东南亚大多数国家都在不同程度上实行亲美排华政策，对中华文化及华文教育的限制和挤压也就成了这些国家政府反华、限华的必然结果，在这样的历史背景下，泰国的华文教育也受到很大的冲击，处境艰难，同时这一时期英语、日语和法语则得到政府的推崇。

随后进入 20 世纪 70 年代，随着世界局势的不断变化，泰国对外关系也随之改变。特别是 1975 年 7 月 1 日与中华人民共和国建立外交关系后，泰国减少了与美国的接触，转而与中国大力发展友好关系，经济文化外贸关系全面展开。因此从 20 世纪 70 年代末开始放开了华文教育的限制，汉语教学迎来了恢复与繁荣期。同时在与邻国的关系方面，从 20 世纪 80 年代开始，泰国也逐渐改善与柬埔寨、越南和老挝的关系，更加重视本地区国家间的睦邻友好，而不是像以往那样重视与超级大国的关系，因此也有了学习邻国语言的政策。

此外，由于泰国军警界长期在泰国政治社会中占有重要地位，因此军警界学者在 1997 年曾经提出的“2027 年未来泰国展望”计划，可以说为泰国外语教学的导向起到了一定的推动作用。这份计划对外语学习持肯定态度，建议政府将英语定为第二国语，摘要如下：“鉴于全球化和信息化时代的来临，英语作为世界语言的作用日益凸显，因此有必要让泰国人努力学习英语，使其成为泰国的第二语言。泰国社会需要用英语同世界交流沟通、与别国进行贸易、学术交流、与别国交往。我们可以参考世界上把英语作为第二语言的国家和地区，如：新加坡、南非、香港、以色列等。”

“我们相信加快发展英语教学的成果将很快显现出来——不超过 30 年，即到 2027 年，泰国将会成为东盟地区教育、金融、商务和政治中心，成为东盟组织的中心和领军人。我们可以向世界宣布，泰国已经做好了用英语进行联络的准备……”①

（2）经济发展推动外语教学的前进。

当进入 20 世纪 60 年代以后，泰国意识形态和政治权力方面的问题减少了，经济因素在国家种种政策包括外语教学政策的制定过程中越来越受到重视。比如日语，日语的教学是在二战期间出于政治因素产生的，但到了这一时期，日本成为经济强国，并且是泰国的第一大贸易伙伴和第一大外国投资者，在泰国的外国直接投资中，有 50%以上来自日本，因此更多的泰国人开始注意学习日语，政府和私人的教育机构也都增设了日语教学。同样，当中国实行改革开放后，中泰双边贸易不断增长，泰国的汉语热又一次悄然兴起。1988 年春哈旺政府上台后，提出“变印支战场为商贸市场”的政策，泰国开始重视与邻国发展友好关系，特别是经贸关系，在这一背景下，柬埔寨语、缅甸语、老挝语和越南语等邻国语言也开始得到重视。

① 梅塔威·育彭塔达：《泰国素可泰时期至今外语教学政策》，朱拉隆拉出版社，2007 年版。

（3）国际社会环境影响语言教育政策的开放。

20世纪90年代信息技术的发展使世界进入了全球化时期，这是一个信息时代，泰国必须提高自身各方面实力，才能够在全球舞台上与其他国家竞争。泰国的国家理想是成为本地区的经济、金融、教育和交通中心，要实现这一目标并具备与别国竞争的实力，就必须让本国人民及时迅速地接受各方面的先进知识，迅速适应因科技进步引起的社会、经济变化。外语是一把重要的钥匙，不仅能够从信息时代众多的信息中学习知识，也是对外交往获取各种利益的重要工具。泰国政府深知这一点，因此对外语教学越来越开放，无论对外语语种开设的种类，还是外语教学设备、手段的更新等，都给予了极大的支持。

3. 存在问题

近50年来，泰国的外语政策可谓与时俱进，外语教学也取得了不菲的成绩，但是可以看到，在许多方面还存在着问题，亟待政府去解决。

第一，教学资源分配不均。这不仅是外语教学的问题，整个泰国教育都存在这个问题。绝大多数教育资源集中在首都曼谷地区，其他府和边远地区难以惠及，发展极不均衡。

第二，农村地区外语师资严重短缺，由于待遇问题，绝大部分外语教师都不愿前往农村地区任教，使得某些贫困农村外语教学难以开展。

第三，没有长期系统的教学大纲。泰国的教育，包括学前教育以及中小学均由教育部负责，高等教育则由大学部负责，但是无论教育部还是大学部，对外语教学这一块都没有系统的大纲。尤其是在高校，纵观大学部颁发的外语教学政策，我们多处看到“根据需要自行选择”之类的话语，这就使得各个大学各自为政，各自制定大纲、教学计划，各自选用教材，使得教材种类繁多而不规范，教师授课一定程度上也存在短期行为，极大阻碍了外语教学的进一步发展。

第四，部分外语教师，特别是小学阶段的外语教师学历偏低，自身外语水平，特别是听说方面的能力不够。

第五，对母语泰语的冲击。随着政府对英语学习的推动和引导，英语教育大大冲击了母语及母语文化的教育。身处母语环境下的泰国学生怠慢了对泰语的学习，对本国母语的研习浅尝辄止，青少年成了崇尚西方文化和价值观的主流。泰语的使用开始不规范起来，越来越多的外来词汇涌入泰语，泰国报刊杂志充斥着用泰语标注的英文外来词，而这些词语大部分都有泰语本身的表达法。因此泰国不少学者近年来经常发出呼吁，要求保护泰语的纯正性与传统性，在推广外语学习的同时不忘母语教学。

三、对我国外语教学的启示

泰国是地处东南亚的发展中国家，是我国的近邻，纵观泰国近50年来外语教学政策的发展演变，以及取得的成果和存在的问题，对我国外语教学有一定的启示：

第一，政府要高度重视外语教学政策制定，并有系统的规划。只有政府充分认识到外语教学的重要性，国人的外语素质才能得到整体提升，同时需制定长期连贯的外语教学规划与大纲，这个大纲应该是全国性的而非地方各自为政。

第二，外语教学政策的制定要以继承和发扬本国文化与传统为基础。学习外语是为了更好地与世界沟通，同时向世界介绍本国，因此更要强调本土传统文化与母语的研习，避免出现由于“外语热”而导致对本国语的冲击。长期以来，我国部分外语教育工作者对母语及母语文化在外语教学中所起的作用缺乏足够的认识，错误地认为外语学习就是要摆脱母语的影响。事实上，语言的共性决定了母语既是外语学习不可缺少的基础，又是可以利用的资源，母语与外语的学习是相辅相成的。

第三，外语教学政策的制定要与本国的经济发展相适应。无论是对外语种类的设定或是招生人数的规模，都需要与社会经济发展情况以及社会实际需求相适应，要有一个宏观规划以及控制，避免盲目扩招导致资源浪费，或者某些稀有语种人才短缺。这些都需要政府进行实际调研并制定相应的规划政策。

（作者为北京外国语大学亚非学院副教授）

浅析“孔子学院”背景下柬埔寨华文教育的新发展①

李轩志

【内容提要】 2009 年 12 月，柬埔寨的“孔子学院”正式成立，这给柬埔寨已成固有的华文教育体系带来了先进的理念和更为广阔的发展空间，为其教育结构体系的完善、教育模式的转型及层次的加深奠定了基础。首届汉语水平考试的举行、首个大学中文系的开设，都使孔子学院成为了柬埔寨教育界的一大亮点，柬埔寨华文教育自此揭开了新的历史篇章。

【关 键 词】 柬埔寨；孔子学院；华文教育；发展

Briefly Analyzing the new Development of Chinese Education in Cambodia in the Background of Confucius Institute

Li Xuanzhi

【Abstract】 Confucius Institute of Cambodia was officially established in December 2009, which brought advanced ideas and broader development space to the already

① 本研究成果受中央高校基本科研业务费专项资金资助（supported by “the Fundamental Research Funds for the Central Universities”）

Chinese educational system in Cambodia. In addition, it has laid the foundation for the perfection of the education system, the transition of the education model and deepening its levels. Firstly holding HSK and opening Chinese Department in a university has made Confucius Institute into the highlight of Cambodian education field. What's more, Chinese education in Cambodia has since entered the new historical chapter.

【Key Words】 Cambodia, Confucius Institute, Chinese education, development

在全球化浪潮的推动下，世界上各个国家和民族间的文化交流与渗透不断加强，逐渐出现了不同文化互补、交融、和谐的一体化趋势，各国家和民族的文化在立足于其自身特质的基础上，充分吸收了世界文化的优秀成果，在丰富本国文化的多样性和改变相对落后的意识形态等方面都发挥了积极的作用。正是在这种“文化全球化”春风的吹拂下，汉语的国际价值优势日益凸现，以中国传统文化代表人物——孔子作为汉语教学品牌的“孔子学院”（Confucius Institute）逐渐走进了人们的视野。作为中国在海外设立的以汉语教授和文化推广传播为宗旨的非营利性公益机构，孔子学院通过海外汉语教学、师资培训、汉语水平考试、教师资格认证的开设，以及当代中国研究和中外语言文化交流活动的组织举办，在很大程度上推动了中外友好关系的发展和世界多元文化的融合，对构建和谐世界有重大的意义和作用。

随着对外文化和教育交流的不断加深，有着丰富华人背景的柬埔寨在汉语教育方面也取得了突破性的进展，柬埔寨“华教”这棵年轮过百的老树不断萌生新芽，尤其是孔子学院在柬的落户，不仅加强了中柬两国的文化交流、推动了相互间的经贸往来，还给柬埔寨已成固有的华文教育体系带来了先进的理念和更为广阔的发展空间，使其华文教育结构体系发展逐渐趋于完善，教育模式得到了科学的转型，文化层次也有所加深。

一、历练百年的柬埔寨华文教育

柬埔寨华文教育始于19世纪，起初就是以私塾教育的形式接收华侨子女读书，学生数量也十分有限。到20世纪初，随着柬埔寨华侨数量的不断增多，原先的私塾教育已经不能满足当地侨民子女读书的需求，加之各方面条件的逐渐成熟，以华文学校为主要形式的系统性华文教育便应运而生。成立于1914年的端华学校是柬埔寨成立最早也是现今规模最大的华文学校，至今已有近百年的历史。

自端华学校成立后，柬埔寨华文教育稳步发展，到1938年，全柬华校已达95所，学生4000人。20世纪60年代，柬埔寨华文教育进入鼎盛时期，全柬华文学校发展到200余所（其中金边华校约50所），中小学生达5万多人。① 但好景不长，1970年朗诺政变使得正在蓬勃发展的柬埔寨华文教育跌入低谷，华文教育因国内战乱和政府对华人政策的改变而受到严重打击，朗诺统治区的华校全部关闭，并且禁止悬挂华文招牌，金边仅存的家庭式华文教育也屡遭禁止，但是值得庆幸的是，1970—1973年间，在红色高棉的管辖区，华文教育曾出现过短暂的热潮，甚至连一些偏僻的小乡村也办起了华文教育。然而，从1974年起，受极左路线的影响，华文教育陷入绝境，被全面禁止，特别是1975—1979年民柬执政期间，甚至连华语也遭到取缔。直到1990年柬政府同意重新建立华文学校，柬埔寨华文教育才重获新生。

1990年12月26日，本着推动经济开放、提倡文化多元的原则，柬埔寨柬华理事会正式成立，以中、柬两种文字书写的“柬华

① 邢和平：“柬埔寨的华人华侨”，《东南亚纵横》，2002年第9期，第26页。

理事会成立庆典”的横幅挂在了“首都大会堂”，预示着在柬埔寨公开使用华文的合法性。1991 年 10 月，“磅针省棉末县华侨公立启华学校”首先复课，随后，金边和马德望等地的华校也相继复课，柬埔寨华文教育踏上了新的旅程。1992 年，端华学校复课，近 2000 名适龄及超龄的学生获得了进入柬埔寨最有名的华文学府学习的机会，截至同年 9 月，全柬向政府申请复课的华校共 12 所，共有学生 8600 余人，教师 127 位。随后，柬埔寨华文教育的发展速度惊人，到 1994 年 6 月底，华文学校已遍布柬埔寨全国各省市（除少数边远省份），总数已达 50 多所，在校学生共 4 万人。据统计，到 2007 年时，端华学校已具惊人规模，开设班级 208 个，拥有教职员工 240 多人，学生超过 1.1 万人，不仅是柬埔寨，也是东南亚首屈一指的华文学校。

二、孔子学院花开柬埔寨

由于地域相近，历史上交往频繁，而且受到旅居华裔华人的影响，中国与大部分东南亚国家有着相似的文化，加之在全球经济一体化浪潮的推动下，中国与周边国家的经贸来往和民间交流日益频繁，学习汉语成为了这些国家部分国民为满足自身对中国文化的向往和国际商贸交流需要而作出的重要选择之一。而深厚的中柬文化历史渊源和历经百年磨练的柬埔寨华文教育使孔子学院扎根柬埔寨成为了一种必然，也为其在柬的发展壮大奠定了一定的基础。

2009 年 12 月 22 日，孔子学院在柬埔寨这个自古就与中国有着密切友好往来的国家开出了新花——由柬埔寨王家研究院、柬埔寨加华银行和瑞泰柬埔寨石材有限公司、中国九江学院合作开办的柬埔寨首家孔子学院落户柬埔寨王家研究院。孔子学院的开设不仅为柬埔寨的汉语学习者提供了来自中国的“零距离”汉语教学服务，而且带来了更多的汉语进修渠道和开展文化交流的机会，并且能够协助整合、统筹柬埔寨现有的汉语教学机构，推动其华文教育的进一步发展。随着柬埔寨孔子学院的蓬勃发展，包括干拉省大岛洪森中学、金边亚欧大学教学点在内的一批新的汉语教学点陆续落成开课，也为以“孔子学院”为平台的汉语教育在柬埔寨实现“学历层次”和“领域范围”的“双突破”铺平了道路。

1. 由中学“基础语言教育”向高等学校“专业学历教育”转型，实现了汉语高等学历教育零的突破。

2010 年 11 月 12 日，柬埔寨孔子学院与班迭棉吉省棉芷大学合作建立了柬埔寨公立大学的第一个中文系，从此改写了柬埔寨华文教育民办式补习性质教学的历史，填补了柬埔寨华文教育体系中高等学历教育的空白，也实现了柬埔寨华文教育从基础语言教育向高等学历专业教育的突破，具有特别的历史意义和作用。

一门特定的知识或学科在某个国家或地区教育领域内“专业教育”特别是高等学历“专业教育”的发展程度，是衡量其整体研究水平和社会实践应用能力的重要标准之一。特指的专业是指当专业与培养人的活动相联系时，往往就成为一种培养人才的基本单位，演变为一种实体，这个实体形成的依据是学科分类和社会分工需要，实体的任务是对高深专门知识分门别类地进行教与学活动。[①]这其中所提及的高深和专门正是人才培养活动中知识领域的两个重要特点。高深是程度上的特点，它包括高层次的知识领域和已知领域与未知领域交界的边缘领域，并可随学科的发展不断扩大、深化；而专门是知识领域组合上的特点，它以学科为依据，与职业及社会需求相适应，是具备高深知识的专门化领域。由此我们可以看出，当汉语教学以一个专业的名义走进柬埔寨大学校园的时候，不仅仅意味着柬埔寨华文教育学历层次的一个提高，更重要的是可以让汉语学习者们从中得到综合性和专业性更强的教育，以具备更高的知识素养和更为专业、全面的研究和实践技能，并且能够帮助汉

① 薛天祥：《高等教育学》，桂林：广西师范大学出版社，2001 年版，第 26—27 页。

语学习者更好地进行自我发展和自身社会价值的发挥。

特别是就柬埔寨的实际情况而言，“学习人数多，高端人才少；教育投入加大，华教受益小”，是其华文教育发展面临的两个突出矛盾，无法与高等教育实现完全对接，华校毕业生不能直接参与高考的社会现状使得更多的学生选择去接受国家承认的柬文义务教育，华校在招生、拓建等问题上逐渐陷入窘境。然而，高等学校中文系的开设，将大大扭转柬埔寨华文教育发展受限的局面。一方面，大学中文系对生源的质量要求将使政府不得不重新考虑以中学教育为主的华校与高等学校的对接问题，为华校毕业生提供直接参与高考的机会；另一方面，随着大学专业汉语教育的逐步成熟，可以更好地满足社会和经济发展对高端汉语人才的需求，为柬埔寨国家机构、企事业单位和学校提供汉语语言优势和综合文化实力兼备的人力资源。

2. 由汉语语言教育向文化推广教育迈进，孔子学院所代表的中国文化软实力推动柬埔寨华文教育的本土化发展。

20 世纪 70—90 年代的战乱给柬埔寨的教育造成了巨大的冲击，知识的更新、教材的编写、师资的培养等方面都有明显的断代现象，尽管柬埔寨的教育领域在 2000 年后获得了较大程度的发展，特别是在华文教育领域与中国的交流有所加强，但其在整体上还处于一个比较落后的水平。华文学校的授课多以简单的语言教学为主，虽然也有涉及中国文化的内容，但缺乏一定的时代性，且深度和广度都十分有限。

语言与文化密不可分，是你中有我、我中有你的关系：从文化方面着眼，语言是文化的载体，是文化的表现形式，是文化整体的一部分；而从语言方面着眼，文化蕴涵在语言当中并不断注入语言，成为语言表现的基本内容，成为语言中的文化因素。这种互相渗透和包容的关系决定了语言教学和文化教学是一种共生关系。[①]

① 李晓琪：《对外汉语文化教学研究》，北京：商务印书馆，2006 年版，第 300 页。

因此，在文化信息内容更新上的相对滞后，势必导致语言教学的发展受限，这也是柬埔寨华文教育领域亟待解决的一个重要问题。

柬埔寨孔子学院成立后，坚持秉承“立足语言，侧重文化，通过语言传播文化”的工作方针，在办学方面，他们在开办基础语言教学班的同时，还开设了中国文化讲座以及教授剪纸、太极等富有中国文化特色的技能课程，寓教于乐，有效地发挥了文化对语言教育的辅助作用。此外，柬埔寨孔子学院还积极地与当地媒体开展合作，在《柬埔寨》等报刊杂志上开设中国文化宣传专栏，举办中国文化宣传周，还与柬埔寨电视台合作制作电视宣传片，其《话说中国春节》的节目已在2011年初与柬埔寨观众见面。这种加强社会舆论宣传和导向的方式不仅有效地扩大了中国文化的影响力，更是为柬埔寨的汉语学习者打开了一扇了解中国的窗口，建立了一个学习中国文化的平台。可以说，孔子学院所代表的中国文化软实力正在向柬埔寨华文教育的本土化发展注入新的活力，由单一的基础语言教育向文化推广教育迈进，使之更加有效、丰满。

三、柬埔寨华文教育发展新观

在成立后短短一年多的时间里，柬埔寨孔子学院取得了令人瞩目的成绩，成为了推动柬埔寨华文教育发展的一股新生力量。然而，由于柬埔寨华文教育历史较长，已基本固定的教育模式难以在短期内冲破，一些相对滞后、不成熟的教学方法一时间也难以改变，且要在他国文化环境中将汉语这一非母语教学达到最佳的教学效果，实现外来因素与本土化的完美结合还需要一定的时间，同时也会面临一些机遇和挑战。下面笔者结合柬埔寨华文教育的实际情况和孔子学院办学治学的特点，对柬埔寨华文教育特别是孔子学院未来的发展定位进行分析，并提出一些建议。

首先，明确办学定位，以孔子学院为依托，进一步拓宽柬埔寨华文教育的办学道路。

在第四届孔子学院大会开幕式上，国务委员刘延东在发表名为“平等合作，创新发展，推进中外人文交流与合作”的主旨演讲时指出：孔子学院长远目标是成为当地汉语教学中心、汉语师资培训中心和中外文化交流与研究中心，为此制定了统一品牌和章程，但各国国情不同，文化背景不同，这就要求孔子学院因地制宜、科学定位、积极创新，走多样性和特色化发展道路。在这一要求的指导下，结合当地的实际情况，柬埔寨孔子学院在创办模式上进行了大胆创新，采取了争取柬埔寨政府支持、由中国大使馆创导、联合高校和企业合作办学的模式。但是我们必须看到，柬埔寨是一个经济能力较为薄弱的国家，当地的教学机构大多面临经费投入不足的问题，单纯地依靠招生教学收入和企业无偿投入很难满足孔子学院长期发展和建设的资金需求。学院本身需要在特色创办模式的基础上，探索和开辟一条既有中国特色又符合柬埔寨国情的办学之路，例如可以采取与中国国内部分大学和科研机构合作的方式，争取国家科研项目及对外培训项目的资金支持，以满足学院办学和发展的需求，促进柬埔寨华文教育整体水平的提高。

其次，从基础“三教”入手，扎实办学根基。

国务委员陈至立在2008年底召开的第三届孔子学院大会上明确指出，教材、教师和教法三个方面的发展和建设是今后孔子学院可持续发展的保证，是孔子学院今后相当长一段时间内的建设方向。而从柬埔寨的实际情况来看，教师、教材和教法正是其华文教育中最为薄弱的三个环节，因此，如何在原有的基础上实现“三教”问题的突破，是柬埔寨孔子学院提高教学质量、站稳脚跟实现快速发展的重要一环，也是柬埔寨华文教育扎实根基的关键步骤。

1. 教师——教学的灵魂

教师是教学的灵魂，是站在讲台上的“指挥家”，对学习者有着极大的影响力。在教学的软件设施建设中，师资的培养首当其冲，尤其是在海外汉语教学方面，对师资的要求更为严格。孔子学院提供的五项主要服务当中，与师资相关的服务就占去了其中的两项，即“培训汉语教师，提供汉语教学资源”及“开展汉语考试和汉语教师资格认证”，由此可见其重要作用。目前在柬埔寨孔子学院从事教学工作的中国教师有 9 名，主要来自九江学院；志愿者 5 名，均经过国家“汉办”的考试和专业培训，但多数不具备柬埔寨语应用能力。在这种情况下，通过建立专业有效的师资培训方法、完善规范的培训机制和中外合作机制来推进柬埔寨汉语教师、尤其是“本土化”汉语教师的培训工作就显得尤为迫切。教师的培训既可以“请进来”，也可以“派出去”，亦或者是将二者合二为一。在北京大学与泰国朱拉隆功大学孔子学院和韩国梨花大学的师资培养合作中便有过这样的先例，双方采用互派专家及对口教师进行实地培训和学习的接力式培训，即中方的汉语教学专家赴所在国与当地汉语教学教师一同对本土汉语教学进行互动研究，了解当地汉语教学所遇到的困难和问题，结合中方丰富、成熟的汉语教学经验，创造国别化和本土化的教学方式；另一方面，不断创造机会邀请所在国的教师到中国进行实地接受和亲身感受中国文化，了解中国国情。实践证明，这样的合作交流方法见效快、收获大，对教师的语言应用和文化理解能力的提高都有积极作用。

2. 教材——教学的基础

教材是为教学服务的，我们同样应该对教材有这样的要求，即要求海外的汉语教材要能够体现出其母语的特点及其与汉语之间的差异，也应该体现出学习者在学习汉语时由于母语的迁移作用所表现出的种种特点。[①] 之前孔子学院教材多为针对以英语为母语的汉语学习者编写的教材，以非通用语言编写的汉语教材的种类和数量都十分有限。2009 年以来，在国家汉办的积极推动下，《当代中文》、《跟我学汉语》、《汉语乐园》等一批专门为外籍汉语学习者量

① 陈绂：“适用性是海外汉语教学教材的生命线”，蔡昌卓主编：《多维视野下的对外汉语教学研究——第七届国际汉语教学学术研讨会论文集》，桂林：广西师范大学出版社，2009 年版，第 506 页。

身定做的教材被译成柬埔寨语，并在翻译过程中根据柬埔寨的国情进行了改编，充实了柬埔寨华文教育领域的专业化教材市场。目前，柬埔寨孔子学院已选择使用了其中的《当代中文》、《跟我学汉语》以及《长城汉语》和《游学在中国》等教材。

此外，在实际的汉语教学过程中，除了依附于教科书上的教学内容，还可与当地的华教机构或汉语教学老师共同进行探讨合作，根据所在国的文化特色、人民生活习性、当地学习者的学习特点及思维方式等，开发一些以基本生活和实际工作场景为依据的有国别化、本土化特色的体验式教学课件，以加强学习者交际能力的培养，突出听说技能的训练，融合中国文化知识点，提高教材的实用性、适用性、趣味性和贴近性，以进一步增强教学效果。

3. 教法——教学优化的核心

在一个母语非汉语的国家进行汉语教学，难免会出现教法“水土不服”的情况。要想让教学工作得到理想的收效，我们就必须因地制宜，根据当地的实际情况和不同层面、不同需求的学习者的特点，结合自身的办学特色，创造适合、有效的教学方式方法，尤其是针对课程设置多为进修充电式的柬埔寨孔子学院，应该更加注重教学的最优化。所谓教学最优化，就是“从解决教学任务的有效性和时间消耗的合理性着眼，有科学根据地选择和实施特定条件下最好的教学方案”（巴班斯基，1999），它着重强调的是教学的效果及达到高成效的最优途径，教学最优化包括优化教学目标、优化教学内容、优选教学方法、优化教学时间、优化开发和利用学生学习潜能等多项策略。[①] 在课堂教学上，首先需要充分了解柬埔寨当地学习者惯有的学习方式和当地华文教育现有的教育模式，探索易于学习者接受和吸收的教学方法；其次是不能拘泥于照本宣科的教授，应注重加强师生互动，通过模拟情景对话、开展辩论比赛、游戏和民俗活动等活泼的形式进行汉语教学。而在课外教学方面，则要注

---

① 赵金铭主编：《对外汉语教学概论》，北京：商务印书馆，2004 年版，第 51 页。

意与本土化华文教育的有效结合，加强与当地华文学校的合作与交流，以便在教学工作中取长补短，还可面向当地社区开展开放式教学，发挥辐射作用，一方面可以满足汉语爱好者的需求，另一方面可以激发更多人对汉语学习的兴趣。

此外，尊重学生的学习需求是选择教学方法的一个重要原则，也是“以人为本，以学生为本”的现代教育思想的一种重要体现。因此，设计课程的一项重要任务就是对学生的需求进行分析。目前，柬埔寨孔子学院的具体课程分为汉语学习和中国文化两个部分：汉语学习主要涵盖了汉语基础知识、拼音、语法和阅读等方面的内容，中国文化方面则注重太极、剪纸、民间曲艺等技能的培养。柬埔寨政府实行经济开放政策，吸引了大批中国商人赴柬投资兴业，许多企业将“懂汉语”列为了主要的招工要求，汉语不仅是中柬商贸活动中的主要沟通语言，也成为了柬埔寨百姓谋生的工具之一。在柬埔寨，除了希望能保留中国文化传统的当地华裔外，有着强烈汉语学习诉求的还有希望在日趋火热的中柬贸易交往中寻求到更好发展机会的大批人群，其涉及面广，层次复杂。因此，进一步细化汉语课程，针对有职业需要的人群增加有关进出口贸易、法律和旅游等方面的分类课程，针对社会各层面的人群开设短期速成班、中长期培训班、日班、夜班、交际口语班等，将有利于扩大教学的范围和进一步提高汉语教学的实用性，实现汉语教学效果最大化，进而拓宽柬埔寨华文教育的受教主体的范围。

第三，注重中国文化推广，有力推动汉语教学，加强文化交往。

从某种意义上讲，任何语言形式，都能够负载一定的文化内涵，语言形式只有赋予它一定的文化内涵，才是有意义的。[①] 孔子学院的一个重要办学宗旨就是在进行对外汉语教学的同时向世界推广和传播中国文化。可以说，汉语语言教学是其办学的基础，而传

① 鲁健骥：“对外汉语教学基础阶段处理文化因素的原则和做法”，《语言教学与研究》，1990年第1期，第38页。

播文化则是核心与灵魂。加强对中国文化的传播和推广，既有利于中外文化交流和友好关系的发展，也有助于外国汉语学习者对汉语的掌握和理解。在柬埔寨推广中国文化，应该将工作的切入点放到“融合”二字之上。中柬两国友谊源远流长，近年来政治互访频繁，经贸、文化等各方面的交往密切，数百年来的交流交往，早已让两国成为关系熟络的朋友，对彼此的文化有着较大的融合空间，在此基础上，加强与当地相关政府部门、学校、办学机构、企业和社区的合作，定期或不定期地开办中国文化展览、文艺表演、播放中国影视作品、举办学术交流和讲座等活动；尊重当地的文化风俗习惯，与当地居民平等交流，邀请他们加入活动，亲身感受中国文化，拉近彼此间距离，可在交流与互动中实现文化的自然传播，增强中国文化的亲和力和感染力；在当地开设图书馆，典藏中国书籍，开放图书资料信息查询服务，可让中国文化进一步走近柬埔寨国民，为更多渴望了解中国、学习汉语的柬埔寨人提供更为便利和广阔的学习空间；而提供赴华留学的咨询服务及建立健全的文化交流机制，也可为柬埔寨的汉语学习者提供更多到中国实地感受中国文化的良好机会。

结　语

在中柬两国政府的支持下，通过柬埔寨孔子学院的承办单位江西省九江学院和柬埔寨相关机构的共同努力，在成立以来短短一年多的时间里，柬埔寨孔子学院开创了一套符合柬埔寨国情的办学模式，并取得了突破性的成绩。2010 年 5 月，首期柬埔寨官员汉语培训班顺利结业；同年 9 月 5 日，柬埔寨首次汉语水平（HSK）考试在王家学院孔子学院成功举办，此次考试涵盖新 HSK 全部等级的 1—6 级，共有来自柬埔寨各地的 79 位考生参加。此外还创建了孔子学院网站，选拔并培训了孔子学院奖学金学生，举办了柬埔寨全国中学生“中国文化知多少”知识竞赛、首届“汉语桥”中文比赛等；目前，柬埔寨孔子学院还在积极与众多要求合作的单位进行洽谈，以选择合适的合作伙伴，继续拓建和增设教学点。以语言为载体传播中国文化，以文化为内容推动汉语学习，是柬埔寨孔子学院在发展道路上的重要经验，但新的语言内容和文化因素的注入需要一个消化、吸收的过程，还需要一定的时间和耐性，我们相信在不懈的努力和积极的探索当中，柬埔寨孔子学院必能在继承中不断创新，在开拓中不断发展，让孔子学院这朵文化之花在柬埔寨这片异国的土地上结出丰硕的友谊果实，同时也成为推动柬埔寨华文教育发展的一股不可小觑的力量。

（作者为北京外国语大学亚非学院讲师）

东南亚原始宗教艺术的表现形式和特点探析*

吴杰伟

【内容提要】　东南亚古代的传统艺术和原始宗教之间具有紧密的联系，从保存至今的文化遗迹看，东南亚的原始宗教艺术主要体现在岩画作品、瓮葬遗迹、巨石文化和铜鼓纹饰当中。本文主要选取了东南亚原始洞穴中的岩画和瓮葬遗迹中的陶瓮作为研究对象，重点分析东南亚原始万物有灵信仰和祖先崇拜在艺术形式中的体现。笔者认为，东南亚原始宗教艺术是一个复杂的综合体，其神圣性和世俗性是难以明确区分的。东南亚可能还存在其他形式的宗教艺术，只是由于保存介质不具备长期存在的可能，现在无法考证而已。现存的遗迹可能只是原始宗教艺术形式中很小的一部分。

【关 键 词】　宗教艺术；岩画；瓮葬；信仰；象征

Study on the Sanctification of Ancient Religious Art in Southeast Asia

Wu Jiewei

【Abstract】　The traditional art and ancient religion

* 本文为国家社会科学基金艺术学项目“东南亚宗教艺术的特点及其在保持社会稳定中的作用”（项目编号：09CA068）阶段性成果。

had very close relationship in Southeast Asia. Through the archaeological research, the ancient religious art was reflected in rock art, jar burials, megalithic culture and decoration on bronze drum. In this paper, the author focused on the rock paint and burial jar in order to analyze the reflection of animatism and ancestor worship in ancient art. The author believed that it was difficult to distinguish the sanctification and secularity in ancient time of this region. The finding in ancient cultural sites offered directed evidences for the meaning of religious art just because the rock, jar and bronze could keep longer than other materials. All we can see at present are just one part of ancient religious art.

【Key Words】 religious art, rock paint, jar burial, belief, symbol

宗教是一种复杂的文化现象，是人类对物我的认识和掌握的循环。宗教既有自觉也有规定；既有艺术陶冶也有经典文献；既有兼容也有排他；既有功利也有超然。宗教包含教义和教仪两个方面，或者归为宗教思想和宗教行为两个紧密结合在一起的方面。在宗教世界的核心领域中，宗教思想记录在宗教的经典、戒律等经籍内，表现于寺观、清真寺、教堂等宗教建筑之中，并通过宗教庆典、仪式等活动影响广大信众。而在世俗世界，宗教思想通过宗教艺术融入图画造像、传说故事、服饰歌舞、民俗游艺、集市庙会等活动当中。[①]

宗教在长期的发展过程中，与艺术产生了紧密的联系，并使艺术产生宗教化的倾向。艺术作品强化了宗教的感性力量，充分体现了宗教的魅力。在艺术的发展过程中，产生了众多具有宗教色彩的艺术作品，大量的艺术作品都用于宣扬宗教思想，宗教艺术是一种

① 叶兆信等编著：《佛教艺术》，北京：中国轻工业出版社，2001年版，第17页。

承载着信仰信息、宗教经验、审美观念的特殊艺术形式。[①] 宗教艺术的表现形式可以分为两类，一类是艺术形式直接为宗教思想服务，艺术作品直接表现宗教的内容。在这一类宗教艺术作品中，也有艺术作品是通过借助宗教内容来寄托现实世界的理想，用神圣化的形式表现世俗化的内容。另一类是艺术创作以宗教为目的，也就是说，艺术的创作活动、艺术作品没有直接涉及宗教内容，但在艺术品背后蕴含着宗教的主题，宗教借用艺术感染力维持自己的地位。[②]

东南亚原始人对巫术和宗教的信仰和崇拜，是原始艺术产生和发展的直接动因。从宗教艺术发展的历史看，宗教在很长的时间里主导着艺术的发展。在东南亚的古代文化遗迹中，保留有岩画和瓮葬的艺术表现形式，这些艺术形式都饱含着丰富的宗教思想。通过对现存的文化遗迹形式的分析，可以探讨东南亚传统宗教艺术的特点。

一、东南亚岩画体现的精神世界与世俗世界

岩画是原始人类涂绘或凿刻在岩石上的图画，是最早记载原始人类文化的重要载体，被誉为刻在石头上的“史书”。人类祖先以石器和颜料作为工具，用粗犷、古朴、自然的笔法来描绘、记录他们的生产方式、生活内容和精神信仰，一名岩画爱好者这样解释他眼里的岩画：“如果你不懂它，它就是一块石头；懂它，它就会向你展开一个远古人类的生活世界。”在东南亚地区，岩绘岩画占大多数，岩刻相对较少，只是少量地出现在印度尼西亚群岛上。东南亚的岩画内容大体上可以分为人物、动物、手印和几何图样等四种类型，分布的地区集中在泰国、印尼、马来西亚和

① 蒋述卓：《宗教艺术论》，广州：暨南大学出版社，1998年版，第8页。

② 陈麟书、陈霞主编：《宗教学原理》，北京：宗教文化出版社，1999年版，第306页。

缅甸。

在泰国南部攀牙府（Phangnga）的“画山”、西部北碧府（Kanchanaburi）的“画洞”、东部的那空拍侬府（Nakonphanom）、加拉信府（Kalasin）、乌隆府（Udonthani）、黎府（Loei）、孔敬府（Khonkaen）、呵叻府（Nakonratchasima）和乌汶府（Ubonratchathani）等地，都发现了大量的岩画。岩画内容丰富多彩，各具特色。攀牙府“画山”以崖壁岩画著称，是用暗红色的颜料涂绘而成的，图形布满4米长的崖壁，只是画面很模糊，有写实的和抽象的两种风格的作品。北碧府“画洞”岩画是用多种红色调画成的。岩画内容有人物、大象、龟、爬虫和一些抽象的图形，以描绘人物和动物为主题。泰国东部呵叻高原的崖壁画，有人物与动物组合的画面。有男人，也有女人，还有正在引弓射箭的人，动物有犬、鱼和象。有一幅岩画分为上下两部分，上面是一些人群，其中有引弓搭箭的猎人，其前有一翘尾的猎犬，犬前站着一列人，腰中有权杖（或武器），两臂扬起，做各种动作；下面是一个呈回首状的人，手牵一头牛，牵牛人之前，有一个双臂折举的人。乌汶府孔尖县的岩画画面规模很大，其中有一幅岩画高达3米。画面上部有鱼及鱼笼、鱼篓等捕鱼工具，岩画的中、下部有动物、人物、捕鱼工具、手印和几何纹样，以及一些神秘的线条。绘画颜色绝大多数是红色的，还有少数黑色和黄色的。从画面组合的逻辑关系看，这些岩画的不同部分可能是不同时期完成的。乌隆府普高山的5个山洞有不少彩色岩画，其中有人物画和鱼体结构画，以及斧头、箭头和一些几何图形岩刻。此外，还有制造斧头的模型图样，这表明当时人们已经学会磨制石斧或用模型铸造金属工具。① 在泰国西北部的班莱（Ban Rai）遗迹中发现了两幅古代岩画，其中一幅画着人物、动物和其他具有象征意义的图形。人物图像都呈舞蹈状，并和动物图像一起围在一个圆形图像的周围。另一幅岩画较小，主体是一个持弓的人

① 盖山林：《世界岩画的文化阐释》，北京图书馆出版社，2001年版，第146—148页。

像。根据对遗迹中棺木的年代测定推定，这个遗址距今约 1 万年。[①]在泰国的岩画中还有大量的手掌印，有大人的也有小孩的，呈红色、深褐色或黑色。泰国学者蓬猜·素吉在“湄公河畔班恭村岩壁画”一文认为，手印功用是多方面的，诸如美观、容易制作，或是用作为身体一个部位的手印代替今天的签名报到等。[②]

印度尼西亚的岩画主要分布在婆罗洲、苏拉威西、马鲁古群岛和伊里安查亚等地。南苏拉威西的马诺斯洞穴（Maros）以大量的手印岩画著称。在马鲁古群岛的岩画有人形、手印、太阳符号、船只、眼睛和蜥蜴、鸟、鹿等。伊里安查亚岛上的岩画有人形、手模型、人面、鸟、小船、太阳符号和用线条勾画的几何图形，有些特别人形用红色描绘。人形表现为多种姿势：有人手持盾牌、有人在战斗、有人呈蹲状、有人在跳舞。岩绘的风格与南澳大利亚岩画具有很高的相似度。“守护神”是印度尼西亚岩画的代表作品。他的四肢被作者用一些夸张的线条着力地描绘出来，手指和脚趾也明显地作了标示。手指为四根，脚趾为三根，这与鸟脚趾的形状具有相似性。男性性器被夸大地绘成一个盘在地上的圆涡纹。胸腹部的表现显然是使用“X 光透明风格”的手法，用一个不规整的菱形表示内里的脏器。绘画者对“守护神”的每一个部位的描摹都想要极力地显露他的非凡之处。有的人物描绘不是用线条，是用大的块面。头部有高而尖的头饰，可能是一根长大的羽毛。眼睛被夸大地绘出，透露着阴森恐怖以及一种凛然难犯的威严。男性性器也用较大的块面标出，只是没有长长的盘旋。上肢屈肘上举，下肢站直。由于运用了块面的表现手法，手指和脚趾均未细致地绘出。印尼岩画中鸟形象以及羽毛头饰的大量出现，可能和印尼群岛中的鸟图腾信仰具有一定的联系。[③]

---

① “Cherdsak Treerayapiwat，Patterns of Habitation and Burial Activity in the Ban Rai Rock Shelter，Northwestern Thailand”，*Journal of Archeology for Asia & the Pacific*，Spring 2005，Vol. 44，Issue 1，pp. 237—239.

② 泰国《艺术与文化》，1981 年 9 月第 11 期。转引自盖山林：《世界岩画的文化阐释》，第 148 页。

③ 李洪甫：《太平洋岩画——人类最古老的民俗文化遗迹》，上海文化出版社，1997 年版，第 294 页。盖山林：《世界岩画的文化阐释》，第 150—151 页。

图示 6　泰国呵叻高原岩画

图示 7　泰国“画洞”岩画

图示 8　泰国“画山”岩画

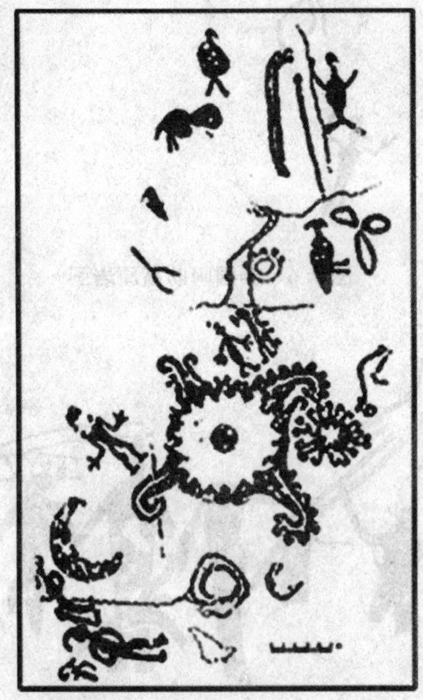

图示 9　泰国班莱岩画（一）

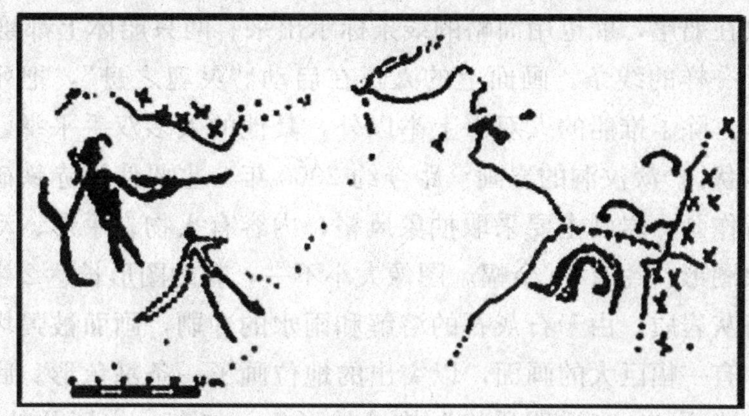

图示 10　泰国班莱岩画（二）

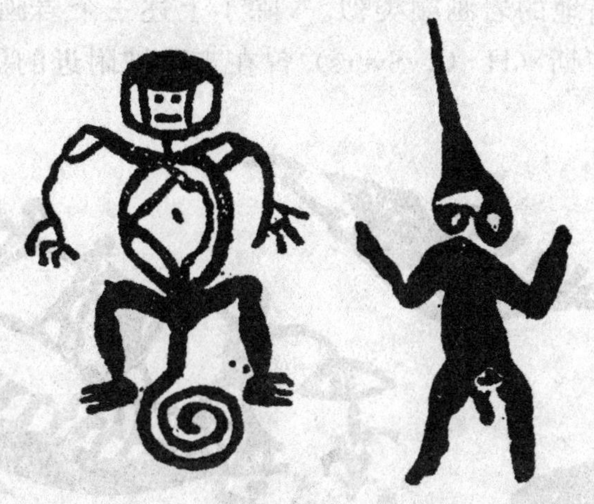

图示 11　印尼岩画“守护神”

马来西亚的岩画主要集中在两个地点：位于沙捞越（Sarawak）的尼奥洞和位于霹雳州（Perak）怡保市（Ipoh）的淡汶洞（Gua Tambun）。在尼奥洞中有一幅最为著名的岩画——“死亡之舟”（也称“灵魂之舟”，距今约 1200 年）。画面的中心是站在船上的四个人体，合力地在牵引着船尾的一个锚，船尾底下还有一个身材高大的人体顶着船尾，似乎在努力地向前推动船身。整个画面描绘的是一艘即将出行的船。推船的人正站在另一艘已经起锚的船上，锚已安放在船尾，舵也用简略的线条标示出来。两只船体上都绘有14根肋骨一样的线条。画面上的人正在启动“灵魂之舟”，把死者送向彼岸。除了推船的人双手上举以外，其他的人多双手平举，作蹲跨弓步状。[①] 淡汶洞的岩画（距今约2000年）主要使用赤铁矿的粉末进行作画，岩画主要采取抽象风格，内容有人物、手形、动物以及抽象图形，约有50余幅。图像大小不一，有的图形长达2米。画壁属石灰岩质，由于石灰石的溶解和雨水的冲刷，画面被毁坏得很厉害。有一幅巨大的画面，以突出的地位画了一条鲇鱼形。底部右边有一些用“x光透明风格”描绘的形象，如有一头怀孕的动物，体内画了一只小动物。这种用“x光透明风格”绘画的图形与澳大利亚阿纳姆高地的岩画颇类似。[②] 除了上述三个岩画集中的地点，1878年，斯亚斯（H. C. Syers）曾在吉隆坡附近的黑风洞（Batu

图示12 马来西亚岩壁画“死亡之舟”

① 李洪甫：《太平洋岩画——人类最古老的民俗文化遗迹》，第288页。

② 陈兆复、邢琏：《外国岩画发现史》，上海人民出版社，1993年版，第195页。

Cave）地区发现了一些用黑炭为材料的岩画，可惜的是这些岩画还没有被记录下来就被毁坏了。20 世纪 20 年代，伊文斯（Ivor Hugh Norman Evans）在考察马来西亚的时候，发现一些尼格利陀人仍然保留着岩画的传统，他们甚至在岩画中加入一些现代的物品。

图示 13　马来西亚淡汶洞岩画

缅甸掸邦高原西部的巴达林（Padah-lin）洞穴岩画是东南亚最古老的岩画之一。岩画分布在高达 3—4 米平坦的洞顶，有些画面已被半透明的结晶岩石层所覆盖。许多画面已模糊不清，仅有部分画面依稀可辨，可辨识的图形有太阳、手印、野牛和牡鹿等。岩画是用红赭石粉末绘成的，在巴达林洞窟发掘时发现，有部分磨过的红赭石和许多没有磨过的颜料石片等绘画颜料与石器工具同时被发掘出来。有的岩画仅绘轮廓，有的是淡淡的色斑块。动物作侧面像。现在可辨的图形为 12 幅，其中 9 幅相对比较清晰。在洞顶两条不规则线条之间，画着一个光芒四射的太阳形。那景象就像从洞内向外观望时，太阳在远处的山顶山脊之间冉冉升起的情景，也可能表达了原始人的太阳崇拜。在两幅手印岩画中，一幅掌心有一个同心圆，另一幅手掌上有一个面具的图形。岩画上的太阳处于自上而下的两条略有些弯曲的斜线中间，两条线间的距离上宽下窄，太阳似

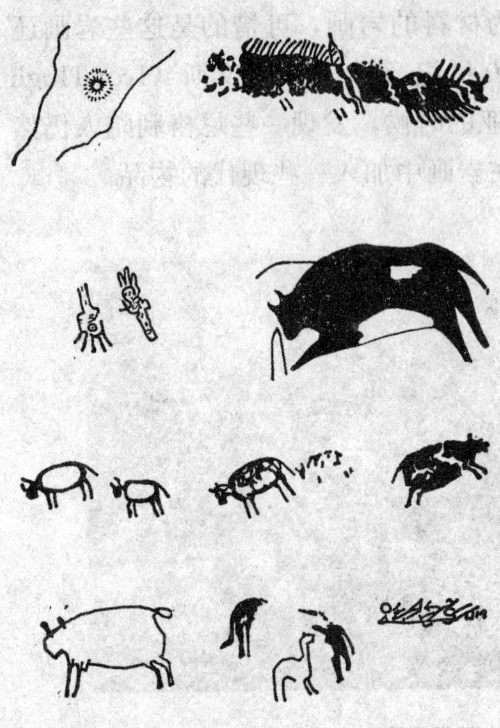

图示 14 缅甸小巴达林岩画

正从两座山之间冉冉升起，太阳周围画有太阳发射的许多光芒。通过对洞窟内发掘出的石器工具和陶片碳元素测定，断定此洞穴是 1.1 万年前的人类活动遗迹，可能是中石器至新石器时代早期。[①]

东南亚的岩画，或者画在悬崖峭壁的凹处，或者画在岩石的缝隙中。在人的足迹难以达到的地方作画，显然不是为了审美目的，而是原始人巫术观念的集中体现。岩画的象征含义是在原始思维的万物有灵观的基础之上形成的。古代先民借助了岩画这个载体来表达自己的情感和愿望。

二、东南亚瓮葬艺术与灵魂崇拜

东南亚地区存在丰富的葬俗形式，主要包括普通土葬、瓮葬（一次葬或二次葬）、棺木葬、干尸葬（mummification）等。东南亚地区的“瓮葬”，不是把死者殓入木制棺材埋在地下，而是装进瓮形器具里以求“永存”。这些器具一般是石、陶、铜制，其中又以陶制的瓮棺最为典型。瓮葬习俗广泛存在时间大约为公元前 2000 年至公元前后，有的地区一直延续到 16 世纪。在东北亚、南亚也有瓮

① 盖山林：《世界岩画的文化阐释》，第 146 页。

棺葬习俗。在日本九州及琉球群岛、南朝鲜、印尼、南部印度、斯里兰卡都曾出现。在日本，瓮棺葬与稻作民族有关，在南印度又与各种巨石墓和铁器文化有关。索尔海姆（W. G. Solheim）认为这是由南岛语系的航海商人活动的结果，他们把瓮棺葬习俗带到南印度，也把那儿的文化因素带回到东南亚。如在苏门答腊、马来半岛、台湾东部都出现了一些石板墓及与之共存的铁器，可能来自印度文化。[①]

早期的洞穴瓮葬群一般都位于海边，洞口一般都朝向大海。马来西亚沙捞越（Sarawak）的尼奥洞（Niah）主要是二次火葬的瓮葬群。尼奥洞穴中陶器的具体年代学界没有统一的结论。在越南中部和南部也有20多处瓮葬的遗迹，分布在广南省（Quang Nam）的占岛（Cu Lao Cham）和广义省（Quang Ngai）的李山岛（Ly Son）。越南瓮葬遗迹存在的年代约距今3500—2700年。越南瓮葬的器具包括带盖的陶瓮和陶罐两种。越南瓮葬的地点主要分布在沙丘、小山或山脚下，瓮葬群都在水源附近，有的瓮葬群有陪葬品，有的瓮葬群没有陪葬品。越南中部和南部的瓮葬形式具有很多相似性，特别是在陶瓮的用途、表面的装饰等方面。越南南部少数民族瓮葬形式可能和来自海上的南岛语系民族具有一定的联系。印度尼西亚瓮葬群的年代相对较晚，主要在爪哇岛、苏门答腊、巴厘岛、苏拉威西等地。在菲律宾吕宋岛北部的亚库洞（Cave Arku，约公元前1500—公元前后）、巴拉望的马农古尔洞穴（Manunggul Cave）、棉兰老岛的麻伊图姆（Maitum）等地也都发现了瓮葬的遗迹。在吕宋中部发现了露天的陶瓮葬群。在巴度（Bato）、索萨贡（Sorsogon）、马林杜克（Marinduque）等地还发现了石翁葬群。

菲律宾南部巴拉望岛马农古尔洞穴中出土了一件陶瓮，年代为公元前890和前710年。马农古尔陶瓮是罗伯特·福克斯（Robert

① 大刚："菲律宾远古人类及其文化"，《东南亚》，1986年第4期，第56—57页。

B. Fox）和曼纽尔·圣地亚哥（Miguel Santiago）在1962年发现的，地点是塔崩洞遗迹地区（Tabon Cave Complex）。马农古尔洞穴高出海平面120米，嵌在利普翁海岬（Lipuun Point）陡峭的崖壁上。古代先民要把瓮棺搬到洞里是很难的，需搭梯子才上得去，可见选择这个地点作为墓葬是有用意的。这个洞穴有四个内室，瓮棺置于阳光可射入但又避风的A、B两个内室，另两个黑暗的内室空无一物，这说明为死者选择的墓地，环境是有所讲究的。从A室获得的木炭经碳素测定，年代为公元前890年和前710年。A室共出土了87件瓮棺和陶器，制作工艺都较精美，可以肯定是专为瓮棺葬制作的。其中一件成为了菲律宾瓮葬文化的代表，被称作“马农古尔陶瓮”。马农古尔陶瓮高约66.5厘米，是一个深腹罐，上有圆形顶盖，挂红泥陶衣并绘有红色双沟纹。陶瓮的盖子被制成了一艘小船的形状，小船上坐着两个人。坐在后面的人在划桨（可能象征超渡他人灵魂者），但是在发掘的时候，桨片已经丢失。当然，也可以理解为驾驶这艘灵魂之舟并不需要船桨。船头一人（可能代表死者）双手交叉，置于胸前。这种姿势一般是尸体被埋葬时的样子。塑像比例适中，神态逼真。两个雕像的头上都缠绕着头巾。雕像的脸部五官轮廓分明，他们脸上的表情说明这是通往来世的旅程。这样的宗教艺术体现了在世的人与逝者灵魂沟通的方式。装饰花纹以“S”形花纹、漩涡纹、点纹为主，装饰工艺有刻、印、彩绘。另外还出土大量随葬装饰品，有玉石佩饰、贝制念珠、碧玉珠以及贝壳手镯等。值得注意的是在马农古尔瓮棺葬中已实行洗骨和染骨的习俗（在东南亚近代的一些民族中还很盛行），大多数骨骸都被赤铁矿粉染成红色，甚至头骨的内部也被染过，可能是浸入赤铁粉溶液里。供奉的祭品如贝壳、海牛背、珠子，甚至瓮棺也常被染成红色。红色代表血，象征生命，显然意在希望死者在另一个世界中复活。[①] 马农古尔陶瓮被列为菲律宾的国家宝藏（national treasure，编号64-MO-74）。

---

① 大刚：“菲律宾远古人类及其文化”，《东南亚》，1986年第4期，第56—57页。

图示 15　马农古尔陶瓮

1991 年，菲律宾国家博物馆考古人员在菲律宾南部萨兰加尼省(Saranggani，South Cotabato) 麻伊图姆 (Maitum) 地区的阿由卜洞穴 (Ayub Cave) 中发现了一些人形的陶瓮，统称为麻伊图姆陶瓮 (公元前 500—370 年)。麻伊图姆陶瓮最大的特点是盖子做成了人头的形状，瓮身类似于人的躯干，双手向前微微环抱。其中有一个陶瓮为 43.5 厘米，直径为 36 厘米。这种陶瓮只在菲律宾出现，其他国家都没有发现。这些陶瓮都被制作成人形，脸型也非常明确。陶瓮的周围还发现了珠子做成的手链和项链、贝壳制成的勺子、垂饰等。这些陶瓮口对口垂直叠放在一起，下面的陶瓮比较大，上面的陶瓮比较小。这里的瓮葬没有陪葬品。逝者的骸骨以俯卧的姿势摆放在瓮中。颅骨也向后压，两肘向后，腿部也是弯曲向后。这种骸骨的摆放方式在瓮葬中很常见。后期的瓮葬墓穴中还出现金属的陪葬品，如金属斧头、短剑等。在瓮葬墓穴中，没有发现石制的陪葬品。[①] 瓮棺葬仪体现的是远古人类的生殖崇拜观念，在这种葬法中，瓮棺可能象征女性的子宫，瓮棺内尸体的下肢或作蜷曲状，则是恢复人居母胎时的状态。故瓮棺葬的目的，其实是祈望他（她）的复生和再生。

图示 16　麻伊图姆陶瓮

在陶瓮的表面，装饰有细绳纹和浆形纹。这两种纹饰在菲律宾

① Lam Thi My Dzung, *Jar burial tradition in Southeast Asia*, Hanoi, Journal of Sciences VNU, 2003.

的南部比较常见，而在菲律宾的中北部则比较少见。贝尔伍德（Bellwood）认为陶瓮上的纹饰与马来西亚沙巴（Sabah）、越南南部沙萤地区（Sa Huynh）的传统装饰形式具有相似性。

三、东南亚原始宗教艺术的特点

东南亚原始宗教艺术对原始文化的产生和发展，起了巨大的催化和推动作用，成为文化起源直接的、生生不息的动力。东南亚的宗教和艺术从诞生之时起，就如孪生兄弟一样，是东南亚民众认识精神世界和现实世界的两个实践活动。东南亚原始宗教艺术存在广泛的相似性，各种宗教艺术形式之间互相渗透、互相融合。笔者认为，东南亚原始宗教艺术具有以下三个方面的特点：

第一，东南亚原始宗教艺术是一个漫长的发展过程，具有丰富的表现形式，现在通过各种遗存所能推测出的宗教艺术形式可能只是古代东南亚宗教艺术的一小部分而已。现在能够溯及原始宗教艺术的岩画艺术、巨石文化、铜鼓文化和瓮葬习俗之外，在东南亚民间广泛存在、具有强烈民族性的纹身、舞蹈、音乐和神话，都带有原始宗教艺术的痕迹。流传至今的宗教艺术表现形式，主要是因为其承载的媒介具有长期保存的可能性。岩画、巨石、瓮葬所使用的材质是岩石或陶器，铜鼓所使用的材质是青铜，都是能够在东南亚潮湿炎热的环境中抵抗气候和生物的破坏的物质，而舞蹈、神话等艺术形式，则是采取口耳相传的形式来保存的，也同样可以抵御自然环境的侵蚀。而其他可能借助植物、纺织品的宗教艺术形式则无法经受岁月的侵蚀。从这个角度而言，在东南亚的原始社会中，石质和金属质（主要是青铜）材料总是和灵魂、信仰联系在一起，和精神世界联系在一起，更多地代表永恒、长久、来世的时间概念。而其他材质则和日常生活联系在一起，和世俗世界联系在一起，代表着短暂、眼前、现世的时间概念。

第二，原始宗教艺术是神圣世界与世俗世界紧密结合的体现。宗教艺术渗透到原始社会的各个方面。原始东南亚的宗教艺术，是以宗教贯穿的艺术形式，使“娱神”和“娱人”的功能紧密结合在一起。宗教艺术的表现形式各有不同，但是主题是一致的，主要是表现现实世界与精神世界、现世生活与来世理想的关系。有的宗教艺术形式是通过现实生活的原型表现目标和理想，如岩画中狩猎的场景就是对捕获猎物的期望，有的则是通过现实生活的原型表现达到精神理想的途径，如岩画中的“灵魂之舟”。原始宗教艺术的世俗性和神圣性是紧密结合在一起的。东南亚先民并没有明确地区分宗教艺术中的神圣性和世俗性，而是将宗教艺术看成社会生活的一个组成部分。可以说，宗教艺术是原始社会神俗合一的直接表现。

第三，现实世界的形象依靠艺术的手段，成为沟通现实世界与精神世界的桥梁。宗教用象征性的、直观感性的物与形象的语言来表达内容，借助具体的形象来表达宗教观念和宗教情感。① 在东南亚原始宗教艺术中，广泛存在着船的形象。船只不仅是现实世界人与人之间联系的工具，而且是现世与来世的连接工具，是人世与天国的输送工具。船是现实世界的必需品，东南亚有的地方船只和房子是合一的，有的高脚屋的屋顶装饰成船只的形状，有的船只则建成了高脚屋的结构。在东南亚的古代社会结构中，船只的形象和岩石相结合，成为团结部落的主要形式。在摩鹿加群岛东南部，村落民居建造在一个用岩石建成的船形广场周围。在苏拉威西、菲律宾群岛，部落中权贵的墓穴装饰成船首的样子。② 东南亚原始宗教中象征性的特点在船的形象中得到充分的体现。除了船的形象，太阳的形象、很多动物的形象都在东南亚的原始宗教艺术中出现。这些

① 吕大吉：《宗教学通论》，台北：恩楷股份有限公司，2003 年版，第 885—886 页。

② Chris Ballard, etc. , “The ship as symbol in the prehistory of Scandinavia and Southeast Asia”, *World Archaeology*, Vol, 35, Issue 3, p. 391. Punongbayan. R. S. , *Kasaysayan-the Story of the Filipino People*, Vol. 2, Asia Publishing Company Limited, 1998, pp. 133, 136.

现实的形象被赋予了精神世界的含义，成为精神世界和现实世界的之间交流的媒介。在经过了宗教艺术的原始阶段、艺术的神圣性和世俗性逐渐分离之后，宗教艺术在现实世界与精神世界、此岸与彼岸的桥梁作用就愈发明显。

（作者为北京大学外国语学院副教授）

从考古遗迹看文莱—中国的友好关系

[文莱] 彭基兰·卡里姆·彭基兰·哈齐·奥斯曼博士著①
苏莹莹　梁　燕译

【内容提要】　据中国史籍记载，文莱和中国的往来始于公元6世纪，一直持续到17、18世纪。除了官方往来，双方还建立了密切的贸易关系。在文莱保存至今的一些考古遗址见证了两国之间的友好交往。本文主要论述了这些历史文物中的重要一项，即公元12—17世纪的中国瓷器。本文将研究重点放在出土了大量中国瓷器文物的特鲁桑古邦遗址和哥打巴都遗址，以及文莱境内唯一一艘已发现的沉船上，以了解古代文莱的对外贸易状况，特别是公元15—16世纪文莱与中国及东南亚各国的贸易往来。

【关 键 词】　考古遗址；中国瓷器；特鲁桑古邦；哥打巴都；文莱沉船

The Friendship between Brunei Darussalam and China-view from the Archaeological Heritages

Pg. Dr. Karim Pg. Hj. Osman (Brunei)

① 译者注：本文作者Pg. Dr. Karim Pg. Hj. Osman系文莱文化青年体育部博物馆司官员。此篇论文在“纪念中、文建交10周年”研讨会上宣读。此次研讨会于2001年8月30—31日在北京举行，由北京外国语大学和文莱大学联合举办。文莱玛斯娜公主到会主持开幕式。

【Abstract】 According to the Chinese historical records, intercourse between Brunei and China existed from the 6th century AD to 17th or 18th century AD. Apart from official contacts, the two counturies also established close trade relationship. Some archaeological sites in Brunei proved such friendly intercourse between the two countries. This article mainly concentrates on the Chinese porcelains in the 12th to 17th century AD unearthed in these archaeological sites. In order to understand ancient Brunei's foreign trade position, especially the one with China and other countries in Southeast Asia during the 15th and 16th century, the Author focuses on the only shipwreck found in Brunei, as well as the archaeological sites in Terusan Kupang and Kota Batu, where abundant Chinese porcelains were unearthed.

【Key Words】 archaeological site, Chinese porcelain, Terusan Kupang, Kota Batu, Brunei shipwreck

一、前 言

文莱与中国于1991年正式建立外交关系。然两国的友谊源远流长，可追溯到1500多年前。中国史料记载两国之间的往来始于公元6世纪，一直持续到公元17、18世纪。随着中国的朝代更迭，文莱在中国史籍中的名称也有所不同，如婆罗、婆利、渤泥、文莱、Bun-lai等。①

① Singh, D. S. R., *Brunei 1939—1983: The Problems of Political Survival*, Singapore: Oxford University Press, 1997, p. 13.
Mills, J. V., "Arab and Chinese Navigators in Malaysian Waters in about AD 1500", *Journal of the Malayan Branch of the Royal Asiatic Society*, vol. XLVII, pt. 2, 1974, p. 9. Saunders, G., *A History of Brunei*, Kuala Lumpur: Oxford University Press, 1994, p. 25. Brown, D. E., Brunei: The Structure and History of a Borneo Sultanate, *Brunei Museum Journal Monograph Series*, vol. 2, no. 3, 1970.

公元 10 世纪，文莱与中国的关系日益密切，“渤泥”这一地名时常出现在中国的史料之中。据记载，文莱曾派遣三名使者带着象征两国友好关系的贡品于公元 977 年前往中国。[①] 文中两国的关系持续友好，使者往来频繁。文莱曾在公元 1082 年、1370 年、1405 年、1408 年、1410 年、1412 年、1415 年和 1425 年派遣使者到访中国；而中国使者也于公元 1370 年、1405 年、1408 年和 1411 年出使文莱。[②] 互派使臣既显示了两国关系的密切，也体现了双方在政治和经济领域的相互重视。

除了官方往来，文莱与中国也建立了密切的贸易关系。在这方面，双方可谓是互相依存、互相需要的关系。文莱是一个盛产木材与自然资源的国家，其产品在中国、印度、中东等国外市场广受欢迎。文莱的主要商品有樟脑、白胡椒、藤木、西米、檀香木、沉香、蜂窝、燕窝、玳瑁以及龟壳。中国也有大量的商品出口到文莱，主要有瓷器、丝绸、铜、铁等。文莱与中国之间的贸易关系日趋稳固，一直持续到公元 18 世纪末 19 世纪初。

在文莱保存至今的一些考古遗址见证了两国之间的友好交往。本文主要论述这些历史遗迹中的其中一项，即公元 12—17 世纪的中国瓷器。本文将研究重点放在大量出土了中国瓷器文物的特鲁桑古

---

① Matussin Omar, *Archaeological Excavations in Protohistoric Brunei*, Brunei Museum Special Publication, no. 15, 1981, p. 1.

Groeneveldt, W. P., *Historical Notes on Indonesia and Malaya Compiled From Chinese Sources*, Jakarta: C. V. Bhratara, 1960, p. 109.

② Matussin Omar, “A Note on the Stonewall and Earthen Causeway at Kota Batu”, *Brunei Museum Journal*, vol. 5, no. 3, 1983, p. 1.

Groeneveldt, W. P., *Historical Notes on Indonesia and Malaya Compiled From Chinese Sources*, Jakarta: C. V. Bhratara, 1960, pp. 110—114.

Gungwu, W., *Early Ming Relations with Southeast Asia*, *A Background Essay*, Reproduced by Permission of the Publishers from Chinese World Order, (ed): Fairbank, John, Harvard University Press, 1968.

Mills, J. V., “Arab and Chinese Navigators in Malaysian Waters in about AD 1500”, *Journal of the Malayan Branch of the Royal Asiatic Society*, vol. XLVII, pt. 2, 1974, p. 9.

邦遗址（Terusan Kupang[1]）以及哥打巴都遗址（Kota Batu[2]）。这两大遗址所出土的瓷器的生产时间有所不同，特鲁桑古邦遗址出土的是公元12—13世纪的宋朝瓷器，而哥打巴都遗址出土的是公元14—17世纪的明朝瓷器。本文也将对文莱境内发现的第一艘，也是唯一的一艘沉船——文莱沉船进行研究，试图通过对沉船的研究来了解古代文莱的对外贸易，特别是公元15—16世纪文莱与中国及东南亚各国的贸易往来。

二、在文莱境内出土的中国瓷器

瓷器是文莱境内大量出土的一项重要考古文物。与其他木制、布制或纸制的文物相比，瓷器具有可长久保存，不易变质，不易损坏的优点。基于此，瓷器为研究文莱当地的历史，特别是其贸易与对外关系的历史，作出了重要贡献。

中国早在约8000多年前就开始生产瓷器，是世界上最早掌握这一技术的国家。隋末唐初的瓷器生产凸显了中国在瓷器制造领域的辉煌成就。当时的瓷器是在1300℃—1400℃的高温下烧制而成的一种高品质的瓷器。它质地坚硬，表面光滑，透光性好，并能防水。这些特点使得中国瓷器享誉世界，为其他国家所争相效仿。公元10世纪中国开始向外出口瓷器，并在国际市场上广受欢迎。中国瓷器的涌入使得文莱、菲律宾等一些东南亚国家本土的瓷器制造业受到冲击并日渐式微。而在泰国、越南等其他一些国家，中国瓷器的进口却促进了当地的瓷器制造业向更高水平发展。[3]

虽然据史料记载文莱与中国之间的关系始于公元6世纪，但

① 译者注：Terusan Kupang马来文意思为：古邦运河。

② 译者注：Kota Batu马来文意思为：石头城。

③ 例如在泰国宋卡洛窑和素可泰窑烧制的瓷器以及越南的青花瓷。

是在文莱境内尚未发现那个时期的中国瓷器。当时中国实行闭关锁国的贸易政策，东南亚地区和中国的贸易全部掌握于阿拉伯和波斯商人手中。因此，中国的商品很少出现在包括文莱在内的东南亚地区。到了唐朝，中国开始转变政策，朝贡贸易开始兴起。贸易因此受到重视，大量外国商人来到中国开展贸易。外国的货物第一次畅通无阻地进入中国市场，而中国的商品也开始对外出口。开明的对外政策间接地促进了中国的工业发展，这其中也包括瓷器制造业。瓷器制造业开始显现出令人鼓舞的发展与提高。瓷器成为了一种重要的商品，这标志着中国的瓷器走向外销的新时代的到来。瓷器在当时主要有以下用途：一是被当作礼品赠予外国的权贵；二是用于支付国外贸易港口的通关税；三是作为等价物代替货币交换外国商品。①

中国与外国的往来在宋朝，特别是南宋时期持续发展，统治者继续实行开放政策。不仅外国商人推动了贸易的发展，中国本土的商人也参与其中。公元 13 世纪中期，中国对外贸易水平日益提高，并完全由中国商人掌控。② 随后的元朝与明朝也继续实行开放的贸易政策。③ 明朝时，中国的对外贸易随着公元 1405—1435 年郑和出使海外而走向鼎盛。

开放的对外贸易给中国的工业带来了巨大的影响。瓷器工业不断发展，并发生了突飞猛进的变化。产品的品质，无论是质量还是数量，都得到了提高。而瓷器的流通范围也更为广泛，不仅仅在东南亚

---

① Hirth, F. & Rockhill, W. W, *Chau Ju-Kua: His Work on the Chinese and Arab Trade in the Twelfth and Thirteenth Centuries*, Taipei: Ch'eng-Wen Publishing Co., 1970.

② Locsin, L., & C. Y., *Oriental Ceramics Discovered in the Philippines*, Tuttle, Tokyo. Low, H., 1880. "Selisilah (Book of Descent) of the Rajahs of Brunei", *Journal of the Malayan Branch of the Royal Asiatic Society*, no. 5, 1967, p. 5.

③ Gungwu, W., *Early Ming Relations with Southeast Asia*, *A Background Essay*, Reproduced by Permission of the Publishers from Chinese World Order, (ed): Fairbank, John, Harvard University Press, 1968, pp. 3, 5.
Matussin Omar, *Archaeological Excavations in Protohistoric Brunei*, Brunei Museum Special Publication, no. 15, 1981, p. 75.

地区，而且流通到南亚、中东、非洲和欧洲等地。因而在文莱境内的各个考古遗址中大量出土了这一时期的中国瓷器，其中以特鲁桑古邦遗址和哥打巴都遗址最为突出。

（一）特鲁桑古邦遗址

特鲁桑古邦是文莱境内的一处重要的考古遗址。据估计，其起源可追溯到公元10—13世纪。它距离文莱首都斯里巴加湾市约5公里，是公元10—13世纪的一处重要居住地，而在随后的公元14—17世纪衰落，哥打巴都逐渐崛起。

1974年，特鲁桑古邦开始引起文莱文化青年体育部博物馆司考古处的关注，因为从此地出土的几块外国瓷器碎片被送往该部门进行研究。因此对特鲁桑古邦遗址的文物采集和保护工作于同年展开。截至1977年，从此处出土的外国瓷器和当地黏土陶瓷碎片已达数万件。考古挖掘工作也于1977年末至1978年初进行。考古人员在三个挖掘区域中成功提取了2329件外国瓷器碎片，其中大部分为产于公元10—13世纪的中国宋朝瓷器，还有少部分中国明清瓷器以及公元15—19世纪生产的欧洲瓷器。①

1995年，仅两个工作日的时间，考古人员就从特鲁桑古邦遗址中采集了1364件瓷器文物，其中1306件为外国瓷器，58件为文莱本土瓷器。在此次出土的外国瓷器中，约95%是公元12—13世纪生产的中国瓷器，而剩余的则是公元14—17世纪生产的中国瓷器和公元19世纪生产的欧洲瓷器。② 1999年10月13—23日，考古人员再次对特鲁桑古邦遗址进行了采集和保护工作。本次挖掘工作共采集了3035件瓷器碎片，其中中国宋朝的瓷器共2648件，占总数的87.25%；其余的一小部分为中国元朝和清朝生产的瓷器。这些出

① Matussin Omar, *Archaeological Excavations in Protohistoric Brunei*, Brunei Museum Special Publication, no. 15, 1981.

② Pg. Karim Pg. Hj. Osman, The Evidence of Oriental Ceramic and Earthenware, *Distributions in Brunei Darussalam As An Aid in Understanding Protohistoric Brunei*, Ph. D Thesis, Southampton University, 1997.

土的瓷器主要是青瓷、白瓷、青白瓷、灰白瓷、绿瓷、黑瓷、金属釉瓷器。[①]

特鲁桑古邦遗址中出土了公元12—13世纪的中国瓷器。这是文莱境内出土时间最早的中国瓷器。这一发现清楚地显示了文莱与中国之间贸易关系的确立。根据公元1226年赵汝适的记载，许多商人前往文莱用金、银、丝绸、玻璃、串珠、锡、铅块、象牙镯、木制碗盘、青瓷等外国商品交换当地的产品。[②] 其中记载的青瓷是指表面呈绿色或淡绿色的陶瓷，如青瓷、龙泉瓷、越窑瓷以及涂有绿色釉质的瓷器等。这些类型的青瓷在特鲁桑古邦遗址中大量出土，其中大多产自公元12—13世纪的中国宋朝。本文将主要讨论其中的三种，即越窑瓷、青瓷以及龙泉瓷。

1. 越窑瓷

越窑瓷是特鲁桑古邦遗址中出土数量较大的一种瓷器。越窑瓷产于浙江越州窑。中国的其他地区，如广东和福建也产越窑瓷。在越州有20多座瓷窑生产这种瓷器，其中上林湖窑和滨湖窑是两个重要的生产中心，其产品质量上乘。而在广东和福建地区，生产越窑瓷的窑口主要有公元10—12世纪[③]的广东西村窑、笔架山潮州窑和唐末宋初[④]的广东笔架山窑、福建同安窑、熙春山窑等。在这些窑口中，同安窑与文莱境内出土的越窑瓷关系最为密切。二者之间的共同点在于颜色，都是釉色绿中泛黄，并都用刻花或划花的装饰技法。

越窑瓷制品品种繁多、形状各异，如碗、碟、盘、花盆等。越窑瓷内壁常以刻花，划花及锥刺等手法做出以植物、云彩、鸟等自

① Hanafi Haji Maidin, "Penyelidikan di Tapak Terusan Kupang", *Berita Muzium*, 2001.

② Hirth, F. & Rockhill, W. W, *Chau Ju-Kua: His Work on the Chinese and Arab Trade in the Twelfth and Thirteenth Centuries*, Taipei: Ch'eng-Wen Publishing Co., 1970, p. 156.

③ Aoyagi, Y., "Trade Ceramics Discovered in Southeast Asia", Institute of Asian Culture, Sophia University, Japan, *Quanzhou International Seminar*, 1991, pp. 144-158.

④ Liang-Yu, L., *A Survey of Chinese Ceramics* vol. 2: Sung Wares, Aries Gemini Publishing Ltd., 1991, pp. 237-253.

Hughes-Stanton, P., and Kerr, R., *Kiln Sites of Ancient China: An Exhibition Lent by the Peoples' Republic of China*, London & Wisbech: Balding & Mansell, 1981, pp. 21-36.

然之物为主题的纹饰，[①] 间以篦齿状工具锥刺出的篦纹，其形状多为波浪、云彩、线条等。越窑瓷的颜色也是多种多样，如青黄色、青灰色、灰白色、玉色等。[②]

2. 青瓷

特鲁桑古邦遗址中也出土了大量的青瓷。青瓷的制造始于北宋时期，南宋时期其制作工艺得以提高。与越窑瓷相比，青瓷制作精良，达到了瓷器制作的颠峰，超越了在此之前出现的各类瓷器。因此，青瓷不仅在中国本土市场上大受欢迎，在包括文莱在内的国外市场上也十分畅销。

青瓷的独特之处主要在于它经过精工细作而成的富有魅力的青色色泽以及其坚固细腻的质地、品类繁多的制品。青瓷制品主要有大小各异的碗、碟、盘、花盆等。青瓷的主产地为浙江、广州和福建。其中两个重要的青瓷窑口是广东笔架山窑和福建熙春山窑。福建的同安窑、南安窑、泉州窑、厦门窑、德化窑以及浙江武义窑等窑口都出产青瓷。[③] 青瓷的颜色多样，有青灰色、青白色、黄绿色等。[④]

3. 龙泉瓷

特鲁桑古邦遗址中也出土了大量的龙泉瓷，其生产时间约为公元 12—13 世纪。龙泉瓷创烧于公元 1080 年，当时中国正处于北宋时期。龙泉瓷的制作工艺在南宋时期得以提高。元朝时，龙泉瓷继续出产，但这一时期的生产重点集中于针对国外市场的、尺寸

---

① Vainker. S. J., *Chinese Pottery & Porcelain From Prehistory to the Present*, The Trustees of the British Museum, 1991, pp. 71—72.

② Ibid., p. 72.

Medley, M., *The Chinese Potter: A Practical History of Chinese Ceramics*, Phaidon, Oxford, 1986, pp. 89—97.

③ Pearson, R., "Stylistic Identification of Trade Ceramics from the Ryukyu Islands: What Can We Learn about Patterns of Trade and Changes in Political Organization", *Report of the SPAFA Workshop on the Identification and Classification of Trade Ceramics, Brunei Museums*, 4—18 December, 1994.

④ Liang-Yu, L., *A Survey of Chinese Ceramics* vol. 2: Sung Wares, Aries Gemini Publishing Ltd., 1991, p. 240.

较大的瓷器。明朝时期生产的龙泉瓷的品质开始下滑，并且受到了青花瓷的巨大冲击。青花瓷是一种自明朝时期开始鼎盛发展的瓷器。

龙泉瓷质量上乘，胎质细腻、纹理优美、釉彩浓厚饱满、透光性好、色泽晶莹，温润如玉。龙泉瓷拥有变化多样的青色，如青灰色、青蓝色、橙青色、青粉色、苹果绿以及橄榄绿等颜色。龙泉瓷的特点是底足处呈赭红色，这是由于在烧制过程中，氧化物的作用使没有上釉的底足处呈现红颜色。龙泉瓷质地坚硬，这是由于它是在1180℃—1280℃的高温下烧制而成的。[①] 其制品主要有圆锥形的碗、浅口平盘、尺寸较大的碗、盘子、搁置东西的三角架、封口瓶以及花盆等。[②] 龙泉瓷制品大多没有雕刻花纹。即使有，通常也是在瓷器中部采用压制的技法刻有对鱼或花卉等装饰图案。另外，印花技法也应用于龙泉瓷的花纹制作之中，较为常见的图案是莲花和鱼。

龙泉瓷主要产自中国南方，如福建。福建同安窑是龙泉瓷的产地之一。此处生产的龙泉瓷，其颜色多为淡绿色、橙青色、青粉色以及青灰色；其图案多是采用压制技法制作而成的对鱼和花卉图案。同安窑生产的龙泉瓷与在特鲁桑古邦遗址出土的龙泉瓷有着许多相同的特点。由此可以推断，此处出土的龙泉瓷很有可能是从同安地区出口到文莱的。

（二）哥打巴都

哥打巴都是文莱重要的考古遗址之一。它位于文莱河畔，距离文莱湾约3公里，距离首都斯里巴加湾也不过5公里左右。公元14—17世纪，哥打巴都曾是文莱的首都。同时，它也是东南亚和中

① Medley, M., *The Chinese Potter: A Practical History of Chinese Ceramics*, Phaidon, Oxford, 1986, p. 147.

② Gompertz, G. st. G. M., *Chinese Celadons Wares*, London: Faber & Faber, 1958, p. 56.

国地区一个重要的商贸中心，是外商云集之地，这其中包括许多中国商人。

哥打巴都占地120英亩。它被划分为三个主体区域，山地、丘陵和河畔平原。丘陵区域和河畔平原是当地人主要的居住区，而山地就鲜有人居住了。丘陵地区是王公贵族的居住区；河畔平原则是平民百姓安家落户的地方，同时也是市中心。公元1521年，安东尼奥·皮加费塔在其航海日志中记述了文莱的概貌："整个文莱城建于水上，除了皇宫和达官贵人的居所。其人口大两万五千户。木制房屋拥有高脚柱使其可以立于水中。每逢遇到涨潮时分，文莱女子就会使用小船作为交通工具，挨家挨户地贩卖她们的商品。"①

作为商业中心和行政中心，哥打巴都不仅成为当地人的聚居地，同时也吸引着各国商人齐聚此地以便通商和贸易。商人们来此一方面是为了购买当地的货物，另一方面也是为了在当地市场销售自己的商品。公元15，16世纪是哥打巴都的辉煌时期。当时，它是东南亚重要的商贸中心和伊斯兰教传播中心。公元1511年，马六甲被葡萄牙人占领后，哥打巴都的地位就变得更加重要了。② 大批来自马来群岛、东南亚和中国的商人来此经商。在西班牙人1578年的记载中，哥打巴都是一个拥有多元民族居民的全球性的港口城市，其中包括中国人、交趾支那人（越南人）、暹罗人、北大年人、彭亨人、爪哇人、苏门答腊人、亚齐人、马鲁谷人、苏拉威西人、棉兰佬岛人（菲律宾人）。③

---

① Nicholl, R., 1975. *European Sources for the History of the Sultanate of Brunei in the 16th Century*, Brunei Museum. Second edition, 1990, p. 11.

② Andaya, B. W., "Religious Developments in Southeast Asia, 1500—1800", The *Cambridge History of Southeast Asia from Early Times to c. 1800*, (*ed*): *Tarling. N.* Cambridge University Press, 1992, p. 411.

Majul, C. A., *Muslims in the Philippines*, Quezon City: The University of the Philippines Press, (2" ed), 1973.

Haji Abd. Latif Ibrahim, "*Trade, Islam and the Expansion of Brunei Sultanate*", *Janang*, Warta Akademi Pengajian Brunei, University Brunei Darussalam, vol. 1, 1993, p. 128.

③ Saunders, G., *A History of Brunei*, Kuala Lumpur: Oxford University Press, 1994, p. 46.

公元15，16世纪，名扬万里的文莱获得了许多国家的认可，尤其是来自中国的认可。通过公元1405—1425年间的互派使节和相互往来，中文两国友好关系日益密切。与10—13世纪特鲁桑古邦作为商业中心时不同，这一时期两国间的经贸往来发展得更加迅速。在当时，商贸对于文莱的存亡有着至关重要的作用。因此，外国商人，特别是中国商人的参与是十分重要的。他们使中国的商品得以广泛传播，特别是在哥打巴都及其附近地区。中国商人对于将当地商品贩卖到其他地区也做出了巨大贡献。

在外国商人，尤其是中国商人带来的商品中，瓷器占了绝大部分。哥打巴都地区的瓷器同特鲁桑古邦地区的瓷器有着明显的不同，尤其是在色泽和雕刻的花纹方面。在这些瓷器中，最著名的要属青花瓷，这种瓷器在元代盛产，在明代工艺不断提高[①]。在讨论文莱沉船之前，本文将稍微对青花瓷做一些介绍。文莱沉船与哥打巴都遗址以及中文两国商贸关系都有着密不可分的联系。

（三）哥打巴都的中国瓷器

瓷器是哥打巴都不可分割的一部分。与其他文物相比，瓷器是在哥打巴都遗址中发现最多的历史文物。正是由于瓷器，这一遗址才被世界知晓并扬名至今。哥打巴都遗址的发现可以追溯到1951年，当时的文莱财政部长丹尼斯·川姆（Dennis Trumble）阁下把采集出来的大量瓷器交给沙捞越博物馆以便进行研究。[②] 1952—1953年间，在哥打巴都遗址首次开展文物的采集工作。[③] 当时，在其他一些文物之外，共发掘出了44641件陶瓷残片和35058片釉瓷残片。此次发掘成果说明哥打巴都是一个重要的遗址，需要有关方

① 在哥打巴都出土的瓷器还有泰国宋卡洛和素可泰的瓷器以及越南的青花瓷和白瓷。这些瓷器的生产年代是14世纪末至16世纪。

② Harrisson, Tom & Barbara, "Kota Batu in Brunei (introductory report)", Sarawak *Museum Journal*, vol. 7 no. 8, 1956, p. 286.

③ 此次采集是由当时沙捞越博物馆馆长汤姆·哈里森（Tom Harrisson）主持进行的。

面长期给予关注和重视。

哥打巴都地区进一步的文物采集工作开始于1967年。当时，该遗址已经公布在《1967年考古及文物声明》当中。1968年，在哥打巴都地区一处水管建筑工程现场，又有多达6230件瓷器残片被发掘出来。[①] 1978年末—1979年初，通过文物保护工作的进行，从哥打巴都另一处遗址中采集到了28191块瓷器残片。其中包括9899块石质瓷器、8515块青花瓷、6737块陶片、1241块泰瓷、947块青瓷、426块越南瓷，以及其他地区的瓷器426块。[②]

在1979年的挖掘工作中，哥打巴都遗址中又采集出578块瓷器残片。其中，中国瓷器354块、泰国瓷器145块，还有79块当地陶片。[③] 在1988年，202块残片在长达两周的挖掘研讨会期间被相继发现。其中绝大部分产自中国，只有一小部分是来自泰国以及本地瓷器。[④] 1989年，在“第六届东盟考古及文物保护研讨会”举办期间，811块瓷片被挖掘出来，这一次几乎都是中国瓷器，其余一小部分是来自于越南、泰国、本地瓷器以及欧洲和高棉的瓷器。[⑤]

哥打巴都遗址最后一次发掘工作于1995年4、5月间进行，多达5365块的瓷器残片被采集出来，其中3980块是外国瓷器，另外1385块则为本地和外国陶片。在外国瓷器中，主要是石质瓷器，多达1535块，还有青花瓷（1062）、白瓷（488）、青瓷（337）、龙泉瓷（271）、泰国宋卡洛瓷（195）、越南瓷（57）、素可泰瓷（24）。

① Harrisson, Tom & Barbara, “A classification of archaeological trade ceramics from Kota Batu”, *Brunei Museum Journal*, vol. 2, no. 1, 1970, pp. 114—188.

② Pg. Karim Pg. Hj. Osman, The Evidence of Oriental Ceramic and Earthenware, *Distributions in Brunei Darussalam As An Aid in Understanding Protohistoric Brunei*, Ph. D Thesis, Southampton University, 1997, p. 117.

③ Matussin Omar, “A Note on the Stonewall and Earthen Causeway at Kota Batu”, *Brunei Museum Journal*, vol. 5, no. 3, 1983.

④ Brunei Museum, *Report on Archaeological Excavation*, *Conservation and Survey Workshop at Kota Batu*, Brunei Museums, 1988.

⑤ Brunei Museum, *Report on the 6" Intra-ASEAN Archaeological Excavation and Conservation Workshop*, *Kota Batu*, Brunei Darussalam, *Oct. -Nov.*, 1989.

在这些陶瓷之中，近80%的瓷器来自中国，只有少量来自泰国和越南。①

直至今日，哥打巴都遗址中仍旧不断发现许多新的瓷器，无论是在陆地还是在河畔地区。这些瓷器文物的发现说明，在当时瓷器已为当地居民所广泛使用。外国瓷器，尤其是中国瓷器被认为是高质量的日常生活用品之一，如用来作为盛放水、食物还有腌渍物及药品的器皿。以下本文将重点介绍在哥打巴都遗址中大量出土的中国青花瓷。

青花瓷

在制瓷的漫长历史中，没有一种瓷器可以和青花瓷巧夺天工的工艺和四海皆知的名气相提并论。青花瓷不仅畅销于中国本国市场，同时也获得了来自世界各地购买者的青睐。青花瓷的制造工艺为各国争相效仿，如日本、越南、巴黎和欧洲。

青花瓷的优越之处在于其鲜艳的色泽和优美的图案。氧化钴的使用使其烧制成型后的蓝色十分亮眼，同时也使得瓷体本身的白色更为吸引人。在青花瓷之前乃至之后的瓷器中，没有任何一种瓷器可以与之相媲美。瓷器身上的雕花，包括花草、鸟兽和自然景观，构图样式十分丰富，深受外国人喜爱。因此，青花瓷大量传播于世界各地，如东南亚、南亚、中东、非洲和欧洲。

青花瓷初产于元代末期。然而在当时，青花瓷的生产还没有取得较高的水平，生产规模也不庞大。到了公元14世纪末期直至15世纪，青花瓷生产到达顶峰。②

青花瓷大量产于江西省，景德镇是生产青花瓷的最重要产地之一。当时，它是中国最大的产瓷中心，不仅为中国国内尤其是宫廷提供瓷器，它还为海外市场输送瓷器，包括文莱。除了景德镇，青

① Harrisson, Tom & Barbara, "A classification of archaeological trade ceramics from Kota Batu", *Brunei Museum Journal*, vol. 2, no. 1, 1970, pp. 114—188.

② Gamer, Sir Harry, *Oriental Blue and White*, London: Faber & Faber, 1970, p. 12.

花瓷还在中国南方其他省份出产，如福建、广东和浙江。但这些地方出产的瓷器品质较低，工艺比较粗糙，通常销往国内及东南亚地区。其中一个窑口是位于广东省北部的汕头窑。16 世纪早期生产的汕头瓷遍布东南亚地区，包括文莱的哥打巴都地区。其他出产并外销国际的青花瓷窑口多分布于西安、福建地区。其中最重要的是德化窑、安溪窑和永春窑。①

在哥打巴都遗址出土的瓷器中，最多的是青花瓷，约占 60%—70%。此外，还有青瓷、龙泉瓷、白瓷以及泰国和越南的瓷器。哥打巴都地区发现的青花瓷，估计产于 15 世纪末至 16 世纪中期，正值中国青花瓷生产的鼎盛时期以及中文关系密切发展的时期。虽然，早在 14 世纪青花瓷就开始生产了，但是，这一时期的青花瓷却鲜少在国外发现，包括文莱。鲜见的原因是因为当时明朝政府实行闭关锁国政策（the Ming Ban），在 1436—1465 年间，关闭了景德镇多处窑口。这导致了 14 世纪早期和中期的青花瓷极少出现在外国市场上。这种空缺使得其他国家的瓷器，尤其是泰国和越南的瓷器作为中国瓷器的替代品，进入到世界市场以填补空白。因此，泰国和越南的瓷器开始进入世界市场是在 14 世纪后期。虽然在 1465 年后，景德镇恢复了生产，而且明朝政府的闭关锁国政策也于 16 世纪中期结束，但是泰国和越南的瓷器在国际市场继续销售直至 16 世纪末期。随后，三个国家开始为争夺市场而展开了竞争。从考古文物的角度来说，这种竞争可以从东南亚一些考古遗址中三国瓷器并存的局面看出来，正如哥打巴都遗址一样。

与哥打巴都地区不同，特鲁桑古邦地区出土的外国瓷器 95%来自中国，只有一小部分是 14 世纪后期到 19 世纪的欧洲和泰国瓷器。这种情况的出现，主要因为在 12—13 世纪，中国的制瓷技术无人可比。没有竞争对手使中国成为东南亚国家唯一的瓷器供应商，正如特鲁桑古邦遗址所反映的情况一样。但是，从 14 世纪开始，特鲁桑

---

① Ho, Chuimei, *Minnan Blue-and-White Wares: An Archaeological Survey of Kiln Site of the 16th—19th Centuries in Southern Fujian*, China, BAR International Series 428, 1988, p. 10.

古邦开始衰落，哥打巴都兴起，取而代之成为文莱湾的新力量。因此，特鲁桑古邦逐渐被遗弃，仅留下一小部分居民。从考古文物的角度，该地区仅出土一小部分14—19世纪的文物，而在哥打巴都地区则大量出土了这一时期的瓷器。出土文物的数量悬殊，便可证明特鲁桑古邦地区的衰落。

三、文莱沉船和其对文中商贸关系的作用

文莱沉船是在文莱境内发现的第一艘沉船，也是唯一的一艘。它是文莱考古研究历史上最重要的考古发现。1997年5月24日，文莱B.V.亚洲石油公司在海上进行物理测量工作时意外地打捞到了这艘沉船。沉船位于离岸32海里处，水深63米。在沉船中，发现了多达1.4万件、年代约为15世纪末16世纪初的文物，包括瓷器、串珠、铁器、铜器、几面锣、手镯、石器和象牙。其中95%为瓷器，如瓷碗、瓷盘、瓷碟、瓷瓮、瓷瓶和瓷缸。大约60%的瓷器来自中国，35%的瓷器产自泰国，还有5%的瓷器来自越南。①

沉船的发现被认为是证明文莱在古代国际贸易中起着重要作用的证据。此前，文莱一直没有发掘出足够多的考古物证来证明其曾在古代世界贸易中发挥重要作用。文莱沉船无疑是是到此进行贸易的外国商船之一。值得注意的是，沉船时期正值文莱作为东南亚强盛势力的辉煌时期。当时，文莱还是一个重要的商业中心以及国际贸易中的重要港口。文莱港口成为本国商品的集散地以及国外商品的批发之地。

本文将尝试分析文莱沉船上的瓷器，并说明其与文中贸易关系的联系。

---

① Pg. Hj. Hashim & Pg. Dr. Karim, *A Catalogue of Selected Artifacts from the Brunei Shipwreck*, Brunei Museums, 2000.

（一）文莱沉船上的瓷器

在文莱沉船上，发现最多的文物是瓷器，生产日期大约为15世纪末至16世纪初。几近一半的瓷器产自中国，剩余的来自越南和泰国地区。这些瓷器品种繁多，如青花瓷、白瓷、青瓷、宋卡洛瓷和越南瓷。

文莱沉船上发现的瓷器与在文莱本土采集的瓷器，特别是在哥打巴都出土的瓷器有着很多共同之处。这些相似之处主要体现在种类、形状、花纹、颜色和釉质等方面。以花朵图案的雕刻为例，都有向日葵、山茶花、莲花和牡丹等等图案。其他相似图案包括一些植物或动物的图案，如麒麟、龙、孔雀、马、鱼、鹿和鸭子等。瓷体的蓝色也显示出明显的相似，呈现浅浅的灰蓝色，并且用色均匀。多达5000件此种瓷器在文莱沉船上被发现，共有15种形状。其他那些白瓷、青瓷、泰国瓷和越南瓷等，也与文莱境内出土的瓷器相同。这些共同之处说明这些瓷器产自同一个时期。

文莱沉船和哥打巴都遗址有着怎样的关联呢？从年代的角度来说，毋庸置疑，二者之间存在着紧密联系。此艘沉船的目的地是文莱还是其他地方？从沉船的位置来看，离文莱相当近，仅距海岸32海里，不可否认的，这艘船很有可能就是在其前往文莱的路上沉没的。需要提及的是，除了哥打巴都，至今还没有其他同一时期的考古遗址在婆罗洲北部被发现，无论是在沙巴还是沙捞越。[①] 就此而言，文莱沉船很可能就是要驶向哥打巴都港口，而非他处。

（二）文莱沉船的类型和来源

文莱沉船的类型是什么？它来自于哪个国家？发现的瓷器碎片分别来自中国、泰国和越南，这是否意味着沉船来自于这些地方呢？这非常难以确定，尤其是在沉船地点没有发现船只的建造材

① Harrisson, Tom and Barbara, "The Prehistory of Sabah", *Sabah Society Journal*, K. K., Sabah, vol. IV., 1969, p. 70.

料。因此，被发现的瓷器就在这方面起着重要的作用，同时还应借鉴东南亚或中国有关航海历史的记载。

有推测认为文莱沉船是中国的帆船，而非泰国或者越南的船只。根据东南亚航海史的记载，中国直到公元8世纪才拥有较高的航海技术。那时，辽阔的海域完全被来自南亚和中东的商人所控制。尽管如此，到了宋元两代，这个传统局面开始发生改变，当时中国人开始掌握航海技术。其结果是，中国人不但在南中国海上拥有了高超的航海技术，同时也在商业的舞台上击败了阿拉伯人和波斯人。元朝时，政府提供商船和资金，鼓励本土商人到国外经商。70%的利润归政府所有，30%属于商人自己。到了明朝，中国拥有了世界最顶尖的航海技术，并为包括欧洲国家在内的其他国家争相效仿。

与中国相比，越南和泰国并不具备突出的航海技术。对于越南来说，有三个因素导致其在世界航海领域和国际商业上远远落后于中国：缺乏航海专家，缺乏能够进行远洋航行的船只，以及政府为了避免税收损失所采取的海禁措施。[①] 这些导致了越南的航海以及贸易完全被外国商人所控制。17世纪早期的荷兰文献记载，在14世纪来自爪哇的商人从越南的港口将越南的瓷器和其他商品销往马来群岛地区的各个码头。此后的一个世纪，在越南的中国商人将越南商品销往东南亚，穆斯林商人则将商品销往中东地区。[②]

除了越南之外，泰国同样在国际航海领域远远落后。尽管大城（Ayuthaya）在13—15世纪是泰国湾的一个重要港口，但是直至大城王朝巴萨通国王（Prasat Thong）统治时期，泰国都没有强大的舰队。虽然在这之后建立了皇家舰队，但仍然是受到来自中

① Reid, A., Southeast Asia in the age of Commerce 1450—1680, vol. 2: *The Lands Below the Winds*, Yale University Press, 1993, p. 125.

② Guy, John S., *Oriental Trade Ceramics in Southeast Asia 9th to 16th Centuries*, Singapore: Oxford University Press, 1986, p. 56.

国、日本、南亚和欧洲的航海家的掌控。[①] 学者崔西和拉伊德[②]认为，泰国人只擅长内河航行。

中国从公元 10 世纪开始就在世界航海方面处于领先地位。马可·波罗记载在公元 13 世纪中国的船只已经拥有多个船舱，以供不同的商人使用[③]。船上的工人多达 150—300 人。这些船与欧洲的船相比能装载更多的货物。每艘船大约能装 5000—6000 筐白胡椒粉。在福建省的泉州港，他曾看到过拥有 4 张帆以及不少于 60 个船舱的大船。[④] 一位阿拉伯航海家伊本·巴图塔（Ibn Battuta）曾经记录他于 14 世纪在印度港口目睹的先进的中国商船。他认为，那是当时最好的船，比阿拉伯的船只更加先进，可以逆风行驶，拥有巨大的船帆并可以容纳 1000 多名乘客。[⑤]

如果文莱沉船是一艘中国船，那上面为什么还有来自越南和泰国的商品呢？很大的可能性是这艘船是从泉州[⑥]或者广州[⑦]出发的，在驶向东南亚大陆之前，穿过南中国海到达文莱。从唐朝直至明朝，泉州和广州都是中国重要的港口。来自中国各地的商品，如景德镇、广东、福建、浙江的瓷器聚集于此，并从这两个港口销往国

① McPherson, K., *The Indian Ocean: A History of People and the Sea*, Oxford University Press, 1993, p. 152.

② Reid, A., Southeast Asia in the age of Commerce 1450—1680, vol. 2: *The Lands Below the Winds*, Yale University Press, 1993, p. 126.

③ 每一个船舱都租给不同的商人，因此存放的物品各不相同，既有高品质的，也有质量差的（McPherson，1996：154）。《平洲可谈》这样记载 11 世纪停泊于广州港口的中国商船："这些商船运载的货物中大部分是瓷器，小的瓷器装在大的瓷器里，几乎没有什么空当。这些货物为不同的小商贩所有。给每个人存放货物的空间不过几英尺。夜晚商人们就睡在他们的货物之上"（Guy，1986；Hirth & Rockhill，1970：31）。

④ Levathes, L., *When China Ruled the Seas*, New York : Oxford University Press, 1994, p. 49.

⑤ Hall, Kenneth, R., *Maritime Trade and State Development in Early Southeast Asia*, University of Hawaii Press, 1985, p. 197.

⑥ 泉州是从唐朝至明朝的福建重要商港。中国的商品，如丝绸和瓷器等在此汇集，运往高丽、日本、东南亚、南亚、西亚、欧洲和非洲。而上述国家和地区的药品、金器、铜器、香料、宝石、象牙、犀牛角等商品也通过泉州港运往中国各地（China Pictorial（ed），1989：198）。

⑦ 广州是从唐朝至明朝的广东重要商港。国外的商品，如香料、珍珠、象牙、犀牛角与中国的商品，如丝绸、瓷器、金、银、铜币等在广州港进行贸易（China Pictorial（ed），1989：219）。

外。船只出发以后沿着东南亚的整条海岸线航行。由于航行时间较长[①]，因此这些商船通常会在沿途港口短暂停泊，修理船只，补充食物和饮水，同时还可以就地进行贸易[②]。文莱沉船很有可能曾经在越南及泰国停留，船上的两国瓷器就是很好的证明。尽管如此，船上的中国货物仍然占总数的60%，泰国和越南的瓷器分别占35%和5%。

从公元1世纪开始，就有几条航道经常被往来于东南亚和中国之间的商人们使用。最早的航道是连接中国和东南亚大陆、东南亚群岛以及风上之国的西航道。这条航道大约在公元1世纪，也就是在中国汉朝年间就开始使用了。[③] 14—16世纪，共有6条从中国进入东南亚、南亚、中东、非洲和欧洲市场的贸易航道。[④] 文莱处于第一条航道上。这条航道从中国南部开始，连接越南、暹罗湾、马来半岛、菲律宾、婆罗洲的各个港口以及位于爪哇的杜班（Tuban)、锦石（Gresik)、扎巴拉（Japara）以及淡目（Demak）等港口。这一区域贸易的飞速发展，致使一些有影响力的港口出现。这些港口不但是商业中心，也是地区行政中心。[⑤] 在文莱，哥打巴都港口于公元14—17世纪成为了北婆罗洲的行政及商业中心。

四、结语

根据考古学的研究，文莱和中国的友好关系被证实开始于唐朝

① 每次航行通常需要一年时间，去程6个月，返程6个月。

② 航行受季风的影响。东南亚大陆受到两种季候风的影响，即5—8月的西南季风，以及12月至来年3月的东北季风。中国商船通常是冬季乘东北季风出航，夏季乘西南季风返航。

③ Roxas Lim, *The Evidence of Ceramics as an aid in Understanding the Pattern of Trade in the Philippines and Southeast Asia*, Institute of Asian Studies, Bangkok: Chulalongkorn University, 1987, p. 27.

④ Ibid, p. 223.

⑤ Hall, Kenneth, R., *Maritime Trade and State Development in Early Southeast Asia*, University of Hawaii Press, 1985, p. 46.

末期，这种友好关系在宋朝得到发展，在明朝不断提升。两国之间的亲密关系可以从文莱各处，如特鲁桑古邦、哥打巴都和文莱沉船出土的大量中国文物得到验证。

两国之间的友好关系从17世纪开始逐渐遭到破坏。因为当时文莱面临着不少内部问题，如西方的入侵、海盗的进攻以及内战。这些问题导致文莱国内局势不稳，并间接影响到文莱与其他国家，包括中国的贸易。石碑铭文记载混乱导致文莱国内的困境，而外国船只被禁止进入文莱河口进行通商。从考古学角度来看，文莱全国各处考古遗址中鲜少发现17世纪的中国商品，这就是证明。在哥打巴都出土的明末清初的瓷器要远远少于明朝中期的。

在17世纪末期，文莱的行政中心从哥打巴都迁往了距离文莱上游12英里的新行政中心。弗雷斯特指出，1780年文莱和中国之间的贸易仍在进行，但是规模十分有限。中国的商人到文莱收购当地的货品，如黑木、樟脑、藤、松香、肉桂、龟壳和燕窝。[①]

在公元18世纪，文莱的势力继续衰弱。至18世纪末，文莱的领土只覆盖沙捞越及一部分沙巴。到了19世纪，文莱的领土进一步缩小到今日的规模。中国和欧洲的商船不再停泊文莱，文莱只与坤甸、丁加奴、廖内林加和马六甲进行贸易。19世纪中期，新加坡港口的建立进一步加剧了文莱的衰弱。文莱港只与苏禄、婆罗洲西部、马来半岛东部进行贸易。那时中国的商船再也不曾到过文莱的港口。[②]

但是文中关系在20世纪有了良好的发展。两国关系在文莱1984年独立之后更进一步加强。两国于1991年建立外交关系。今天我们感到十分的荣幸，可以一同庆祝两国建交十周年，希望两国之间的友谊地久天长。我相信今天的研讨会是两国关系更上一层楼

---

① Forrest, T. *A Voyage to New Guinea and the Moluccas*, 1774—1776, reprinted Brunei Museum Journal.

② Ken, W. L., "The Trade of Singapore 1819—1869", *Journal of the Malayan Branch of the Royal Asiatic Society*, vol. 33, pt. 4, no. 192, 1960, p. 88.

的新起点，尤其是在学术领域。更多的学术领域有待我们去开拓，只有通过深入细致的研究，我们才可以清楚阐述两国之间长达 1500 年的交往。

在结束我的论文之前，我想谈两个值得我们关注的考古项目，无论对文莱还是对中国来说都是如此。第一个是中国皇帝在公元 1408 年赐予文莱政府的石碑，这个石碑据说是在中国刻制之后运送到了文莱，并立在文莱城的后山上。可以确定这块石碑位于哥打巴都，也就是公元 14—17 世纪的文莱故都。在这件事情上，我希望能通过使用现代化的尖端设备进行联合研究。如果能找到这块石碑，将是世纪性的发现，毋庸置疑它将是文中友好历史关系的有力证明。我同时也想谈一下 1408 年驾崩于中国的文莱国王的墓。应该对此进行更深入的研究，比如进行考古挖掘。科学性的研究是必须的，例如进行 DNA 测试以确定死者的基因以及他的来源。

（译者苏莹莹为北京外国语大学亚非学院副教授，梁燕为研究生）

浅析韩国人的“恨”

周晓蕾

【内容提要】 “恨”是韩国人特有的一种情感体验，可谓是韩国最具代表性的一种民族情感理念。它区别于愤怒、忧伤、怨恨、悔恨等自发且应激性的情感，而是这些情感长期郁结于心的一种复杂心理状态。本文揭示了“恨”的含义、成因，并对其在艺术上的表现进行了阐述，以期能够加深对韩国文化的正确理解。

【关 键 词】 韩国；恨

A Brief Study on Koreans Han

Zhou Xiaolei

【Abstract】 As a Korean unique emotional experience, Han（恨）is considered as a ‘Korean national emotion’ and the Korean people’s representative emotional concept. Unlike the basic emotions such as anger, sadness , grudge and regret, Han is not a spontaneously responsive emotion, but is rather a complex blended concept. Created over a long period of time, after those basic emotions are accumulated, suppressed in the person’s mind. This study aims at better understanding of Korean culture through the exposition of the meaning, the formational background, and the artistic expression of Han.

【Key Words】 Korean，Han (恨)

一、前言

“恨”可谓是韩国人最基础、最根本的一种情感。它是在长久的历史过程中韩国人在悲哀痛苦的现实中形成的情感，不仅影响着韩国人自古至今的思维意识，成为其审美意识的一部分，而且也渗透到了社会文化的各个方面。

同其他文化圈所谓的“仇恨”、“怨恨”等个体性、应激性的情感反应不同，韩国人的“恨”有其形成的独特历史因素及文化背景，是一种长期积蓄形成的民族集体意识。正如韩国学者金烈圭在其著作《恨脉怨流》中所言：“韩国无处不有‘恨’。在生活的每一个小巷和角落，在踏访、旅行的每一个路口，在翻阅察看的每一页书页里，在偶然相识的乡村大嫂诉说的身世里，在巫女的成巫经历里，在村妇村老的人生故事里，随时随地都能遇见‘恨’，感受‘恨’。‘恨’似乎早已成为他们生活的基本情感、基本行为方式。”①

本文欲从“恨”的含义、形成原因及其在艺术上的表现来对韩国人的这一独特意识特点进行探讨。

二、“恨”的含义

韩语中的“한”源自中国的汉字词“恨”。单从“恨”的字体结构来看，左边的“忄”为“心”，右边“艮”的释义为“静止、停留”，因此可笼统理解为“停驻在内心的某种情绪”。而这里所指的

① 김열규, *한맥원류*，서울，주우, 1982, pp. 15—16.［韩］金烈圭：《恨脉怨流》，首尔：主友社，1982年版，第15—16页。

“某种情绪”，在韩语语境下的含义与汉语、甚至同属汉字文化圈的日语语境下的含义并不一致。正如金烈圭所言：“‘恨’是远东三国即韩国、中国和日本通用的汉字，但就其使用的多样性、语义的涵盖面以及它与各自的生活、文化的关系而言，中国与日本都无法与韩国相比。”[①]

韩国国语辞典中对汉字“恨”的主要解释为“①원지극（怨之极），②회（悔），③감（憾）”；在古韩语中的解释为“①애달프다（悲哀），②슬퍼하다（悲伤），③원망하다（怨恨）”；在现代韩语中的解释为“지난 일이 원망스럽거나 원통하거나 억울하게 생각되어 응어리가 진 마음（郁结于心的怨愤及委屈之情）”[②]。由此可见，不论是“怨之极”、“怨恨”还是“怨愤”，关键词都是一个“怨”字，可见其在韩语“恨”的释义中所占比重较大，而此种“怨”的源头则是“悲哀”、“悔恨”、“委屈”等多种复杂情绪。

“恨”在汉语里，最初多用来表示“遗憾”之意[③]，后来随着语义发展变迁，除表示“遗憾”之外，还表示“仇恨”与“悔恨”等意[④]。尤其在现代口语中，“仇恨”的含义所占比重越来越大，当面对“恨”字时，中国人通常联想到的是“仇恨、痛恨”之意。

因此，从字典的释义来看，虽然韩语的“恨”同汉语的“恨”同属一个汉字，但在基本含义上却存在着差异。韩语语境下的“恨”有别于现代汉语语境下的“仇恨、痛恨”之意，而是源自“悲哀”不得纾解的一种“怨恨”，是怨、悲、痛、悔等多种情绪长

---

① 김열규, *한맥원류* , 서울, 주우, 1982, pp. 15—16.［韩］金烈圭：《恨脉怨流》，首尔：主友社，1982年版，第15—16页。

② 이기문, *동아새국어사전*, 서울, 두산동안，2004，P. 2198.［韩］李基文：《东亚新国语辞典》，首尔：斗山东亚出版社，2004年版，第2198页。

③ 郭锡良主编的《古代汉语》（上册，商务印书馆，1999年版）中有如下解释：恨：在古代主要是“遗憾”的意思。先秦一般用“憾”，汉代以后才常用“恨”。《史记·淮阴侯列传》：“大王失职入汉中，先 秦秦民无不恨者。”司马迁《报任安书》：“私恨无穷。”诸葛亮《出师表》：“未尝不叹息痛恨于桓灵也。”杜甫《八阵图》：“遗恨失吞吴。”引申为悔恨。

④《现代汉语词典》（2002年增补本，中国社会科学院语言研究所辞典编辑室编，北京：商务印书馆，2002年版，第516页）的解释如下：（1）仇视，怨恨；（2）悔恨，不称心。

期在内心深处累积而成的一种郁结凝固的意识状态①。

然而，在韩国“恨”的含义实则远远丰富于字典的简单释义。它远不止于上述“怨、悲、痛、悔”等消极意义，同时还包含有某种克服、坚忍、憧憬、宽恕的积极含义。正如日籍文化人类学家崔吉成在其著作《韩国人的恨》中所讲的：“恨，绝不是单纯的怨恨，理解为日语中的‘仇恨’更是极大的错误。‘恨’，是沉淀在自己本身内心里的情感，没有具体怨恨谁那样的复仇对象。恨，更是对未能实现的梦想的憧憬。”② 韩国人的“恨”，有时是在不断的忍耐等待中的一种坚守，直到梦想实现的那一刻，一泄心中的沉淀怨郁；有时则会转化成一种“情”的和解，升华为佛教主张的慈悲和爱的力量。③“恨”所具有的此种积极含义，时常可见于韩国的文学及音乐等艺术形式中。

另外，在探讨“恨”的含义时，我们不可忽略其另一个特点，即它对于韩国人来说，不只是在个人层面上被体验的痛感，更是作为历史产物而留传下来的一种民族伤痕。这同韩国人对自我的认知有关，在韩国，受儒家思想的影响，“自我”的概念有别于西方人的“个体性的自我”，而是存在于一张由血缘、地缘、学缘等织就的巨大关系网之中的“集体性的自我”。正如韩国人日常习惯于将“我”称之为“我们”，“共同体意识”、“家族主义”、“裙带文化”等均突出地存在于韩国社会的方方面面。因而，韩国人所谓的“恨”绝不纯是个体的情感体验，而是整个民族的一种集体意识，是在长期的历史过程中蓄积而成的一种大众化的社会风尚和伦理观念。它在集体中的每个成员身上留下了深刻的烙印，具有所有个体

① 朴钟锦：“从词语的基本含义看中韩两国的恨之同异”，《北京第二外国语学院学报：外语版》，2006年，第72页。

② 최길성, *韓國人 의 恨*, 서울, 예전사, 1991. ［日］崔吉成：《韩国人的恨》，首尔，艺传出版社，1991年版。

③ 고은, “한의 극복을 위하여”, 서광선편, 한의 이야기, 서울, 보리, 1988, p. 58. ［韩］高银：《为了克服恨》，［韩］徐光善主编：《恨的故事》，首尔：普提出版社，1988年版，第58页。

都有的大体相似的内容和行为方式；它超越了个体个性的差异，普遍地存在于每一个韩国人身上。正如金烈圭所说的：“如果‘恨’也有颜色，一定就是这种颜色……是这块土地、这个国家的颜色。如果谈及韩国的‘国色’，那么她必定是黄土的颜色。如果黄土就是悲伤的‘恨’色，那么这块土地上哪一处不是‘恨’的颜色？所有的人都是在这块黄土地上诞生，踩着黄土地走过人生，最后返回朱黄色的坟墓。黄土色的‘恨’，是韩国人用生与死调色浸染而成。”①

综上所述，“恨”所包含的语义异常丰富，几乎不可能用一个词语直接转译成其他语言。② 它表示情感郁结于心的状态，包含着“怨恨、悲哀、痛苦、悔恨”等多层含义，同时还有“克服、坚忍、憧憬、宽恕”等积极含义。同时，作为韩国民族集体意识的“恨”，在文字或概念认识层面产生之前，就已由历史承继下来，因而若不沿着历史去追溯本源，其整体性便无法显现出来。

三、“恨”的成因

“恨”作为一种特殊的意识经验，浸润着不可分割的韩民族历史的沉淀。韩国学者高银将其归结为五大类：“1. 因丧失史前及古代祖先生活过的北方领土而产生的恨；2. 因高句丽、百济的灭亡而产生的恨；3. 因统治阶级的压迫榨取而产生的恨；4. 因频繁的外敌入侵及日本殖民统治而产生的恨；5. 因身处贫困阶层而产生的恨……总而言之，‘恨’是一种永久性的绝望和悲哀的情绪。”③ 另一位韩国学者文淳太对“恨”的成因分析则为：“1. 因动荡不安的历

① ［韩］金烈圭：《恨脉怨流》，第 30 页。

② 如：当“恨”翻译成英文时，通常使用其韩文发音“Han”，而非表示“憎恨、怨恨”之意的“Hatred”。

③ ［韩］高银：《为了克服恨》，第 57 页。

史而产生的恨；2. 以儒教为中心的思想所造就的阶层意识所产生的恨；3. 由男尊女卑思想而催生的‘女恨’①；4. 受虐的民众因施虐的士大夫而产生的恨；5. 被疏离地区的民众所产生的恨；6. 由于社会制度、儒教陋习、士大夫及官僚的迫害、亡国而产生的怨与恨。除此之外，继母与继子女之间，同父异母兄弟之间，邻里利益关系等冲突均可导致各种怨恨的产生。”②

综合以上观点，我们可以得知，在韩国人的心中，“恨”是一种失去故土难以寻根的绝望，是弱小民族艰难求生的悲凉，是由于权力倾轧、剥削压迫、男尊女卑而生成的不平，是无法摆脱贫困而感到的不幸。其成因，可大致分为主动形成和被动形成两方面。所谓主动形成是指“恨”源于自身，由自身的行为或心理状态导致，因此也被称为“自伤”；被动形成则是源于他人、环境、命运、社会制度等外在因素，因此也被称为“他伤”。

（一）“自伤”

“自伤”，也即是“恨”的内在心理成因。根据韩国学者辛恩卿的观点，“疏离与压抑是任何社会都会有的一种普遍心理现象，但在韩国，因为它与重视公与集体的社会相遇，因此就产生了“恨”这一独特的社会心理现象。”③ 所谓“疏离”，是指个人从社会生活的主要和正常过程中被游离出来，处于中心之外的那种感觉。这里的“中心”，可以指力量或权力，也可以指传统或习惯等群体的共同价值。而“压抑”则可以理解为“隐忍”、“忍从”或“禁欲”，即把不安、不幸、悲哀等情绪内化而不向外发泄。“疏离”与“压

① 韩国女性历史是一部屈从和忍耐的历史。以儒教思想为基础的男尊女卑思想要求女人必须服从男人的意志，尤其是在朝鲜王朝时代，女性不过是男性享乐或传宗接代的工具，处于弱者的地位，与男性相比，女性“恨”的情绪更多更浓厚，韩国学者将其称之为“女恨”。

② 문순태. "한이란 무엇인가", 서광선편, 한의 이야기. 서울, 보리, 1988, pp. 152—156。[韩] 文淳太：《恨是什么》，[韩] 徐光善主编：《恨的故事》，首尔：普提出版社，1988 年版，第 152—156 页。

③ 신은경, *風流：동아시아 美學 의 근원*, 서울, 보고사 2000, pp. 254—256。[韩] 辛恩卿：《风流——东亚细亚的美学根源》，首尔：宝库社，2000 年版，第 254—256 页。

抑”同时且反复持续作用下去，人的情感便会郁结成凝固的状态，也就是“恨”。换言之，韩国人的“恨”是由于“心感外物而有所郁结”、“不得通其道”，隐忍蓄积而形成，是悲哀、愤怒、忧患、悔恨、挫折等多种复杂的感情，围绕着“疏离”与“压抑”这两个心理主轴而逐渐形成的。

另一方面，韩国人的“恨”多以内向化、自我指向性为特征，即常把不幸的责任归因于自己，把在生活中遇到的委屈和怨恨只是独自承担，这一点在女性身上表现得尤为明显。就像无法生育男孩的女性，通常会把责任归结为自己，认为是自己辜负了家族的期望，导致香火不能够延续，因而独自背负起深深的“恨”。这种“自责”甚而“自虐”的情绪，是“自伤”的主要表现之一。

“火病”① 是“自伤”在韩国人身上的另一典型表现。这是韩国人特有的一种神经疾病，普遍发生在韩国中老年妇女的身上。“火病”区别于一般意义上的忧郁症，传统韩医认为其成因来自“火”，也就是患者过度压抑于心的愤怒、痛苦等“恨”感，当这种“心火”日久成疾时，患者会出现胸闷、如被灼烧般的痛症以及呼吸困难、消化不良、手脚麻木等症状。精神上的压抑转变为生理上的苦痛，这不可不视作为“自伤”的一种极致表现。

（二）“他伤”

“他伤”，即“恨”形成的外在因素，主要可分为以下两方面：

第一，儒教思想的影响。在韩国，“恨”作为一种广泛的社会风尚，主要形成于朝鲜王朝时期。当时，统治阶级采取“斥佛扬儒”政策，只承认儒学为唯一正统的思想，排斥佛教及其他一切思想观念。另外，对于儒教思想的接受，也是排斥阳明，专治朱子理学。统治者对儒教思想长期大力提倡，使之不仅成为了韩国人至今仍根深蒂固的传统思想的一部分，也对“恨”文化的形成产生了重

① 又称“忧火病”，美国神精科协会曾于 1996 年将这一疾病命名为“Hwapyung”，从而公认了这是韩国人特有的精神疾病。

要的影响。一方面，儒教思想非常重视强调等级、地位、身份、性别等观念，“两班”、“中庶”、“商人”、“奴婢”等阶层的划分，产生了职业、婚姻，甚至居住自由上的诸多限制。在这种秩序下，贫民和奴隶根本毫无人格自由，继而生成强烈的“被疏离感”——正如之前所提到的，“被疏离感”正是“恨”形成的重要心理成因之一；另一方面，由于儒教思想重视强调集体性，漠视个体性，个性的张扬与自我意识往往被看作是不道德和不成熟的表现，遇到问题时，隐忍的做法被认为是美德。于是，个人发泄不满的机会在制度和文化上受到限制。个人，尤其是那些被疏离的个人，无法通过合理的方式来宣泄自己的情绪，只能通过隐忍的方式，把问题压抑到无意识世界中去。[①] 因此，在儒教思想的深刻影响下，韩国的传统社会成为了“强调集体，而漠视疏离个人的典型社会”[②]，其也为韩国人“恨”的生长提供了深厚的土壤。

第二，内忧外患动荡的半岛历史。朝鲜半岛地处亚洲的东北角落，幅员有限，人口不多，纵观其历史，朝鲜民族曾经受过多达900多次的外侵，加之频繁的内乱，不断的内忧外患，使得民众长期处于一种不安全、不安定的生活状态，最终投射进内心，从而产生了韩国人特有的“恨”。长久以来，封建王朝的腐败使百姓成为士大夫经济掠夺和压榨的对象，阶级的压迫以及贫富差距的深化自然导致了受压迫者及无产者“恨”的生成。近代以来，朝鲜民族遭受日本殖民侵略，朝鲜战争结束后又被一分为二，冷战期间韩国在美苏争霸的夹缝中艰难自保，特殊的历史背景让韩国人心中更添羞辱和愤懑。从“亡国之恨”再到“民族分裂之恨”，皆是朝鲜民族永远不能忘却的悲伤记忆。在封建王朝和日本殖民统治的基础上建立的大韩民国，虽然从法律上确立了资产阶级共和国性质的政治体

---

① 朴钟锦：“多‘恨’的民族，多‘恨’的总统——卢武铉自杀原因分析”，《北京第二外国语学院学报》，2010年第6期，第60页。

② 오용기, 한국 현대시의 한에 대한 연구 : 김소월 · 서정주 · 박재삼의 시를 중심으로, 박사학위논문, 우석대대학원, 2001, p. 15. ［韩］吴龙基：《有关韩国现代诗中“恨”的研究——以金素月、徐延柱、朴在森的诗为中心》，博士论文，又石大学，2001年，第15页。

制，国家实行三权分立，但在其建立的最初的几十年里，在“国家安全”的名义下，军事独裁、军事政变、军管镇压等成为一种“常态”。民众经过艰难抗争，最终结束专制独裁、实现民主后，政经不分、政商勾结，贪污贿赂丑闻不断的政治文化依然延续至今，加上财阀对经济的垄断，过度城市化所导致的农村贫困化等贫富不均现象，无不成为当今民众心头难以抚平之“恨”。

四、“恨”在艺术上的表现

不论是“自伤”还是“他伤”，“恨”一旦形成，就得寻求化解。韩国人解“恨”的方式很多，或转化为暴力的复仇，或寄托于宗教的慰藉，或表现为积极不屈的抗争，亦或诉诸于谐谑笑谈。而最完美的解“恨”途径无疑在于向艺术的升华，即通过文学、音乐、舞蹈、戏剧等艺术形式来抒发排解心中之“恨”，并将其升华为韩国人独特的一种审美意识。

另外值得注意的一点是，在韩国产生“恨”的人大多是远离权力、经济困难的底层阶级，在统治阶级或富有阶层的日常生活及艺术作品中较难发现“恨”的记述。因此“恨”多反映在底层民众的生活及艺术作品中。这是自然现象，因为他们必须借助诸类方式将心中积蓄已久的“恨”表达并释放出来。下文欲从反映民众社会生活的文学、音乐等两方面对“恨”在艺术上的表现进行阐述。

（一）在文学上的表现

韩国文学中以“恨”为素材的很多，在很多古典文学作品中，都可看到韩民族的恨，即“东方之恨”①。这种“恨”的美学思潮一直影响至今，从而令韩国文学拥有了“情恨文学”、“恨之美学”等

① 심종언, *情恨 의 美學：沈鍾彦 隨想 및 評論集*, 광주, 전남대학출판사, 1979. ［韩］沈钟彦：《情恨的美学——沈钟彦随想及评论集》，光州：全南大学出版社，1979 年版。

别称。

1. 古典小说

韩国的三大古典小说《春香传》、《沈清传》、《兴夫传》，均取材于具有浓烈乡土气息的韩国民间传说或寓言故事，在朝鲜半岛家喻户晓，不仅表现了朝鲜民族的风俗文化，更传达出了其深层的民族意识，其中“恨”的表达尤为突出。

《春香传》讲述的是贵族公子与艺妓之女的古老爱情故事。春香本是艺妓之女，在朝鲜王朝时期，艺妓同奴婢、俳优、巫觋、白丁等同属贱民，社会地位最低。春香虽然色艺兼备、心地善良、竭尽孝道，却因为出身低贱，在与贵族公子李梦龙相爱的过程中吃尽苦头，受尽考验。由于身份相差悬殊，她不得不与李梦龙离别之际，曾仰天长叹：“可恼啊可恨，尊卑贵贱害得我只有独自饮泣……郎君啊，您可别以为我出身低贱便可随意遗弃我!”春香的种种不平，实则是当时底层民众对社会身份等级制度所怀之“恨”的深切表达。

《沈清传》中，沈清一家穷困到如此地步：“瓢、碗、连枷都卖了，也买不来几粒粮食。卖箱卖筐也买不到几升米。”对沈清去讨饭时的情景是这样描写的：“可怜哪，沈清那一身打扮，上身穿着只剩下领子的破上衣，下身穿的是旧土布裤，裤角上扎个缠带，头上戴了顶没边的挥项①，低低地挡着前额。光着脚，穿着没了后跟的草鞋。一手拿着破瓢。在刺骨的北风中，她侧着身子，猫着腰。哈着手，沿村乞讨……”小说通过对沈清父女潦倒处境的大量细致描写，表现了当时底层民众对无从摆脱贫困处境之“恨”。

《兴夫传》中通过兴夫之口感叹道：“有的人八字通天成了大臣辅国、崇禄大夫、三公六卿，身居高台楼阁，享不尽荣华富贵，锦衣玉食如山积。我却为何这般命苦，这等贫寒，斗大的茅屋，难容这一身。”两班贵族对底层民众的残酷剥削和掠夺，更是通过诺夫锯

① 一种防寒帽。

开葫芦的场面，成功地揭示了出来——从诺夫锯开的葫芦里，走出了两班贵族、巫婆、商贾、强人、大将军等人。两班贵族胁迫诺夫家女人献身，和尚以在菩萨面前替诺夫供祭为由夺走其银钱5000两，巫婆则抢了土地账，把田亩给分了去。作品正是通过这些细节描写，表达了底层民众对以不同手段强取豪夺的封建统治阶级之“恨”。

在这三部古典小说中，底层民众无一例外地将主人公春香、沈清、兴夫作为“代言人”，将自身的遭遇投射到他们身上，以此将心中积蓄已久的“恨”表达并释放出来。另外值得注意的一点是，这三个故事均以喜剧结尾——《春香传》中春香经历磨难，熬过牢狱之灾，最终与李梦龙结成百年好合，享尽荣华富贵；《沈清传》中孝女沈清为救盲父不惜投海充当祭品，最终孝心感动上苍，不仅得救，还做了王后，父女重逢，父亲一喜之下双目复明；《兴夫传》中哥哥诺夫贪婪、残忍、为富不仁，对穷苦的弟弟兴夫百般折磨、虐待，故事最后兴夫由于善举而获得财富，却不计前嫌，接济业已倾家荡产的哥哥，共同过上了富裕的生活——由悲剧往喜剧、由绝望向希望、由怀恨到宽恕的转换，正是韩国人希冀通过文学的艺术创作与诉说，从而化解自身之“恨”的一种表现。

除此之外，古典小说中以“恨”为精神内核的代表作还有很多，如反映嫡庶差别之恨的《洪吉童传》、反映恶毒继母压迫之恨的《蔷花红莲传》、揭露身份制度弊病和讽刺两班虚伪的《两班传》、反映王室女子孤苦之恨的《恨中录》等等，均生动刻画了民众在儒教价值一元化背景下由于社会制度、文化价值观念等束缚而产生的“疏离”和“压抑”之感。

2. 诗词

除古典小说之外，“恨”亦是韩国历代诗词的一大主题。《黄鸟歌》和《公侯引》可谓是韩国最早表达恨的诗词作品，其中上古诗歌《黄鸟歌》是最早表达孤独之恨的抒情诗，《公侯引》表达的则是怜悯之情恨。高丽歌谣中的代表作《西京别曲》、《归乎曲》则表达了离别及等待之恨。诸如此类表述离别或孤苦之恨的抒情风格一直延续到朝鲜王朝时期，如许兰雪轩的《闺怨歌》和李梅窓的《自恨》等。而诗中的“恨”在历经朝鲜王朝中期壬辰倭乱和丙子胡乱之后，逐渐由个人的“私恨”演变扩大为“亡国之恨”以及民众共同的恨。许钧在《老客妇怨》及《记见》中描绘了在壬辰倭乱中被任意抛弃的女性的怨恨，丁若镛在《饥民诗》及《哀绝阳》等诗中表达了苦难百姓对地方官僚和衙役的怨恨[①]。到近代，山河家国的破亡更是催生了一大批以“恨”作诗的诗人，如金素月、徐廷柱、李相和、李陆史等，他们的作品或吟咏个人的情恨，或表达亡国的痛恨，形成了独具特点的“恨之美学”。其中最具有代笔性的是金素月的诗作《金达莱》：

倘若你厌弃我，/ 狠心地离去，/ 我将默默地为君送行。

宁边的药山，/ 我将用金达莱花，/ 洒遍君行的路径。

但愿心爱的郎君，/ 能轻轻地、轻轻地，/ 踏过那柔软的花朵。

倘若你厌弃我，/ 狠心地离去，/ 我宁死也会忍住泪流。

在这首诗中，抒情主人公对因“厌弃”自己而离去的“君”表现了极尽克制的离别之恨，这里没有埋怨与自叹，而是极为理智地在离去的郎君面前，郑重地表露自己恋君的情怀。按常理来说，一旦情人无情地弃己而去，必然会引起内心的悲哀、怨愤、冲动乃至复仇或自杀之意，但是诗作的主人公却“撒花送君”，“宁死也会忍住泪流”，这不仅使诗作悲剧的紧张性升华到了一种悲美的极致，更是完满地表现出了韩民族之“恨”内隐的特点——怨而不怒，哀

① 황귀자, *살풀이춤에 내재된 한의 표현적 분석 연구*, 석사학위논문, 숙명여자대학교, 2009, pp. 17 - 19. [韩] 黄贵子：《解煞舞中所蕴含“恨”的分析研究》，硕士论文，淑明女子大学，2009年6月，第17 - 19页。

而不伤。极力克制住悲哀，在“君”面前从容展示镇静自若的送别心境，而将“恨”深深隐埋在内心，继而将其升华为原谅以及一份难以言表的深情。

（二）在音乐上的表现

除文学之外，韩国音乐，尤其是民俗音乐中亦带着深重的“恨”的印记。以下即从民谣及清唱这两大民俗音乐形式来进行简要探讨。

1. 民谣

民谣是来自民间的歌谣，它往往可以体现出一个民族的本质，以及无法用语言描述的民族灵魂。一般来说，民谣长期都是通过口口相传延续的，掌握这种艺术形式无需特别的训练或技巧，感情表达更加平民化、生活化，也更易于传播，因而是最能直接表现民众生活和民族情感的一种艺术形式。韩国民谣的主题丰富，其中大多是对平民生活情感的描述，如对离去的爱人的思念、女子在婆家的艰难生活、寡妇的孤寂、妻妾关系的微妙以及劳动的困苦等等[①]，而“恨”常是其情感的内核所在。

《阿里郎》是朝鲜民族最具代表性的民谣，悲伤的吟叹、委婉缠绵的歌音，无不使人联想起一个民族苦难绵远的历史，可谓是表现“恨”文化的经典之作。

“阿里郎，阿里郎，阿拉里呦！/翻越阿里郎山岭，弃我而走的夫君啊，/走不到十里路，即生脚病。

阿里郎，阿里郎，阿拉里呦！/翻越阿里郎山岭，弃我而走的夫君啊，/天上有很多星星，我们的心里有许多梦。

阿里郎，阿里郎，阿拉里呦！/翻越阿里郎山岭，弃我而

① 황귀자, *살풀이춤에 내재된 한의 표현적 분석 연구*, 석사학위논문, 숙명여자대학교, 2009, pp. 19-20. ［韩］黄贵子：《解煞舞中所蕴含“恨”的分析研究》，硕士论文，淑明女子大学，2009年6月，第19-20页。

走的夫君啊，/远远的那座山就是白头山，寒冬腊月也能开花。

这首民谣表现的是一个女子闺怨般的呼唤，内中夹杂着对离去爱人的担忧和恨意，而这种“恨别离”不等同于埋怨或仇恨，却是在内心深处对爱人的一往情深，以及对于再次相逢的一种憧憬。这极好地印证了朝鲜民族之“恨”中所蕴含的积极含义，即“用不断的坚持和等待去超越悲哀、怨恨及伤痛，直至梦想的实现”。《阿里郎》看似简单，其所寄托的却远不止是个人的情感，而是一个民族灵魂、精神与力量的体现。如今《阿里郎》已成为朝鲜民族的象征[①]，以此为依托、表达了南北人民面对民族分裂之恨，以及对民族独立、祖国统一的深深向往。

2. 清唱

被称为韩国国粹之一的清唱[②]，是一种流传于民间、演唱长篇戏剧故事的传统声乐艺术。1852 年韩国诗人尹达善在其《广寒楼乐府》中有对清唱艺术的相关介绍：“唱优之戏，一人立，一人坐，而立者唱，坐者以鼓节之。”清唱形式上类似中国的评书，将音乐、文学、表演融为一体，其表演主要有两人组成：一为执扇站立的说唱者，二为击鼓而坐的伴奏者。在长达数小时的表演中，执扇者为观众讲述故事情节，他一人扮演故事中的所有角色，或唱或说，极尽表演之能事；而击鼓者主要起到助兴的作用，依据故事情节的发展拍打鼓点适时喝彩。

清唱艺术大约形成于 17 世纪末至 18 世纪初，由底层民众及戏子所创，他们将自身酸楚的人生经验通过清唱这一艺术形式尽情升华，在讲述故事情节的同时，追求发自肺腑的情感宣泄，就像民谣《阿里郎》中所传达的那种幽怨坚忍的意韵。

从演唱方面来看，清唱的发声方法区别于传统意义上的民族、

① 2002 年 6 月的首尔世界杯开幕式，朝鲜和韩国的代表队不唱各自的国歌，而齐唱《阿里郎》，更加突出了分裂之后这首民谣之于整个朝鲜半岛的象征意义。

② 又名“盘索里”（Pansori），取其韩语发音的谐音，其中“盘”指舞台，“索里”意为歌唱。

美声、通俗唱法，更与西方声乐有着很大的差异。清唱的声音是来自丹田的低沉、粗糙、沙哑、苍老的通声。它以“悲”与“恨”所熔铸的“哀怨之声”作为声音的最高境界。为了达到这个境界，清唱艺人们常常进入深山庙宇和岩洞中长期苦练，嗓子破了一遍又一遍，甚至不惜人为地“摧残”嗓子使之病变。唯独经过无数次的反复之后，方可“得音”，达到清唱的最高境界。[①]

从内容方面来看，由饱含“恨”的贱民艺人所创造的清唱艺术，其内容的本源多是以“恨”为基调的民间传说，其间加入谐谑元素，从而形成了“结恨”与“解恨”相结合的构造，一方面是民众对苦难生活的悲愤控诉，一方面是插科打诨谐谑谈笑。可以说，正是韩民族对“恨”的感受及表达，才使得清唱艺术具有了一种摄人魂魄的魅力。韩国电影导演林权泽在其代表作《悲歌一曲》中便生动地展现了清唱的这一独特的精神内核。

影片的时代背景为20世纪30年代到60年初。描写了在时代悲剧里，以歌唱为生计手段游走四方的清唱艺人的人生历程。影片中，清唱艺术紧紧维系着父亲佑奉、养子东浩及义女松华三人的命运。佑奉希望养子能成为他的传人，而东浩却对前途暗淡、且辛苦异常的清唱艺人生涯厌恶之极，终有一天在与父亲吵架后离家出走。佑奉寄希望于义女，为了使其懂得清唱的真谛，达到炉火纯青“得音”的境界，竟不惜给她服药，使之失明。离家出走后的东浩始终放心不下姐姐，在他心目中，松华不只是他的姐姐，更是他心中的故乡，是他永远无法释怀的“乡愁”。于是他四处寻找，终于在一个偏僻的旅店里姐弟邂逅，而两人并没有相认，只是借着清唱彻夜互诉衷肠，无言地用鼓声和清唱的歌声一一化解积攒至深的悲恨。天一亮，姐弟俩没有交换只言片语，各奔东西。“清唱要在身体内积攒恨，但真正的清唱须超越恨方得完美”——这是此部电影所要表达的主题，清唱所蕴含的悲与恨，以及积怨最终升华为饶恕与爱的

① 李红梅：“韩国‘盘索里’音乐构成的研究”，《中国音乐》，2008年第3期，第185页。

悲悯，借着电影语言的表述，让人动容。

五、结语

每个民族的文化特征均受制于其地理、历史、人文多种因素的综合影响，正是长期受儒教思想影响的文化因素及内忧外患的半岛历史因素孕育出了朝鲜民族独特的情感——“恨”。韩国人的“恨”，不是单纯的“仇恨”或“痛恨”，而是由“悲哀、痛苦、怨恨、悔恨、自责”等多种情感要素长期在内心深处累积而成的一种郁结状态，“疏离”和“压抑”是其心理主轴，但在某些时候亦可转化为“克服、坚忍、憧憬、宽恕”等积极的情感。“恨”是长久历史留在韩民族心头的一道伤痕，它已超越个体层面上的痛苦，而成为一种普遍的民族情感，渗透进每个韩国人的日常生活，对其人生观及其审美观念产生了深刻的影响。长久以来，韩国的底层民众通过多种艺术形式，用以纾解郁结在心头之“恨”。不论在韩国的文学作品还是音乐中，“恨”均是最常见的主题。正因为艺术性的升华，韩国人的“恨”才不会停留在悲哀、怨恨、叹息、失败的情绪里，更不会化作复仇的暴力，而是成为一种坚忍的等待，一种“情”的和解，继而升华为宽恕与爱的力量，这也正是韩国人“恨”的本质所在。

（作者为北京外国语大学亚非学院讲师）

坦桑尼亚人口问题分析

骆媛媛

【内容提要】 人口问题关系国家社会、经济各方面的协调发展。本文通过观察坦桑尼亚的人口状态，从人口高速增长对其发展成果的影响、人口持续流动对其发展造成的压力、教育素质低下对其发展空间的制约及国民健康状况对其发展潜力的牵制四个方面，阐述坦桑尼亚人口问题对其国家发展的影响，并分析造成该国人口问题的根源，提出解决对策。

【关 键 词】 坦桑尼亚；人口；发展

Analysis of Tanzania's Population Issue

Luo Yuanyuan

【Abstract】 Population issue is related to national social and economic development. By observing the state of Tanzania′s population, the thesis analyzes the impact of population issue on national development from four aspects——population growth, population flow, national education status and health status. The thesis analyzes the causes of the problems and proposes some countermeasures.

【Key Words】 Tanzania, population, development

坦桑尼亚联合共和国，位于非洲东部，国土面积约94.5万平方公里，由坦噶尼喀和桑给巴尔于1964年4月26日联合而成。建国至今，分别于1967年、1978年、1988年及2002年进行了4次人口普查。结果显示，1967—2002年，不到40年的时间里，坦桑尼亚人口增长了近3倍。据坦桑尼亚计划、经济和授权部预测，2025年坦桑尼亚的人口将达到6300万。坦桑尼亚人口的高速增长制约了其社会、经济各方面的协调发展，目前，坦桑尼亚政府已陆续出台相关政策，以解决人口问题并谋求可持续性发展，但其人口现状仍不容乐观。

一、坦桑尼亚人口状态

2002年坦桑尼亚人口普查显示，其人口由1988年的2310万增长到3460万。其中，15岁以下的儿童占人口总数的44.24%，15—24岁的青年占19.58%，24—64岁的人口占32.18%，65岁以上的老人占4%。坦桑尼亚人口的主要构成为青少年。

从性别角度看，2002年坦桑尼亚男性人口为16910321人，女性为17658911人；男性的平均寿命为51岁，女性的平均寿命为52岁。女性人口在数量上和平均寿命上都略高于男性。

随着社会经济的发展、医疗卫生水平的提高，坦桑尼亚婴儿死亡率由1988年的115‰下降为2002年的95‰；人口寿命由50岁延长到51岁。但是，这些数据与世界平均水平相比还有一定差距，2000年世界婴儿死亡率为53.8‰，人口平均寿命为66.5岁。坦桑尼亚与世界各地区婴儿死亡率及人口平均预期寿命对照见表1[①]。

坦桑尼亚是农业国家，人口主要集中在农村，然而伴随城市化进程，其城市人口不断增多，1967年城市人口仅占人口总数的5%，

① 《国际统计年鉴2002》，2000年12月31日，http：//tjsj. baidu. com/pages/jxyd/14/34/26308bcfed67ba553ae49c2bb0dda860 _ 0. html，2010年9月16日登录。

1978年为13%，1988年猛增至21%，2002年已经达到27%。以首都达累斯萨拉姆为例，1967年拥有城市人口356286人，1978年843090人，1988年1360850人，2002年达到2497940人，1978—1988年该市人口的年增长率为4.8%，1988—2002年年增长率为4.3%。

坦桑尼亚全境大部分为高原，沿海地区为平原，森林面积约4400万公顷，占国土面积的45%，全国2/3的人口聚集在占国土面积仅1/4的地方，人口分布不均匀。例如，林迪省的人口密度每平方公里12人，多多马省每平方公里也只有41人，姆万扎省每平方公里150人，而桑给巴尔西部省人口密度达到每平方公里1700人，首都达累斯萨拉姆的人口密度高达每平方公里1793人。

表1：坦桑尼亚与世界各地区婴儿死亡率及人口平均预期寿命对照表

国家（地区）	婴儿死亡率（‰）		平均预期寿命（岁）	
	1990年	2000年	1990年	2000年
世界	*61.3*	*53.8*	*65.3*	*66.5*
中国	*38.0*	*32.0*	*70.8*	*71.4*
印度	*80.0*	*69.2*	*59.1*	*62.8*
日本	*4.6*	*3.8*	*78.8*	*80.7*
美国	*9.4*	*7.1*	*75.2*	*77.1*
俄罗斯	*17.4*	*16.2*	*68.9*	*65.3*
波兰	*19.3*	*8.6*	*70.9*	*73.3*
巴西	*47.8*	*31.7*	*65.6*	*68.1*
埃及	*67.8*	*41.8*	*62.8*	*67.5*
尼日利亚	*86.4*	*84.4*	*49.1*	*46.8*
南非	*55.0*	*62.8*	*61.9*	*47.8*
坦桑尼亚①	*115（1988年）*	*95（2002年）*	*50（1988年）*	*51（2002年）*

① Wizara ya Mipango, Uchumi na Uwezeshaji, *Sera ya Taifa ya Idadi ya Watu*, Tanzania, 2006, pp. 2, 3, 5.

二、坦桑尼亚人口问题对国家发展的影响

（一）人口高速增长影响发展成果

近年来，坦桑尼亚政府大力发展经济，收到明显成效。全面的经济改革措施使“坦桑尼亚的竞争力得到增强，关税降低，外商投资和贸易水平提高，主要经济指标得到改善，并且快速融入到了世界市场中……通货膨胀水平从 20 世纪 90 年代中期的 30％降低到 2005 年末的 4.3％，年经济增幅从 1991 年的 2.8％增长到 2005 年的 6.8％”。① 而与此同时，该国人口也在以 2.9％的年增长率高速增长，于是 2002 年坦桑尼亚人均 GDP 仅为 251 美元，2005 年也只有 330 美元。根据 2000—2001 年度坦桑尼亚劳动力调查统计，无法解决温饱的人口占人口总数的 19％，低收入无法满足基本生活需求（如温饱、住房、子女接受基础教育、卫生服务等）的人口占 36％。经济发展成果和国家资源不足以满足巨大的人口需求，人民生活仍深陷贫困。

前文提到，坦桑尼亚人口中，少年儿童占很大的比例，作为尚无劳动能力的群体，他们已经给社会发展带来了一定的压力，而若干年后，当这一代人成长起来，到了适婚年龄，该国人口必将出现迅猛增长，由此带来的社会问题也会凸显。

（二）人口持续流动加大发展压力

为了摆脱贫困，坦桑尼亚大量农村人口涌入城市，造成城市劳动力市场饱和。2000—2001 年度坦桑尼亚劳动力调查显示，每年约有 65.9 万—75 万新劳动力进入市场。该年度被界定为“劳动力”的 10—64 岁人口数量共计 1780 万；其中无业者为 230 万。城市失业率

① http：//www.tanzaniaembassy.org.cn/about2.asp，2009—6—5.

较高，首都达累斯萨拉姆的失业率为46.5%，其他城市为25.5%。

动荡的邻国政局也为相对稳定的坦桑尼亚带来了很多问题，难民潮就是其中的一大挑战。20世纪60年代，坦桑尼亚曾经是接受非洲其他国家难民的主要国家。20世纪90年代大湖地区国家内战爆发，又有大量难民陆续涌入坦桑尼亚。难民潮席卷带来的问题有食物的缺乏、流行疾病的传播、刑事案件的发生、植被的肆意砍伐、社会服务遭到破坏等等，扰乱了坦桑尼亚国民的正常生活秩序。坦桑尼亚政府已意识到接受邻国难民对本国社会稳定及发展的影响，正在协同非洲联盟、联合国难民署，努力寻求适当时机陆续完成难民的遣返。

（三）教育素质低下制约发展空间

坦桑尼亚的教育制度为7—4—2—4，即小学7年、初中4年、高中2年、大学4年，其中坦桑尼亚政府在初等教育方面投入最大。但是从入学率、毕业率及升学率的比较来看，该国的初等教育与中等教育乃至高等教育衔接方面存在问题。1982年坦桑尼亚的小学适龄儿童入学率为90%，1990年一度跌至74%，2005年在启动基础教育发展计划之后，入学率回升至109.9%。据统计，2004年，坦桑尼亚小学生的毕业率为72%，升学率仅为36.1%，成人识字率为69%。坦桑尼亚国民接受教育情况详见表2[①]。国民素质低下，缺少高技术人才，是坦桑尼亚发展缓慢的原因之一。

（四）国民健康状况牵制发展潜力

劳动力的健康状况影响着社会经济的发展，而艾滋病的广泛传播是坦桑尼亚面临的巨大威胁。“由于艾滋病从感染到死亡的周期为10年左右，对流行地区的影响将是长期的。”[②] 坦桑尼亚于

① http://www.unicef.org/china/zh/form.pdf，2008年4月9日登录。指标定义：成人识字率——15岁和15岁以上人群中具备读写能力人口的百分比。小学/中学净在校率——官方规定的小学/中学教育所对应的年龄段中入学儿童的百分比。*该栏所指时间段内可获得的最近一年的数据。

② 彭现美：“非洲的艾滋病流行与国际援助”，《中国初级卫生保健》，2007年第11期，第61页。

1983年开始防治艾滋病，1999年宣布艾滋病为全国灾难性疾病。2004年，根据该国艾滋病委员会的统计，国内约有240万人感染艾滋病病毒，其中包括15万儿童，艾滋病流行率达到10%；女性感染HIV的年龄为25—34岁，男性为30—39岁。艾滋病的蔓延使坦桑尼亚丧失大量劳动力，严重影响了国家建设，而流浪街头的艾滋病孤儿，也造成了各种伴生的社会问题。

坦桑尼亚的广大地区属热带草原气候，沿海平原湿热，为各种疾病的滋生及蔓延提供了条件。儿童的常见疾病除了艾滋病以外，还有疟疾、腹泻、贫血等等，该国儿童患病情况详见表3①。

表2：坦桑尼亚国民教育情况

成人识字率（%）（2000—2004年＊）		每100人拥有的设备（2000—2003年＊）		小学净在校率（%）（1996—2004年＊）		达到小学五年级的学生百分比（%）（2000—2004年＊）	中学净在校率（%）（1996—2004年＊）	
男性	女性	电话(台)	互联网	男性	女性		男性	女性
78	62	3	1	47	51	88	2	3

表3：坦桑尼亚儿童患病情况统计

5岁以下儿童患病百分比（1996—2004年＊）				患急性呼吸道感染（ARI）（1998—2004年＊）		疟疾（1999—2004年＊）		
低体重		消瘦	发育迟缓	5岁以下儿童患ARI比例（%）	接受过医疗救治的5岁以下儿童患ARI比例（%）	使用蚊帐的5岁以下儿童比例（%）	使用处理过的蚊帐的5岁以下儿童比例（%）	5岁以下儿童发烧后获抗疟疾类药比例（%）
中重度	重度	中重度	中重度					
22	4	3	38	14	68	36	10	58

① http：//www.unicef.org/china/zh/form.pdf，2008年4月9日登录。指标定义：使用处理过的蚊帐的5岁以下儿童百分比——睡在杀虫剂处理过的蚊帐里的0—4岁儿童百分比。

三、坦桑尼亚人口问题的根源

（一）传统文化观念束缚

坦桑尼亚的一些传统文化观念，如男尊女卑、早婚早育、多子多福等等，是造成其人口问题的重要根源。

按照非洲人的传统，成人礼，又称割礼，是人生中最为重要的仪式，标志着个体心理和生理的成熟，只有参加过割礼的人，才有资格作为成年人参与社会活动。事实上，割礼往往是在村舍中集体进行的，落后的卫生状况会导致伤口感染，甚至会传播艾滋病。从医学角度看，女性在割礼中受到的身心伤害远远大于男性。然而，这一本应被摒弃的传统陋习在坦桑尼亚的一些地区仍在沿袭。2004—2005 年度坦桑尼亚生育与健康状况调查显示，全国 15％的地区仍在进行女性割礼。

坦桑尼亚人普遍早婚，平均结婚年龄为 23.4 岁，其中男性为 25.8 岁、女性为 21.1 岁。城市人口通常晚婚，男性平均结婚年龄为 28 岁、女性为 23.3 岁。1971 年颁布的坦桑尼亚婚姻法规定，男性结婚的法定年龄为 18 岁，女性只有 15 岁。妇女早婚是造成坦桑尼亚人口迅速增长的原因之一。根据 1999 年坦桑尼亚儿童健康及生育情况调查，15—49 岁的女性第一次结婚的平均年龄为 18 岁，69％的女性到 20 岁的时候，已经结婚至少一次。2004—2005 年度生育与健康情况调查显示，19 岁的青年人有近 52％已经经历怀孕或生育一次。

多子多福、养儿防老观念加速了坦桑尼亚人口的增长，2004—2005 年度坦桑尼亚健康与生育状况调查显示，该国妇女平均生育 5.7 个孩子，其中城市平均为 3.5 个孩子、农村为 6.5 个孩子。这里城乡差异的原因，首先是在依靠农业和畜牧业的农村，人丁兴旺的家庭意味着种地或放牧有更多的劳动力，多子是生产劳动的保障。其次，受教育程度也导致了生育观念的差异，据统计，文盲妇女平均生育 6.9 个孩子，接受过初等教育的妇女平均生育 5.6 个孩子，接受过高等教育的妇女平均生育 3.2 个孩子。

传统的重男轻女观念导致了男性与女性受教育程度的差别，根据 2002 年的人口普查，男性比女性更容易获得教育，男性平均识字率为 77%，而女性仅 65%。女性社会地位低下，还阻碍了她们享受医疗卫生服务的权利。根据 2004—2005 年度坦桑尼亚健康与生育状况调查，53%的坦桑尼亚妇女在家中生育，妇女在生育中死亡的人数与平安生育的人数的比例为 578：100000。

（二）政府工作力度不足

2006 年，坦桑尼亚政府根据 1992 年国家人口政策的执行情况制定了新的人口政策。新政策总结了 1992 年政策取得的成果，查找了某些方面存在的问题，并对这些问题给予重视。目前，新政策贯彻执行的效果尚不明显。

在宣传教育上，坦桑尼亚政府的组织力度有待加强。据 2004—2005 年度坦桑尼亚健康与生育状况调查，现代避孕方式的覆盖率由 1996 年的 18.4%扩展到 26%，普通民众对艾滋病的防范有了一定的认识。而在改变传统生育观念、社会性别界定上，坦桑尼亚政府的投入还比较有限。

此外，由于财政预算紧张及缺少资助者的资金，政府为满足人口增长需求而在基础设施建设方面以及流行病疫苗接种方面的投入十分有限。据联合国儿童基金会统计，2002 年坦桑尼亚饮水条件得到改善的人口为 62%，享有足够的环境卫生设施的人口为 41%；2004 年由政府资助的常规计划免疫（EPI）[①] 人口仅为 23%。

农业是坦桑尼亚的经济支柱，然而尽管该国地处大湖地区，拥有丰富的水资源，其灌溉农业并没有广泛开展，农业生产主要还是

① EPI——免疫扩展计划，覆盖肺结核、白百破、脑灰质炎、麻疹，以及通过为孕妇接种疫苗预防新生儿患破伤风。

靠天吃饭，广大人民的温饱问题也因此没能全面解决。

四、坦桑尼亚人口问题对策

（一）加强宣传力度，改变传统陋习

坦桑尼亚的传统文化源远流长，人们关于家庭及性别的观念早已根深蒂固，全国信仰传统宗教的人口仍占总数的22.8%，伊斯兰教教徒占32.5%，基督教教徒占44%，其他教徒占0.7%。坦桑尼亚的传统宗教允许一夫多妻，而根据伊斯兰教教义，一个男人最多可以娶4个妻子，这些文化严重影响了政府对人口增长的有效控制。

此外，在坦桑尼亚社会存在着严重的社会性别差异，男人在社会和家族中的地位远高于女人，传统文化意识不仅使男人认为妇女的主要职责是承担家务和抚养孩子，就连广大女性也往往甘心服从于男性的支配。男尊女卑的传统，增加了坦桑尼亚政府在保障妇女接受教育和享受卫生服务等方面的权利和促进男女平等工作的难度。

坦桑尼亚政府应该深入剖析传统文化的精髓与糟粕，对于优秀的文化遗产，如语言、音乐、雕刻、绘画等等，积极加以保护，因为它们不仅是坦桑尼亚民族自我界定的文化标识，更是人类文化多元化的宝贵财富；而对于传统陋习，如割礼、一夫多妻、男尊女卑等等，应该努力加强宣传力度，利用各种媒体手段深入浅出地为老百姓阐述传统陋习对于自身健康的危害、给家庭带来的经济压力，以及家庭与社会、人口与发展之间的关系等等，逐步改变国民的传统观念，使他们意识到某些所谓的“传统文化”对于自己以及子孙后代的生活带来的不良影响，自觉自愿地改变陋习，并教育子女积极健康地生活。

（二）加强国际合作，保证政策落实

人口的身体素质和文化素质是国家发展的关键，而“人口问题

的综合治理是一种政府行为”[①]。坦桑尼亚政府在制定财政预算的时候，应该加大在基础设施、卫生、教育等方面的投入，切实改善人民的生活环境，提高国民的综合素质，提倡少生优育、科教兴国。在财政紧张的情况下，积极开拓多种渠道筹集资金，包括寻求国际援助等，力求各项人口政策得到落实，以帮助老百姓早日脱贫，并实现国家经济、社会可持续发展的目标。

在制定脱贫发展计划中，人口问题是最基础也是最为重要的问题，不仅仅是人口数量，还有人口年龄的比例、人口增长速度、生育状况等等。在坦桑尼亚，很多领导人对人口问题及它与社会发展之间的关系缺乏认识，尤其是基层的干部，很难向他们解释清楚制定控制人口增长战略对于取得经济快速发展的必要性，因为他们往往认为坦桑尼亚林地辽阔，河谷众多，资源丰富，人口问题对发展不构成威胁。事实上，两者有着极其密切的关系。20 世纪 50 年代与坦桑尼亚经济发展水平相当的一些国家，由于采取了有效的人口控制措施，现在已经取得了很大的经济发展。尽管社会与经济资源匮乏，韩国、泰国、马来西亚及印度尼西亚等国家的经济却取得了令世人惊叹的飞速发展。这些亚洲经济强国取得发展成果的重要原因之一，就是其原有的高生育率已经下降，利用人口统计学帮助经济走出桎梏、实现腾飞。此外，中国政府的计划生育政策也值得坦桑尼亚政府借鉴，经过 40 多年的努力，“中国人口自然增长率已从 1965 年的 30‰降到目前的 6‰”[②]，为国家发展减轻了负担。坦桑尼亚政府要帮助国民摆脱贫困、实现发展，应该效仿他国，努力降低人口增长速度，解决制约发展的人口问题。

2007 年 12 月，非洲人口问题第五次大会在坦桑尼亚阿鲁沙市召开。这次会议的议题包括人口与贫困、计划生育与生育健康、人口与可持续性发展等，与会专家对这些问题的研讨为坦桑尼亚政府

---

① 穆光宗：“‘人口问题的本质是发展问题’的理论解释”，《人口与计划生育》，1996 年第 4 期，第 38 页。

② 李智彪：“非洲国家如何借鉴中国的发展经验”，《西亚非洲》，2007 年第 4 期，第 52 页。

制定脱贫发展战略提供了参考。

在充分认识到解决人口问题对于国家经济、社会协调发展重要性的基础上，坦桑尼亚政府应该在各领域积极寻求国际合作，以提高问题解决的效率。例如，旨在共同应对世界粮食问题的中坦农业合作就卓有成效。20世纪六七十年代，中国先后帮助坦桑尼亚建设了一批大型农场，并派出专家帮助进行农作物的试种，指导、推广种植技术。其中，“位于坦桑尼亚西南部姆贝亚省的姆巴拉利农场，是中国援建时间较早、规模较大的综合性机械化农场。1977年建成投产后，年供应市场的大米一度曾能满足其国内需求量的1/4”。[①]中坦农业合作历经几十年的发展不断在各领域深化。2006年11月中非合作论坛北京峰会上，中国国家主席胡锦涛提出的中非合作八项措施中，第八项再次强调中非农业合作方面的内容。目前，中坦农业合作正在向土地开发、农业种植、养殖技术、粮食安全、农用机械、农副产品加工等多层次、多渠道和多领域拓展。坦桑尼亚在中坦农业合作中受益，在一定程度上改善了国民的温饱问题，而在解决其他人口问题时，坦桑尼亚政府也可以积极寻求与他国的互利合作，全方位协调和谐发展。

1999年6月，坦桑尼亚政府制定了2025年国家发展方针，目标是实现人民的高质量生活、依法治国并坚定发展经济。人口学家称，抑制人口增长的措施实施后，其成效在40年以后才能显现。因此，如果坦桑尼亚政府不及时采取有效措施控制人口增长，解决人口问题，保证人口“质”与“量”的协调发展，则其国家发展目标将很难实现。

（作者为天津外国语大学亚非学院讲师）

① 王成安：“中非农业合作：功在千秋　利在长远”，《人民日报》，2000年9月12日，第七版。

图书在版编目（CIP）数据

亚非研究（第五辑）/北京外国语大学亚非学院编.
—北京：时事出版社，2011.11
ISBN 978-7-80232-473-2

Ⅰ.①亚… Ⅱ.①北… Ⅲ.①亚洲—研究—丛刊
②非洲—研究—丛刊 Ⅳ.①D73-55②D74-55

中国版本图书馆 CIP 数据核字（2011）第 209995 号

出版发行：时事出版社
地　　址：北京市海淀区万寿寺甲 2 号
邮　　编：100081
发行热线：（010）88547590　88547591
读者服务部：（010）88547595
传　　真：（010）68418647
电子邮箱：shishichubanshe@sina.com
网　　址：www.shishishe.com
印　　刷：北京昌平百善印刷厂

开本：787×1092　1/16　印张：26.75　字数：360 千字
2011 年 12 月第 1 版　2012 年 3 月第 2 次印刷
定价：60.00 元
（如有印装质量问题，请与本社发行部联系调换）